비판적 에코페미니즘

비판적 에코페미니즘

그레타 가드 지음

김현미 노고운 박혜영
이윤숙 황선애 옮김

창비

일러두기

1. 역자 주는 본문 각주로, 저자 주는 후주로 정리했다.
2. 본문 도서의 출간 연도는 원서의 출간 연도이며, 국내 번역서가 있는 경우 국내 출간 연도를 포함한 서지 정보를【 】로 묶어 참고문헌에 추가했다.
3. 출처는 (저자명, 출간 연도)로 간략하게 표기해 본문 방주로 달았다. 자세한 서지사항은 참고문헌을 보라.
4. 원서에서 이탤릭체로 강조되어 있는 부분은 볼드체로 표시했다.
5. 직접인용문 속 〔 〕는 저자의 것이다.
6. 저자가 주석에서 소개한 인터넷 출처 중 확인이 된 것은 새로운 주소를 입력했지만, 현재 접속 불가한 사이트 또한 그대로 표기했다.

한국어판 서문

이 책이 한국 독자들을 만나게 되어 영광스럽다. 한국어 번역판이 나옴으로써 이 책에 담긴 생각들이 하나의 특정 문화를 넘어 매우 중요하다는 점을 확인했다. 에코페미니즘의 중요성은 그야말로 전지구적이다. 젠더정의, 환경과 세대 간 정의, 인종, 성 및 종간 정의, 먹거리와 경제 정의와 같은 다양한 정의의 문제들은 결코 어느 하나의 문화로만 국한될 수 없다. 오늘날 우리는 자국의 문화에 속해 있지만, 동시에 전지구적 기후변화뿐 아니라 이와 연관된 공기, 물, 노동, 식량, 주거, 교통, 보건 불평등을 초래한 더 광범위한 산업세계의 근간을 이루는 경제문화의 일부이기도 하다. 이처럼 우리가 전지구적 맥락 속에 살고 있기에 서로에게 발언하고 경청하는 우리들의 능력이야말로 향후 함께 나눌 미래에 직접적인 질적 변화를 가져올 것이다.

이 책은 '다르게 질문하기'asking different questions라는 페미니즘 전략을 통해 다양한 여러 이슈들을 검토했다. '다르게 질문하기' 전략은 불평등한, 혹은 부정의한 상황을 인식하는 데 중요하다. 특히 서로 모순되고 누락된 맥락을 우리만 유일하게 알아차리는 상황에서 더욱 유효하다.

예를 들어, 내가 처음 지속가능성Sustainability에 관한 글을 읽었을 때, 나는 왜 이런 토론이 에너지, 건축자재, 경제학의 문제에만 국한되는지 의아했다. 반면에 인종, 젠더, 국가 간 차이를 넘어 일, 노동시간, 임금 착취의 지속 불가능성unsustainibility에 대해서는 손쉽게 활용할 수 있는 정보들이 많은데도 왜 이런 정보들이 누락되는지 의아했다. 나는 '지속가능성 관리자들'Sustainability Managers이 노동자, 지역 공동체, 단체들과 함께 토론하는 다각적 대화를 지원하기보다 오히려 몇 안 되는 능숙한 관리 전략에 중점을 두는 데 당황했다. 다각적 대화를 통해 우리는 임금과 노동뿐만 아니라 우리의 일이 공기, 물, 토양 및 복수종의 건강에 끼치는 영향에 대한 우리의 우려를 표현해야 한다. 지금까지도 우리의 미래에 관한 토론에 '지속가능성'에 비판적인 에코페미니즘 관점은 포함되지 않고 있다. 1992년 리우데자네이루에서 유엔환경개발회의가 최초로 열린 이후 유엔의 기후와 정의에 관한 연례회의가 아무런 진전을 보지 못하는 것도 에코페미니즘 관점이 누락된 데에서 그 이유를 찾을 수 있다. 2023년에도 전세계 지도자들은 마치 로마의 전설적인 황제 네로가 로마가 불타는 동안 빈둥거린 것처럼 "[지구행성]이 불타는 동안 빈둥거리고" 있었다.

에코페미니스트들은 경제 발전 국가의 지도자들이 '하향식'으로 내려보낸 실행되지도 않는 합의에 우리의 미래를 걸지 않는다. 그보다는 매년 유엔에서 나오는 '교착상태에 빠진 지속가능'sustainability stalemate이 무엇보다 전지구적으로 젠더화되고 인종화된 경제 및 정치 시스템의 결과라고 본다. 이 시스템은 전세계 다수를 차지하는 여성, 어린이, 경제적으로 주변화된 노동자, 농부, 포획된 동물, 그리고 인간에게 종속된 생태계로부터 계속해서 뽑아내는 생명-자본을 동력으로 움직인다.

많은 지역 공동체들이 기후변화로 초래된 북반구 삼림대의 산불, 해수면 상승, 허리케인, 폭염, 흉작, 자원전쟁과 같은 급격한 현상에 직면하여 지구 생명체들을 위한 강력하고 지속적인 운동을 구축하고 있다. 다국적기업들은 공통의 생존을 위협하는 이런 생태적 사실에 대해서조차 극구 부인하지만, 아마존 열대우림, 태평양 군도, 아오테아로아(Aotearoa, 뉴질랜드를 가리키는 마오리어), 북아메리카의 원주민들과 농부 및 공장 노동자들은 이런 부인에 맞서고 있다. 나아가 이들은 이윤을 위해 삼림을 벌채하고 모두의 생존에 필요한 공기, 물, 토양에 독성물질을 투기하는 식의 죽음을 촉진하는 행위에 대해서도 저항하고 있다. 에코페미니즘은 우리 인간이 동물의 몸이자 지구의 몸이며, 서로와 지구생태계와의 유의미한 작업과 건강한 관계를 통해 더 큰 복수종 공동체를 구성하며 삶을 지속해나간다는 점을 상기시킨다.

이 책은 지구의 물, 숲, 토양, 그리고 생물종의 생명력animacy을 지키는 전세계의 원주민 지도자들을 지지한다. 원주민 지도자들은 주변부 사람들과 복수종 타자들을 오직 착취할 자원으로 취급하는 관행에 저항하고, 이들을 우리가 다시 관계를 회복해야 할 친족으로 호명한다. 이제 한국의 독자들도 이러한 아이디어를 여러분 자신의 문화와 환경을 바라보는 렌즈이자 생태정의에 기반한 공동체를 만드는 데 필요한 전략적 도구로 활용하기를 바란다. 삶의 초점을 생명에서 부를 추출하는 것이 아니라 생명을 풍요롭게 만드는 데 둠으로써, 유일하고 유한한 이 행성에서 모든 생명이 서로 얽혀 존재한다는 점을 존중하는 그런 삶의 방식이 실현되기를 바라며 한국의 독자들을 이 책으로 초대한다.

역자 서문

『비판적 에코페미니즘』은 2017년 렉싱턴 북스Lexington Books에서 출판된 그레타 가드Greta Gaard의 *Critical Ecofeminism*을 번역한 것이다. 가드는 현재 위스콘신대학교 리버폴스 캠퍼스University of Wisconsin-River Falls에서 영문학과 교수로 재직 중이고, 생태문학 비평과 생태 글쓰기 분야에서 널리 알려진 학자다. 가드는 기존의 에코페미니즘 개념과 이론에 퀴어 이론, 동물권 이론과 비거니즘, 섹스와 섹슈얼리티 이론, 비인간 행위자성과 신유물론 등 최근에 주목받는 이론들을 접목하여 새로운, 혹은 더욱 급진적이고 비판적인 에코페미니즘 이론을 제시하고 있고, 이로 인해 학계에서 많은 호응을 받고 있다.

이 책에서 가드는 1990년대 이후로 학계와 운동계에서 에코페미니즘 입장과 접근법을 취하면서도 에코페미니즘이라는 용어 쓰기를 꺼려온 풍조를 비판적으로 분석하고, 산만하게 퍼져나가던 에코페미니즘 이론을 정리한다. 이를 통해 왜 여전히 에코페미니즘이라는 개념을 사용하는 것이 필요한지, 그리고 어떻게 에코페미니즘 이론과 운동의 방향을 더욱 비판적으로 설정하고 추진해야 하는지에 대해서 논하고 있다. 어떤 주의나 사상이 모두 그렇듯 에코페미니즘 또한 한 시대에 대두한 문제와 그것을 해결하기 위해 애쓰는 수많은 사람의 실천 속에 싹이 트고 발전해왔다. '에코페미니즘'이라는 용어는 잘 알려진 대로 1974년에 페미니스트 프랑수아즈 도본느Françoise d'Eaubonne가 『페미니즘인가 파멸인가』*Le féminisme ou la mort*에서 "우리 사회에 직접적 위기를 가하는 인구과잉과 지구자원의 파괴 원인은 남성중심적 체제다"라고 언급하면서 만들어졌다. 1960년대 말 레이철 카슨이 이미 지구의 생태적 위기를 선구적으로 경고했고, 1970년대에 들어와서는 지구자원의 한계와 지속가능성에 위기를 알리는 연구들과 환경운동들이 일어났다. 이후 페미니즘 운동과 1980년대 미소냉전 속 핵전쟁 위협에 저항하는 반핵평화운동, 그리고 제1세계에 의한 제3세계 글로벌 착취에 저항하는 민중운동이 일어났다. 그 가운데 여성들은 광범위하고 빠르게 파괴되어가는 자연과 여전히 강고하게 억압당하는 여성의 현실이 밀접히 연결되어 있고, 그 억압의 핵심은 가부장제라는 것을 절감했다.

1970년대에 나타난 에코페미니즘은 여성을 자연과 한편에 묶어서 열등한 지배대상으로 여긴 서구 이원론과 가부장제, 군사주의, 개발주의를 비판한다. 오히려 여성이 가진 재생산 능력과 돌봄과 양육, 생태적 감수성 등의 능력을 높이 평가하고 생태위기를 해결할 잠재력이 여성에게 있음을 강조했다. 이들의 논의는 문화적, 혹은 영적 에코페미니즘이라 불렸는데, 이들은 생태위기 극복과 여성해방을 위해서는 고대로부터 내려오는 여신의 영성을 되살리고 생명과 돌봄, 연대 등 이른바 '여성적' 가치로 새로운 문화, 새로운 생활양식을 만들어나가야 한다고 주장했다. 이들은 생태위기를 해결할 가치들을 여성의 고유한 생물학적 특성과 연결함으로써 페미니스트들과 남성 생태주의자들로부터

'본질주의'라는 비판을 받기도 했다.

우리에게 잘 알려진 반다나 시바나 마리아 미즈 등은 이런 본질주의를 비판하고 계급, 인종, 섹슈얼리티 등의 구획과 억압의 다양한 맥락과의 관계에서 여성과 자연과의 관계가 재구성됨을 강조하고, 무엇보다 인간을 포함한 다양한 생명체들의 '상품화'를 조장해온 자본주의에 저항하는 '변혁 지향의 페미니즘'을 주장했다. 이 논의는 사회적 에코페미니즘 또는 사회주의 에코페미니즘으로 명명되었는데, 지구의 생태위기와 여성의 억압은 식민주의에 기반한 자본주의 가부장제 세계체제가 '근대화' 및 진보, 개발이라는 명목으로 글로벌 사우스Global South, 이른바 개발도상국을 착취하고 지배함으로써 생겨났다고 보았다. 이런 통찰은 생태파괴의 가장 큰 피해자이면서 동시에 죽어가는 지구를 살리기 위해 앞장서온 것도 여성들이었다는 사실에 기반한 결과였다. 이들은 자본주의 세계체제가 강요한 산업주의와 소비주의 모델에서 벗어나 생태적 순환에 기반한 '자급적 관점'subsistence perspective의 사회를 해결책으로 보고 있다.

1990년대 이후 자본주의의 전지구적 확산과 기후위기에 대응하는 환경운동과 사회과학의 패러다임 변화가 있었고, 가드의 '비판적' 에코페미니즘은 기존의 논의들을 비판적으로 전유하고 급진적으로 확장해나갔다고 볼 수 있다. 가드는 서문에서 에코페미니즘 담론의 3단계 발전역사를 소개하고, 이 책이 4단계로 나아가는 작업임을 밝힌다. 이를 위해서는 모든 지구타자들earthothers에 귀 기울이는 주의 깊은 '듣기'가 필요함을 역설한다. 저자는 종을 횡단하는 소통의 경험, 연구와 교육 활동의 시기를 거치며 식민주의와 백인우월주의를 자각한 본인의 경험을 들려준다. 또한 헌사의 의미로 '비판적 에코페미니즘'의 토대가 된 발 플럼우드의 이론을 소개한다.

호주의 페미니스트 철학자인 플럼우드는 "인간은 생태적 존재로, 비인간은 윤리적 존재로 (재)위치"시키는 '비판적 에코페미니즘'이라는 용어를 만들어냈고, 이 둘을 분리하면 문제를 제대로 볼 수 없다고 주장했다. 플럼우드는 『페미니즘과 자연의 지배』*Feminism and the Mastery of Nature*에서 서구 유럽의 식민주의를 '마스터 모델'The Master model이라고 칭하며 분석한다. 서구 유럽은 이성reason을 유럽만의 문화적 특성으로 보고 유럽만이 주체성을 가지는 지배자(마스터)이고, 이성적·주체적이지 않은 비서구 타자는 서구로부터 지배를 받을 수밖에 없다고 본 것이다. 여기에서 마스터는 '노예 주인'이라는 의미보다 훨씬 넓은 의미다. '마스터 이론'에서 마스터라는 개념은 서구를 노예의 주인으로, 비서구를 노예로 구분하는 것에 그치지 않고, 삶의 모든 영역에서의 '지배력' mastery을 발휘할 수 있는 주체성을 가지느냐 아니냐를 설명하는 용어로 쓰인다.

플럼우드의 비판적 에코페미니즘은 인간을 포함한 모든 지구타자들을 '관계적 자아'로 볼 것을 제안한다. 즉 인간을 포함한 모든 생물과 무생물은 서로의 신체를 먹고 먹히면서 몸성으로 얽힌 존재이고, 공기와 물, 지구를 구성하는 모든 물질이 서로의 신체를 횡단하며 관계를 맺어가는 존재인 것이다. 또한 비인간 지구타자들은 행위자성, 소통능력, 의도성을 가지고 서로의 삶을 공동 구성하고 공동 생산하는 반려자인 것이다. 이러한 플럼우드의 이론적 영향을 통해 가드는 따라서 여성과 자연에 가해지는 억압이 가부장적, 자본주의적 체제라는 공통분모에서 파생한 것이라는 기존의 에코페미니즘 이론에 더하여, 환경정의, 종간정의, 기후정의, 퀴어 에로티시즘, 동물연구와 식물연구, 포스트휴머니즘 논의까지 포함하는 비판적 에코페미니즘으로 발전시킬 수 있었다.

요약하자면 가드의 '비판적 에코페미니즘'은 아래와 같은 관점에서 기후위기 시대의 에코페미니즘의 이론적이며 실천적 차원을 발전시키고 있다.

첫째는 교차성intersectionality 관점이다. 젠더뿐만 아니라 인종, 생물종, 계급, 장애, 성적 선호 등을 포함한 다중적 억압의 경험이 기후위기 상황에서 어떻게 가중되고 동시에 실천의 가능성을 열어주는지를 면밀하게 검토한다.

둘째는 2000년대 이후 등장한 포스트휴머니즘posthumanism 논의와 비판적 동물연구critical animal studies의 관점을 통합해, 인간 행위자 관점을 넘어선 인간과 다른 생물종과의 관계와 실천의 얽힘을 통한 종간정의interspecies justice의 윤리학을 설득적으로 제시하고 있다. '종간정의' 논의를 인식론적 관점으로만 다루는 것이 아니라, 전지구적인 식량체제와 공장식 축산을 비판하고, 동식물과 흙, 물, 바위 등을 포함한 자연물과의 에로틱한 연결성을 이론화하여 섹슈얼리티 논의 또한 확장하고 있다.

셋째는 2010년대 이후 활발하게 논의되고 있는 신유물론적 페미니즘Feminist new Materialism 관점을 다양한 오염과 질병의 사례를 제시하며 발전시키고 있다. 한동안 미셸 푸꼬의 영향을 받은 사회구성론social constructionism이 사회과학과 인문학의 지배적인 패러다임이 되면서 '물질적' 측면이 제대로 다뤄지지 않았다는 자성이 일어났다. 가드의 '비판적' 에코페미니즘은 서구(아시아) 과학기술 발전 패러다임이 인간/비인간에 대해 얼마나 심각한 영향력을 발휘하는지 사례를 통해 제시한다. 이를 통해 인간-비인간-화학물질 간의 접촉, 상호교환, 변형이 일어나는 지점에서 기후위기와 맞서 싸우는 윤리적 가능성을 탐구했다는 점에서 의의가 있다.

구체적으로 각 장에서 다루고 있는 내용은 다음과 같다.

1장 '정의롭고 에코페미니즘적인 지속가능성'은 1980년대 이후 태동한 '지속가능성' 담론과 관련 학문의 한계를 보여준다. 당시의 환경정의 운동이 인종과 계급만을 강조한 반면, 가드는 플럼우드의 원격성 개념과 관계적 자아 개념을 사용하여 비인간 동물, 여성, 퀴어, 원주민, 제3세계 등이 겪는 불평등과 환경 부정의를 해결할 수 있는 새로운 지속가능성을 상상해야 함을 주장한다.

포스트휴머니즘 사상의 중요한 토대가 될 수 있는 동물연구와 식물연구의 역사와 현황을 소개하는 2장 '식물과 동물'에서는 '도덕적 베지테리어니즘'이라는 에코페미니즘 관점을 강조한다. 이는 인간의 먹거리로 소비되는 동식물 생물종과의 관계에서 모든 생태적 존재의 고통을 최소화하고 돌봄을 최대화할 수 있는 도덕적 방향을 제시한다.

3장 '젖'에서는 19세기 중반부터 상품화된 소젖이 거대한 낙농산업으로 발전해가는 과정에서 환경뿐 아니라 모유수유의 감소, 소규모 낙농장의 쇠퇴 등 다양한 문제가 발생하게 되었음을 구체적 사례를 들어 소개한다. 비판적 에코페미니즘은 특히 산업화된 낙농시스템 속에서 시행되는 어미소와 송아지의 분리에 초점을 맞춰 인간과 마찬가지로 동물 역시 젖을 먹이는 행위를 통해 생물·심리·사회적 연결을 이루어낸다는 점을 강조하며 비판적 동물연구 접근법을 촉구한다.

4장 '불꽃놀이'에서는 군사적 목적으로 발명되어 행사 연출용으로 사용된 불꽃놀이가 역사적으로 어떻게 특권층의 권력과 권위를 찬양하고, 계급주의, 제국주의, 군국주의, 그리고 자연 지배의 문화적 도구로 사용되었는지를 추적한다. 이러한 문화적 이미지 외에도 불꽃놀이가 초래하는 환경오염, 인간과 동물에 끼치는 폐해, 생산과정에서의 아동 노예노동, 사회적 비용 등 다양한 문제점을 지적하면서 축하 방식과 서사를 위한 새로운 대안을 제안한다.

남성중심적 이데올로기 틀에서 동물을 희생하며 진행된 우주탐사의 문제점은 5장 '우주로 발사된 동물들'에서 거론한다. 우주탐사에 이용된 비인간 동물, 반생태적 프로젝트인 바이오스피어 II, 우주관광과 정착을 육성하려는 뉴스페이스 기업들, 반생태적 지구공학의 사례들은 국가주의, 식민주의, 종차별, 계급주의를 드러내는 남성중심적 기획들이다. 반생태적 남성성은 (8장에서 본격적으로 다룰) 생태주의적 남성성으로 대체되어야 하고, 이를 통해 '인간 정복자'가 아니라 '생물적 시민'이 되는 길을 전망한다.

6장 '기후정의'는 기후변화 현상을 환경과학과 기술 관점에서 분석해온 것들을 에코페미니즘 관점에서 검토하고 기후정의를 포괄적으로 이해할 것을 촉구한다. 이를 위해 인구 조절 담론의 허구성을 밝히고 산업형 축산업이 인간과 환경, 생물종에 끼치는 악영향을 탐구한다. 재생산 정의, 종간정의, 젠더정의, 먹거리정의를 포함하는 포괄적 기후정의를 이해할 수 있는 이론적 틀로서 유물론적 페미니즘, 페미니즘 동물연구, 페미니즘 생태경제학이 제시된다.

7장 '클라이파이 서사들'에서는 기술-과학적 관점에서 환경문제를 다루는 남성 작가의 기후변화 사이언스 픽션이 갖는 문제와 한계를 조명하며 젠더, 인종, 섹슈얼리티 등 환경정의에 대한 논의가 생략되지 않은 서사를 찾아 분석한다. 기후변화의 근본 원인을 사회적, 경제적, 지구적 부정의에서 찾는 교차적 분석을 위해 힙합 가사와 뮤직비디오를 예로 제시하면서 기후 부정의에 대한 가감 없는 말하기와 기후운동에 좀더 효과적인 영향을 줄 수 있는 서사를 촉구한다.

8장 '기후를 퀴어링하기'에서는 유럽 서구문화의 헤게모니적 남성성의 반생태적 특성들을 분석하고 이를 대체하는 생태적 남성성을 탐구한다. 백인·이성애남성의 우월주의가 평가절하해온 원주민, 여성, 비인간, 퀴어들의 에로티시즘을 복구하기 위한 에코젠더, 에코섹슈얼리티의 다양한 이론과 활동들과 함께 생태적 남성성의 구체적 사례들을 제시한다. 퀴어링은 인간이 관계적 존재임을 상기시키고, 생명과 죽음의 순환을 기억케 하고, 생태정의와 종횡단적 생태 공동체의 아름다움을 추구한다. 또한 어머니에서 연인으로의 메타포 전환을 통해 지구에 대한 새로운 상상력을 갖게 한다.

『비판적 에코페미니즘』은 플럼우드의 이론뿐 아니라 최근에 등장한 다양한 인문학, 자연과학, 사회과학, 과학기술의 개념과 이론을 두루 섭렵하여 이를 비판적으로 재조명하는 책이다. 따라서 한국어 번역은 쉽지 않았다. 한국 독자들에게 다소 생소하고 복잡한 최신 개념뿐 아니라 가드가 구사하는 밀도 있는 문장과 그 안에 담긴 수많은 관련 문헌과 방대한 정보 역시 번역을 어렵게 만드는 요소였다. 번역 과정은 크게 두 단계로 이루어졌다. 먼저, 여성환경연대의 에코페미니즘 연구센터 달과나무의 연구위원들이 한장씩 맡아 번역한 뒤, 매달 세미나에서 토론하는 방식으로 1년간 초벌 번역을 했다. 김현미, 박혜영, 심보미, 이미숙, 이윤숙, 장우주, 장이정규, 최형미, 황선애가 초벌 번역에 참여했다. 이 과정에서 가드가 제시한 에코페미니즘의 확장된 관점과 비판 지점에 대한 이해를 넓힐 수 있었고, 이 책을 번역 출판해야 할 필요성을 확인했다. 번역본을 출판하는 일은 작은 오류와 오독까지도 꼼꼼하게 확인하는 지난한 과정이 요구된다. 논의 끝에 김현미, 박혜영, 이윤숙, 황선애가 참여하기로 했고, 노고운이 합류하여 책임 번역팀이 꾸려졌다.

책임 번역팀은 1차 번역원고를 장별로 다시 원문과 대조하며 수정한 뒤, 한 문장씩 함께 독해하는 방식을 취했다. 매주 혹은 격주로 줌과 대면으로 진행된 번역은 개념에 대해 서로 이해가 다르거나 애매한 만연체 영어문장에 대한 정확한 해석에 대해 논쟁을 벌일 때도 있었다. 원문과 최종 번역본을 대조하여 최대한 오독을 줄이고자 했고, 가독성을 높이기 위해 문장을 다듬었지만, 여전히 이해하기 쉽지 않은 부분이 남아있을 것이다. 책임 번역팀은 번역 시간을 일정의 우선순위에 두고 매주 계획한 분량을 소화해냈다(2022년 4월에 시작한 번역작업은 2년 4개월 만에 결실을 맺었다). 밤늦게까지 공들여 번역하고 토론하는 가운데 두터워진 우정의 그물망은 이 책이 덤으로 준 선물이라 하겠다.

이전에 에코페미니즘에서 다루지 않았던 불꽃놀이나 클라이파이 등 다양한 주제가 담긴 이 책을 소개할 수 있어 매우 기쁘게 생각한다. 특히 한국에서는 마리아 미즈와 반다나 시바의 『에코페미니즘』(창비 2020) 이후 이렇다 할 에코페미니즘 번역서가 없었다. 최근 그레타 가드의 글이 포함된 캐럴 애덤스와 로리 그루언이 편집한 『에코페미니즘』(에디투스 2024)이 출간되어 에코페미니즘에 대한 관심이 확장되고 있다. 본 번역서는 에코페미니즘의 다양하고 논쟁적인 이슈를 다룬 본격적인 저서로 한국 에코페미니즘 운동이나 이론에 새로운 활력을 제공해줄 것으로 기대한다.

가드는 학자이자 활동가로서 미국 녹색당 미네소타주 지부 공동창립자다. 환경운동가로서 가드는 제국주의적이고, 가부장제적이며, 인간중심주의적인 착취와 수탈에 반대하며, 체제 전환을 촉구하는 운동에 참여해왔다. 학문, 예술, 운동의 교차와 접목을 시도하는 가드의 연구와 활동을 고려할 때 이 책은 페미니즘 운동과 학계뿐 아니라 동물권-비건-퀴어-반자본주의-기후정의 활동가들의 지적 호기심을 채워주고 영감을 줄 것이다. 기후위기의 구조적 원인을 밝혀내고 해결책을 제시하는 이 책을 통해 더 많은 생태시민이 출현하기를 바란다. 전세계의 생태시민과 에코페미니스트들이 함께 연대함으로써, 기후위기로 절멸의 위험에 처한 인류와 모든 지구 생명체들이 종횡단적 돌봄을 하고, 우주개발이라는 또다른 '자본주의 컬트'에서 벗어나 지구를 다시 살 만한, 우리 모두의 집으로 만들어갈 것이다.

2024년 8월

김현미, 노고운, 박혜영, 이윤숙, 황선애

감사의 말

나는 캘리포니아에서 자랐다. 어느 날 우리 가족이 센트럴밸리를 관통하는 5번 주간고속도로Interstate 5를 지나가고 있을 때 농업노동자연합United Farmworkers 운동에 대해 알게 되었다. 그날 노동자들과 과일 판매대를 보면서 의문을 가졌고, 이는 고등학생으로서 1970년대의 '포도 불매' 캠페인을 지지하는 계기가 되었다. 나는 워싱턴주에서 농장노동자들이 농장주를 압박하여 더 나은 계약을 하는 것을 돕기 위해 모인 북서부지역 노동자와 농민 노조Pineros y Campesinos Unidos del Noroeste, PCUN와 함께 행진했다. 해마다 봄이 되면 스카짓밸리 튤립축제에 수십만명의 방문객이 모여든다. 매우 경쟁적인 이 예술 경연대회는 연례 축제 포스터에 등장할 한명의 예술가를 선발한다. 아마추어와 전문 사진작가들은 튤립의 눈부신 아름다움, 자전거를 탄 아이들, 네덜란드 풍차와 튤립밭 달리기Tulip Run를 사진에 담아낸다. 그러나 종종 자녀들을 데리고 비에 젖은 들판에 나와서 일하는 이주민 농장노동자들에게는 시선을 돌리지 않는 것 같다. 미네소타주에서 이주노동자들은 사탕무밭과 사과과수원에서 일한다. 멕시꼬 원주민, 이주노동자이거나 계절노동자,

시민노동자, 미등록 농장노동자들은 자녀 교육, 가족의 의료서비스, 열악한 주택, 장시간의 위험한 저임금 노동 등 많은 어려움에 직면해 있다. 이 모두는 제도적 인종차별주의의 산물이다. 나의 생태글쓰기 수업에서 헬레나 비라몬테스Helena Viramontes의 『예수의 발아래서』*Under the Feet of Jesus*를 읽은 후, 서미네소타주 출신의 한 학생이 글을 썼다. 그는 마을에서 사탕무와 함께 자랐고 나중에 수영장 구조대원으로 일했다. 그런데 고향 마을 학교의 이주민 학생들이 공공 수영장에 들어왔을 때 수영하고 있던 많은 백인이 수영장에서 나가버리는 것을 봤다고 한다. 그는 "우리가 이주민을 더러운 때처럼 다루는 것은 우연이 아니"라고 결론지었다.

미네소타주에서는 이주민 농장노동자들과 나비들이 계절에 따라 들어오고 떠난다. 그러나 이 두 이주민들이 받는 대우는 똑같지 않다.

대부분의 미네소타주 사람들은 미국인이 먹는 식량의 최대 85퍼센트를 수확하는 멕시코 이주민 농장노동자들을 보지 못하지만, 제왕나비Monarch Butterfly가 멕시코 미초아칸 숲의 오야멜 전나무에서 미네소타주의 호수와 강으로 매년 찾아오는 것은 간절히 기대하고 축하하며 추적한다. 우리는 기후변화, 삼림 벌채, 산업화된 농업, 과도한 개발이 제왕나비의 서식지와 활력을 손상했다는 것은 알고 있지만, 연간 얼마나 많은 제왕나비가 들어오고 떠나는지는 알지 못한다. 노동통계자료에는 미네소타주의 농장과 식품가공공장에서 매년 모집하는 이주민 농업노동자가 2만명에서 3만 5000명이라고 기록되어 있다. 그들 중 대부분은 미국 텍사스주 남부와 멕시코 북부의 국경지역에서 온 미국 영주권자로, 4월부터 11월까지 미네소타주에서 지낸 후 농한기에는 집으로 돌아간다. 제왕나비는 수분을 통해, 이주민은 노동을 통해, 둘 다 식량 생산에 기여한다.

이 책의 표지 이미지*는 미네소타주의 사미계 미국인Sami-American** 예술가 커트 시버그Kurt Seaberg의 석판화인 「이주노동자들」이다. 튤립축제 예술가들과 달리 시버그의 석판화는 이주민 농장노동자와 제왕나비 둘 다의 노동을 아름답게 묘사한다. 그는 노동자들 위를 지나가는 전선電線, 그들이 일하는 들판 주변의 산업 오염물질, 그리고 생태적이고 문화적으로 인간의 건강과 환경, 식량시스템을 위협하면서 땅 아래 숨어 있는 독소에 대한 시각적인 이미지를 하나의 장면에 배치했다. 이 장면 위로는 번데기에서 성충으로 변태해가는 제왕나비가 등장하는데, 이는 꽃가루 매개자, 노동자, 그리고 환경 인종차별과 환경 악화를 일으키는 독소에 도전하는 사람들에게 건강과 재생의 가능성을 제공한다. 나는 생태적·문화적으로 조화를 이룬 석판화와 종간interspecies정의, 사회정의, 환경정의의 윤리를 다시 연결하는 행동주의를 보여준 시버그에게 감사한다. 이 책에서 나는 시버그가 예술로 표현한 것을 글로 하려고 한다. 즉 사회정의, 횡단종transspecies정의, 생태정의 사이의 관계들을 조명하고자 한다. 이 관계는 인간이 자아정체성을 내부-작용적intra-active (Barad 2007)이고 친족중심적kincentric(Salmon 2000)으로 인식하는지, 아니면 나머지 생명들과 분리되어 있고, 지구타자들보다 우월하며 따라서 마음대로 지배하고, 다시 만들고, 조작하고, 부담을 지우고, 파괴할 수 있다고 생각하는지에 뿌리를 둔다.

* 여기서 저자는 2017년 렉싱턴북스에서 출간된 이 책의 원서 *Critical Ecofeminism*의 표지 이미지를 설명하고 있다. 다음 웹사이트에서 원서의 표지를 확인할 수 있다.(https://rowman.com/ISBN/9781498533607/Critical-Ecofeminism)

** 북유럽 원주민.

보통 저자들은 지적 교류, 사회운동, 그리고 동료 관계를 통해 글을 발전시키는데, 내 글의 많은 부분이 동료들의 초대와 대화를 통해 진전되었음에 놀라워하며 겸허해진다. 나는 애니 포츠Annie Potts에게 감사를 드린다. 그는 이 책의 2장이 된 글에 대한 아이디어를 탐구하도록 자극하면서, 자신의 책『육식문화』*Meat Culture*에 내 글을 싣도록 초대했다. 나는 운 좋게도 위스콘신주 애슐랜드에 있는 노스랜드 칼리지의 신시아 벨몬트Cynthia Belmont와 캘리포니아주 클레어몬트 칼리지에서 먹거리정의회담Food Justice Summit을 조직한 학생들의 초대 덕분에 내 글에 관심을 가진 청중들에게 '시연'해 보일 수가 있었다. 클레어 진 킴Claire Jean Kim과 까를라 프레세로Carla Freccero는 학술지『에콜로지스트』*The Ecologist*에 실린 나의 글「젖을 먹이는 어머니 자연: 유전자조작 소성장호르몬에 대한 에코페미니즘 비판」Milking Mother Nature: An Eco-Feminist Critique of rBGH을『계간 아메리칸』*American Quarterly* 특집호「종/인종/성」에 기고해달라는 초대장을 내게 보냈다. 이 초대는 1994년에 시작된 인종과 종에 걸친 모유수유의 정치에 대한 나의 오랜 관심을 진전시키는 계기를 제공했다. 대만 담강대학교의 동료이자 친구인 피터 아이-민 황Peter I-Minh Huang은 60면이나 되는 내 긴 글을 문학 연구와 정치적 동물젖 연구로 분리할 수 있도록 충분한 시간을 주었다. 그 결과 이 글은『세계문학』*World Literature* 첫호에 '미국의 20세기 소설에 나타난 문학적 모유'Literary Breastmilk in U.S. 20th Century Fiction라는 제목으로 나올 수 있었다. 패트리스 존스pattrice jones*는 나의 이런 시도들을 계속 격려했다. 그

* 패트리스 존스(pattrice jones)는 자신의 이름을 항상 소문자로 썼다. 이렇게 쓰는 경우는 일반적으로 대문자 이름이 강하고 권위적인 것으로 인식되는 반면, 소문자 이름은 더 친근하고 접근하기 쉬운 것으로 인식될 수 있기 때문이다.

는 나에게 계속 "당신은 소젖에 대해 할 말이 많을 것"이라고 말했고, 매년 열리는 '7월 4일 불꽃놀이'에서 본 것에 대해 깊이 괴로워하는 나에게 내 생각을 쓰라고 촉구했다. 패널 공동조직자인 세레넬라 이오비노Serenella Iovino와 세르필 오퍼만Serpil Oppermann 덕분에, 「불꽃놀이」는 2013년 캔자스주 로렌스에서 열린 문학과환경학회Association for the Study of Literature and Environment, ASLE 학술대회에서 '유물론적 페미니즘' 세션에서의 10분짜리 발표로 압축되었다.

소젖에 관한 글들과 마찬가지로 6장 '기후정의'와 7장 '클라이파이 서사들'은 원래 하나의 글이었으나 출판하기 위해 나누었다. '클라이파이 서사들'을 먼저 썼는데, 2009년 앙카라에서 열린 튀르키예 최초의 생태비평 학회인 '생태비평주의의 미래'에서 오퍼만에 의해 기조연설자로 초청되었을 때 발표한 글이다. 이 발표문과 다른 글들이 『생태비평주의의 미래: 새로운 지평선』*The Future of Ecocriticism: New Horizons*, Cambridge Scholars, 2011에 수록되어 처음으로 출판되었다. 이후에 이 글은 2014년 중국에서 출간된 『세계문학 연구 포럼』*Forum for World Literature Studies*의 특집호를 편집하던 싸이먼 에스톡Simon Estok의 요청으로, 그리고 2015년 루틀리지 출판사의 『에코페미니즘에 대한 동시대의 관점들』*Contemporary Perspectives on Ecofeminism*을 편집하던 메리 필립스Mary Phillips와 닉 루멘스Nick Rumens의 요청으로 수정되었고, 새로운 내용이 추가되었다. 오퍼만과 나는 2015년의 문학과환경학회에서 '클라이파이 서사들' 세션을 공동으로 조직했다. 이 세션에서 나는 이미 이 접근법을 발전시키고 있던 에이프릴 앤슨April Anson, 스티븐 시퍼스타인Stephen Siperstein, 로라 라이트Laura Wright와 같은 '차세대' 클라이파이 생태비평가들의 발표의 사회를 보면서 마치 이 생태비평 장르의 대모가 된 것 같은 기분이 들었다. 글을 발전시키는 과정에서는 '클라이파이'라는 용어를 처음 만들어 낸 댄 블룸Dan Bloom과 편지를 주고받는 행운을 누렸다. 그는 대만에서 블로거로 활동하며, 클라이파이 문학, 과학, 대중문화에 관한 전세계에서 가장 포괄적인 웹사이트를 만들어 운영하고 있다.

기후정의에 대한 연구는 2008년 당시 강의하던 위스콘신대학교 리버폴스 캠퍼스와 미네소타주의 메트로폴리탄 주립대학교 세인트폴 캠퍼스에서 발표하면서 시작되었다. 2008년에는 지구온난화, 세계 기아, 산업화된 육류 생산 간의 연관성에 대해 에코페미니즘 관점에서 발표했고, 2011년에는 성차별주의/종차별주의/기후변화 간의 연관성에 대한 탐구로 확장되었다. 그후 계속된 발표에서 청중의 피드백 덕분에 내용이 다듬어지면서 현재의 형태가 되었다. 특히 2014년 이런 발표 기회를 준 뉴욕 주립대학교 스토니브룩 캠퍼스의 인문학연구소 특강을 주최하고 초대해준 소피아 크라이스트먼 래빈Sophia Christman Lavin에게, 캔자스대학교 스카일러 크라우스Schuyler Kraus에게, 그리고 사우스다코타대학교 메이건 자코우Meghann Jarchow에게 감사한다. 그리고 2015년 펜실베이니아 인디애나대학교의 수전 컴퍼트Susan Comfort와 캘리포니아대학교 샌타바버라 캠퍼스의 코리 엘리스Corrie Ellis와 존 포란John Foran에게도 감사한다.

로리 그루언Lori Gruen은 미국 우주탐사의 초기 단계와 침팬지 프로그램에 대해 이야기해주었다. 그의 종간정의에 대한 지속적인 지지, 영장류 해방에 대한 연구와 운동, 그리고 수년에 걸친 우정 덕분에 나는 이루 헤아릴 수 없을 만큼 많은 도움을 받았고, 특히 5장에서 논의한 '우주로 발사된 동물들'에 관한 글에서 큰 도움을 받았다. 로레인 커슬레이크Lorraine Kerslake와 테리 기포드Terry Gifford는 공동 편집한 『페미니즘/들』*Feminismo/s*의 특집호 『에코페미니즘/들: 여성과 자연』*Ecofeminismo/s: mujeres y naturaleza*에 나를 초대하여, 여기 지구에서는 정확한 원고 마감일을 지키되 우주는 마음껏 탐험하게 했다. 또 브리짓 플린Bridget Flynn은 친절하게도 내가 오벌린대학교에서 「우주로 발사된 동물들」Animals in space을 처음으로 발표하도록 초대해주었다. 그루언과 캐럴 애덤스Carol Adams는 에코페미니스트 마티 킬Marti Kheel의 업적을 기리는 웨슬리언학회를 공동으로 조직했는데, 그 학회에서 생태남성성과 에코섹슈얼리티에 대한 나의 연구에 큰 자극을 주었다. 그때 발표한 글은 2014년 위스콘신대학교 밀워키 캠퍼스에서 열린, '인류세 페미니즘'을 주제로 21세기학연구소Center for Twenty-first Century Studies가 주최한 학회에서 베스 스티븐스Beth Stephens를 만나면서 더욱 확장되었다. 스티븐스와 애니 스프링클Annie Sprinkle이 정치로서의 에코섹슈얼리티와 에코에로틱을 다룬 작품은 특히 워커아트센터의 전시회 '히피 모더니즘'의 '생태관광'으로 나를 안내하면서 나에게 활력과 기쁨을 주었다. 그들이 에코페미니즘에 관한 내 글을 이론적 토대의 일부로 사용한 것을 영광스럽게 생각한다. 그들의 작업을 통해, 나는 에코섹슈얼이라는 것을 발견했다!

이렇게 전문직업을 가진 사람들이 동료의식을 가지고 든든하게 지원하는 예술적 연결이 있고, 또 가족 공동체가 있기 때문에 나는 글을 쓸 수 있다. 나는 커먼그라운드 명상센터의 다르마 강연과 마음챙김 연습, 퍼스트유니버설리스트 교회의 주간 설교와 인종정의 활동, 베어본즈프로덕션의 연례 핼러윈 공연과 하트오브더비스트Heart of the Beast 극단이 주최한 노동절 퍼레이드, 그리고 미시시피강과 이 생태지역을 공유하는 식물과 동물로부터 힘을 얻는다. 집에서 내 글은 나의 반려묘 사샤와 호기심, 동정심, 인내심, 장난기로 매일 내게 동기부여를 해주는 딸 플로라의 지지를 받고 있다. 플로라는 내가 지난 3년의 여름을 글을 쓰는 데 보낸 후 이제 우리가 오랫동안 약속한 여름 장거리 자동차 여행을 할 수 있다는 것에 기뻐할 것이다. 지난 몇년 동안 어머니 비벌리는 나를 믿고 지지했다. 나는 어머니에게서 페미니즘을 배웠다. 어머니는 내가 서 있는 기반이다.

대부분의 생태운동가이자 학자들처럼 나도 내 글이 삶에 더 밀접하게 다가가는 정의로운 세상에 기여하기를 희망하며 현재와 미래 세대에 도움이 되기를 바란다. 또한 다양한 인종, 젠더, 국적의 인간들과 이 하나밖에 없는 소중한 지구를 구성하는 모든 생물종과 요소들의 상호존재성에 기여하기를 바란다.

비판적 에코페미니즘

Critical Ecofeminism

| 차례 |

2부 사례

3부 기후

서문

비판적 에코페미니즘

어떻게 우리의 경험은 인간 너머 세상의 행위자성agency과
창조성을 존중하는 방식으로 재현될 수 있을까?
—발 플럼우드(Plumwood 2007b, 19면)

물은 생명이다. 사람들은 물에 의지해서 산다.
물로 기도를 하고, 물을 이용하여 여행한다. 물에서 먹을 것과 마실 것을 얻는다.
우리는 물에 사는 존재들과 연결되어 있다. 물을 오염시키는 것은 창조에 대한 불경이다.
물을 공경하고 보호하는 것은 육지에 사는 우리들의 책임이다.
—위노나 라듀크

하나의 물줄기로서 이 책의 여정은 여러갈래의 지류와 흐름으로 이루어진다. 일부는 학술적이고, 일부는 경험적이며, 일부는 이 둘을 기술적으로 종합하고, 또 일부는 지표 밑으로 스며들어 내일을 위해 고여 있다.(Neimanis 2012, 2013) 이곳으로 흘러든 학자이자 활동가로서 나의 탐사는 장소와 공동체, 물과 나무, 지구타자들earthothers 및 동물타자들animal-others과 맺은 오랜 관계 속에서 형성되었다. 그 속에서 윤리적 책임감은 점점 더 깊어지고 더 많은 존재와 얽히게 되었다. 이 책의 장들은 플럼우드 나무에서 날아온 작은 씨앗들과 결합하여, 곧 지구타자들과 좀더 분명한 횡단신체적transcorporeal 관계를 만들어낼 더욱 비판적인 에코페미니즘의 새순을 틔운다.[1]

리처드 와츠Richard Watts는 발 플럼우드Val Plumwood의 환경문화Environmental Culture를 탈식민주의 이론과 연결시키면서 생태비평 탈식민주의를 설명하는데(Watts 2008), 그의 저서에서 제시한 '학술 담론 진화의 3단계' 발전 모델은 에코페미니즘에 쉽게 적용될 수 있다.

> 먼저 1단계는 하나의 담론이 구성될 실질적 징표로, 소수의 위대한 사상가들이 담론의 문제점과 접근법을 폭넓게 인식하는 데서 출발한다. 2단계에서는 1단계에 동의하는 입장에서 나온 당대 학문 선집과 관련 지식 분야의 범위를 좁혀줄 기본서가 등장한다. 3단계는 마지막 심문 단계로, 관련 분야의 가정에 대해 그 분야의 안과 밖 양쪽에서 동시에 질문이 제기된다.(같은 글 251면)

나는 페미니즘의 역사를 설명하는 '물결'wave 모델*을 통해 생태비평 이론사와 페미니즘 이론사를 유사하게 기술하는 것에 문제가 있다고 주장하는 에코페미니즘 비평을 글로 쓴 바 있다.(Gaard 2010a) 물결 모델은 대중운동의 관점에만 경도되어 작지만 중요한 발전을 배제해왔다. 또한 이 때문에 다양한 생각이 발전하는 가운데 생기는 융합뿐 아니라

* 일반적으로 페미니즘이 대두하고 역사적으로 발전한 것을 시기적으로 나누어 제1물결, 제2물결, 제3물결 등으로 표현한다. 페미니즘 제1물결은 19세기부터 1950년 무렵까지의 페미니즘 운동으로서, 영미를 중심으로 남성과 동등한 여성의 권리, 예컨대 참정권과 사유재산권, 기본적 인권 등을 위해 투쟁했던 시기다. 페미니즘 제2물결은 1960년대부터 1980년대까지의 운동을 말하며, "개인적인 것이 정치적인 것이다"라는 유명한 슬로건 아래, 가부장제라는 남성중심의 여성억압적 사회구조의 분석, 여성들 간의 차이와 연대 등이 중요하게 대두되었다. 제3물결은 1990년대 이후의 페미니즘으로서, 단일한 주체로서의 여성이 아니라 서로 다른 정체성이 교차하는 여성에 주목하여 인종, 종교, 계급, 문화적 다양성, 섹슈얼리티 등의 다양한 문제에 관심을 가졌다.

동시성을 간과하여 시대착오를 영속화한다는 점을 잘 알고 있다. '물결' 모델은 은연중에 서구 유럽 중심의 지식발전에 초점을 맞추다보니 토착민과 다른 비서구사회에서 생태적으로 좀더 심오하고 정의로운 관점들을 성장시키고 지속시켜온 점을 보지 못한다. '에코페미니즘'으로 불리지 않는 접근법도 다양한 지적 전통을 경유하여 에코페미니스트들이 밝혀낸 견해나 결론으로 이야기할 수 있다. 생태정의와 관련된 결론과 지적 전통은 주목할 만하다. 이런 점에 주의를 기울인다면, 와츠의 3단계 진화 모델은 에코페미니즘의 발전에 드러난 장단점을 조망하기 위해 신중히 적용될 수 있다. 이 모델을 기반으로 삼아 나는 플럼우드의 저서에서 유래한 용어인 **비판적 에코페미니즘**critical ecofeminism을 더욱 발전시킨 이론적 주장을 펼치고자 한다.[2]

에코페미니즘 담론의 1단계에서 이론적 토대를 마련한 사상가들은 대부분 서구 유럽의 학자들이다. 수전 그리핀Susan Griffin, 캐런 워런Karen Warren, 캐럴 애덤스, 페트라 켈리Petra Kelly, 마티 킬, 샬린 스프레트낙Charlene Spretnak, 엘리자베스 도드슨 그레이Elizabeth Dodson Gray, 이네스트라 킹Ynestra King, 캐럴린 머천트Carolyn Merchant, 반다나 시바Vandana Shiva, 마리아 미즈Maria Mies, 아리엘 살레Ariel Salleh, 발 플럼우드, 메리 멜러Mary Mellor가 여기에 포함된다. 이들은 레오니 콜더컷Leonie Caldecott과 스테퍼니 릴런드Stephanie Leland의 공저 『지구를 되찾자: 지구상의 모든 생명을 위해 여성들이 발언하다』*Reclaim the Earth: Women Speak Out For Life On Earth*에 나오는 다른 학자들과 함께 젠더/인종/생물종/생태/국가의 연결이 위계적인 이분법적 사고와 지배논리로 작동한다고 보았다.(Warren 1990) 이들로부터 영적, 심리적, 정치적, 철학적, 역사적, 경제적, 활동가적인 에코페미니즘 관점들이 모여 에코페미니즘을 발전시켰다. 2단계는 이론을 다룬 다양한 선집과 공저를 통해 꽃을 피우게 되는데, 여기에는 주디스 플랜트Judith Plant의 『상처 치유하기: 에코페미니즘의 약속』 *Healing the Wounds: The Promise of Ecofeminism*, 아이린 다이아몬드Irene Diamond와 글로리아 피먼 오렌스타인Gloria Feman Orenstein의 『다시 꾸며보는 세상: 생태여성주의의 대두』 *Reweaving the World: The Emergence of Ecofeminism*, 캐럴 애덤스의 『에코페미니즘과 성스러움』 *Ecofeminism and the Sacred*, 그레타 가드의 『에코페미니즘: 여성, 동물, 자연』 *Ecofeminism: Women, Animals, Nature*, 마리아 미즈와 반다나 시바의 『에코페미니즘』 *Ecofeminism*, 캐런 워런의 『에코페미니즘: 여성, 문화, 자연』 *Ecofeminism: Women, Culture, Nature*, 캐럴 애덤스와 조세핀 도노반Josephine Donovan의 『동물과 여성: 이론적 탐색』 *Animals and Women: Theoretical Explorations*이 포함된다. 와츠의 이론과는 조금 다르지만, 2단계는 또다른 일군의 단독 저자들의 저서뿐 아니라 에코페미니즘의 근간이 되는 또다른 사상가들의 주요 개념도 추가된다. 가령 카트리오나 샌딜랜즈Catriona Sandilands의 에코페미니즘 민주주의와 시민권(Sandilands 1999), 노엘 스터전Noël Sturgeon의 글로벌 페미니즘 환경정의(Sturgeon 1997), 그레타 가드의 녹색정치와 에코페미니즘(Gaard 1998), 샤이아 헬러Chaia Heller의 사회생태주의 에코페미니즘과 성애erotic(Heller 1999), 바르바라 노스케Barbara Noske의 종차별주의와 마르크스주의 에코페미니즘(Noske 1997), 크리스 쿠오모Chris Cuomo의 에코페미니즘적 충만함ecofeminist flourishing(Cuomo 1998), 아이린 다이아몬드의 재생산의 정치학(Diamond 1994), 수전 호손Susan Hawthorne의 전지구화와 생물다양성(Hawthorne 2002), 셰릴린 맥그레거Sherilyn MacGregor의 생태시민권과 돌봄정치(MacGregor 2007), 그리고 서구 유럽의 전통적인 환경보호주의를 비판한 마티 킬의 비건 에코페미니즘(Kheel 2008)이 있다.

와츠의 3단계는 해당 분야의 근간이 되는 가정에 대해 안과 밖의 탐구자들이 이의를 제기하는 '심문의 순간'이다. 이러한 이의 제기는 2단계에 속하는 자넷 빌Janet Biehl의 『에코페미니즘 정치학 다시 생각하기』*Rethinking Ecofeminist Politics*에서 동시에 나타났다. 그는 이 책에서 에코페미니즘의 다양한 갈래를 간과하고, 그중 하나일 뿐인 문화적, 본질주의적, 유럽중심주의적 갈래로 에코페미니즘을 규정하는 실수를 저질렀다. 이 책을 다룬 여러 서평들은 저자의 성급한 일반화이자 왜곡된 논증을 비판했다.(Buege 1994; Gaard 1992; Gruen 1992; Plumwood 1992) 그럼에도 불구하고 에코페미니스트 내부의 비키 다비온(Davion 1994)이나 크리스 쿠오모(Cuomo 1992)와 같은 학자들과 외부의 비나 아가르왈(Agarwal 1992)과 같은 페미니스트 환경주의자들이 에코페미니즘의 본질주의에 대해 좀 더 합리적인 비평을 내놓으면서 빌의 왜곡된 설명까지 동시에 인기를 끌게 되었다. 여기서부터 상황은 더욱 혼란스러워진다. 왜냐하면 베스 딕슨(Dixon 1996), 캐스린 팩스턴 조지(George 1994), 메리 제이스 스탠지(Stange 1997)와 같은 반동적 페미니스트부터 플럼우드(Plumwood 2000)와 같은 에코페미니스트에 이르기까지 여러 비평가들이 에코페미니즘의 본질주의에 대한 충분히 근거 있는 비평과 에코페미니즘의 포스트휴머니즘적 반反종차별주의를 인간우월주의적 관점에서 공격한 비평을 뒤섞어버렸기 때문이다.[3] 물론 플럼우드는 포스트휴머니즘적이고 탈식민주의적인 종간윤리를 자신의 비판적 에코페미니즘과 연결시키고자 노력했다. 이것은 플럼우드 사후에 출간된 저서(Plumwood 2012)에서 설명한 '생태적 동물주의'ecological animalism에서도 잘 드러난다. 하지만 그보다 훨씬 앞선 1996년까지 페미니즘 비평가들은 이미 인간중심주의에 대한 에코페미니즘의 진지한 도전을 무시하려는 의도로 동물주의 에코페미니즘animal ecofeminism을 비판으로 활용했다. 사실에 근거한 에코페미니스트들의 합리적 반박에도 불구하고 인간을 만물의 영장으로 생각하는 인간중심주의적이고 종차별주의적인 이런 외부의 도전은 10년간 지배적인 관점이었다.(Gaard 2011)

이론적 발전의 마지막 3단계는 담론의 활력을 위해 중요하다. 와츠는 "이 지점에 이르면 담론은 유지되어 같은 수준의 비평과 통합되면서 진화하거나, 아니면 과거에 대한 향수라고 여겨지게끔 진화하지 않고 굳어져버린다"(Watts 2008, 252면)라고 주장한다. 에코페미니즘이 지닌 지속적인 활력은 본질주의와 유럽중심주의에 대한 비평과 통합하면서 획득한 것이다. 플럼우드가 인종, 국가, 젠더, 생물종 간의 교차성을 언급한 『페미니즘과 자연의 지배』*Feminism and the Mastery of Nature*와 『환경문화: 이성이 낳은 생태적 위기』*Environmental Culture: The ecological crisis of reason*에서 비판적 에코페미니즘을 명백하게 잘 그리고 있지만, 에코페미니즘 외부에서도 그런 작업은 있었다. 그레이엄 후건Graham Huggan과 헬렌 티핀Helen Tiffin의 『탈식민주의 생태비평: 문학, 동물, 환경』*Postcolonial Ecocriticism: Literature, Animals, Environment*과 2008년에 와츠가 쓴 에세이가 여기에 포함된다. 탈식민주의적 에코페미니즘은 로라 라이트의 『문명화된 야생: 탈식민주의 환경 읽기』*Wilderness into Civilized Shapes: Reading the Postcolonial Environment*와 인종, 젠더, 생물종 간의 교차성을 탐구한 다양한 저작에서도 나타난다.[4] 예를 들면 A. 브리즈 하퍼A. Breeze Harper의 『시스타 비건: 흑인 여성 비건들이 음식, 정체성, 건강, 사회에 대해 말하다』*Sistah Vegan: Black Female Vegans Speak on Food, Identity, Health, and Society*, 리사 케머러Lisa Kemmerer의 『자매 종: 여성, 동물, 그리고 사회정의』*Sister Species: Women, Animals, and Social Justice*, 캐럴 애덤스와 로리 그루언의 『에코페미니즘: 인간, 동물, 지구와 교차하는 페미니즘적 시선들』*Ecofeminism: Feminist Intersections with Other Animals and the Earth*, 그리고 라이트의 『비건 연구 프로젝트: 테러 시대의 음식, 동물, 젠더』*The Vegan Studies Project: Food, Animals, and Gender in the Age of Terror*가 있다. 에코페미니즘과 관련된 인종적, 문화적으로 다양한 이야기들은 니암 무어Niamh Moore의 『변화하는 에코/페미니즘: 클레이오쿼트사운드가 전해주는 이야기』*The Changing Nature of Eco/Feminism: Telling Stories from Clayoquot Sound*와 수전 만Susan A. Mann의 연구를 통해 활력을 찾았다. 특히 만은 자신의 연구를 여러 보호 및 보존 운동과 함께 미국의 도시환경 운동사와 결합시켰다. 그의 연구에 따르면 "메리 오스틴Mary Austin, 제인 애덤스Jane Addams, 메리 맥다월Mary McDowell, 엠마 골드만Emma Goldman, 로즈 슈나이더만Rose Schneiderman, 크리스털 이스트먼Crystal Eastman, 이다 웰스-버넷Ida Wells-Barnett, 루제니아 호프Lugenia Hope야말로 '에코페미니즘과 환경정의의 진정한 선구자'로 여성의 권리를 옹호하고 취약계층이 처한 환경 문제와 싸우는 데 기여"(Mann 2011, 20면) 했다. 본질주의와 유럽중심주의를 뛰어넘은 에코페미니즘의 발전은 정치이론과 생태비평 분야에서 최근에 나온 국제 논문과 학회지의 특집과 연구에서도 확인된다.[5]

이 책의 작업은 주의 깊은 듣기를 실천함으로써 3단계의 에코페미니즘을 뛰어넘어 **비판적 에코페미니즘**이라는 4단계로 전진한다. 이 4단계는 플럼우드에서 시작된 비판적 에코페미니즘의 경로를 그 시작부터 따라간다. 그러면서 학자 겸 활동가들이 환경정의, 종간정의, 퀴어 기후정의, 식물연구와 같은 포스트휴머니즘과 지속가능성을 위해 노력한 여러 활동에 귀를 기울인다.[6] 서론과 1장은 이와 같은 세가지 단계에서 제시된 생각들을 세갈래 포크처럼 소개한다. 이 도구를 통해 독자들은 이 책 전체에서 제공되는 요리를 맛볼 수 있을 것이다.

경청

나는 정원 바닥에서 요정을 만들어내자고 말하는 것이 아니다.
우리 문화 속에 감수성과 어휘를 되살릴 공간을 만듦으로써
자연을 강력하고 주체적이며 창조적인 것으로 체험할 수 있도록
열린 마음을 갖자는 것이다.
—플럼우드 「자연의 능동적 목소리」Nature in the Active Voice Plumwood(2009)

페미니즘 커뮤니케이션학의 기본 이론은 서구문화에서 인간이 지구 타자들과 소통하는 방식이 문화의 성별화된 커뮤니케이션 패턴에 따라 형성된다는 것을 알려준다. 로빈 라코프(Lakoff 1975), 데일 스펜더(Spender 1980), 체리스 크라마래(Kramarae 1981) 같은 영어 커뮤니케이션학 학자들은 여성의 관계적 대화법에서 나타나는 특성이 문화적으로 권위에 대한 종속과 경의를 표현한 것으로 해석되는 방식을 연구했다. 가령 여성들은 부가의문문("토착민의 입장이 배제된 거 같은데 그렇지 않은가요?")이나 방어적 얼버무리기("관련 데이터를 생략하는 것은 약간은 또는 일종의 비과학적인 것이에요."), 사과적 대화법("미안하지만 기후정의는 지속가능성을 위해 중요해 보여요.")을 사용하여 말하고, 말할 때 빈번하게 중단당한다. 대화에서 여성에게 요구되는 성별화된 역할은 대화를 혁신적으로 주도하기보다 오히려 지배 화자에게 언어적으로 지지를 보내거나 화자의 말을 그대로 수용하는 데 있다. 비지배적 여성이나 남성, 그리고 젠더 퀴어들은 마찬가지로 지배적 화자(보통은 특권적인 남성이지만 항상 그런 것은 아니다)

가 이끄는 주제를 계속 따라간다. 하지만 여성이나 비지배적 타자가 새로운 주제를 꺼낼 경우 이런 주제들은 거의 채택되지 않는 것이 일반적이다.

페미니즘 커뮤니케이션학자들은 누구의 담화가 주목을 끌 만한 장점이 있는지뿐만 아니라 누가 그 담화에 귀를 기울이는지에 주목한다. 경청이 종속과 연관되는 반면 발화는 권력, 지식, 지배와 연관되기 때문이다. 페미니즘 방법론이 훌륭한 학문적 태도로 각자의 연구대상에게, 억압당하는 사람들에게, 또 활동가들과 학문 공동체에 귀를 기울이는 경청과 협업을 위한 구조 만들기를 강조하는 것은 그다지 놀랍지 않다. 이를 통해 연구대상이 스스로 연구주제를 설정하고, 욕구를 표출하고, 학문적 노고로부터 혜택을 얻을 수 있기 때문이다.(Gaard 2012)

페미니즘 커뮤니케이션학은 초기에 젠더 불평등에 관심을 가졌으나 오늘날에는 퀴어 페미니즘 반인종주의 활동가들 덕분에 관심 영역이 확장되고 있다. 이들은 백인 동료에게는 유색인종에게, 이성애자와 퀴어 앨라이allies에게는 트랜스젠더 활동가에게, 페미니스트인 남성 동료에게는 여성에게 귀를 기울이라고 조언한다. 비록 페미니즘 커뮤니케이션학자들이 경청을 인간 너머의 존재로까지 확대시킬 생각을 처음부터 하지는 못했지만, 에코페미니스트들은 경청을 자신들 작업의 핵심요소로 발전시켜나갔다. 도노반은 「동물권과 페미니즘 이론」Animal Rights and Feminist Theory이란 에세이에서 "우리는 동물을 죽이고, 먹고, 고문하고, 약탈해서는 안 됩니다. 왜냐하면 동물이 그런 취급을 원치 않기 때문이고, 우리는 그 사실을 잘 알고 있습니다. 귀를 기울인다면 동물의 이런 말을 들을 수 있습니다"(Donovan 1990, 375면)라고 결론 내린 바 있다. 인문학과 마찬가지로 과학에서도 지식의 진보가 얼마나 이루어졌는지는 학자들이 서로에게뿐 아니라 학문 공동체와 연구동료들과 연구대상 자체에 대해서 얼마나 귀를 잘 기울일 수 있는가를 통해 어느 정도 가늠할 수 있다. 데버라 버드 로즈Deborah Bird Rose는 다음과 같이 설명한다.

> 정보를 얻는 행위인 듣기를 뒷전으로 돌리는 것은 플럼우드가 마스터 모델Master model에서 설명한 바 있는 과잉분리hyperseparation된 이분법적 구조에 토대를 둔다. 발화는 (언어를 가진) 인간의 특권이다. 이것은 존재의 능동적 양식이다. 반대로 듣기(또는 말되어지는 상태)는 수동적이며 수용적인 위치에 있다. 이 둘의 권력관계는 명백히 위계적이다. 듣는 사람보다 말하는 사람이 더 큰 권력을 지닌다. 그러나 듣기, 더 넓게 말하자면 주의 기울이기는 모두 능동적인 행위로 간주되어야 한다. 다종의 생물 커뮤니티에서는 특히 그렇다. 주의를 기울인다는 것은 지성을 발휘하는 것이자 상호활동inter-act을 할 수 있도록 타자를 알려는 노력이다.(Rose 2013, 102면)

앎의 한 방법이자 학문 연구 방안으로서의 경청은 수많은 문화전통에서 생겨나왔다. 로빈 월 키머러Robin Wall Kimmerer가 『향모를 땋으며: 토박이 지혜와 과학 그리고 식물이 가르쳐준 것들』*Braiding Sweetgrass: Indigenous Wisdom, Scientific Knowledge, and the Teachings of Plants*에서 언급하듯이 북미 원주민 공동체는 수천년 동안 식물의 말을 듣고 배워서 농산물을 수확할 수 있었고, 그에 대한 보답으로 땅을 기름지게 하고 물을 보호하며 감사를 나누었다. 키머러는 "예전에 우리 선조들은 나무가 자기들끼리 서로 말을 한다고 말했다"(Kimmerer 2013, 19면)며, 그런데도 서구과학이

"나무들이 실제로 의사소통을 한다"(같은 책 20면)는 사실을 밝혀내기까지 수백년이 걸렸다고 설명한다. 나무의 말을 들으려면 "집중을 해야 하고, 무엇보다 듣기에 온 몸과 마음을 쏟아야 한다."(같은 책 110면) 토착적, 여성주의적, 종횡단적 듣기trans-species listening 이론을 풍요롭게 간직한 이런 공동체야말로 우리가 지구시민으로서 가질 수 있는 생득권이다.

그러나 서구 유럽의 어린이들은 이런 지식을 유산으로 물려받지 못한 채 성장하기에 종횡단적 듣기를 스스로 배워야 한다. 나는 로스앤젤레스에서 초등학교를 다닐 때 초등학교와 중학교를 가로지르던 교정 언덕에 자리잡은 유칼립투스숲에서 처음으로 나무의 말에 귀를 기울이기 시작했다. 거기에는 담쟁이덩굴, 벗겨진 나무껍질, 낙엽, 견과류 껍질이 땅바닥에 두툼하게 쌓여 있었다. 부모들이 자녀를 내려주거나 데려가기 위해 운전을 하거나 낮은 언덕 면에 주차할 때조차도 나는 유칼립투스 나무가 평정을 유지하는 것을 느낄 수 있었다. 쉬는 시간에 나는 자주 그 숲으로 사뿐히 걸어 들어가 나무들 사이에 앉아 나무들이 고요히 내뿜는 박하향을 마시곤 했다. 때로는 내 친구 마비스가 따라와 같이 앉아 있곤 했는데, 우리가 엄마들에게 집에서 같이 자게 해달라고 조르자 우리의 우정은 끝나버렸다. 엄마들은 서로 눈짓을 교환하며 우리의 요청을 거절했다. 나는 집으로 돌아오면서 비로소 내가 백인이고 마비스는 흑인이라는 사실을 깨달았다. 다음 날 나는 마비스와 함께 그 숲으로 가서 서로 조용히 속삭이며 각자의 머리칼과 손과 발을 살피고, 서로의 목에서 냄새를 맡으며 우리의 우정이 끝난 것을 슬퍼했다. 당시 우리는 너무 어려서 엄마들에게 대들지 못했지만, 나중에는 할 수 있었다. 흑인 여자아이, 백인 여자아이, 그리고 유칼립투스 나무들, 우리는 모두 그 자리에 어울리는 것 같지 않았다. 몇년이 지난 뒤 나는 유칼립투스 나무의 원산지가 캘리포니아가 아닌 것을 알게 되었다. 그것은 호주에서 이식된 나무였다. 마비스와 나도 식민지로 이식된 존재였다. 이처럼 다양한 이주displacement 간의 얽히고설킨 관계를 이해하게 된 것은 더 오랜 뒤였다.

비록 나무에 주의를 기울이긴 했지만 나는 여전히 나무가 말하는 것을 받아들일 준비는 되어 있지 않았다. 나무의 침묵은 인종을 둘러싼, 눈에 보이지 않지만 만연한 침묵과 관련이 있는 것 같았다.

나는 나무에 관한 이런 잘못된 인식을 미네소타주 세인트폴 지역에 와서야 비로소 바로잡았다. 거기서 대학원을 다니며 공부로 인한 장시간의 의자생활을 보상할 겸 나는 하루에 8킬로미터씩 달렸다. 코모 호수 위쪽으로 난 언덕의 참나무 숲으로 갔다가 내려와서 호수 주변으로 수 킬로미터를 돌고, 나무들 사이를 통과하여 다시 돌아오는 코스였다. 나는 매일 하는 이 달리기를 손꼽아 기다렸다. 내 몸이 나무들 사이를 달리면서 달라지는 것을 느낄 수 있었기 때문이다. 몸은 더 가벼워지고 기운이 넘쳐났으며 마치 나무들과 내가 서로 인사를 나누는 것 같았다. 나무들이 지구타자인 나를 쳐다보고 친족으로 알아보는 것 같았다. 그러던 어느 날 매일 하던 달리기를 끝낸 후 나무들과 함께 독서를 하고자 책을 들고 숲으로 들어가면서 우리의 짧은 대화가 시작됐고 끝났다. 나무들이 너무도 기품이 있어서 나는 그 사이를 뛰어 지나가기보다 가만히 앉아서 그들과의 친교를 음미하고 싶었다. 나는 손에 책을 들고 편히 기댈 수 있는 나무둥치를 찾아 숲 여기저기를 걸어 다녔다. 그러자 어느 나무가 "이리로 와"라며 "이 나무둥치에는 네 등에 딱 맞게 곡선이 나 있어"라는 메시지를 이미지로 보내왔다.[7] 나는 순응하는 마음으로, 그리고 호기심에 메시지를 따라 들어가 그 나무에게로 갔다. 거기에는 내가 보지 못한, 정말로 내 몸이 선 채로 기대어 쉬기에 딱 맞을 긴 공간이 있었다. 그러나 놀란 마음에 "나무가 말을 할 리 없지!"라며 소리를 질러버렸고, 결국 그 순간을 망치고 말았다.

그러자 바로 그 순간 숲은 평범한 숲으로 바뀌었다.

아무리 후회해도 돌이킬 수 없었다. 나는 그날 '숲'에서 책을 읽지 못했다. 그후 나는 인간과 나무 간의 소통에 관한 연구를 찾아보기 시작했다. 많은 반박을 받은 피터 톰킨스Peter Tompkins와 크리스토퍼 버드Christopher Bird의 『식물의 정신세계』*The Secret Life of Plants*는 차치하고라도 우선 이런 주제에 관한 과학적이거나 페미니즘적인 연구조차 많지 않았다.

플럼우드의 철학적 애니미즘을 다룬 로즈의 글(Rose 2013)을 읽으면서 나는 플럼우드도 지구타자를 인식하는 과정에서 나와 유사한 체험을 한 것을 알게 되었다.

> 플럼우드는 실제로 그런 체험을 했기 때문에 급진적으로 개방적인 방식으로 세계를 경험하는 것에 대해 이야기할 수 있었다. 한번은 우리에게 자신의 경험담을 들려주었다. 어느 날 그는 숲길 모퉁이를 따라 걸어가다가 새들이 감미롭게 노래하는 소리를 들었다. 위를 쳐다보니 까마귀가 눈에 띄었다. 그런데 한 여성이 자기를 쳐다보는 걸 눈치채자마자 새소리는 우리에게 익숙한 거친 까마귀 소리로 변해버렸다.(같은 글 107면)

데까르뜨식 합리주의가 깊이 뿌리내린 서구 유럽문화의 아이들은 아주 어렸을 때부터 다양한 삶이 서로 얽힌 인간 공동체와 자신을 둘러싼 살아 있는 세계가 지속적으로 내보내는 정보를 받아들이지 않도록 배운다. 더 나아가 그 정보를 절대 신뢰하지 않도록 학습한다. 이와는 대조적으로 모든 토착문화에는 생물종을 넘나드는 소통뿐 아니라 식물, 바다, 호수, 연못, 습지 같은 물의 공간waterbodies, 바위, 산, 하늘, 바람 등의 생태적 존재들과 같은 지구타자들과의 친족, 즉 혈통관계를 다룬 이야기들이 많다.[8] 이런 소통은 아직까지는 합리주의적 과학기술로 충분히 입증되지 못했지만, 그럼에도 불구하고 우리가 지구타자들과 맺는 물질적인 친족관계는 생물학적이다. 이 지구타자들은 자기들의 경험을 우리에게 알리고자 공기를 통해, 행동을 통해, 아니면 종의 번성과 쇠퇴를 통해, 그리고 독성과 죽음을 통해 계속해서 메시지를 내보내고 있다. 그런데 누가 듣고 있는가?

내가 물려받은 인종과 백인우월주의와 같은 잘못된 관념의 또다른 모습을 나는 30대에 경험한 적이 있다. 그때 나는 환경에 관해 급진적이고 초학제 간 성향의 단과대학에서 교편을 잡고 있었다. 이 단과대학은 미국의 태평양 북서부지역에 위치한 전통적이지만, 환경에 초점을 둔 대학에 속해 있었다. GLBTGay, Lesbian, Bisexual, Transgender학을 소개하는 교과과정과 전체 학생들을 위한 GLBT 학부 부전공 과정을 개발하도록 직접 지원을 받고 있던 중, 한번은 카운티의 인권대책위원회에 참가하게 되었다. 이 위원회는 이주민 농장노동자들이 서로의 집에 방화하는 사건에 대응하기 위해 조직되었다. 남부빈곤법률센터Southern Poverty Law Center의 조사에 따르면 태평양 북서부지역은 미국 남부지역을 제외하면 혐오집단의 밀도가 두번째로 높은 곳이었다. 이런 문화적 풍조로 인해 1998년 와이오밍주 래러미에 있는 대학에서 게이 대학생 매슈 셰퍼드Matthew Shepard 피살 사건이 발생했다.

인권대책위원회 활동을 위해 나는 주말 동안 진행되던 인종차별주의 해소 학습에 참여하여 백인식민주의 역사와 교육에 만연해 있는 백인인종주의에 대해 배웠다. 거기서 백인의 특권이 어떻게 은연중에 나의 '성취'를 나만의 것으로 생각하도록 부추기는지 알게 되었다. 인간의 영혼을 망가뜨리는 폭력과 도둑질의 유산뿐 아니라 백인특권체제를 유지하기 위해 백인들이 어떻게 듣지 않고 보지 않도록 훈련받아왔는지도 배웠다. 나 역시 그 체제에 부지불식간 동참함으로써 무엇을 놓쳤는지도 알게 되었다. 바로 우정이었다. 풍부한 이야기와 역사였다. 백인들의 교육 너머에 있는 중남미대륙의 토착적 농업방식, 이집트에서 기원한 수학, 고대 중국의 수로 개발에 관한 지식이었다. 백인들의 식민주의와 인종주의가 어떻게 우리가 땅과 토착민과 맺는 관계, 그리고 경청하고 사랑하는 능력까지 모두를 왜곡시켰는지 배웠다.

인권대책위원회에서뿐 아니라 세상 어디서건 정치활동을 하려면 그 근간으로 먼저 내 삶에서부터 백인특권체제를 부숴버려야 한다. 이를 위해 내가 옳다는 생각, 내가 권위가 있다는 생각부터 내려놓아야 한다. 위험을 무릅쓰고라도 배우고 들어야 하고, 잘못하는 것을 견뎌내야 한다. 내 자신이 아웃사이더의 입장이 되어야 한다. 나는 북미 원주민들의 모임에 참여하고, 내가 살던 지역인 마카와 룸미 공동체*의 땅과 문화를 배우고, 멕시꼬 이주민 농장노동자들과 함께 조직을 만들어 행진하고, 서부해안의 다양한 아시아 공동체의 역사도 배워야 한다. 그래서 나는 이 교육과정에 참여했다. 이 과정은 아직도 계속되고 있다. 장소에 귀를 기울인다는 의미는 정확하게는 모든 지구타자들에게 귀를 기울인다는 것이다.

* 마카사회와 룸미사회는 워싱턴주에 위치하는 북미 원주민사회다.

서구문화의 '경청하지 않는' 관행은 개념상 자연과 연결된 모든 활동을 포괄한다. 가장 분명한 예는 북극지역과 캐나다 앨버타주의 원주민 퍼스트네이션First Nations* 사람들이 자신들의 고통을 말할 때다. 이 지역은 석유식민주의로 인해 원주민, 회색곰, 순록을 포함한 모든 생명체들이 위협을 받고 있는 곳이다. 가령 환경파괴에 관한 데이터에 따르면 새로 등장한 니코틴계 살충제에 꿀벌들이 죽음으로 항변하고 있음은 부인하기 어렵다. 이를 '벌집군집 붕괴현상'colony collapse disorder이라고 부르는데, 이 용어는 산업화된 농화학물질보다 벌집 그 자체에 원인이 있는 것처럼 탓한다. 또 애서배스카강의 물고기는 종양과 기형적인 모습을 통해 그들이 살고 있는 생태계의 고통을 말하고 있다. 생태보호 활동가들과 토착민들은 언어, 예술, 그리고 환경운동을 통해 이런 메시지를 전달하지만 실제로 종횡단적 소통의 대부분은 말보다는 이미지나 느낌을 통해 전달된다. 마음을 열고 이들의 소리와 이미지를 받아들이게 되면서 나는 이들과 함께 작업도 할 수 있었고, 굴뚝에 갇힌 참새나 지하실에 갇힌 까맣고 노란 호박벌도 구해줄 수 있었다. 나는 워싱턴주에서 마카 공동체 할머니들의 이야기도 들었고, 미네소타주에 있는 아니시나베Anishinaabe 생태정의 지지자들의 환경운동에도 함께할 수 있었다.

* 캐나다 원주민(이누이트와 메티 사람들은 제외)을 뜻하는 공식명칭이다. 1980년대 이전에 캐나다 원주민을 지칭하는 공식용어는 '인디언'이었고, 이들에 관한 법은 '인디언법'(Indian Act)이라고 불렸다. 그러나 1980년 원주민 부족의 족장들이 모인 회의에서 '퍼스트네이션'을 자신들을 지칭하는 공식명칭으로 결정하고, '퍼스트네이션 선언문'을 발표했다. 1982년에는 '전국인디언협회'(National Indian Brotherhood)를 '퍼스트네이션 의회'(Assembly of First Nations)로 명칭을 바꾸면서 자신들의 자결권과 자치권을 요구하는 자주적인 정치체로서의 역할을 수행하고 있다. 퍼스트네이션은 캐나다 내의 아메리카 원주민만을 포함하고 캐나다 밖의 아메리카 원주민은 포함하지 않는다.

그렇지만 바위가 하는 말은 나를 매우 놀라게 했다.

2014년 7월 나는 일주일 동안 미네소타주의 바운더리워터스로 카누 여행을 갔다. 동행과 함께 바스우드 폭포 근처의 급류에서 카누를 타기로 하고, 먼저 마치 깔때기처럼 수로가 좁아져 그 아래로 급류가 흘러가는 바위 위에서 간단한 점심을 먹기로 했다. 아무 생각 없이 그냥 바라보면서 강물과 바위에 주의를 기울이고 있었다. 그러자 바위가 나에게 자기를 보여주기 시작하더니 계속 쳐다보자 바위가 흘러갔다. 영어에는 이런 현상에 대한 인식이 없기에 이를 가리킬 적당한 어휘도 존재하지 않는다. 바위는 함께, 또 따로 흘렀다. 나는 용암을 보았다. 얼음도 보았다. 바위가 움직여 뭔가를 형성하고는 식어서 굳어지는 것을 보았다. 이제 다시 바위로 보였다. 바위로 자리잡은 것이다. 바위가 나에게 보여준 것은 자기들의 역사와 이야기와 바위-되기becoming였다. 바위가 무기력하고 움직임이 없다는 생각은 마치 누군가가 그날 점심때 바위에 앉아 있는 나를 보고 내가 영원히 저러고 앉아 있었다고 단정하는 것만큼 우스꽝스럽다. 분명히 미국 백인들은 우리의 지구 동반자들 모두에게 생동성animacy이 있다는 점을 알아차릴 정도로 더 긴 시간적인 안목을 갖춰야 한다. 그 순간 나는 내가 선조들과 함께 그리고 바로 그들 위에 앉아 있음을 알아차렸다. 바위에 대한 내 인식도 돌이킬 수 없이 달라졌다. 모든 바위는 흐른다.

이런 이야기는 유럽인이나 미국인이 자신을 이성적이고 합리적인 존재로 생각해주길 바라는 학자와 독자들에게 털어놓을 만한 경험은 아니다. 그러나 나는 페미니스트 동료에게 털어놓았고, 그는 즉각 제프리 제롬 코언Jeffrey Jerome Cohen의 글 「바위 이야기」Stories of Stone를 보내주었다. 거기에는 “흐름은 암석의 본질이지 일탈적 현상aberration이 아니다. 모든 암석은 움직인다. 바위가 굳어 있다는 것은 거짓말이다"라고 적혀 있었다.(Cohen 2010, 57면)[9] 다른 동료는 플럼우드의 글 「바위의 본질로 가는 여정」Journey to the Heart of Stone을 보내주었는데, 나는 이 글을 읽고 종을 횡단하는 소통의 경험이야말로 비판적 에코페미니즘의 핵심이라는 점을 깨달았다.[10] 플럼우드는 물질영역의 재주술화와 재영혼화를 프로젝트의 일부로 구상했다. 다시 말해 "물질이 원래 지닌 행위자성과 의도성을 되찾자"는 것이다. 플럼우드는 "말을 하는 물질로서 영혼을 재물질화"(Plumwood 2007b, 18면)해야 한다고 주장했다. 그는 "바위에도 영혼이 있고 이야기가 있다"며 "에너지 넘치는 힘과 정체성"(같은 글 20면)을 주장했다. 바위야말로 "우리 행성의 뼈대"(같은 글 20면)며, 자신이 호주의 사암지대인 아넘랜드 고원으로 여행 갔던 경험을 "고대인들의 땅"(같은 글 30면)을 체험하러 간 것으로 묘사했다.

생태회고록인 『고향의 자연: 장소에 뿌리내리기』*The Nature of Home: Taking Root in a Place*에서 나는 퀴어 여성 암벽등반가로서 미네랄 에로티시즘이 드러날 수 있도록 애썼다. 다음과 같은 문장을 쓸 때도 벗들과 함께한 등반을 묘사하기 위해 적절한 말을 찾으려 노력했다. "우리 중 거의 모든 이가 수직 암벽을 보고 욕망을 느꼈고, 우리 몸에서 바위를 향한 설명하기 어려운 움직임을 느꼈다. '업'up된다고 우리끼리 말했다." 와이오밍주의 윈드리버산의 정상에 올랐을 때 나는 감탄했다. "주위의 화강암 암벽과 바위는 마치 우리가 지구의 뼈대 위에 앉아 있는 것처럼 뼈를 연상시킨다. 지구의 모든 요소는 얼마나 똑같은지, 우리도 얼마나 똑같은 재료, 즉 뼈, 바람, 하늘로 만들어졌는지 정상에 앉아서 보니 명확하게 보인다."

나는 플럼우드의 글에서 비판적 에코페미니즘이라는 틀을 통해 학문적 성과가 체현된 경험과 융합될 수 있음을 깨달았다. 이 책에서 나는 그 틀을 확장하여 최근의 연구경향인 식물연구, 유물론적 페미니즘, 탈식민주의 생태비평, 비판적 동물연구는 물론이고 환경정의와 지속가능성 연구와도 함께 가고자 한다.

비판적 에코페미니즘

만약 이 세계가 제인 베넷(Bennett 2010)이 주장하는 것처럼 **생동하는 물질**Vibrant Matter로 구성되어 있고, 캐런 버라드(Barad 2007)나 다른 신유물론자들이 동의하듯 모두 **행위자성**을 지닌다면, 어떻게 모든 생명이 다른 생명을 먹고 산다는 점을 인정하면서 이런 존재들이 다 같이 번성할 수 있도록 장려하며(Cuomo 1998) 함께 갈 수 있을까? 식물과 동물을 포함한 지구타자들과의 상호존재성interbeing과 윤리적 소비에 관한 질문은 2장에서 다룬다. 1장에서는 이 책 전체를 아우르는 질문을 페미니즘 렌즈를 통해 던짐으로써 동시대의 지속가능성에 대한 우리의 대화를 발전시킨다. 우리는 소외, 위계, 지배의 얽힘을 어떻게 사회적, 경제적, 생태적, 정치적 관점에서 동시에 이해할 수 있을까? 그리고 이런 이해를 통해 우리는 어떻게 페미니즘적이면서 퀴어하고 반식민주의적이면서 종을 횡단하는 기후정의와 성찰적 통찰, 그리고 헌신을 끌어내는 좀더 강력하고 흥겨운 연대를 형성할 수 있을까?

나는 이런 고차원적인 질문들에 접근하고자 이 책에서 매우 구체적인 몇가지 소재로서 젖(3장), 불꽃놀이(4장), 우주탐험(5장), 기후변화의 현실과 서사(6, 7장), 젠더와 섹슈얼리티(8장)에 대해 탐구한다. 산모와 젖

먹이라는 최초의 인간관계와 이 둘을 이어주는 젖이라는 물질의 상품화가 어머니와 아이들의 삶뿐 아니라 국가, 문화, 계급적 차이를 가로질러 노동자의 삶에는 어떤 영향을 끼치고 있는가? 왜 많은 문화권에서 경축행사와 연관되어 있는 폭죽이 동시에 물리적 폭력과 정동적 테러의 도구가 되는가? 외계 우주를 식민화하려던 초기의 시도들은 어떻게 종, 인종, 계급, 젠더의 위계에 토대를 두고 있고, 나아가 이런 위계를 강화시키는가? 기후변화의 미래를 다루는 많은 이야기들은 실제로 그런 재난이 일어나지 않게 해줄 수 있을까? 아니면 그저 처음에는 받아들일 수 없다고 생각했던 미래를 우리가 받아들이도록 준비시키는 걸까? 그리고 지배적인 이성애적 남성성으로부터 도망친 젠더 반역자들은 생태정치 운동에서 어떤 역할을 할 수 있을까?

비록 지금까지의 내 연구가 '에코페미니즘'으로 시작해 '베지테리언/동물 에코페미니즘'이나 '페미니즘 동물연구'로 불리었고, 그리고 '탈식민주의적 페미니즘'에서 '유물론적 페미니즘 생태비평주의'에 이르기까지 다양한 이론적 이름표를 달고 수행되었지만, 이제부터는 비판적 에코페미니즘이라는 명칭 아래 그동안의 연구를 보강하며 지속하고자 한다. 비판적 에코페미니즘 관점은 반인종차별주의 에코페미니스트들뿐 아니라 페미니스트 동물 활동가들, 페미니스트 평화반핵 활동가들, 페미니스트 환경정의 활동가들, 그리고 퀴어 페미니스트 환경보호론자들의 초기 성과에 기대어 그보다 더 나아가고 있다. 또한 경제적, 포스트휴머니즘적, 탈식민주의적 분석과 같은 좀더 최근의 비평 분야뿐 아니라 젠더와 인종 본질주의에 관한 과거의 교훈에도 힘입은 바 크다. 비판적 에코페미니즘은 현재 진행 중인 환경정의와 지속가능성 연구 담론의 유용한 비평과 대화의 증대에 도움을 줄 수 있다. 또한 퀴어 생태학과 함께 소통하고 성장하며, 자기 분야의 뿌리에 에코페미니즘 동물연구가 있다는 비판적 동물연구 학자들의 인정에서 기쁨을 느낀다. 그리고 플럼우드가 만든 **비판적 에코페미니즘**이라는 용어를 발전시킴으로써 플럼우드의 유산을 이어받고 확장하겠다고 기꺼이 맹세한다.

플럼우드는 『페미니즘과 자연의 지배』에서 이성적 인간 개념을 비판하고 마스터 모델이라는 개념을 정의한 것으로 잘 알려져 있다.(Plumwood 1993) 그의 이론은 10년 뒤에 나온 『환경문화』에서 확대되었다. 플럼우드는 서구에서 일반적으로 여성들이 배우자의 성을 따르듯이 플럼우드 나무가 상징인 플럼우드산의 이름을 자신의 성으로 쓰기로 결정했다. 여기에는 그 장소에 쏟은 그의 헌신이 큰 영향을 미쳤다. 2008년 그의 갑작스러운 부고 이후 플럼우드의 동료였던 호주의 생태주의자이자 페미니스트인 프레야 매튜스Freya Mathews, 케이트 릭비Kate Rigby, 데버라 버드 로즈는 플럼우드의 세번째 저서에 포함되었을 미출간 원고들을 묶어 온라인판으로 제작했다.(Plumwood 2012) 동료들은 플럼우드의 에코페미니즘 철학과 활동에 대한 영원히 남을 헌정사로서 그 책의 서문을 썼다. 플럼우드의 시신은 친환경적 방식의 매장으로 그가 그토록 오랫동안 사랑했던 땅으로 돌아갔다.

에코페미니즘 이론과 환경인문학에 기여한 플럼우드의 공헌은 근본적이면서도 선견지명이 있었다. 그는 『페미니즘과 자연의 지배』에서 서구문화의 기저에 있는 이분법적 사고와 인간-자연, 정신-물질이라는 이원론이 젠더화, 인종화, 계급화된 개념임을 보여준다. 나아가 이 이원론이 그가 마스터 모델이라고 부른 식민주의자의 정체성을 어떻게 형성하는지도 보여준다. 플럼우드는 심리학, 철학, 경제학, 정치학의 발전에 기대어 5단계의 연결 작업이 이 마스터 모델의 형성에 어떻게 기능하는지 설명한다. 먼저 주인master이 타자의 봉사를 이용하면서도 자신의 의존성을 부인하는 후경화backgrounding 단계, 주인이 자신과 타자와의 차이를 극대화하고, 반대로 공통점을 극소화하는 과잉분리hyperseparation 단계, 주인의 특성이 표준이 되어 타자를 측정하는 병합incorporation 단계, 타자가 주인에게 봉사하는 것 외에는 아무런 존재 목적이 없도록 형성되는 도구주의instrumentalism 단계, 끝으로 지배받는 타자가 아무 차이 없이 단일한 존재인 것처럼 보이게 되는 고정관념화stereotyping 단계가 그것이다.(Plumwood 1993, 42~56면) 플럼우드는 이와 같은 가치 이원론이 가치를 위계화하여 여성, 감정, 육체뿐 아니라 토착민, 유색인, 동물, 자연세계의 열등성, 종속, 식민화를 정당화함으로써 인위적으로 주인의 독특성과 우월성을 구성한다고 주장한다. 여기서 더 나아가 내 주장은 성적으로 다양한 존재들, 행위들, 그리고 성애erotic 그 자체도 이런 가치 이원론에 포함된다는 것이다.[11] 다른 에코페미니스트들과 함께 플럼우드는 환경건강environmental health과 사회정의를 위한 투쟁은 서로 얽혀 있다고 강조했다. 더 나아가 우리가 이런 억압 형태의 개념적 토대에 접근하는 대신 (전통적인 환경보호론자들이 그랬던 것처럼) 억압의 징후에만 초점을 맞추게 되는 한 이런 광범위한 억압구조는 계속해서 작동하게 될 것이라고도 했다.

그러나 플럼우드는 1995년 몬테나대학교에서 열린 에코페미니즘 학회에서 '생물종정의'species justice라는 주제를 두고 다른 에코페미니스트들과 갈라서게 된다. 그는 캐럴 애덤스가 베지테리어니즘*을 누구나 해

* 한국에서 '비거니즘'(veganism)과 '베지테리어니즘'(vegetarianism)은 대부분 '채식주의'로 번역되어왔다. 그러나 이 두 용어는 단지 육식을 지양하고 채식 위주의 식단을 지켜야 한다는 주장에 그치지 않고, 비인간 동물에 고통을 주는 방식으로 생산되는 모든 상품(먹

야 하는 보편적 의무라고 주장했다고 생각했다. 또한 맥락에 따른 도덕적 베지테리어니즘을 주장한 딘 커틴Deane Curtin의 관점을 간과했다. 그래서 플럼우드는 에코페미니즘을 '존재론적 베지테리어니즘'Ontological Vegetarianism으로 곡해하여 비판하면서, 자신의 접근법을 '비판적 페미니즘-사회주의 에콜로지'라고 다르게 불렀다.[12] 플럼우드의 후기 저작들은 종간의 윤리인 '생태적 동물주의'를 지향한다. 이를 통해 커틴의 맥락에 따른 도덕적 베지테리어니즘과 마찬가지로 토착문화의 전통적 방식의 식습관을 존중하는 한편, 산업화된 축산업에는 이의를 제기했다. 포스트휴머니즘적 에코페미니즘에 대한 플럼우드의 잘못된 개념화로 인해 플럼우드는 리처드 트와인(Twine 2014)이나 데이비드 이턴(Eaton 2002)과 같은 작가들뿐 아니라 비교문화적 관점으로 식습관을 탐구해 온 탈식민주의적 에코페미니즘 저작에서도 비판받았다.(Kim 2007, 2010; Gaard 2001) 그럼에도 불구하고 플럼우드가 비평에서 제기한 이러한 주장은 모든 에코페미니스트가 존재론적 베지테리어니즘의 입장만을 가진 것처럼 동질화시킴으로써 아이러니하게도 자신의 연구에 기반하여

거리, 의류, 신발, 액세서리 등)과 삶의 방식을 거부하는 이론적 개념이면서 실천적인 시민 운동이다. 이러한 사상과 실천을 담기에 적절한 한글 단어가 없으므로 이 두 용어를 각각 '비거니즘'과 '베지테리어니즘'으로 번역했다. 유럽과 미국 등 서구사회에서 비거니즘과 베지테리어니즘은 조금 다른 의미를 가진다. 베지테리어니즘은 육상동물과 해양동물을 먹지 않지만 그 동물이 생산한 젖과 알은 먹는다. 즉 비인간 동물의 생명을 해하지 않고 살아 있는 가축으로 사육하면서 얻어지는 부산물은 먹는 것이다. 비거니즘은 젖과 알을 포함하여 비인간 동물의 노동에 의해 생산된 모든 것(예를 들면 꿀벌이 모은 벌꿀)을 먹지 않고, 비인간 동물의 몸을 변형하여 만든 모든 생산물(예를 들면 가죽신발)을 사용하지 않고자 하는 사상과 실천이다. 비거니즘과 베지테리어니즘의 어원과 의미의 변천에 대한 자세한 설명은 캐럴 애덤스의 『육식의 성정치』 3장을 참고하기 바란다. 미국의 비건/베지테리언 학자들과 활동가들이 '비거니즘'과 '베지테리어니즘'을 혼동하여 사용하기도 하는데, 이에 대해서는 이 책의 후주 2장 7번의 자세한 설명을 참고하기 바란다.

발전한 에코페미니즘 이론을 손상시켰다. 신유물론, 식물연구, 비판적 동물연구, 그리고 포스트휴머니즘 분야의 현재의 연구들과 소통하면서 비판적 에코페미니즘을 다시 회복한다면 종간정의뿐 아니라 문화적으로 다양한 식습관에 대해서도 맥락을 고려한 탈식민주의적 페미니즘을 시도하는 데 좀더 탄탄한 틀을 제공할 것이다.

플럼우드는 **비판적 에코페미니즘**이란 용어를 그의 두 저서에서 모두 사용했지만, 이 용어를 가장 간결하게 잘 설명한 것은 「젠더, 에코페미니즘, 그리고 환경」Gender, Eco-Feminism and the Environment에서다. 이 글에서 플럼우드는 "비판적 에코페미니즘은 문화-자연, 혹은 인간-자연 이원론을 서구문화의 생태적 실패의 원인으로 본다"(Plumwood 2004, 44면)라고 설명한다. 이 이원론은 "문화, 종교, 과학이 강조해온 둘 간의 동떨어진 간극"을 구조화했는데, 이런 생각은 "놀랍게도 종의 기원을 주장한 찰스 다윈에 의해 도전받게 되었다. 다른 생명체와의 연속성과 친족관계에 관한 통찰이야말로 다윈 사상이 지닌 진짜 스캔들이었지만, 과학계를 비롯해 주류 문화에서 이런 통찰은 피상적으로만 받아들여졌다. 왜냐하면 기술을 통제하려는 전통적인 과학적 기획을 정당화하기 위해서는 인간이 특별히 우월한 종이며, 인간은 독자적으로 자기 이익을 위해 지구를 조작하고 상품화할 권리가 있다고 생각해야 하기 때문이다." (같은 글 45~46면) 플럼우드는 "육체가 아닌 의식을 정체성의 근간으로 여긴 플라톤이나 데까르뜨와 같은 비물질주의 철학자들"에 반대하고, 인간의 정체성을 "물질적, 생태적 용어"(같은 글 46면)로 위치지어야 한다고 주장한다. 그렇게 하려면 "인간은 생태적 존재로, 비인간은 윤리적 존재로 (재)위치"시켜야 한다고 본다. "왜냐하면 이 두가지 과업은 서로 연결되어 있으며, 서로에게서 떨어져서는 제대로 다룰 수 없기 때문이다."(같은 글 57면) 플럼우드는 생태적 동물주의와 존재론적 비거니즘 간의 논쟁에 대해 "음식에 대한 우리의 선택은 사회적 맥락과 생태적 맥락 양자에 의해 형성되고 제약받는다"(같은 글 56면)라고 결론지었다. 이것은 커틴(Curtin 1991)이 주장한 맥락에 따른 도덕적 베지테리어니즘과 거의 일맥상통하는 결론이다.

> 도덕적 베지테리어니즘을 실천하는 이유는 장소와 젠더 그리고 계급에 따라 다를 것이다. (…) '맥락에 따른 도덕적 베지테리어니즘'이라는 말은 어떤 상황에서건 반드시 육식을 금지해야 한다는 절대적 도덕을 의미하는 것이 아니다. (…) 맥락적 윤리의 핵심은 서로가 아무 관계 없는 것처럼 모든 이해관계를 똑같이 취급할 필요는 없다는 것이다. (…) 때때로 지리적 맥락이 중요하다. 식량 재배가 불가능할 정도로 몹시 추운 지역에 사는 일하미우트Ilhamiut 사회에서는 채식 식단을 선택할 수 없다. 그러나 이들의 식습관의 경제학과 사슴을 자기 생명을 주는 존재로 '감사하게' 여기는 생각에는 음식을 '선물'로 보는 진지하고 중요한 연민 어린 태도가 반영되어 있다. (…) 반면에, 고도의 기술적 진보를 이룩한 국가의 경제적으로 부유한 사람들은 어떤 맥락에서건 생태적 돌봄윤리의 표현으로서 도덕적 베지테리어니즘을 지켜내야 한다.(같은 글 69~70면)

지구타자를 향한 플럼우드의 관심은 두번째 저서인 『환경문화』에서 분명히 드러나고, 사후에 발간된 『악어의 눈』*The Eye of the Crocodile*의 주요 부분에서도 나타난다. 이 책에서 플럼우드는 인간을 포식자이자 피식자로 먹이사슬 속에 자리매김함으로써 인간을 시험대에 올린다. 플럼우드의 비판적 에코페미니즘에는 야생 웜뱃의 죽음에 대한 그의 슬픔, 영화 「꼬마돼지 베이브」에서 종간윤리를 읽어낸 그의 섬세한 독해, 그리고 실제로 자신이 겪은 거의 죽을 뻔한 악어와의 만남이 모두 소재가 되었다. 악어와의 사투 이야기가 너무 유명해지고 이것이 종간 먹이사슬 윤리의 본보기로 회자되는 바람에 거기에 고무된 탓인지는 몰라도, 플럼우드는 말년에 이르러서는 윤리적 관계를 탐구하는 데 적합한 그릇으로 이야기에 의지했다. 그는 페미니즘 실천이 추구하는 개인적인 것과 정치적인 것이 혼합된 장르로서 독창적인 논픽션을 활용했다. 즉 「자연의 능동적 목소리」에서는 애니미즘적 유물론을, 「바위의 본질로 가는 여정」에서는 바위와 맺은 생생한 경청의 관계를, 「호주 텃밭의 탈식민화: 텃밭 가꾸기와 장소의 윤리학」Decolonising Australian Gardens: Gardening and the Ethics of Place에서는 음식 공유라는 참여적 실천으로서의 텃밭 가꾸기를 보여준다. 마지막으로 생태주의 여성경제학을 복구하려는 「그늘진 장소와 거주의 정치학」Shadow Places and the Politics of Dwelling에서는 소비와 생산에 대한 우리의 각성을 일으키고자 이 모든 것에 논픽션을 활용했다. 그 가운데 가장 강력한 것은 더 큰 지구타자들의 공동체에게 자신의 몸을 하나의 먹잇감으로 돌려주는 실천으로 죽음과 매장을 바라본 그의 생태적 관점이다.

환경정의에 관한 플럼우드의 입장은 토착적 관점에 대한 빈번한 언급과 의지에서도 확인되듯이, 그가 주장한 페미니즘 속에 모두 암시되어 있다. 하나의 개념이자 실천으로서의 지속가능성에 대한 비평 역시 그의 글 속에 들어 있다. 그렇기에 오늘날 비판적 에코페미니즘의 의의를 찾기 위해서는 이런 생각들을 더욱 발전시켜야 한다.

1부
이론

1장

정의롭고 에코페미니즘적인 지속가능성

지속가능성sustainability은 그 뜻이 모호한데도 제1세계 생태정치학자나 활동가가 즐겨 쓰는 유행어가 되었다. 지속가능성은 '지속가능한 발전'과 같은 말인가? 혹은 많은 이들이 사용하듯이 기업의 사회적 책임인 '트리플 보텀 라인'Triple Bottom Line, TBL*을 의미하는가? 혹은 환경철학자들이 주장하듯이 '생태문해력'ecological literacy에 가까운 말인가? 아니면 알도 레오폴드Aldo Leopold가 말하는 대지윤리land ethic인가?[1] 환경정의environmental justice 역시 논쟁적인 의미가 많다. 즉 '환경적으로 좋은 것과 나쁜 것', 혜택과 위험을 공유하여 분배정의distributive justice를 실현하는 운동이라는 의미에서부터 참여와 절차적 정의에 대한 논의라는 의미까지 다양하다. 환경정치적 문제에 대한 다양한 분석은 점진적 개혁에서부터 문화적 전환에 이르기까지 다양한 대응책을 유도한다. 환경정의 활동가들은 인종과 계급에 따른 환경적 혜택과 위험이 분배되

* 비즈니스 용어로, 기업은 그것의 궁극적 목표(bottom line)인 이윤만 추구해서는 안 되며, 기업활동으로 인해 발생하는 사회적·환경적 영향도 고려해야 한다는 의미를 지닌 개념이다. 여기에서 세개의 목표, 즉 트리플 보텀 라인을 구성하는 것들은 이윤, 사람, 지구다.

는 양상을 재조정하려고 노력해야 하는가? 아니면 혜택을 능가하는 위험이 발생한다면 그 상황을 완전히 금지해야 하는가? 에코페미니즘의 역사적 계파나 최근의 발전도 다양한 의미를 담고 있다. 초기의 문화적·급진적·우머니스트적womanist*·사회주의적 페미니즘에서 진화하여 현재의 정치생태학 연구까지 다양하다. 최근에는 포스트휴머니즘적·탈식민주의적·퀴어적·초국적 에코페미니즘이 좀더 포괄적이고 변혁적인 분석을 내놓고 있다. 인간과 환경복지가 서로 연결되어 있다는 인식에 뿌리를 둔 지속가능성, 환경정의, 에코페미니즘이라는 이 세가지 운동은 정의롭고 에코페미니즘적인 지속가능성을 위해 더욱 확장적이고 포괄적인 운동을 만들어갈 잠재적인 시너지를 가진다.

이러한 세가지 운동이 가지는 장단점과 각 운동의 활동가들을 살펴보면 각 운동의 반대쪽에 누가 있는지 잘 알 수 있다. 비즈니스와 정부와 교육 분야에서 지속가능성 운동은 백인 남성 중산층에 의해서 주도되어왔다. 공동체 운동에서는 유색인이 환경정의를 추동했고, 인종과 계급 문제에 초점을 맞추었으며, 풀뿌리 여성들이 활동에 많이 참여했고, 탁월한 남성 리더들이 대변인이나 이론가로 기여했다. 에코페미니즘은 다양한 섹슈얼리티와 국적을 가진 페미니스트들이 탄탄하게 발전시켰다. 초기에 주로 서구 유럽 활동가 겸 학자들이 구체화한 에코페미니즘은 흑인 페미니스트들의 교차성 이론에서 도움을 받아(Crenshaw

* '우머니스트'는 '흑인 페미니스트' 또는 '유색인종 페미니스트'를 의미한다. 미국의 흑인운동가이자 작가인 앨리스 워커(Alice Walker)는 남성과 여성을 막론하고 모든 인류의 온전함과 안녕을 위해 깊이 헌신하는 흑인 여성을 묘사하기 위해 이 용어를 사용했다. 워커에 따르면 "우머니스트"는 "인종, 계급, 성 억압의 교차점"에서 유색인종 여성과 페미니즘 운동을 결합하는 관점이다.

1991; Collins 1990) 탈식민주의와 포스트휴머니즘의 이론틀 속에서 젠더, 인종, 계급, 섹슈얼리티, 생물종, 민족/국가의 교차성을 전면화시키며 발전해갔다. 기후변화와 같은 글로벌 위기에 직면한 현재 환경정의, 에코페미니즘, 지속가능성 운동들이 함께 협력하여 움직인다면 더욱 효과적일 것이다.

지속가능성에 대해 질문하기

'지속가능성'이라는 용어는 세계환경개발위원회World Commission on Environment and Development, WCED의 1987년 보고서인 『우리 공동의 미래』*Our Common Future*에 등장하며 알려졌다. 이 보고서에서는 '지속가능성'을 "미래 세대가 그들 자신의 필요를 충족시킬 능력을 훼손하지 않으면서 현재의 필요를 충족시키는 발전"(Brundtland 1987)이라고 정의했다. 곧이어 '지속가능한 발전' 개념은 '따라잡기식 개발'이라는 약속과 함께 제3세계 국가에 제안되었다. 이 제안에서는 제3세계 국가들이 그들의 생물권역 내에서 제1세계 국가에 견줄 만한 기술적 발전을 성취할 것이라고 약속했다. 그러나 이 환상적 전망은 실현될 수 없었다. 왜냐하면 제1세계 국가들의 풍요와 기술적 세련됨은 제3세계 국가들로부터 노동, 환경, 다른 '자연자원'을 식민주의적으로 착취하고 전유해서 이룬 것이기 때문이다. 이 과정에서 제3세계의 자원, 환경, 노동 가치는 일부분만 보상되었고, 선진국에 유리하도록 운영되는 모든 국제 경제 기구나 무역협회에 의해 그 가치가 더욱 낮아졌다. '지속가능한 발전'이 선포된 후부터 30년 동안 기업들은 가장 빠르고 지속 불가능한 방식으로 자연을 통제해왔다. 따라서 초기 비평가들이 지속가능한 발전이라는 모순적 개념에 대해 회의적인 태도를 보인 것이 타당했음을 확인시켜주었다. 한 사회과학자 연구단이 지적한 대로, "지속가능한 발전을 추구하는 것이 지속가능성을 실현하거나 기후변화를 효과적으로 완화시키지 않았"으므로 지속가능성은 "인간의 행동을 의미 있게 변화시키는 데 실패한 개념"이다.(Benson & Craig 2014)

몇몇 지속가능성학자들은 이 용어의 문제점을 잘 알고 있다. 한 연구자는 지속가능성의 역사와 의미를 연대순으로 기록했는데, 인구 통제부터 스마트 성장에 이르기까지 70여개의 다양한 정의를 발견했다.(Morris 2012) 다른 연구자들은 생태, 경제, 사회의 '트리플 보텀 라인'에 의하여 비즈니스의 지속가능성을 측정하는 것은 비효율적이라는 점을 다음과 같이 표현했다.

> 지구 생태계의 생명유지 능력을 점진적으로 지속하는 것으로 지속가능성을 정의하려면 전통적인 경제적 기준을 사회적이고 생태적인 가치 중심의 기준보다 하위에 두어야 한다. 그러면 자본주의적 시스템의 제약 안에서 의사결정을 하는 사업가들이 미래 세대나 다른 생물종이 살아갈 수 있도록 자원과 생태계를 보호하기 위해서 자신들의 이윤을 포기할 수 있느냐는 질문이 나온다.(Milne & Gray 2013, 16면)

존 이커드John E. Ikerd의 『지속가능한 자본주의: 상식의 문제』*Sustainable Capitalism: A Matter of Common Sense*나 조너선 포릿Jonathon Porritt의 『성장 자본주의의 종말』*Capitalism As If the World Matters*과 같은 주요 저서에서는 공공정책이 자본주의경제에 사회적 공정성과 생태적 온전함을 부여할 수 있다(Ikerd 2005)거나, 녹색정책이 자본주의를 전환시켜 더욱 지속가능하게 만들 수 있다(Porritt 2007)고 주장한다. 반면 지속가능성과 기업가 정신을 연구하는 학자들은 "지속가능성은 근본적으로 자본주의의 지배적인 모델과 그것이 강조하는 고삐 풀린 성장과는 조화를 이룰 수 없는 개념"(Hall, Daneke & Lenox 2010)이라고 주장한다. 자본주의가 지속가능성을 제공할 수도 있는 매력적인 개념이라는 견해가 있는 반면, 린 체스터 Lynne Chester는 다음과 같이 예리하게 결론 내린다.

> 〔이 개념은 또한〕 역사나 현실과 상당히 일치하지 않는다. 공기오염, 수질오염, 삼림 벌채, 사막화, 토양 침식, 생물다양성 소실, 지구온난화는 광범위한 화석연료 사용, 기술적 변화, 산업화, 대량생산과 대량소비, 전지구화로 특징지을 수 있는 20세기 자본주의와 결합된 생태적 유산이다. 이것이 자본주의가 자연과 관계를 맺는 방식이다.(Chester 2011, 376면)

글로벌 리포팅 이니셔티브Global Reporting Initiative, GRI*의 기준, 수행측정benchmarking, '사람, 지구, 이윤'을 추구하는 트리플 보텀 라인과 같은 지속가능성 측정단위들은 정확성을 제공하기보다는 이제 "기업의 일상적인 운영에 어떤 도전도 하지 않는 태도로 임하면서도 성취할 수 있는 것"이 되었고, 오히려 지속가능성의 진정한 의미를 잃어버린 공허한

* GRI는 기업, 투자자, 정책입안자, 시민사회, 노동조직 등이 자신들의 활동이 미치는 경제적·환경적·사회적 영향을 측정하여 책임을 질 수 있도록 그 측정기준을 제공하는 독립적인 국제조직이다. 이 기준은 '글로벌 리포팅 이니셔티브 스탠더드'(Global Reporting Initiative Standards)라고 불린다.

기표로 작동하고 있다.(Milne & Gray 2013, 18면) 사실 "트리플 보텀 라인은 생태문해력과 심도 있는 지속가능성을 발전시키는 데 조직적으로도 제도적으로도 오히려 방해가 된다고 이해하는 편이 낫다."(같은 글 24면)

그런데도 후기자본주의 시대의 생태경제에 대한 조사를 꺼리는 현상과 함께 제3세계 국가와 글로벌 기업 모두에서 '지속가능한 발전'이 부상하고 있다. 학계에서도 '지속가능성학'이 떠오르고 있고, 고등교육 지속가능성 발전협회Association for the Advancement of Sustainability in Higher Education, AASHE라는 지속가능성을 알리는 학술적 대표조직이 등장했다. 2005년 AASHE의 창립 직후 이 협회는 지속가능성에 대한 교수진 워크숍을 열고 각 전공에 잠재된 지속가능성 관련 주제를 '발굴'하도록 고등교육기관의 교수들을 훈련하기 시작했다. AASHE의 웹사이트에 명시된 정의에 따르면 "지속가능성은 인간과 생태의 건강, 사회정의, 안전한 생계수단, 모든 세대를 아우르는 보다 나은 세상"을 포괄한다. 교수진을 대상으로 하는 이러한 교육 워크숍에서 사용하는 지속가능성 모델은 경제, 생태, 사회가 서로 분리될 수 없다는 것에서 더 나아간다. 이 모델은 세개의 다리가 달린 스툴의자나 트리플 보텀 라인이나 세개의 원이 겹쳐진 벤다이어그램의 이미지로 다양하게 표현된다. 특히 자세히 그려진 한 모델은 여러개의 원이 서로 겹쳐진 모습을 보여주는데, 이 원들 중 두개가 겹쳐지는 것은 필요조건이지만 '지속가능성'이라고 명명되기에는 충분하지 않다고 설명한다.[2] 그럼에도 불구하고 AASHE의 '교육과정 전반에 걸친 지속가능성'Sustainability Across the Curriculum이라는 교수진 훈련 워크숍을 담당하는 리더들은 이 모든 훈련에서 조심스럽게 '거리를 두는' 방식을 취한다. 교수들이 '전문가'임을 인정하고 '이 개념을 가볍게 다루어야' 하는데, 그 이유는 "'지속가능성' 개념에 대한 정의가 다양할 것이기 때문이다." 실제로 2015년 에모리대학교에서 열린 AASHE의 지속가능성 리더 워크숍에서 참가자들은 과거 워크숍 참가자들로부터 경험담을 들었다. 그중 한명은 "'지속가능성'을 정의하는 단 한가지의 올바른 방법은 없다는 말을 듣자마자 긴장을 풀 수 있었고 그래서 참여했다"고 고백했다. '단 하나의 옳은 길'만 주장하는 위협적 근본주의를 지양하고, 지속가능성을 오늘날의 생태정치적 위기에 대처하는 특수한 대응으로 분명하게 정의한다면 AASHE와 지속가능성에 초점을 둔 다른 조직들이 더욱 명확하게 목적에 집중하여 책임감 있고 효과적인 프로그램과 정책을 실행하게 될 것이다. 그렇다면 미국 고등교육 분야에서 선도적 조직인 AASHE가 지속가능성 개념의 확산을 위해 그것의 정의를 더욱 분명하게 발전시키지 못하는 이유는 무엇인가?

외견상으로는 AASHE가 지속가능성을 특정한 하나의 의미로 정의하지 않으려고 하는 것처럼 보일 것이다. 더욱 민주적인 방식을 선호하기에 회원들과 회원기관들이 자체적으로 지속가능성 목표를 정의하고 평가하도록 지원하고자 그렇게 하는 것처럼 보일 것이다. 그러한 평가를 지원하기 위해 AASHE는 지속가능성 추적 평가등급 시스템Sustainability Tracking, Assessment and Rating System, STARS을 개발했고, 대학 대표들은 이 시스템을 사용하여 학문, 참여, 운영, 계획, 관리 영역에서 자신이 속한 캠퍼스의 지속가능성 향상 정도를 스스로 평가할 수 있게 되었다. 대학들이 지속가능한 실천에 대한 폭넓은 관심과 그것의 유용성, 경제적 효과, 지적인 혜택을 증명하여 그러한 실천을 이끄는 역할을 할 수 있다는 것이다. 캠퍼스에서 이러한 실천을 경험한 후, 학생들은 자신들의 생활에서 지속가능성을 실천할 영감을 얻을 것이다. 또한 이러한 생각들을 미래의 직장에도 전파할 것이다. 그러나 AASHE가 대중적인 STARS를 사용하여 매해 제공하는 캠퍼스 지속가능성 자료는 전적으로 각 회원들이 스스로 작성한 보고에 의존하고 있다. AASHE는 회원들의 보고서를 공개하지만, 그것을 평가하지 않는다. 결과적으로 지속가능성에 대한 다원적이고 상반된 표현이 나타나고 있다. 또한 지속가능성을 단순히 '환경과학'의 또다른 표현 정도로 묘사하는 '구식' 정의를 벗어나 지속가능성에 대한 교차적 접근으로는 거의 나아가지 못하고 있다.

2013년 "고등교육 지속가능 공동체에서 일어나고 있는 일들의 표본"을 대표적으로 소개하는 출판물인 AASHE 회보의 자기 학습 주제들에 대해 수집된 자료에 따르면, 279개의 글 중에서 가장 선도적인 주제는 AASHE 회원대학 캠퍼스 시설에서 사용하는 에너지에 관한 문제였는데, 지속가능성에 대한 환경과학기술적 접근을 강조했다. 하지만 문화적 다양성과 포괄성은 오직 55개의 글에만 등장했다. 대략 5 대 1의 비율이었다.[3] 생태/경제/사회로 상상되는 균형에서 사회정의가 누락된 것은 AASHE의 지속가능성 교과과정에만 해당되는 것이 아니라 지속가능성학 프로그램 전반에 걸쳐 분명하게 나타난다. 2015년 AASHE 학술 프로그램 데이터베이스에는 66개 지역에 있는 476개의 대학 캠퍼스에서 진행된 1447개의 지속가능성에 중점을 둔 학술 프로그램에 대한 정보가 들어 있다.[4] 지속가능성에 중점을 둔 프로그램은 다음과 같다.

- 준학사 학위 프로그램(33개): 농업, 건축, 건축설비, 발전, 에너지, 조경, 기술, 유역(流域, watersheds), 풍력발전용 터빈.
- 과학기술 분야의 학사 학위 프로그램(428개): 몇개의 프로그램은

'환경과 지속가능성학'과 결합함.

- 샌프란시스코 주립대학교에서 제공하는 '환경적 지속가능성과 사회정의'에 관한 프로그램(1개)
- 석사 학위 프로그램(469개): 지속가능한 발전, 자원, 경영, 기술을 강조함. 소수의 프로그램을 환경학, 교육학, 커뮤니케이션 및 공공행정학과에서 제공함.
- 박사 학위 프로그램(104개): 환경과학, 법, 자연자원, 농업, 발전, 공학, 정책 분야.
- 공동 학위 프로그램(34개): 법학박사J.D.와 철학박사Ph.D. 또는 법학박사J.D.와 이학석사M.S..

대부분의 지속가능성학 프로그램은 지속가능성을 학제 간(혹은 초학제 간) 접근을 통해 시행할 것이라고 말로는 선언하지만, 이런 지속가능성 선언은 모두 환경과학과 사회과학, 즉 지리학, 환경학, 지속가능성학, 비즈니스, 경제학에서 나온 것이고, 환경인문학적 방법론이나 기여는 간과한다. 환경인문학은 생태정의에 좀더 변혁적 접근을 이루어낸 학제 간 결합이다.(LeMenager & Foote 2012) 실질적으로 AASHE 회원기관들에서 '지속가능성'은 종종 개발에 사용되는 친환경기술을 의미한다. 그러나 유한한 지구에서 그러한 '지속가능성'은 지속가능하지 않다.

지속가능성학자들은 가장 흔히 인용되는 지속가능성 개념에 대한 정의定義에 경제정의economic justice와 인종적 공평성이 포함되지 않으며, 따라서 지속가능성 개념이 환경정의 운동과 거의 같은 시기에 등장했음에도 불구하고 그것으로부터 거리를 두고 있다는 것을 알아챘다. 지속가능성에 대한 1987년 『브룬틀란트 보고서』*의 '지속가능한 발전'에 대한 정의와 1991년의 환경정의 원칙Principles of Environmental Justice**의 등장 사이에는 단지 4년의 차이가 있을 뿐이다.

"국제 프로세스와 위원회, 정부조직, 싱크탱크, 국제 NGO 네트워크"에서 주도하는 "하향식top-down" 현상으로서 지속가능성은 좀더 미래지향적이다. 이와 달리 환경정의 운동은 공정한 운송, 공동체의 식량안보, 지속가능한 도시를 만들려는 지역적이고 즉각적인 투쟁에 "상향식bottom-up"으로 응대했다.(Agyeman, Bullard & Evans 2002) 그러나 학계의 지속가능성 전문가들은 '환경정의'라는 용어를 자주 사용하지 않는다. 왜 그럴까? 환경정의와 환경 지속가능성 사이의 관계가 상호교환적이지 않고, 심지어 강조하는 점이 서로 대립하기 때문인가? 어떤 이들이 주장하듯이 환경정의는 사회정의를 환경보다 더 중요하게 여기는 반면, 환경 지속가능성은 자원관리 접근방식을 취하는 경향이 있다.(Margolis 2005) 아니면 환경정의가 백인 특권 자체를 반환경적으로 여기며 이의

* 유엔환경계획(UNEP)의 세계환경개발위원회(WCED)가 1987년에 발간한 보고서 『우리 공동의 미래』는 당시 위원회 위원장을 맡고 있던 그로 할렘 브룬틀란트(Gro Harlem Brundtland)의 이름을 따서 '브룬틀란트 보고서'라고 불리게 되었다. 이 보고서는 현재의 전지구적 환경문제를 글로벌 북부의 지속가능하지 않은 방식의 생산과 소비와 그로 인한 글로벌 남부의 거대한 빈곤상황 때문이라고 진단한다. 따라서 환경문제의 해결책으로서 '지속가능한 발전'이라는 개념을 내세웠다.

** 1991년 미국 워싱턴D.C.에서 열린 제1차 전국유색인종 환경리더십 써밋에서 17개 항의 환경정의 원칙을 천명했다. 이 원칙으로는 먼저 지구의 신성함과 생태적 단일성, 그리고 모든 생물종의 상호의존성을 밝히고 이들이 모두 생태적 파괴를 겪지 않을 권리가 있다고 주장한다. 그리고 맑은 공기, 깨끗한 물과 음식, 오염되지 않은 토지는 생물의 기본권이라는 점, 인간과 모든 비인간 생물이 지속가능한 지구에서 살아갈 수 있도록 토지와 재생 가능한 자원을 윤리적이고 균형되며 책임 있게 사용할 권리를 그들에게 위임한다는 점, 모든 인류는 정치적·경제적·문화적·환경적 자기결정권을 가진다는 점, 모든 공공정책은 어떤 차별과 편견에서도 벗어나 모든 인류에 대한 상호존중과 정의에 기반해야 한다는 점 등을 포함한다.

를 제기한다는 점에서 매우 명백하게 정치적이기 때문에, 그리고 대부분의 지속가능성 전문가들이 백인이기 때문에 지속가능성 워크숍과 실천 작업에서 환경정의가 배경으로 밀려나는 것인가?(Taylor 2014)

환경정의학자 줄리언 아기만Julian Agyeman은 순수하게 환경적인 지속가능성에 반대하고 '정의로운 지속가능성'이라는 개념을 내세워 두 운동을 연결하는 데 앞장서고 있다. 그는 아직 이 두 운동의 교차성이 알려지지 않았던 2010년 AASHE 콘퍼런스의 기조연설에서 지속가능성 교육자이며 사업가로 이루어진 청중에게 이 둘의 교차성을 역설했다. 그러나 지속가능한 발전을 연구하는 학자들은 공적 영역에서 "일부 지속가능성 프로그램의 시도들이 많은 경우 의도적으로 사회적 부정의와 연관되어 있었다"(Pearsall, Pierce & Kruger 2012, 936면)는 점을 밝혀냈다.[5] 미국지질학협회의 2010년 연례회의에서 발표된 연구에 대한 지질학자들의 성찰에 따르면, 뉴욕주에서 사우스캐롤라이나주와 갈라파고스섬에 이르는 지역까지 소위 '지속가능한 발전'이란 녹색소비주의면 충분하다고 여기는 경향이 있다. 이는 "사회정의에 대한 우려를 그저 못 본 척하는 것이 아니라 원칙과 타협하"(같은 글 937면)면서 이루어진다. 가장 중요한 것은 이러한 학자들이 "무엇이 지속가능하며, 누구에 의해, 누구를 위한 것인가?"라는 질문과 함께 지속가능성의 정의 자체에 이의를 제기하며 다음과 같이 결론 내린다는 점이다.

> 미국의 환경정의 운동에서 일부 활동가들은 '지속가능성 운동'을 단지 '옛' 환경운동의 또다른 이름으로 여긴다. 옛 환경운동은 소수자를 고용하지도, 사람들을 직접 만나 조직하지도, 환경정의에 관한 문제를 다루지도 않았다. 그 대신 황무지, 자원, 다른 '녹색' 이슈를

선호했다. 그리고 여러 측면에서 현재의 지속가능성 운동도 그러하다.(Agyeman & Evans 2004, 156, 162면)

고등교육기관에 있는 지속가능성학 학자들은 이런 우려를 공유한다. 그들은 지속가능성 프로그램이 확산되고 있지만 생태, 경제, 사회의 통합을 보장하는 종합적인 평가틀이 부재함에 주목한다. 즉 정의로운 지속가능성이 교육과정 전반에서 충분히 실행되고 이 기관들의 시설과 공동체 내부의 관계들에 영향을 미치는 의사결정에 똑같이 중요하게 적용돼야 한다고 언급한다.(McFarlane & Ogazon 2011; Mader, Scott & Razak 2013; Koehn & Uitto 2014)

학계의 지속가능성 논의에서 인종에 대해 침묵하는 것은 흔한 일이며, 이는 계급, 젠더, 섹슈얼리티, 생물종에 대해서도 마찬가지다. 지속가능성에 대한 AASHE 문헌에는 젠더, 인종, 계급, 섹슈얼리티, 생물종, 기후정의와의 교차성에 대한 관심이 보이지 않는다. 2013년 연간보고서에서 "AASHE는 지속가능성을 인간과 생태의 건강, 사회정의, 안전한 생계수단, 모든 세대를 아우르는 보다 나은 세상이라고 포괄적으로 정의한다"[6]라고 확고하게 주장했음에도 말이다. 페미니스트들과 에코페미니스트들이 거듭 밝혔듯이, 인종, 계급, 젠더, 섹슈얼리티, 생물종을 생략하거나 사소한 것으로 여기는 패러다임은 '표식될 필요가 없는' 지배그룹, 즉 백인 남성 중산층 이성애자 인간동물에 의해서 효과적으로 강화된다. 지속가능성 옹호자들은 '지속가능성'이 그 가능성을 충분하게 펼치기 위해 에코페미니즘적이고 환경정의에 기반한 틀에 맞추어 지속가능성을 재구성해야 할 것이다.

환경정의

오늘날 환경뉴스에는 앨버타주의 타르샌드tar sands 채굴과 그것이 숲, 물, 야생생물과 원주민들에게 끼치는 대단히 파괴적인 영향에 대한 이야기가 주로 등장한다. 피크오일peak oil*은 이미 끝났다. 사람들은 타르샌드를 추출하고 운반하고 정제하기 위해 노력하지만 과거보다 더 많은 비용을 들이면서도 더 적은 양의 원유를 생산한다. 타르샌드 원유 1배럴을 생산하는 데 4톤의 모래와 흙이 사용되고, 매일 4억 갤런의 물이 유독성 폐기물로 버려진다.[7] 포트치페와이언 지역의 거주민들 가운데 희귀암 환자 발생률이 30퍼센트 이상 증가했고, 북미산 순록인 카리부 개체수의 70퍼센트가 감소했으며, 사향쥐, 오리, 무스의 몸에서 위험할 정도로 많은 비소가 발견되었다. 이 때문에 앨버타주의 타르샌드 생산지역 주변의 원주민, 동물, 생태계의 생명이 소멸하고 있다.(Nikiforuk 2010)[8] 타르샌드 생산 작업 때문에 발생하는 유해공기나 수질오염은 퍼스트네이션 원주민 거주지인 포트맥머리 지역에서 집중적으로 일어난다. 이러한 오염이 인근 에드먼턴까지 확산되었고, 다환방향족탄화수소PAHs와 벤젠, 스티렌 같은 발암물질이 유입되면서 타르샌드 가공처리시설 근처에 사는 사람들의 백혈병 발병률이 증가했다. 타르샌드가 기후변화에 끼친 영향은 2010년 이래 21퍼센트 증가했다. 우리에게 익숙한 지구 환경을 유지하기 위해 과학자들이 설정했던 섭씨 2도의 한계를 훌쩍 넘어 지구를 덥히고 있다.(McKibben 2010)[9] 그러나 캐나다의 석유회사들은 타르샌드 원유를 정제소로 운송할 방법을 계속 찾고 있다.

* 세계 석유생산량의 정점을 일컫는 말.

첫번째 시도는 미국 중부를 관통하는 키스톤 XL 파이프라인 설치였는데, 수많은 시위대가 이 송유관 설치에 대한 대통령 승인을 성공적으로 지연시켰다.* 오갈라라 대수층의 시작점이 있는 네브래스카주의 활동가들은 전국적인 저항운동을 이끌기 위해 원주민과 유럽계 미국인 환경정의 운동가들로 구성된 '카우보이-인디언 동맹'을 결성했다. 한편, 캐나다 기업 엔브리지Enbridge는 중서부 상부로 앨버타클리퍼Alberta Clipper 파이프라인과 샌드파이퍼Sandpiper 파이프라인을 확장하여 각각 하루에 80만 배럴과 60만 배럴의 원유를 선적할 것으로 전망된다.(Fesher 2015)10 이전에 '유출'로 오염된 지역이 아직 '정화'되지 않은 상황인데도 말이다. 그러나 가장 주목해야 할 사건은 2010년 미시간주 캘러머주 지역에서 일어난 엔브리지의 80만 갤런 송유관 유출 사건이다. 이와 같은 '유출' 역사와 캐나다와 미국에서 일어난 대규모 지역 반대에도 불구하고, 원주민 자치지역, 줄풀 식생지역, 훼손되기 쉬운 숲이나 늪을 횡단하도록 고안된 이 송유관 건설은 여러 미국 주정부 환경 관련 행정부처의 승인을 받았다. 캐나다의 타르샌드나 노스다코타주의 바켄Bakken 유전에서부터 시작되는 송유관은 미국 중서부 상부를 가로질러 미네소타주와 위스콘신주의 슈피리어 지역으로 원유를 운송한다. 어떤 이들은 세계에서 가장 큰 호수인 슈피리어호에 유조선을 띄워 원유를 운송하려는 움직임이 있다고 주장한다. 또다른 송유관은 북미의 서해

* 키스톤 XL 파이프라인 프로젝트는 2008년 시작되었지만 2010년부터 원주민과 전세계 환경운동가들이 반대운동을 벌였고, 2015년 버락 오바마 당시 미국 대통령의 프로젝트 중단 명령을 이끌어냈다. 이후 도널드 트럼프 정권 때 재개 명령이 내려졌으나 조 바이든 현 대통령은 다시 중단 명령을 내렸다. 결국 13년간의 투쟁 끝에 2021년 프로젝트를 주도하던 기업인 TC 에너지가 프로젝트의 영구종료를 선언하면서 끝이 났다.

안 길이만큼 긴 것으로, 태평양 북서부에서 멕시코만까지 이어져 있다.

환경정의의 관점에서 볼 때, 원주민 땅이나 유색인 공동체가 위치한 지역에 석유 생산지가 배치된 것은 결코 우연이 아니다. 앨버타주의 타르샌드 생산지가 그 주변의 퍼스트네이션 원주민 공동체에 영향을 끼치는 것과 마찬가지로, 미시간주의 정유공장은 근처의 아프리카계 미국인 공동체에 더욱 심각한 영향을 미친다. 2015년 6월 6일 미네소타주 세인트폴에서 열린 타르샌드 저항행진에 엠마 록리지Emma Lockridge를 비롯한 미시간주 디트로이트에서 온 활동가들이 석유와 환경 부정의environmental injustice에 대해 이야기하고자 참여했다. 그들은 이날 디트로이트 외곽 보인턴에 있는 아프리카계 미국인 공동체에 관해 이야기했다. 매러선페트롤리엄Marathon Petroleum Corporation이 타르샌드 정유과정 시 배출한 벤젠에 그곳 주민들이 지속적으로 노출되었고, 신장암과 암 사망률이 놀라운 비율로 증가하고 있었다. 매러선페트롤리엄은 정유공장 확장을 계획할 때 보인턴과 우편번호 48217을 공유하는 오크우드하이츠 마을의 주택 소유자들에게 기본 가격에 감정가의 50퍼센트를 더한 금액을 인수가로, 자가 거주하는 소유주에게는 최소 5만 달러를 제공했다.(Halcom 2012) 당연히 오크우드하이츠의 부동산 소유주 10명 중 9명은 매도에 관심이 있었다. 그런데 보인턴 주민들은 그러한 제안을 받지 못했고, 정유공장 확장의 결과로 부동산 가치는 2014년까지 1만 6000달러 아래로 급락했다.(Lewis 2014) 2013년 5월 미시간주 산업안전보건국Michigan Occupational Safety and Health Administration이 정유공장에서 폭발사고가 발생한 지 일주일 만에 매러선페트롤리엄에 안전상을 수여한다고 발표하면서 업계와 정부의 공모가 더욱 의심스러워졌다. 2014년에 어스저스티스Earthjustice는 환경보호국Environmental Protection Agency에

청정대기법Clean Air Act 약속을 이행하도록 압력을 가하면서 '정유공장이 펜스라인(Fenceline Communities, 인접 지역사회)*에 끼친 피해'에 대한 영향보고서 부록을 발행했다. 이 보고서에는 정유공장과 인접한 탓에 암과 천식 발병률 증가를 경험한, 환경정의 문제가 있는 10개 공동체의 상황이 기록되어 있다.[11] 이 공동체에 속한 많은 시민은 법원과 연방 규제당국에 환경정의를 호소해왔지만 그들의 주장은 자주 무시되었다.

미시간주 디트로이트는 인구의 82.7퍼센트가 아프리카계이며, 38.1퍼센트의 주민이 빈곤선 이하의 수입으로 생활하며 환경정의 문제를 겪는 10개 지역 중 하나다. 매러선페트롤리엄의 정유공장은 청정대기법을 지속적으로 위반해 수많은 벌금형을 받았으며 공식 집행조치로 450만 달러 이상의 벌금을 물었지만, 타르샌드 정유처리시설 확장을 허가받았다. 디트로이트에서 북쪽으로 100킬로미터쯤 떨어진 곳에 위치한 플린트 지역은 2014년에 식수위기 문제가 표면에 드러나서 유명해졌다. 주민들은 플린트 지역 공무원들이 2년에 걸쳐 500만 달러를 절약하기 위해 플린트의 수원을 휴런호에서 오염된 플린트강으로 바꾼 것을 알게 되었다. 결국 시정부가 절약한 경제적 비용은 6000명에서 1만 2000명으로 추정되는 어린이가 식수를 통해 납에 노출되어 건강을 희생한 결과다.[12] 삽화가 맷 웨어커Matt Wuerker는 이런 상황을 두개의 분리된 음수대로 표현했다.(Wuerker 2016) 하나는 백인을 위한 깨끗한 물을, 다른 하나는 유색인에게 제공된 갈색 물을 그렸다. 플린트의 식수위기는 미국의 뿌리 깊은 인종차별과 연결된다는 점을 묘사한 것이다.

* 화석 연료 기반시설과 대형 산업단지와 같이 매우 위험한 오염물질을 방출하는 시설에 인접한 지역 공동체를 의미한다.

디트로이트를 가로질러 텍사스주 코퍼스크리스티 지역의 북쪽에 사는 히스패닉계와 라틴계 거주자들도 여섯개 대형 정유공장에서 내뿜는 유독성 배출물에 노출되고 있다. 2012년 이 공장들에서 벤젠, 디에탄올아민, 크실렌을 포함한 유독성 공기 오염물질 총 680톤이 유출되었다. 이 사건은 대중적으로 널리 알려졌지만, 법원은 여전히 주민을 보호하거나 환경규제를 강화하기 위한 어떤 일도 하고 있지 않다.[13] 반면에 미국 환경보호국은 환경정의 웹사이트에서 모든 공동체에게 "환경 및 건강 위험에 대하여 동일한 수준의 보호와, 건강한 환경을 만들기 위한 의사결정에 동등한 접근을" 보장한다고 단언한다. 그러나 환경적 불의에 징벌적 조치를 하거나 배상을 제공한 기록을 살펴보면 이렇게 명시한 목표에 조금도 미치지 못한다.[14]

환경정의에 관한 틀을 기반으로 분석해볼 때 이러한 관행은 환경적 인종차별주의와 계급차별주의로 설명될 수 있다. 1982년 워런 카운티의 저항을 시작으로 미국 환경정의 운동은 1991년 17가지 환경정의 원칙Principles of Environmental Justice이 제1차 전국유색인종 환경리더십 써밋First National People of Color Environmental Leadership Summit에서 제정되면서 구체화되었다. 2002년과 이후의 후속 회의에서 환경정의에 대한 정의定義가 확장되었는데, 기후정의는 곧 환경정의이고 경제적 부정의를 환경정의의 필수요소로 다루어야 한다고 천명했다. 로버트 불러드Robert Bullard는 "우리는 예를 들어 애팔래치아에서 벌어지는 불공평에 관해서도 똑같이 우려하고 있다. 그곳의 백인들은 경제적, 정치적 영향력이 약하고 '아니요'라고 목소리를 내지 못해서 버려진다"고 말한다.[15] 그러나 그런 일들이 억압받는 인종이나 계급이 아닌 사람들에게 일어날 때 어떻게 환경정의의 틀로 그것을 설명할 수 있을까?

예를 들어 2005년에 미네소타주 주민들은 지역의 대표기업인 3MMinnesota Mining and Manufacturing이 50년 동안 연간 22.7톤의 과불화화합물perfluorinated chemicals, PFCs을 미시시피강에 방류하여 코티지그로브 지역의 지하수를 오염시켰다는 사실을 알고 경악했다. 그곳은 86퍼센트가 백인이고 평균 가구소득이 8만 1622달러인 공동체다. 미네소타주 공해관리국Minnesota Pollution Control Agency, MPCA은 그곳에서 16년간 근무한 수석 과학자인 퍼딘 올리이Fardin Oliei의 조사연구 보고를 받아들이지 않고 그의 입을 막았다. 이에 저항하여 올리이는 워싱턴D.C.에 기반을 둔 비영리기관으로 정부의 내부고발자에게 법적 지원을 제공하는 단체인 '환경책임을 위한 공익근로자들'Public Employees for Environmental Responsibility을 통해 소장을 제출했다. 2년 후, 미네소타주 공해관리국은 법정 밖 합의를 통해 올리이에게 32만 5000달러를 지불하고 내부고발 소송을 취하하게 했다. 사람, 물, 야생생물과 같은 주변 공동체의 건강에 끼칠 영향이 무엇일지 불확실한데도 말이다.[16] 과불화화합물에 지속적으로 노출되어 생체 축적이 이루어지면 인간과 동물의 신체조직에 어떤 현상이 일어나는지는 연구를 통해 밝혀졌다. 간, 췌장, 고환에 종양이 생길 위험이 증가했고, 동물 면역시스템에 부정적인 영향을 미쳤으며, 전립선암, 뇌혈관 질환 및 당뇨병에 걸릴 위험 증가와 기형아 출산을 일으켰다.[17] 3M이 1억 달러 이상을 들여 피해를 복구하려고 노력했지만, 이러한 연구들과 다른 자료들을 바탕으로 미네소타주 검찰총장은 주민들을 대신하여 3M 기업을 고소했다.(Mosedale 2006; Edgerly 2005)[18]

환경정의의 관점에서 보면, 유색인들이 사는 빈곤한 도심지역inner-city, 원주민의 고유영토나 시골의 가난한 공동체에 쓰레기를 버리는 것은 흔한 일이 되었다. 이를 지칭하는 '희생지역'이라는 용어는 환경인종주의와 환경계급주의를 잘 나타내는 말이다. 반면에 쓰레기가 백인 중산층 공동체에 버려지면 대중매체, 사법기관, 정부가 주목한다. 그리고 피해를 입은 중산층 지역을 정화하기 위해 엄청난 노력을 쏟아붓지만, 여전히 기업의 불법적이고 반환경적이고 부당한 관행은 막지 못한다. 이런 쓰레기 투기는 분명 환경인종차별주의나 환경계급차별주의가 아니다. 그렇다면 무엇인가?

46년의 시차를 두고 한 부유층 지역에서 일어난 두가지 별개의 사건을 살펴보면 이런 현상을 이름 짓는 데 도움이 될 것이다. 첫번째 사건은 1969년 1월 28일 캘리포니아주 샌타바버라에서 일어났다. 유니언 오일Union Oil*의 굴착용 플랫폼 A에서 대규모의 원유 분출이 발생해 샌타바버라 해안지대로 유출되었고, 도시 전체 해안선(벤츄라와 샌타바버라 카운티 해안선)을 두꺼운 원유층으로 뒤덮었다. 샌타바버라의 상류층 주민들은 즉시 그들의 자원, 시간, 국내외 엘리뜨와의 인맥을 동원하여 이 상황에 관심을 끌어모았다. 언론의 지대한 관심을 받으며 샌타바버라 주민들은 집회를 열었고, 주요 하원의원들에게 서한을 보냈으며, 근해 석유시추를 금지하는 법안을 도입했고, 석유회사와 연방정부를 상대로 소송을 제기했다. 두개의 조류클리닝 센터bird-cleaning center가 설립되어 다친 야생동물의 기름때를 벗겨주었다. 바닷새들이 기름 때문에 질식하거나, 날 수 없게 되거나, 지속적으로 깃털을 부리로 다듬으면서 원유를 삼켰기 때문이다. 죽은 돌고래와 고래들이 해변으로 밀

* 1890년에 설립된 유니언 오일(Union Oil Company of California)은 1983년 유노컬(Union Oil Company of California)로 회사명이 변경되었고, 2005년 셰브론에 인수되었다.

려왔다. 이례적으로 많은 수의 바다사자 새끼가 샌타바버라 해안 너머의 채널제도에서 죽은 채 발견되었다. 해변을 서둘러 깨끗하게 만들려는 지역주민들의 미친 듯한, 그러나 헛된 노력은 마찬가지로 가슴 아픈 일이었다. 그들은 기름 먹은 모래 위에 짚을 뿌린 후 긁어모으거나, 고양이 배설물 처리용 모래를 해변에 뿌려 기름을 '흡수'하려고 애썼다.(Molotch 1970; LeMenager 2014)19 그러나 이 새로운 시민 활동가들은 정부, 기업, 과학 간의 동맹이 자신들의 부유한 지역 공동체의 동맹보다 더 강하다는 사실을 깨달았다. 샌타바버라 주민들은 미국 내무부부터 육군공병대, 지질조사국, 연방 수질오염방지국에 이르기까지 연방 규제기관들이 아무 일도 하지 않는 것을 경험했고, 그들의 반응은 분노에서 환멸로, 그리고 '급진화'로 변해갔다고 당시 캘리포니아대학교 샌타바버라 캠퍼스의 사회학 교수인 하비 몰로치Harvey Molotch는 말했다. 경제적으로 부유한 백인 지역에서 환경 위험이 발생해 가시화된 1969년 샌타바버라 원유 유출 사건은 1970년에 첫번째 지구의 날Earth Day을 출범하게 했다. 또한 이 사건은 환경운동을 성장시켜서 1970년대 내내 환경법규 제정을 이끌어냈다.

그렇다면 거의 50년 후인 2015년 5월 19일에 샌타바버라 카운티에서 또다른 원유 유출이 발생한 이유는 무엇인가? 플레인스올아메리칸Plains All American 송유관은 해안선을 따라 기름을 펌핑장으로 운송하고 그곳에서 원유는 내륙으로 보내진다. 이번 파열은 해안가의 자동 잠금장치가 없는 부식된 송유관에서 발생했다. 다시 한번 야생동물에 끼친 영향이 보기 끔찍하게 자세한 시각자료로 기록되었다. 해안선을 따라 10만 갤런이 넘는 기름이 유출되어 펠리컨, 바다사자, 바다코끼리, 물개, 돌고래뿐 아니라 게, 달팽이, 물고기와 같은 작은 생물들을 갈색 기름으로 뒤덮었을 뿐만 아니라 이 생물들의 재생산 건강에 영원히 영향을 미칠 것이었다. 그런데도 사건 초기에 전국적으로 쏟아진, 언제나처럼 일화적이고 거의 분석적이지 않은 뉴스 보도는 몇주 뒤에 잠잠해졌다. 몰로치는 이러한 현상을 뉴스를 보는 대중이 행동하지 않고 기업의 현상태를 수용하도록 습관화하는 '악의 일상화'routinization of evil라고 분석한다. 오염은 일상이 되고, 정치인이 부패하다는 말은 이제 식상하고, 타협은 필수가 된다. '절반 정도'의 기름이 회수되면 이것을 '개선'으로 받아들인다.(Molotch 1970, 140~41면)

기존의 환경정의 분석틀은 원유 유출이 다양한 동물종에 끼친 해악이나 샌타바버라처럼 부유한 지역에서 반복적으로 일어나는 것을 일관성 있게 설명하지 못한다. 반면 1969년 사건 당시 내무부의 보고서는 그 이유를 분명하게 보여준다. 당시 한 엔지니어는 석유시추에 앞서 공청회를 거부한 정책을 정당화하면서 내무부 차관보 J. 코델 무어J. Cordell Moore에게 편지를 썼다. "우리는 가능한 **원주민들을 뒤흔들지 않기를** 바랐다."(같은 글 139면. 저자 강조) 이 상황을 식민주의적 관계로 지칭한 것처럼, 현재의 석유 추출이나 운송은 토착민indigenous people과 부유층 백인, 비인간 동물 및 생태에 해로운 영향을 미치면서 식민주의적 관행을 새롭게 확장한 것으로 이해해야 한다. 즉 기업이 지역 차원과 주 차원, 국가 차원의 통치를 장악한 현상을 보여준 것이다.

앨버타주의 타르샌드를 이와 관련된 사례로 생각해보자. 최근의 타르샌드 붐이 일어나기 전, 앨버타주의 주요 산업은 목축이었고, 그 전에는 모피였다. 앤드루 니키포룩Andrew Nikiforuk이 설명하듯이 17세기와 18세기 유럽 식민지 개척자들은 모피무역을 위해 애서배스카Athabasca 사회의 숲, 습지, 야생생물을 착취하기 시작했다.(Nikiforuk 2010) 원주민들은 전통적으로 음식을 공동으로 공유하며 살았던 반면, 모피무역을 위해 돈이 도입되고 무역을 위한 잉여 모피 축적이 장려되면서 결국 비버 개체수가 급격히 감소했다. 영토 소유권의 도입으로 이전의 공동 사냥터는 분할되었다. 가톨릭 교의의 전파로 토착적인 문화적 관점이 담긴 영적 내재성과 애니미즘을 기계론적, 초월적, 위계적, 가부장적 세계관이 대체했다. 이러한 세력은 술과 유럽의 질병들과 함께 원주민 공동체를 파괴했다.[20] 반식민주의적, 에코페미니즘적 관점에서 보면 원주민, 동물, 영토, 생태계와 같은 '자연' 타자들에 대한 지배는 마스터 자아Master Self의 구성과 얽혀 있다.(Plumwood 1993, 1997)[21]

지구타자들에 대한 식민 지배는 오늘날 타르샌드 작업, 파쇄, 그리고 공장식 축산업을 통해 지속되고 있다. 유엔식량농업기구United Nations Food and Agriculture Organization, FAO의 보고서 『가축이 남긴 긴 그림자: 환경문제와 선택들』*Livestock's Long Shadow: Environmental Issues and Options*, T. 콜린 캠벨T. Colin Campbell과 토마스 캠벨Thomas M. Campbell의 『무엇을 먹을 것인가』*The China Study*, 공장식 축산업과 기후변화에 대한 국립과학아카데미National Academy of Sciences*의 연구(Springmann et al. 2016), 그리고 「포크스 오버 나이브즈」Forks Over Knives, 2011와 「카우스피라시」Cowspiracy, 2014 같은 다큐멘터리는 다음과 같은 사실을 입증했다. 서구의 산업화된 육류 위주 식단이 인간의 건강과 생활에 해를 끼치고, 동물에게 엄청난 고통을 주며, 메탄가스 배출, 삼림 벌채, 폐기물을 통해 기후변화를 가속화하고 있다. 이러한 동물성 식품 산업은 인간이 먹는 동물에게 먹일 사

* 국립과학아카데미는 국가에서 관리·운영하는 공공 학술기관이 아니라 민간 비영리 과학자 집단이다.

료 생산에 광대한 토지를 사용하면서 인간과 야생동물에게는 실제적인 물질적 굶주림을, 수십억마리의 축산동물에게는 고통스러운 삶을 겪게 한다. 또한 고문당한 동물의 사체를 절단하고 처리하며 소비하는 노동자의 건강을 해친다. 지속가능성학과 환경정의 중 어느 것도 비인간 동물과 원주민과 부유한 지역에 다양한 방식으로 해를 입히는 여러 층위의 환경 부정의의 연결성을 인식하지 못하게 한다. 중산층에 호소하는 지속가능성과 인종과 계급 분석에 주목해온 환경정의 둘 다 반식민주의 에코페미니즘 관점을 받아들일 때 더 넓은 범위의 환경운동가들을 동원하는 데 좀더 설득력이 있으며 효과적이라는 사실에 침묵하고 있다.

반식민주의 에코페미니즘

우리의 바위 조상들이 조언한 긴 관점이 아니라 짧은 관점으로 역사를 살펴보면, 서구문화는 원주민 공동체와 토착민족을 정복하고, 메스티소Mestizo의 영토를 점령하고, 아프리카계 미국인들을 노예로 만들었던 역사를 '잊고' 있다. 이런 기억상실증은 제1세계의 백인 중산층과 부유한 시민이 석유에 기반한 식민화를 깨닫지 못하게 한다. 자연-문화 이원론에서 식민화된 '원주민'의 반대쪽 범주에 자신들이 위치한다는 것을 인식하지 못하게 한다. 15세기 '대항해시대'와 함께 시작된 식민지 탐험과 정복의 시대에 생겨난 글로벌 기업들은 관세무역일반협정GATT, 북미자유무역협정NAFTA, 환태평양경제동반자협정TPP, 세계은행World Bank, 국제통화기금IMF, 세계무역기구WTO와 같은 제2차 세계대전 이후에 결성된 국제무역협정을 이용하여 식민제국주의적 권력을 축적해왔다.(Klein 2014) 캐나다의 타르샌드 파이프라인Tar Sands Pipeline은 타국의 '수용권'eminent domain* 법을 사용하여 다국적기업의 이익을 위해 그 국가의 토지를 압류했다. 원래 수용권 법은 해당 지역사회의 '공익'을 위해 필요하다고 간주되는 부지의 토지 소유자를 명시하고, 그들의 권리를 보장하며, 피해를 보상해주기 위한 목적으로 만들어진 것이다. 따라서 이와 같은 수용권 법의 사용은 유럽인들이 북미와 남미, 아프리카, 아시아, 태평양과 카리브해 섬들을 침략하면서 시작한 원주민의 땅과 생명을 노략질하는 것에서 더욱 발전된 석유식민주의다.

마티 킬은 '희생'과 같은 용어를 통해 성차별, 종차별, 인종차별, 계급차별이 어떻게 교차하며 구조화되어 있는지 심도 깊게 설명한다. 역사적으로 희생이라는 개념은 소위 화가 난 신을 달래어 더 큰 공동체를 구하기 위해서 비인간 동물, 어린 소녀, 노예를 죽이는 것을 의례적으로 합법화한 것이다.22 이렇게 엘리뜨 시민들이 동물, 원주민, 제3세계, 제1세계 내부의 빈곤한 유색인 공동체가 겪는 환경 부정의를 '희생지역'이라는 용어를 사용하여 합리화한 것이다.(Kheel 2008) 킬은 환경 부정의와 "과학의 제단에서 동물을 희생하는 행위 뒤에는 고대의 비극적 믿음이 어느 정도 깔려 있다"고 주장한다. "그 믿음이란 만약 동물들(그리고 종속된 지구타자들)을 살해하면 (엘리뜨) 인간들은 살도록 허락받는다는 생각이다."(Kheel 1989, 104면) 희생은 실질적으로 특권집단과 종속집단 사이의 비호혜적이고 불균형적이며 도구화된 관계를 의미한다. 이 관계는 많은 엘리뜨가 다른 생물종, 환경, 제3세계에 사는 사람들(뿐 아

* 수용권은 국가나 공공단체가 개인이 소유한 토지, 건물 등의 재산을 소유자의 동의 없이 강제로 취득하거나 사용할 수 있는 권한을 뜻한다. 수용권은 법률로 허가하고 있으며, 이와 같은 강제 취득과 사용이 법에서 정한 절차에 따라 이루어지면 소유자는 이를 따라야만 한다.

니라 제1세계에 사는 제3세계 사람들)로부터 자원과 노동을 착취하는 것을 '피할 수 없는 일'로 받아들여왔다. 그러나 '희생'은 물질적으로 위험한 상황에서도 안전에 대한 환상을 강화한다. 이러한 환상을 유지하기 위해서 희생자와 구원된 자 사이의 '거리'가 형성되는데, 발 플럼우드는 이런 작동을 '원격성'remoteness이라고 부른다.

플럼우드에 따르면 "원격성은 피드백을 차단하고, 결정과 그것에 따른 결과가 연결되고 균형을 이루는 것을 방해한다." 따라서 생태적 의사결정에서 중요하게 수정해야 할 것은 "자신의 결정에 따른 생태적 결과로부터 행위자의 거리를 최소화하는 것"(Plumwood 2002, 72면)이다. 플럼우드는 마스터 모델 이론에서 원격성을 다섯가지의 서로 연결된 작동으로 설명한다. **공간적 원격성**spatial remoteness은 결정에 따른 생태적 결과에 영향을 받은 장소와 사람들로부터 멀리 떨어진 곳에서의 생활과 관련된다. **결과적 원격성**consequential remoteness은 결정의 결과가 의사결정자에게는 영향을 미치지 않으면서 체계적으로 다른 사람이나 집단에 영향을 미치는 상황을 의미한다. **소통과 인식의 원격성**communicative and epistemic remoteness은 영향받는 사람들과의 의사소통이 원활하지 않거나 단절되어서 생태적 관계를 복구하려는 동기나 지식이 약해지는 상태를 의미한다. **시간적 원격성**temporal remoteness은 미래에 대한 결정이 끼치는 영향으로부터 거리를 두는 인식을 의미한다. **기술적 원격성**technological remoteness은 특권층이 사는 곳의 쾌적함well-being을 보장하면서 '쓰레기' 투기 장소를 '외부적 공간'으로 보고 무시하는 방식을 뜻한다.(같은 책 72~73면) 특히 소통과 인식의 원격성은 "사회가 하위계층의 경고나 조난신고와 비인간 자연이 보내는 생태적 경고 신호에 주의를 기울이지 못할 때 나타난다."(같은 책 73면) 플럼우드는 의사결정에서 "원격성을 최소화하여 결과에 영향을 받는 사람들이 결정과정에서 일정한 역할을 담당하고 결정에 따른 결과와 위험을 공유해야 한다"(같은 책 73면)고 주장한다. 이런 원격성과 희생 개념에 횡단신체적이고 생물종간 관점을 적용하면 환경정의의 틀과 양립할 수 있는 더 나아간 관점을 제시하면서 환경정의 분석을 확대시키는 데 도움이 된다.(Pellow 2014) 환경정의 비전이 현재의 환경 부정의를 좀더 잘 설명하려면, 이미 존재하는 젠더, 섹슈얼리티, 생물종에 관한 문제를 더 잘 다룰 수 있도록 인종과 계급에 대한 관점이 확장될 필요가 있다.(Pellow 2016) 또한 경제구조가 성차별적으로 운영되는 방식과 기업이 식민주의를 확산하는 방식을 더욱 명확하게 설명하기 위해서 환경정의는 경제학에 더 많은 관심을 가져야 한다.

이렇게 재구성하려는 노력이 지난 20년 동안 진행되어왔다. 2009년에 노엘 스터전은 자신의 분석틀을 에코페미니즘에서 '글로벌 페미니즘 환경정의'로 전환했다. 그는 환경정의 운동이 처음부터 폭넓게 여성에 의해 힘을 얻었던 만큼 환경정의에 내포되어 있는 페미니즘을 앞세우는 이론을 발전시켰다. 그러나 스터전의 개념틀은 생물종정의를 다루지 않는다.(Sturgeon 2009) 그레이엄 후건과 헬렌 티핀의 『탈식민주의 생태비평』은 식민주의가 동물, 환경, 제3세계에 끼친 영향에 대한 탁월한 분석이다. 그러나 이 책은 앤드리아 스미스Andrea Smith의 『정복: 성폭력과 미국 원주민 집단학살』*Conquest: Sexual Violence and American Indian Genocide*과 같은 저작들이 제시해온 식민주의에 대한 페미니즘적 관점을 결여하고 있다. 특히 데이비드 펠로우David Pellow의 『완전한 해방: 동물권과 급진적 지구운동의 힘과 약속』*Total Liberation: The Power and Promise of Animal Rights and the Radical Earth Movement*은 종간정의를 환경정의의 토론장으로 가져왔다. 이것은 많은 백인 급진주의 환경운동가들의 반인종주의와 함께 교차하며 구조화되었다. 그러나 축산업이 온실가스GHGs 배출의 3대 원인 중 하나이고, 따라서 지속가능성과 투자 철회의 정의에 포함되어야 한다는 사실은 비로소 최근에야 에코페미니즘과 연결되어 설명되었다.

2016년 비판적 동물연구 분야의 학자 겸 활동가들은 호주에서 만나 '종간 지속가능성에 관한 시드니 선언'Sydney Declaration on Interspecies Sustainability을 작성했고, 다음과 같이 주장했다. "지속가능성을 풍부하게 이해하게 하는 핵심 원천은 에코페미니즘이며, 지속가능성이 오직 '환경'에 대한 관심으로 분류되지 말아야 한다는 것이 에코페미니즘의 제안이다. 환경과의 지속가능한 관계는 다른 동물, 여성, 유색인, 퀴어, 여타 '타자들'에 대한 돌봄과 정의와 연결된다."(Probyn-Rapsey et al. 2016, 113~14면) 인간을 위한 정의human justice에 대한 관심의 일환으로 이 선언문은 "수백만 원주민과 소작농은 '토지 강탈'을 통한 '농업의 불법점유' 과정에서 그들의 땅을 빼앗겼고, 공장식 축산시설Concentrated Agricultural Feeding Operations, CAFOs과 도살장에서 끔찍한 심리적·육체적 고통을 겪고 있으며, 그와 관련된 성폭력과 가정폭력의 증가로 그들의 가족과 이웃이 고통받고 있다"(같은 글 121면)고 주장한다. 또한 "수명 연장과 비만, 심혈관 질환, 제2형 당뇨병, 일부 유형의 암을 포함한 만성질환의 위험 감소"(같은 글 123면)를 포함해 채식이 주는 건강상의 이점을 열거한다. 요약하면, 이 선언문은 종간윤리는 '개인적 선택의 문제'가 아니라 사회정의와 관련된 공적 사안이라고 주장한다.(같은 글 125면) 또한 종간 지속가능성의 정의를 제안하는데, 이것은 40여 개국에서 350개 이상 대학의 총장들이 서명하여 대학 캠퍼스의 지속가능성에 대한 향상된 정의를 제공하는 '딸루아르 선언'Talloires Declaration, 1990을 새롭게 정비한 것이다. “우리가 온실가스 배출뿐 아니라 종간 윤리를 포함하는 사회정의의 실패를 포괄적으로 고려하는 차원에서 축산업에 초점을 맞출 때, 사회적 책임을 다하는 지속가능성은 동물 착취가 끝나야 비로소 시작된다는 것이 명확해진다.”(같은 글 137면)

암묵적이고 공언된 목표들을 성취하기 위해 환경정의와 지속가능성 운동은 비판적 에코페미니즘의 통찰력을 받아들일 수 있는 대화의 창을 열어야 한다. 이를 위해서 정의로운 지속가능성이 기대고 있는 생태, 경제, 사회정의라는 용어들에 대해 질문해야 한다.

비판적인 관점: 정의롭고 에코페미니즘적인 지속가능성

2015년 북반구의 여름, 셸Shell의 석유굴착장비는 석유시추 확대를 준비하기 위해 북극해로 이동하고 있었다. 화석연료 연소가 기후변화를 가속화한다는 증거가 압도적으로 많음에도, 노벨상 수상자들을 포함한 국제 과학자 패널이 석유시추와 개발의 중단을 촉구했음에도, 카약을 탄 활동가들과 밧줄에 몸을 묶어 다리에 매달린 활동가들이 셸의 석유굴착장비가 시애틀과 포틀랜드의 항구를 통과하는 것을 막으려 대규모 시위를 벌였음에도, 북극 생태계가 취약함에도, 아직도 끝나지 않은 정화작업에 수백만 달러가 들어갔고 여전히 야생생물, 물, 원주민 공동체에 치명적인 영향을 미치고 있는 ‘유출’의 역사가 기록되어 있음에도, 이 새로운 시추작업에서 또다른 사고가 발생할 확률이 75퍼센트임에도, 편지, 전화, 선출된 대표자 방문과 같은 소통 통로를 통해 목소리를 낸 시민들의 광범위한 반대에도 불구하고 여전히 석유시추는 중단되지 않았다. 셸은 북극 시추작업을 확장하기 위해 이미 수백만 달러를 투자했으며, 당시 미국 대통령이던 오바마의 승인만을 기다리고 있었다. 셸은 이미 제기된 모든 합리적인 주장을 무시하고 단순히 시장논리만 내세웠다. 북극에는 셸이 추출하고 판매하여 수십억 달러의 경제적 이익을 낼 수 있는 석유 '자원'이 매장되어 있다는 주장이다. 북극 생태계, 지역의 다종 공동체, 지구행성이 지불하는 비용은 이런 이윤추구를 위해 뒤로 밀려난다.

북극 시추와 공장식 축산업은 모두 플럼우드가 주장한 원격성 개념의 전형적인 사례인데, 플럼우드는 이를 이성과 생태적 자각이 모두 실패한 것으로 설명한다. 또한 데이비드 슐로스버그David Schlosberg가 주장한(Schlosberg 2007) 환경정의를 구현하는 데 기초가 되는 참여적이고 경제적인 민주주의에도 실패했다. 석유와 고기를 사는 소비자들과 마찬가지로 이런 시추나 공장식 축산농장을 승인한 기업의 경영진과 선출된 의사결정권자들은 자신들의 행동이 낳은 현재와 미래의 폭력적인 결과로부터 시간적·공간적으로 떨어져 있다. 그들의 삶의 터전과 생계는 파괴되지 않는다. 그들이 소비하는 상품의 생산과 자신들의 건강이 분리될 수 있다고 생각한다. 그들은 자신들이 대표하는 시민이나 이해관계자들로부터 소통의 거리가 멀고, 그들이 경청에 실패하면 지식 습득의 실패, 즉 플럼우드의 용어로 인식의 원격성이 발생한다. "원격성과 나쁜 의사결정이 밀접하게 연결되어 있기에 (…) 멀리 떨어진 다른 장소들은 생태적으로 더 악화되고 그 희생으로 어떤 장소를 좋아지게 만드는 정치적 패턴이 반복됨을 [보여준다]."(Plumwood 2002, 73면) 미국은 (다른 서구 산업자본주의 국가들처럼) 지속가능성의 결핍을 보여주는 대표적인 국가다. "생태적 합리성이 결여되었거나 저개발된 문명으로,

자국의 생물권과 생태질의 저하를 일으키면서 그것에 스스로 대응하거나 바로잡을 능력이 없다. 그리고 미국은 **자신들이 가지고 있다고 믿는 생존 목표에 도달하기 위한 행동을 하지 않는다.**"(같은 책 68면. 저자 강조) 이러한 행동은 또한 우리의 생태적 상호정체성과 횡단신체성을 망각하는 자각의 실패다. 플럼우드의 '합리성의 척도'에 따라 정치적 주체는 지속가능성을 달성하기 위해 "수단과 목적 사이의 일치"(같은 책 69면)를 입증해야 한다.

학제 간 연구의 특성과 교차성에 기반을 두는 것이 공언된 목표임에도 불구하고, 환경정의나 지속가능성은 문제 해결을 위해 미시분석적 접근법을, 따라서 기계론적인 접근법을 취하는 학문이자 운동이다. 이 때문에 지역, 산업, 기관, 프로젝트별로 그때그때 작동하는 경향이 있다. 반면에 미시적 단계와 거시적 단계 둘 다에서 각각의 다른 질문을 하는 것이 페미니즘 방법론의 오래된 특징이다. 이 점은 비판적 에코페미니즘이 젠더, 섹슈얼리티, 생물종에 대한 고려를 단순히 '더하고 섞는' 차원을 넘어 현재의 지속가능성 논의에 중요한 공헌을 할 수 있게 하는 입장이다. 비판적 에코페미니즘은 불평등을 개인적인 것에서 정치적인 것, 즉 생태적·경제적·사회정치적인 것으로 설명하는 관계적 관점에 뿌리를 두고 있다. 이는 다음과 같은 질문을 제기함으로써 정의롭고 평등한 관계를 촉진한다. 누구에게 혜택을 주고 누가 비용을 지불하는가? 수단과 행동이 공언된 목표와 일치하는가? 이 이야기에서 빠진 사람은 누구이며 무엇인가?(Kheel 1993) 이 물질은 어디에서 왔고, 어디로 가며, 누가 이 '쓰레기'를 처리하는가?(Smith 1997; Nhanenge 2011) 이 활동이 생산에서 소비와 쓰레기 처리에 이르기까지 관련된 모든 사람의 삶을 풍요롭게 하는가?(Cuomo 1998) 그리고 이 행동의 뿌리에는 어떤 자아 모델이 있는가? 플럼우드는 '경제적 인간' 개념을 서구문화의 마스터 모델의 현현manifestation이라고 비판한다. 이런 자아정체성은 후경화(의존 거부), 과잉분리, 병합, 도구주의, 고정관념화 단계들을 통해서 구성된다. 플럼우드는 '정의로운 지속가능성' 운동에서조차도 이처럼 이성애중심주의적이고 인간중심주의적인 주장이 존재한다는 점을 분명히 밝히고 이를 수정한다.

현재 주류 지속가능성 담론은 생태, 경제, 사회와 같은 중심 용어를 정의할 때조차도 인간중심주의적이고 기계론적인 관점에서 정의한다. 생태와 지속가능성의 문제에서 극상림極相林과 그곳의 다종적 관계들이 갖는 고유하고 생태적인 가치에 대한 논의는 거의 없다. 인간에 의한 산업적 관행을 상쇄하는 탄소흡수원carbon sink으로서의 기능이나 아름다움, 휴양과 오락, 미래 약재가 될 자원을 제공하는 장소로서의 도구적 가치만을 이야기한다. 숲이 원주민들에게는 자급자족적인 생활방식으로 살아가는 집이라는 사실도 정의에 포함시키지 않는다. 생태는 인간 정체성과 뚜렷하게 구별되는 것으로 정의되고, 인간의 '필요'에 따라 유지되거나 고갈되는 '자원' 또는 비인간 체계들의 집합으로 정의된다. 경제적 지속가능성에 대한 논의는 전통적인 비용/편익 분석에 따르는 경향이 있으며, 종종 "녹색산업이 녹색환경을 만든다!"와 같은 슬로건을 내건다. 비즈니스 관행이 단순히 생태적일 뿐 아니라 일반적인 비즈니스 방식보다 수익성이 높을 때 지속가능하다고 제안한다. 사회는 섹슈얼리티, 종족성, 젠더, 혹은 젠더화된 계급 개념에 따라 구별되어 설명되지 않고, 오히려 이해관계자stakeholders, 투자자, 소비자나 비즈니스를 운영하는 공동체가 모인 집합이라는 의미를 다양하게 지칭하는 용어로 사용된다. 비즈니스 현장에서 일하는 노동자나 '지속가능한' 비즈니스에 자재를 공급하거나 폐기물을 처리하는 더 멀리 내쳐진 노동자와 환경은 '지속가능성' 개념에 포함되지 않는다. 요컨대, 환경인문학과 비판적 에코페미니즘이 제공하는 분석도구가 없다면 지속가능성 논의는 여전히 신고전주의 경제학과 자유주의 정치 이론의 자율적인 개인이라는 개념에 의존할 것이다.

페미니스트 경제학자들이 주장하듯이 "분리되고, 자율적이며, 연결이 끊어지고, 경쟁적이면서 기본적으로 이기적인 개인으로서의 '경제적 인간' 모델은 반페미니즘적이고, 반생태적이며, 경제적인 인간 외 '타자'를 억압하는 존재다."(McMahon 1997; Nelson 1997; Perkins & Kuiper 2005; Waring 1988) 게다가 "'경제적 인간' 개념이 식민지 확산의 최전성기에 무르익었다는 것은 우연이 아니다. 이 개념은 여성, 자연, 비백인非白人에 대한 억압과 원주민의 땅을 파괴하는 식민지화를 통해 자신의 '자율성'을 인식하는 백인 특권층 남성을"(McMahon 1997, 167면) 묘사하기 위해 생겨난 것이기 때문이다. 여전히 자율적 개인주의에 뿌리를 두는 생태적 경제학에는 한계가 있다. 그런 경제학은 생태정의, 사회정의, 젠더정의, 종간정의와 관련된 "어떤 관계성이라도 제대로 다루지 못할 것"이기 때문이다. 요약하면 신고전주의 경제학은 "시장과 경제적 인간이 자연과 무급노동으로부터 은밀하게 이전한 것들에 의존하는 방식들을 은폐시킨다."(같은 글 172면)

페미니스트들은 서구문화가 생태를 문화와 인류로부터 분리된 것으로 정의하고, 여성, 유색인, 어린이, 피지배 타자들을 모두 '자연에 더 가까운 존재'로 정의하는 방식을 오랫동안 관찰해왔다.(Gray 1979; Griffin 1978; Kolodny 1975; Warren 1990) 데까르뜨 사상에 기반한 이원론은 또한 생태-문화 이분법에 따라 젠더와 경제학을 정렬하여, 경제적으로 가시적인 노동과 생산품을 공적 영역에 위치시키고, 경제적으로 비가시적인 노동, 물질, 재생산을 사적 영역에 위치시킨다. 페미니스트 경제학자들이 관찰해왔듯이, 신고전주의 경제학은 여성, 자연, 식민 지배를 받는 존재들을 유사하게 취급한다. 그들을 뒤로 밀어내고 '인간'의 필요를 충족시키는 자원으로 취급한다. "자연을 이렇게 취급하듯이, 전통적으로 여성의 책무라고 여겨진 아이를 낳고 기르고 노인과 병자를 돌보는 일들은 전혀 중요하지 않아서" 국내외 회계시스템에서 "언급할 필요조차 없는 것"으로 여긴다.(Nelson 1997, 156면)23 아마도 문제 중 하나는 비교적 최근까지도 서구문화에서 백인 여성과 아이들은 비록 주인의 또 다른 '재산'인 노예, 식민지 타자들, 자연보다는 지위가 높더라도 여전히 주인의 재산으로 분류되었다는 점이다. 신고전주의 경제학의 기본은 인간이 지구와 관계를 맺는 방식이 지구를 **생동하는 물질**(Bennett 2010)이라는 살아 있는 행위자나 "우리가 속한 공동체"(Leopold 1949)로 보지 않고, 사고팔고 소유하는 '재산'으로 보는 것이다.24 플럼우드의 주장에 따르면 "자본주의의 기반인 통합적 자아에 대한 로크의 설명"은 로크의 소유권 이론과 불가분의 관계가 있다. 로크의 이론은 "자연은 그 자체로 텅 비고 무의미한 것"이라는 가정 아래 "자연으로 간주되는 인간 타자들"을 삭제한다.(Plumwood 2002, 214~17면) 이와 달리 플럼우드의 비판적 에코페미니즘은 관계적 자아를 상상한다. 이 자아 개념은 행위자적인 자연과 역동적으로 상호 연결된 것으로, 지구타자들을 적극적으로 공동 구성하는 자연이다. 움직이지 않고, 생명력도 없으며, 기계론적인 개념의 재산과 전혀 다르다. 장소에 대한 유물론적인 영성spirituality 개념을 통해 플럼우드는 토지 소유를 "땅이 당신에게 속하는 것처럼 당신도 땅에 속"하는 쌍방향 실천이라고 설명한다. 그리고 이 땅은 "장소가 갖는 힘의 핵심"인 "인간 너머의 타자들more-than-human others에 존재하는 소통의 능력과 의도성"을 인식할 때 원격성이 해소되는 곳이다.(같은 책 230면)

플럼우드는 '그림자 장소'에 대한 논의(Plumwood 2008)에서 인간의 삶을 지원하지만 배경으로 밀려났던 다중의 복합적인 장소의 네트워크를 전면에 배치한다. 그는 '비판적 생물지역주의'를 제안하는데, 그것은 '글로벌 남반구와 북반구의 장소 관계를 가시화'하도록 돕고, "특히 희생적인 장소로, 그리고 그림자 장소나 부정된 장소로 은유화된 지배의 관계"를 명확하게 한다. 플럼우드는 다음과 같이 설명한다.

> 애착과 동일시, 정치적 실효성, 가족의 역사, 조상이 살던 장소와 같은 정동적情動的인 장소를 글로벌 시장의 특징을 보이는 경제적 장소로부터 분리시키는 것은 정신-육체 이원론의 또다른 모습이다.(같은 글)

플럼우드는 대안적이고 좀더 정확한 관점으로 장소를 사유하기를 제안한다. 그는 장소란 "우리 삶의 적극적 행위자이자 공동구성자"로, "타자의 에너지가 적극적으로 투여되는 과정"으로 바라본다. 플럼우드는 마지막 에세이 중 하나에서 '환경정의의 장소 원리'를 제안한다.

> 당신의 장소를 소중하게 여기고 돌보라는 권고이지만 그 과정에서 다른 장소들을 무시하거나 파괴하지 말아야 한다. 여기서 '다른 장소들'이란 다른 인간이 사는 장소이자 동시에 다른 생물종이 사는 장소를 말한다.(같은 글)

생태적 시민권의 토대로서 플럼우드의 '장소 원리'는 우리에게 지구상의 모든 생명이 살아가기 위해 필수적인 에너지와 물질의 순간순간의 움직임을 상기시키면서 인간정체성의 기본을 생태적 관계에 둔다. 그의 연구는 지속가능성을 급진적으로 재구성한다.

지속가능성을 다시 상상하기

에코페미니스트와 환경정의학자들은 모두 지속가능성 패러다임에 대한 회의론을 표명하며 '무엇을 지속해야 하는가?'와 '누구를 위해?'와 '얼마 동안?'과 같은 질문을 제기해왔다. 셰릴린 맥그레거가 주목한 바(MacGregor 2009)와 같이, 지난 50년 동안 페미니즘과 에코페미니즘 둘 다 "현재 상태를 영원히 유지하는 것보다 평등하고 비억압적인 세계로"(같은 글 469면) 나아가기 위한 변혁적 과정을 제안해왔다. 플럼우드는 우리의 현재 생태적 상황을 "위기에 직면했을 때 기술적으로 오만하고 재앙적인 결정을 내렸던" 영화 「타이타닉」Titanic, 1998에 비유하며, '지속가능성'이라는 용어는 우리가 중요한 체제 변혁을 하지 않고도 어떤 것이든 유지할 수 있다는 희망을 주며 "상황의 심각성을 모호하게 하는" 경향이 있다고 주장한다.(Plumwood 2002, 1면) 그는 풍자적으로 다음과 같이 말한다.

> 「타이타닉」 신화는 자유민주주의적인데, 결과의 공평성, 엘리뜨 영웅주의와 자기희생, 여성과 어린이가 구조되는 동안 백만장자와 남

> 성들이 물러서는 내용의 이야기다. 그러나 영화 「타이타닉」과 달리 우리가 승객으로 타고 있는 이 실제의 생태적 세계에서 백만장자들은 배와 함께 가라앉지 않으며 먼저 [구조받는 대상은] 분명 여성과 어린이는 아니다.(같은 책 2면)

지속가능성 논의는 "지속가능성을 향해 나아가는 것이 인류 전체의 이익에 부합한다"라고 암시하는 경향이 있다. 그러나 에코페미니스트들은 "우리는 이 점에 있어서는 전적으로 동의하지 않는다"(MacGregor 2009)라고 올바르게 지적해왔다. 사실 산업화된 서구문화의 고소비 생활방식이 더이상 지속되지 않는다면 사회, 환경, 생물종의 삶은 지금보다 훨씬 좋아질 것이다.

지속가능성을 다시 상상하는 것은 우리의 집단적 생존을 위해 매우 중요하다. 그러나 어떻게 우리는 지구 거주자의 다수를 배제하고 인류 공동체 절반 이상의 지혜가 담긴 전통을 무시한 채 그러한 꿈을 꿀 수 있는가?

신고전주의 경제학은 우리의 사회적·경제적·정치적 실천을 인종화하고 젠더화함으로써 지구타자들 중 일부는 번영하게도 하고 몰락하게도 할 수 있는 방식으로 이루어져왔다. 정의로운 에코페미니즘적 지속가능성은 횡단신체적인 경제적 계산을 제공하여 이런 신고전주의 경제학을 대체해야만 한다. 지구타자들의 횡단신체성과 행위자성을 인식할 때, 재활성화된 지속가능성은 자아-타자 이원론을 구체화하는 '환경' 개념을 거부하고 그것을 관계적 지구정체성으로 대체할 것이다. 에코페미니스트들이 문제시해온 환경, 경제, 젠더에 들어 있는 공적-사적public-private 이원론은 "우리가 살고, 일하고, 놀고, 기도하는 곳들" 간의 관계의 연속성을 다루는 환경정의 개념으로 대체되어야 한다. '지속가능한 경영'의 초점은 지속가능한 대화로 옮겨 가야 한다. 이는 생태적, 경제적, 사회적 이슈에서 민주적인 참여를 통한 의사결정을 활용하는 것이다. 이를 통해 듣기, 깨닫기, 횡단신체적 생태-사회-경제적 관계를 강화할 수 있다. 정의롭고 지속가능한 에코페미니즘 경제학은 신자유주의 경제학의 선형 모델을 거부할 것이다. 그 대신에 그 자리를 토착적이고 생태적인 모델로 대체할 것이다. 이 순환적 모델에서 '쓰레기'는 더 이상 하나의 개념이 아니고, 생태 공동체에 이로운 새 물질로 용도 변경되고, 퇴비화되고, 재사용된다. 이 변형의 과정을 거쳐 지속가능성이 이루어진다.[25] 이 새로운 지속가능성은 도둑질에 기반을 둔 경제적 '이윤 창출'을 금지할 것이다. 이렇게 도둑질당한 것들로는 북극과 나이지리아와 앨버타주의 타르샌드, 노스다코타주의 바켄 유전에서 추출한 석유가 있다. 압도적으로 다수를 점하는 흑인 남성 수형자들로부터 빼앗은 죄수노동이 있다.[26] 1911년 뉴욕주 트라이앵글 셔츠웨이스트 공장 Triangle Shirtwaist Factory 화재부터 2013년 방글라데시 라나플라자Rana Plaza 붕괴까지 한세기 동안 재난을 야기한, 빈곤한 제3세계 여성들의 착취로 지탱된 영세제조업 노동이 있다. 자기결정권, 이동의 자유, 후손을 성년이 될 때까지 양육할 능력, 수십억마리 축산동물의 생명 그 자체를 훔치는 것 또한 이러한 도둑질이다. 이 새로운 지속가능성은 이전의 경제학에서는 수익성이 좋은 관행이라고 여긴 성매매와 장기매매, 동물원과 실험실과 축산농장에 감금된 동물들의 노예화, 타르샌드 '유출'을 청소하는 죄수의 '공짜' 노동을 손실로 받아들일 것이다. 이 정의로운 지속가능성은 사회를 종을 초월한 시민정체성의 다양성을 보여주는 단위라고 정의하면서 포괄적인 생태적, 경제적, 참여적 민주주의를 요구할 것

이다.[27]

백인 엘리뜨 전문가들끼리 논의하는 지금의 지속가능성에는 한계가 있음에도 불구하고, 좀더 비판적이고 정의로우며 에코페미니즘적인 사회적 변혁을 이룰, 아직 열리지 않은 잠재력이 내재해 있다. 기후변화의 시급성을 감안할 때 지금이 이러한 대화를 시작해야 할 적기適期다.

2장

식물과 동물

"동물윤리학이 축산복합체에 대응해온 것과 같은 방식으로 식물의 도구화에 대응하는 '식물윤리학'이 필요한가?"(Adamson & Sandilands 2013)[1] 언뜻 보면 이 질문은 동물윤리학과 연합하는 식물윤리운동을 제안하는 것일 수도 있고, 아니면 곧 일어날 잡식주의자의 반발backlash일 수도 있다. 이 반발은 비건 채식인의 관점에 학문적 신뢰성을 더한 자끄 데리다Jacques Derrida의 『동물인 고로 나는 동물로 존재한다』*L'Animal que donc je suis*, Éditions Galilée 2006로 시작된 동물연구가 지난 10년간 이룬 성공에 반대하는 움직임이다. 동물연구와 마찬가지로 식물연구도 이전부터 진행되었지만, 최근에 와서야 최첨단 학문 분야로 떠올랐다. 피터 톰킨스와 크리스토퍼 버드가 쓴 『식물의 정신세계』는 피터 싱어Peter Singer의 책 『동물 해방』*Animal Liberation*에 비견될 수 있다. 이 두 저서는 후에 포스트휴머니즘 사상의 중요한 두 영역의 토대가 되는 저작이다. 하지만 학문적 성과를 인정하는 데 인색한 학계의 풍토대로 싱어의 이론은 인권에 기반한 도덕적 확장주의로, 톰킨스와 버드의 이론은 '뉴에이지'식의 비과학적 추측으로 크게 비판받았다. '비판적 식물연구' 분야와

『잡식동물의 딜레마: 네가지 음식의 자연사』*The Omnivore's Dilemma: A Natural History of Four Meals*의 저자이며 육식주의자이자 로컬푸드 애용자locavore인 마이클 폴란Michael Pollan을 언급하며, 조니 애덤슨Joni Adamson과 케이트 샌딜랜즈Cate Sandilands는 2013년 문학과환경학회ASLE 학술대회의 예비회담 세미나에서 '식물의 생태비평주의'를 묘사하면서 다음과 같이 비교했다.

> 비판적 동물연구와 동물권 분야의 학자와 활동가들은 인간과 동물의 경계를 구성하는 요소들에 대한 우려를 표했고 사회에 큰 파장을 일으켰다. 식물연구plant studies 학자들도 식물과 동물 사이에 비슷하게 그어진 정치적 경계선에 대해 의문을 제기해왔다. 즉 한편으로 식물은 (인간을 포함한) 동물과 '비슷하게' 소통하고, 움직이고, 결정하고, 탈바꿈하고, 한계를 뛰어넘는 존재로 그려지고, 다른 한편으로 식물은 동물과는 완전히 달라서 관례적인 형이상학적 원칙들에서 근본적으로 벗어나는 존재로 그려진다.

"식물과 동물 사이에 비슷하게 그어진 정치적 경계선"이라는 문구는 동물연구animal studies 학자와 비판적 에코페미니스트 모두에게 경종을 울릴 만하다. 지금까지 꽤 많은 비건과 베지테리언 페미니즘 생태비평주의 연구가 이루어졌다. 『육식의 성정치: 여혐 문화와 남성성 신화를 넘어 페미니즘-채식주의 비판 이론을 향해』*The Sexual Politics of Meat: A Feminist-Vegetarian Critical Theory*에서 캐럴 애덤스가 논의한 프랑켄슈타인의 베지테리언 괴물을 시작으로 수많은 비건과 베지테리언 페미니즘 생태비평 저작들(예를 들어, Armbruster 1998; Chang 2009; Donovan 1990, 2009; Gaard

2000, 2001, 2013)로 이어진다. 그러나 그중에서 문학과환경학회의 주요 학술지에 실린 싸이먼 에스톡의 글이 마침내 도전장을 내밀었다. 에스톡은 '에코포비아'ecophobia를 "자연세계에 대한 비합리적이고 근거 없는 증오"로 정의하면서, "에코포비아는 인간중심주의적인 오만함과 종차별주의에 뿌리를 두고 의존하고 있"어서 "로스트비프를 얹은 호밀빵으로 배를 채우며 훌륭한 이론작업을 하는 생태비평가들을 진지하게 받아들이기 어렵다"라고 주장했다.(Estok 2009, 208, 216~17면) 에스톡이 육식을 하는 생태비평가가 내세우는 정당성을 비판한 지 4년이 지난 후 랜디 래스트Randy Laist는 『식물과 문학: 비판적 식물연구』*Plants and Literature: Essays in Critical Plants Studies*, Rodopi 2013를 출간했다. 래스트는 이 책에서 동물연구 학자들과 비판적 에코페미니스트들이 식물연구의 발견과 주장을 고려해야 하는 것과 마찬가지로 비건/베지테리언 생태비평가들도 곧 '식물 생태비평주의'에 응답해야 할 것이라고 확신했다. 그렇다면 '식물연구'란 무엇인가? 동물과 식물의 유사성을 주장하면서 비인간 동물이 실제로 경험하는 고통을 인정하지 않고 인간의 먹거리 선택을 육식주의[2] 문화에 적합한 도덕적 상대주의 영역에 두려는 것인가? 아니면 이 움직임은 모든 물질의 생동성을 주장하는 신유물론의 논지를 불러일으키고, 후에 애덤슨(Adamson 2014)과 샌딜랜즈(Sandilands 2016)가 주장한 것처럼 행위자성을 가진 타자에 대한 우리의 윤리적 책임을 탐구하게 할 것인가?

이 질문들의 중심에는 '고기'와 '생물종'이라는 핵심 용어가 있다.

식물연구: 새로운 분야가 출현하다

식물연구는 다음과 같은 학술지에 게재된 논문들에서 이미 등장하고 있었다. 『양자』*Quanta*(McGowan 2013), 『어머니 대지 뉴스』*Mother Earth News**, 『예술계의 환상성』*Journal of the Fantastic in the arts*(Miller 2012), 『PAN: 철학 실천 자연』*PAN: Philosophy Activism Nature*(Hall 2012), 『사회들』*Societies*(Gagliano 2013; Ryan 2012)이 있으며, 심지어 『비판적 동물연구』*Journal for Critical Animal Studies*(Houle 2011)도 포함된다. 그러나 식물연구가 대중문화에 모습을 드러낸 것은 『뉴요커』*The New Yorker*에 폴란의 「지능적인 식물」The Intelligent Plant이 실리면서부터다. 이 글에서 폴란은 분자, 세포, 식물을 연구하는 생물학자들이 발견한 연구결과들을 보고했는데, 그것은 신유물론자들이 행위자성이라고 부르는 능력을 증명하고(Coole & Frost 2010), 동물의 능력에 대한 발견이 그랬듯이 패러다임의 전환을 시사한다.(표 2.1 참조)

이 분야에 적어도 두가지 이견이 존재한다는 사실은 놀랍지 않다. 정통 과학으로 인정받기 위해 애니미즘을 피하는 보수적인(소위 '엄격한 과학'hard science) 식물과학자들은 동물종과 식물종 간의 위계구조를 강화하는 인본주의적 방식으로 자료를 해석한다. 그들은 '식물의 신호전달'을 '식물 커뮤니케이션'과 '식물 신경생물학'으로, 그리고 '적응'을 '학습'이라고 칭하는 것을 거부한다.(Pollan 2013) 그러나 좀더 진보적인(소위 '인문학'적인) 식물연구 학자들은 우리가 "식물을 의인화하는

* 1970년부터 미국에서 격월간 발행된 환경잡지로, 신재생에너지, 리사이클링, 가족 텃밭, 좋은 농법과 식생활 등의 주제를 다룬다.

표 2.1 동식물의 행위자성을 증명하는 행동들

생물종/행위자성을 증명하는 행동들	식물	동물
감각: 환경 변수를 감지하고 최적으로 반응하는 기관과 능력	15~20가지 뚜렷한 감각 –공기 중이나 자신의 몸(식물체) 표면의 화학물질을 감지하고 반응한다. –빛과 그림자의 다양한 주파수에 다르게 반응한다. –줄기 또는 뿌리가 단단한 물체를 만났을 때 그것을 '알며', 줄기는 지지대 쪽으로 자란다. –물이 흐르는 소리를 듣고, 잠재적 위험에는 방어 화학물질을 생성하여 대응한다.	5가지 감각 –후각과 미각 –시각 –촉각 –청각
의사소통	휘발성 화학물질을 방출하거나 포식자 퇴치용 독소를 생성하여 '신호를 보낸다'.	발성, 몸의 움직임, 자세, 냄새
'지능'	자신의 환경과 위치, 이웃 식물들을 알고 있다. 뿌리의 끝부분은 주변 환경에서 자료를 수집하여 평가하며, 친족과 그외의 식물을 포괄하는 식물 공동체에 이익이 되는 방식으로 대응한다. 염색체를 둘러싸고 있는 분자를 통해 생물학적으로 정보를 저장한다(후성유전학).	–뇌, 신경세포, 신경계, 의식 –추론 능력과 판단 –기억과 학습: 신경세포 연결망에 새로운 연결을 설정
자아정체성	뿌리 연결망을 통한 '분산 지능'(distributed intelligence); 자신의 환경을 안다; 곰팡이 연결망을 사용하여 모종에 영양을 공급하며, 아종(亞種)들과 영양분을 교환할 수도 있다.	개체로서, 가족과 생물종의 구성원으로서의 자아 인식
고유성에 대한 주장(따라서 도덕적 지위, 도덕적 고려, 그리고 '권리'까지 갖는 것)	몸통의 최대 90퍼센트까지 잃어도 죽지 않을 수 있다. 식물의 '신호 전달': 분자 '어휘'를 방출하여 고통의 신호를 보내고, 적을 저지하거나 독살하며, 서비스를 제공해줄 동물을 모집한다.(예: 수분(受粉))	사랑, 분노, 충성심, 기쁨, 유희, 슬픔, 우울함, 아름다움에 대한 음미, 외로움, 연민, 질투, 후회, 사교성 같은 감정을 느끼는 능력

출처: Angier 2013; Bekoff 2008; Bekoff & Pierce 2009; Gagliano 2013; Pollan 2013; Ryan 2012

것을 멈추어야" 할 뿐만 아니라 실제로 "식물처럼 생각하고, 자신을 식물화phytomorphize하려고 시도해야 한다"고 제안한다.(McGowan 2013) 모니까 갈리아노Monica Gagliano는 진화론적 생물학에서 '적자생존' 개념을 오용하고 있다고 지적하면서 "자연선택의 경쟁적인 진화과정에서도 협력이 이루어진다"고 결론짓는다. "협력과 경쟁은 공존할 수 있"는데, 그 이유는 식물들 간의 더욱 협력적인 "집단 단위의 연합이 생태적으로 흔하게 일어나는 일"이기 때문이다.(Gagliano 2013, 153면)3 캐런 하울Karen Houle은 『비판적 동물연구』에서 "식물의 사유에 대한 생각은 동물의 사유에 대한 생각보다 더 나은 방식으로 우리를 이끈다"라고 주장한다. 그 이유는 생태학적으로 "'올바른 분석 단위'는 개체나 쌍이 아니라 '배치'assemblage이기 때문이다."(Houle 2011, 111면)

하울의 주장은 명시적으로 퀴어연구에 기반을 두지는 않지만, 퀴어 방법론과 비교하기 좋은 포스트휴머니즘 방법론을 사용한다.(예를 들어, Browne & Nash 2010) 케리 울프Cary Wolfe가 설명한 것처럼(Wolfe 2009), 포스트휴머니즘은 내용과 방법 둘 다를 아우른다.

> 하나의 학문 분과에서 인본주의적인 실천 또는 포스트휴머니즘적인 실천을 할 수 있다. (…) 역사가나 문학비평가가 비인간 동물에 관한 주제에 몰두한다고 해도 그가 특정한 도식과 그가 가진 지식에 의존하여 학문 내부의 관행을 실천한다면 익숙한 인본주의적 형태가 유지될 수도 있다. 따라서 그의 외적인 학문적 성향이 비인간 존재의 존재성과 윤리적 이해관계를 진지하게 고찰하는 포스트휴머니즘적인 양상을 띨지라도(그런 의미에서 이 학문은 인간중심주의anthropocentrism에 문제를 제기한다), 내적인 학문적 성향은 여전히 근본적으

로 인본주의적일 수 있다.(같은 글 572면)

에코페미니즘 방법론, 포스트휴머니즘 방법론, 퀴어 방법론, 트랜스* 방법론에서 정체성과 자아는 지속적으로 변화하며, 사회적으로 구성된 복수성을 갖는다고 보기 때문에 본질주의적이고 통일된 데카르뜨적 인간상을 거부한다.[4] 식물연구에 대한 하울의 접근법은 이 방법론들의 영향을 받았다. 예를 들면, 하울은 식물연구의 틀로서 상호주의mutualism에서 나타나는 인본주의적이고 이성애 규범적인 헤게모니를 도발적으로 거부한다. 식물의 행위를 상호적 관계를 이루는 한쌍의 개체들 간의 '의사소통'으로 정의하는 개념적 제스처에 반대하기 때문이다. 그는 "만약 [식물 신호의] 방출자와 수신자에게 주어지는 혜택이 공평하지 않고 상호적이지도 않다면, 식물행동에 대한 묘사는 '의사소통'에서 '도청'으로 격하"되고 "제3자는 '엿듣는 자'로 불리게 된다"(Houle 2011, 109면)라고 주장한다. 대신에 하울은 이런 의사소통을 "불법적인 행위"가 아니라 "관대함과 선물의 행위로 (…) 자발적이고, 능력주의적이지 않은 (…) 넘쳐나는 과잉"(같은 글 109면)으로 의미화할 것을 제안한다. "모든 통신 기제에서 유기적이고 무기적인 제3자와 제4자의 영구적이고 다채로운 역할"(같은 글 110면)에 대해 지적하면서, 하울은 질 들뢰즈와 펠릭스 가따리의 '신성하지 않은 동맹' 개념을 호출하여 식물관계를 '급진적인 집단성'a radical collectivity으로 설명한다. 그것은 사회성과 친족을 "둘의 사이between가 제시하는 단순한 의미를 넘어서" 좀더 넓은 의미인 "여럿의 사이among"(같은 글 111면)로 전환하는 것이다. 하울은 '식물-되기'를 옹호하는데, 그것은 "관계를 전략보다는 일시적인 동맹으로 봄으로써 관계에 대한 사고를 개방하는 방식"이며 "정체성과 친밀감의 획득을 철저하게 집단적인 성취로 인정하는 방식"(같은 글 112면)이다. 이런 주장은 퀴어 이론의 정체성과 섹슈얼리티와 공동체의 유동성fluidity 개념뿐 아니라 신유물론의 횡단신체성transcorporeality(Alaimo 2010) 개념에도 잘 부합한다.

'비판적 식물연구'로 생태비평주의의 식물에 관한 영역을 이끌고 있는 카트리오나 샌딜랜즈(Sandilands 2014a)는 식물연구를 비판적 동물연구에서 태동하여 함께 가는 학문으로 이해한다. 『퀴어 생태주의: 성, 자연, 정치, 욕망』*Queer Ecologies: Sex, Nature, Politics, Desire*에 실린 그의 연구는 도처에 있는 퀴어 동물들의 존재를 탐구한다.(Mortimer-Sandilands & Erickson 2010) 이 퀴어 동물들은 섹슈얼리티, 몸성embodiment, 정통성authenticity에 부여된 이성애 규범적 가정들을 의미 있는 방향으로 복잡하게 만든다. 동물연구에 퀴어의 관점을 접목시킨 모델을 따라서 샌딜랜즈(Sandilands 2014b)는 '식물학의 퀴어들'이라는 개념을 제안한다. 이 개념을 통해 그는 식물이 살아가는 방식이 정체성과 친족, 그리고 시간에 대한 이성애 규범적 (그리고 인본주의적) 이해를 복잡하게 만드는 잠재력을 가지고 있다고 설명한다. 「꽃의 감각」Floral Sensations에서 샌딜랜즈는 "특정한 맥락에서 식물이 생명을 완전히 다른 방식으로 표현한다는 점에 대해 알려고 하지 않는다면, 그리고 식물이 특정한 생물사회적 공동체에서 행동하는 방식에 대해 세밀한 주의를 기울이려는 의지가 없다면 우리는 식물과의 윤리적 관계를 고려할 수 없다"(Sandilands 2016, 235면)라고 주장한다. 샌딜랜즈식의 비판적 식물연구는 인간-동물윤리학을 인간중심주의적인 도덕적 확장주의 안에서 빚어진 것이라고 설명하고, 인간-동물윤리학에서 사용하는 전략을 식물이 가진 완전히 다른 자아성selfhood에는 적용할 수 없다고 주장한다. 이는 인간-동물윤리학을 손상시키지 않고 내버려두는 접근법이다. 그러나 다른 접근법들은 좀더 공격적이다.

예를 들어, 캐나다인 과학저술가 일레인 듀어Elaine Dewar는 "식물이 생각한다"라는 제안이 "비건 채식인들이 가장 싫어하는 말"일 것이라고 추측하며 고소해하는 것 같다.(Dewar 2013) 화학교수 수전 머치Susan Murch가 상처 입은 식물이 내보내는 휘발성 화학신호를 '비명'이라고 표현한 후부터 듀어는 인간들이 "다음에 정원에서 당근을 뽑을 때 이 말을 기억해야 한다"라고 경고한다. T. S. 밀러T. S. Miller는 "어떤 유령이 동물연구에 출몰하고 있는데, 그것은 섬유소 유령"(Miller 2012, 460면)이라고 말한다. 그는 인간의 정체성을 정의하는 것은 "단순히 인간중심주의만이 아니라 동물연구의 골칫거리인 동물중심주의zoocentrism"(같은 글 463면)라고 주장하면서 동물연구의 인본주의적 방법론에 대해 적절하게 비판한다. 또한 밀러는 다음과 같이 말한 매슈 홀Matthew Hall의 시각에 동의한다. 홀은 "동물중심주의는 식물에 대한 지배를 정당화하기 위해 식물보다 인간이 우월하다는 관념이 유지될 수 있게 한다. 이 관념으로 인해 식물은 열등한 존재로 묘사되고 인간이 지배하는 자연의 위계구조에서 가장 하위에 존재하는 것으로 그려진다. 동물중심주의는 이런 이원화를 이루는 데 결정적인 역할을 한다"(Hall 2011, 6면)라고 말한다. 초기 식물연구 학자들(Wandersee & Schussler 2001)은 이러한 현상을 서구문화의 '식물무감성'plant-blindness이라 올바르게 명명했다. 하지만 이를 거부하면서 갈리아노는 "지구에 생명이 계속 존재하도록 하는 것이 근본적인 역할인 식물들"을 무시하는 우리의 현재 상태를 '식물에 대한 묵살'vegetal disregard이라며 비난한다.(Gagliano 2013, 149면) 밀러는 "인간 속에 있는 식물적인 요소를 숙고하고 대면할 때" 우리는 위계구조를 전복하는 포스트휴머니즘적 프로젝트로 진전할 것이고, "식물에 대한 인류의 도구주의적 지배의 뿌리에 타격을 입힐 것"이라고 믿는다. 또한 그는 그래야만 우리가 "식물과 우리가 친족이라는 사실을 인식하게 될 것이고, 이를 통해 식물 사용에 대한 우리는 생각을 바꿀 수밖에 없을 것"(Miller 2012, 462면)이라고 믿는다.

동물연구가 포스트휴먼 연구와 연결되는 것과 마찬가지로, 식물연구에서 취하는 관점도 이 분야의 계보학을 살펴보면 이해할 수 있다. 식물연구에 존재하는 과학연구의 관점을 추적해보면 1983년의 "깜짝 놀랄 만한 발견"에서 출발하여 1984년의 "이론의 오류를 밝힌 결정적인 반론"을 거쳐 1990년의 "부활"로 이어진다.(McGowan 2013) 폴란의 『욕망하는 식물: 세상을 보는 식물의 시선』*The Botany of Desire: A Plant's-Eye View of the World*과 대니얼 샤모비츠Daniel Chamovits의 『은밀하고 위대한 식물의 감각법: 식물은 어떻게 세상을 느끼고 기억할까?』*What A Plant Knows: A Field Guide to Senses*, Scientific American 2012와 같이 좀더 대중적으로 인기를 얻은 책들이 출판되면서, 국제식물신호 및 행동연구협회International Society of Plant Signaling and Behavior, ISPSB와 같은 전문가 조직들이 이 과학연구 분과를 학문적으로 주목하기 시작했다. 2013년 여름에 열린 ISPSB의 연례 학술대회에는 40여 개국의 학자들이 참석하여 식물연구의 등장을 성황리에 알리며 토론에 임했다.(Pollan 2013) 머치(천연물화학의 캐나다 연구위원장Canada Research Chair*)와 샌딜랜즈(지속가능성과 문화의 캐나다 연구위원장)와 과학저술가 듀어, 그리고 바스크인 철학자 마이클 마더Michael Marder처럼 저명한 학자들이 각자 새로운 식물연구 논문을 출간했거나 출간 중

* 특정 캐나다 대학교의 연구교수에게 부여하는 직함.

에 있었다. 마더는 로도피 출판사가 출간하는 '비판적 식물연구: 철학, 문학, 문화' 시리즈의 편집장을 맡아 시리즈 첫번째 책 『식물과 문학』을 출판했다. 마더는 자신의 책도 출간했는데, 『식물의 사유: 식물의 삶의 철학』*Plant-thinking: A Philosophy of Vegetal Life*, Columbia University Press, 2013에서 신유물론의 행위자성 개념과 인간을 중심에 두는 관점에서 탈피하려는 포스트휴먼 연구의 시도를 다룬다. 이를 통해 비판적 식물연구에서 제시하는 생물종의 재정의를 발전시키는데, 생물종들은 차이보다 유사성을 지닌 존재로서 공동의 조상에서 갈라져 하나의 연속체상에 존재한다고 정의한다.

식물연구라는 새로운 분야를 소개하는 논문들에서 제시된 식물연구의 목적과 지배적 관점 둘 다 압도적으로 인본주의적이고 남성우월주의적인 것 같다. 식물연구는 새로운 기술 개발에 식물을 도구로 이용하거나 인간에게 유익한 방식으로 식물을 이론화하는 것처럼 보인다. 예를 들어, 폴란(Pollan 2013)은 남성 과학자들을 훨씬 더 많이 인용한다.(인용한 27명의 학자 중에서 여성은 7명뿐이다.) 그리고 식물연구 과학을 해석하는 방법에 관한 철학적 논의에서 피렌체대학교 국제 식물 신경생물학 연구소의 '시인 겸 철학자' 스테파노 만쿠소Stefano Mancuso의 연구를 특히 중시한다. 만쿠소에 따르면 식물의 행동을 연구하는 이유는 "가치 있는 것을 배우고 새로운 기술을 개발할 수 있을 것 같기" 때문이다. 아마도 "더 나은 컴퓨터나 로봇이나 네트워크를 디자인하거나" 컴퓨터를 사용하는 작업에 식물을 활용하거나 다른 행성을 탐사할 때 식물을 보낼 수 있을지도 모른다. 이러한 식물과학의 남성우월주의적 관점은 제한적이며 궁극적으로 인본주의적인 질문으로 이어진다. 예를 들어, 생태학자 리처드 카번Richard Karban과 마틴 헤일Martin Heil

은 휘발성 화학물질의 방출을 통한 '식물 간의 의사소통'을 관찰하면서 "왜 식물은 자신의 경쟁자에게 위험에 관한 단서를 주느라 에너지를 낭비해야 할까?" 하고 궁금해한다. 그들은 "식물의 의사소통은 부정확한 용어"이며 "식물 도청"이나 "독백"으로 불러야 한다고 결론 내린다.(McGowan 2013)

비판적 에코페미니즘의 관점에서 볼 때, 현재 제시된 식물연구의 계보는 동물연구가 발전시키거나 누락해온 것에 조응하는 유럽의 남성중심적 학계의 전통이다.(Fraiman 2012; Gaard 2012) 마치 이 분야가 최근에서야 등장한 것처럼 제시되었기에 해양생물학자 레이철 카슨(Carson 1951, 1962)과 노벨상 수상자 바버라 매클린톡Barbara McClintock의 방법론과 그들이 발견한 지식을 지워버렸을 뿐 아니라(Keller 1983), 여성 정원사와 과학삽화가, 동물작가, 그리고 생태예술가들이 탐구한 인간과 식물의 관계에 관한 두세기 동안의 연구 또한 지워버렸다.(Norwood 1993; Norwood & Monk 1987; Anderson 1991; Anderson & Edwards 2002; Gates 1998) 훨씬 더 중요한 사실은 식물연구를 주도하고 있는 학자들이 제시하는 계보에는 원주민의 비서구적 관점이 대부분 누락된다는 점이다. 현재 생태운동가이자 작가인 위노나 라듀크Winona LaDuke, 톰 골드투스Tom Goldtooth, 글로리아 안잘두아Gloria Anzaldúa, 치코 멘데스Chico Mendez, 켄 사로-위와Ken Saro-Wiwa와 다른 많은 작가들이 빠져 있다. 이들의 문화에서는 결코 인간을 나머지 생명으로부터 떨어뜨리는 아리스토텔레스적 분리가 일어나지 않는다.[5] 그래서 식물과 동물, 생태에 관해 이들이 쓴 글에는 우리의 모든 관계들(LaDuke 1999)을 명시하기 위해 "횡단신체성"(Alaimo 2010)이나 "자연문화"(Haraway 2003)와 같은 최근에 다시 부상하는 유물론적 페미니즘에서 제시하는 개념을 구태여 사용할 필요가 없었다. 현재 원주민의 관점에 주목하며 인문학적으로 식물연구를 하는 학자들은 인류학(Kohn 2013; Viveiros de Castro 2004), 생태비평주의(Adamson 2014), 철학(Hall 2011; Marder 2013), 젠더와 문화연구(Plumwood 2000, 2003, 2012; Sandilands 2014a, 2016) 분야에서 활동한다.

항상 그래 왔듯이 환경연구에서는 환경과학에 관한 중요한 발견들이 이루어지고 있으나 아직 충분하지 않으며, 사실 왜곡된 전제와 목적과 가설에 따라 연구되고 있는 것 같다. 환경인문학에 필요한 맥락적이고 철학적이며 정치적인 성찰성이 부족하다. 페미니즘 동물연구는 원주민성과 베지테리어니즘에 관한 플럼우드의 비판적 에코페미니즘 연구와 홀의 철학적 식물학, 그리고 홀, 갈리아노, 샌딜랜즈의 퀴어/포스트휴머니즘/페미니즘의 접근방식에 영향을 받았다. 이러한 페미니즘 동물연구가 주목받게 하려면 인간과 동물과 식물, 그리고 생태적 관계들에 관한 비판적 에코페미니즘의 관점을 발전시켜야 한다. 이런 관계들에 대해 다시 생각하면 '생물종'과 '고기'에 대한 우리의 이해의 폭이 넓어진다.

'생물종'과 '고기' 정의하기

동물연구의 핵심 용어인 '생물종'과 '고기'를 검색하면 이 분야를 정의하고 운동을 발전시켜나가는 데 기여한 수많은 개념적 토대를 접하게 된다. 피터 싱어(Singer 1975)는 그의 핵심 이론인 **종차별주의**를 "자신이 속한 생물종의 이익을 위하고 다른 생물종의 이익에는 반하는 데 이용되는 편견이나 편향된 태도"(같은 책 7면)라고 정의한다. 종차별주의 개념은 인종차별주의, 성차별주의, 계급주의, 자민족중심주의, 인간중심주의와 같은 다른 인본주의적 억압구조와 유비를 이루기 위해 이용되어왔다. 또한 이 개념은 에코페미니스트 철학자 캐런 워런이 지배의 논리Logic of Domination(Warren 1990)6라고 명명한 위계적이고 지배적인 사고를 서로 강화하는 형식을 의미한다. 이 개념은 페미니스트, 시민 자유주의자, 노동운동가, 반인종차별연맹, 환경주의자와 같은 진보적인 공동체가 인식하고 거부하도록 설득하기 위해 이용되어왔다. 1990년은 페미니즘 동물연구에서도 매우 중요한 해였다. 페미니즘 학계에서 영향력 있는 학술지 『사인』*Signs*에 조세핀 도노반의 논문이 게재되었다. 이 논문은 동물보호와 페미니즘적 돌봄윤리를 연결한 베지테리언 여성들의 한 세기가 넘는 기간 동안 이루어진 운동과 이론을 서술한다. 그리고 캐럴 애덤스는 『육식의 성정치』에서 남성, 육식, 남성다움(정력, virility)을 여성, 채소, 수동성의 반대편에 위치시키는 젠더 이원론을 비판한다. 애덤스는 이런 젠더 이원론이 대상화와 파편화, 그리고 소비의 과정을 통해 여성과 비인간 동물을 더욱 강력하게 종속시킨다고 분석한다. 애덤스는 동물을 육식의 부재 지시대상absent referent*으로, 암컷 동물을 육식뿐 아

* 캐럴 애덤스가 『육식의 성정치』에서 사용한 개념으로, 애덤스는 이 개념을 통해 여성과 동물에 대한 억압이 중첩되어 나타난다는 점을 보인다. 지시대상은 어떤 단어나 표현이 의미하거나 상징하는 대상을 뜻하는데, 부재 지시대상은 이 지시대상에서 지워져버린 대상을 지칭한다. '고기'라는 단어는 살아 있는 동물의 몸과 살에서 파생한 것임에도 불구하고 그것을 동물을 죽인 후 취한 몸이나 살이 아니라 '고기'라고 부름으로써 고기의 실제 대상인 동물은 존재하지 않은 것처럼 지워진다. 따라서 '고기'는 살아 있는 동물이라는 부재 지시대상을 갖는다. 그리고 '고기'라고 부르며 그것을 먹는 인간은 자신이 한때 생명을 가진 존재였던 동물을 먹고 있다는 사실을 인식하지 못하게 된다. 또한 '고기'는 동물로부터 떨어져나가 독립적으로 존재하는 이미지가 되고, 이 단어는 여성처럼 사회적으로 완전하고 정상적이며 바람직한 인간으로 인정받지 못하는 존재들을 지칭하는 단어로 사용되기도 한다.

니라, 소젖dairy과 닭알egg*의 부재 지시대상으로 이론화함으로써 비건 페미니스트들이 사용하는 용어에 '고기 조각'이 된다는 말이 무슨 의미가 있는지 이론화한다. 그로부터 얼마 뒤 출간된 『에코페미니즘: 여성, 동물, 자연』(Gaard 1993)은 페미니즘 동물연구와 에코페미니즘을 연결하는 첫번째 책이었다. 이 책에서는 에코페미니즘 실천의 중심에 생물종을 위치시켰는데, 이를 계기로 페미니스트들과 에코페미니스트들은 반인종주의적이고 비본질주의적이며 탈식민주의적인 에코페미니즘에서 동물이 어느 위치에 존재해야 하는지에 대해 논쟁을 벌이기 시작했다. 이 논쟁은 10여년간 이어졌다.(Gaard 2003, 2011)

2014년의 페미니즘 동물연구는 아직 새로운 분야지만 이미 주류가 된 동물연구와 여전히 다르고, 비판적 동물연구에 좀더 밀접하게 연결되어 있다. 동물연구가 학술적 관점에서 인간과 동물의 관계를 탐구하는 경향이 있는 반면에, 페미니즘 동물연구와 비판적 동물연구는 둘 다 정의를 실현하기 위한 운동이다. 이는 많은 비판적 동물연구의 학자 겸 운동가들이 또한 페미니스트라는 뜻이다. 동물연구와는 달리 페미니즘의 핵심은 실천이 중심에 위치한다는 점이며, 이 실천은 페미니즘의 지적·정치적·운동적 노력이 결합되어야만 가능하다. 페미니즘 방법론은 남성의 편견을 과학적 객관성으로 가장하는 경향에 도전해왔다. 페미니즘 방법론은 권리를 박탈당한 인간들과 실험대상이 된 동물들을 희생시키면서 엘리뜨들에게 이익이 되도록 이용되어온 과학을 비판해왔다. 또한 착취와 억압을 지배적인 방식으로 사용하는 과학의 적합성fit을 약화시키려고 노력해왔다.(Harding 1987, 1991; Keller & Longino 1996;

* 'milk'를 '젖'으로, 'egg'를 '닭알'로 번역한 이유는 3장 본문 설명 참조.

Stanley 1990) 더 나아가 페미니즘 방법론은 페미니즘 연구가 피억압자의 삶을 연구 질문의 중심에 두며, 피억압자의 삶과 물질적 조건을 개선하는 것을 일차적 목표로 삼아 연구를 수행하고, 자료를 수집하며, 물질적 맥락들을 탐구할 것을 약속한다. 나와 같은 페미니스트들이 '동물의 문제'에 집중할 때는 다른 동물종을 중심에 두고, 다양한 억압의 형태들을 연결시키며, 동물의 고통을 끝내려는 관점에서 동물의 문제에 집중한다. 다시 말하면, 연구대상을 이롭게 하기 위함이다.(Birke & Hubbard 1995)

현재의 식물연구도 표면상으로는 식물복지에 헌신할 수 있다. 식물연구는 동물연구의 (모든 분야에서 이룩한) 학문적 성과가 도덕적 고려의 '선을 조금 이동했을 뿐'이라고 비판하면서 '생물종'과 '고기'에 대한 정의定義에 도전한다. 그리고 동물연구가 다른 동물종만 도덕적 고려의 범주 안에 포함하고 식물은 그 밖으로 밀어내버리는 인본주의적인 도덕적 확장주의일 뿐이라고 주장한다. 즉 **동물연구는 식물을 고기처럼 취급**한다는 것이다. 하울은 동물연구에서 식물은 "배경으로 밀려난다"(Houle 2011, 91~92면)라고 주장하고, 홀(Hall 2011)도 플럼우드의 마스터 모델 이론(Plumwood 1993)을 언급하면서 이 말에 동의한다. 마스터 모델은 자신의 의존성을 부인하는 후경화, 과잉분리, 병합, 도구주의, 그리고 고정관념화라는 5단계의 연결된 가정을 통해 작동하는 주인의 정체성과 지배논리의 구성에 관한 이론이다.(Warren 1990) 요약하자면, 동물연구는 동물에게는 해방일 수 있지만 식물에게는 억압적이어서 인본주의를 영속시킬 수 있다는 것이다. 찰스 다윈은 『종의 기원』*On the Origin of the Species*, 1859에서 공통조상 이론을 최초로 주장했다. 그 뒤로 식물은 동물의 '친족'일 뿐만 아니라 식물과 동물의 속성 모두를 모호하게 드러내는 식충식물, 초식동물, 말미잘, 조류藻類, 균류의 존재로 인해(Tsing

2012) 동물과 식물로 구분되는 '생물종'의 경계가 희미해지기 시작했다. 동식물 생물종 간의 이러한 급진적 연속성과 횡단신체성, 그리고 친족 관계는 몇가지 질문을 떠오르게 한다. 첫째, 페미니즘 방법론에서 묻듯이 우리는 식물연구가 식물에게 이로운지 질문할 수 있다. 둘째, 퀴어 페미니즘 동물연구와 포스트휴머니즘 동물연구에서 영감을 받은 것인데, 모든 가능한 '먹거리'가 고통과 쾌락을 느끼는sentient 존재라는 사실에 비추어 우리는 도덕적 주변부를 만들지 않으면서 어떻게 윤리적으로 먹거리를 선택할 수 있는가? 마지막으로 식물연구의 학문적 발견과 함의에 반응하여 비판적 동물연구를 확장하면서, 식물과 인간과 동물들이 처한 상태와 종간의 관계를 연구하고 개선하기 위해 페미니즘 방법론은 어떤 방식으로 사용될 수 있는가?

이 질문들을 고려할 때, 비판적 동물연구와 에코페미니즘 학자들이 지지하고자 하는 주장과 반박하고자 하는 주장이 있다. 예를 들어, 식물 신경생물학자인 만쿠소는 "식물은 예민하고 지능이 있는 존재이기 때문에 우리는 식물을 어느 정도 존중할 의무가 있"으며, 이 말은 "식물의 서식지를 보존"하고 "유전자조작, 단일(종) 경작, 그리고 분재와 같은 재배를 하지 않는 것"을 뜻한다고 믿는다.(Pollan 2013) 이 관점은 페미니즘 동물연구의 주장과 페미니즘 방법론과 일치하는 것처럼 보이지만 인간이 식물을 섭취하는 것을 막지 않는다. 그 이유에 대해 만쿠소는 식물에게는 대체할 수 없는 장기와 분자구조가 없으므로 "식물은 먹히도록 진화해왔다"라고 주장한다. 이 주장은 다른 생물종(동물)의 삶의 궁극적 목적telos(즉 그들은 "먹힐 운명이다")을 인간의 동물 포식과 연결시켜 정당화하는 주장을 연상시킨다. 그리고 이 같은 정당화는 (동물 혹은 인간의) 생물학, 문화, 또는 필요 중 어느 것에 기반하든지 마찬가지 결과를 갖는다.

비거니즘의 주장을 검토하면 식물에도 적용할 수 있는 몇가지 주장을 발견하게 된다.

1. **그들은 먹히길 원치 않는다.** 셀 수 없이 많은 동물연구 분야의 글에서 동물이 먹히길 원치 않는다는 것을 확증한다. 동물은 행동을 통해 그들의 욕망을 표현하는데, 예를 들어 사냥꾼으로부터 도망가고, 다른 포식자들에 대항하여 싸우고, 동물원이나 덫, 과학실험과 어떤 형태의 감금으로부터 자유로워지기 위해 몸부림치면서 말한다.(Hribal 2011) 식물은 동물이 자신의 번식을 돕도록 향기와 색으로 그런 동물들을 유혹하여 몸의 특정 부위가 먹히도록 진화했다. 그러나 식물의 특정한 행동을 살펴보면 몸의 다른 부위가 먹히지 않기를 바란다는 것을 알 수 있다. 식물은 벌레에게 공격당할 때, 다른 식물들에게 경고할 때, 그리고 가끔은 포식성 곤충을 자극하여 자신을 공격하는 생물을 잡아먹도록 하기 위해 화학적 신호를 방출한다. 식물은 또한 독소를 생성하여 잎의 맛이나 식감을 바꾸고, 초식동물의 입맛에 안 맞고 소화하기 어렵게 만든다.(Angier 2013; Pollan 2013) 퀴어 이론과 페미니즘 이론에서 기본적인 고려사항은 동의다. 즉 모든 당사자가 특정 행동이나 관계에 동의하지 않으면, 이러한 동의의 결여는 잠재적으로 착취나 억압, 또는 윤리적으로 모호한 노동관계를 암시한다.
2. **그들은 고통을 느낀다.** 동물은 고통스러워하고 통증을 느낀다. 그러므로 고통을 당하지 않아야 마땅하다. 수십년 동안 싱어의 공리주의적 주장 덕분에 동물권은 성장했다. 톰 레건Tom Regan이 주장하듯

이 동물은 분명 생명의 주체이기도 하다. 동물은 고통과 감정을 느끼고 그들의 본질적 가치를 주장하며 도덕적 권리를 갖게 하는 자아 존재감이 있다. 그러므로 동물은 다른 존재를 위한 수단으로 사용되지 않아야 한다.(Regan 1983) 식물연구에 따르면 식물은 공격을 받으면 휘발성 화학신호를 방출하는데, 이는 식물이 식물 차원의 공포와 고통을 경험할 수도 있음을 보여준다. 식물은 뇌와 신경계가 없지만 식물행동의 기록을 보면 현재 인간의 이해를 뛰어넘는 식물 지능과 식물 의사소통의 수준이 있음을 암시한다. 정보 부족이 비윤리적인 행동을 정당화할 수는 없으며(그 행동을 설명할 수는 있다고 해도 말이다), 동의 없이 두려움과 고통을 유발할 근거를 제공하지는 않는다.

3. **그들은 의식이 있다.** 대부분의 동물종의 의식은 개체, 가족, 생물종 기반, 그리고 관계적인 자아에 대한 감각과 관련된다. 반면에 식물연구에 의하면 식물은 환경정보에 기반하여 행동을 바꾸고, 다른 식물과 곤충들과 소통(또는 '신호')하고, 영양분을 공유하고, 자손을 양육한다는 점에서 역시 의식이 있다.

비거니즘의 기반으로서 자주 호출되는 네가지 요소인 환경, 인간의 건강, 세계적 기아, 동물의 고통을 식물연구와 인간의 식습관에 관한 질문에 적용하고, 또한 딘 커틴(Curtin 1991)의 맥락에 따른 도덕적 베지테리어니즘과 연결시켜 생각하면 위의 주장들을 명확하게 이해할 수 있다. 커틴이 간단명료하게 주장하듯이 "도덕적 베지테리어니즘[7]을 실천하는 이유는 지역, 성별, 계급에 따라 다를 수 있다." "맥락에 따른 도덕적 베지테리언"으로서 커틴은 "모든 상황에서 육식을 금지하는 절대적 도덕규칙은 있을 수 없다"(같은 글 69면)라고 믿는다. "맥락주의 윤리학의 요점은 마치 어떤 집단도 서로 관계를 맺고 있지 않은 것처럼 모든 이해관계를 동등하게 취급할 필요가 없다"(같은 글 70면)라는 점이다. 그래서 커틴은 기아나 위험과 같은 극한의 상황에서는 다른 동물(인간을 포함한 어떤 종이든)을 죽이는 것이 윤리적일 수도 있다고 주장한다. 또한 커틴은 비건/베지테리언 식습관이 없는 문화의 예를 들면서, 이런 사회에서는 음식윤리가 동물과 생태와의 특정한 관계성을 고려한 맥락에 따라 구성된다고 설명한다. 예를 들어, 커틴은 인간의 농업활동으로 인해 불가피하게 죽임을 당하는 동물에 경의를 표하는 문화들(일본의 신또오神道사상)과 먹이사슬에 인간을 포함시켜 인간의 몸을 다른 동물에게 먹이로 돌려주는 문화들(티베트 문화)을 언급한다. 커틴은 서양인의 포식문화에 대해 변명하려고 다른 문화권의 음식관행을 언급한 것은 아니다. 그는 "도덕적 베지테리어니즘이 생태적 돌봄윤리의 표현으로 온전히 설득력을 갖는 경우는 기술적으로 발전된 국가들의 경제적으로 부유한 사람들의 맥락에서뿐"(같은 글 70면)이라고 강조한다. 이 주장을 뒷받침하기 위해 그는 제1세계의 농업과 소비가 제1세계와 지구의 환경에 미치는 영향, 축산업이 인류의 기아를 악화시키는 데 담당하는 역할, 양계산업과 낙농업에서 이루어지는 암컷 동물의 착취, 그리고 제1세계 소비자들이 고통을 영속시키지 않는 방식으로 생산되는 다양한 음식의 선택지도 가지고 있다는 사실을 자료로 제시한다. 커틴은 "가능하다면 불필요한 고통은 모두 제거"해야 하는 것이 도덕적이고 정치적인 명령이라고 주장한다.(같은 글 70면) 그의 논의는 유엔식량농업기구의 보고서 『가축이 남긴 긴 그림자』(Steinfeld et al. 2006)와 옥스퍼드대학교 마틴스쿨의 연구에 의해 더욱 뒷받침되었다. 이 두 연구는 공장식 축산이 생태적으로 유해하며 기후변화에 지대한 영향을 미친다고 보고하고 생태를 살리기 위한 대안을 제시한다. 그 대안이란 많은 사람들이 채식 위주의 식단을 실천할 때 기후변화를 일으키는 탄소배출을 63퍼센트까지 낮출 수 있으며, 사람들도 더 건강해질 것이라는 점이다.(Harvey 2016) 이와 같은 발견은 「고기에 대한 불편한 진실」Meat the Truth, 2008, 「비프 핀란드」Beef Finland, 2012, 「카우스피라시」와 같은 다큐멘터리영화에서 다루어지면서 대중화되었다. 동물을 음식으로 생산하려면 어마어마한 양의 식물, 물, 토양, 그리고 다른 동물들이 필요하기 때문에 동물을 먹는 것은 지구를 먹는 것과 같다는 사실을 입증하는 증거가 많다.(Pimentel & Pimentel 2003) 또한 끔찍한 작업환경에서 저임금 노동자들이 착취당해야만 하고(Schlosser 2001), 인간 건강에 파괴적인 영향을 준다.(Robbins 1987; Campbell & Campbell 2006) 나아가 환경정의 이론가들에 따르면 종차별주의와 인종차별주의는 서로 강화되는 방식으로 작동한다. 따라서 이들은 생물종을 넘어선 윤리학을 분석의 중심에 두는 환경정의 윤리학을 발전시키게 되었다.(Pellow 2016) 윤리적으로 먹는다는 것은 단순히 포식자와 피식자에 관한 문제가 아니라 포식자-피식자-환경에 관한 문제이며, 여기에서 환경은 생태적, 사회문화적, 경제적인 측면을 모두 의미한다.

커틴은 도덕적 **목적지**는 없을 수 있지만, 우리가 어떤 것을 음식으로 간주하는 결정을 내릴 때 따를 도덕적 **방향**은 있다고 단언한다. 내가 이 통찰력이 "친절하다"라고 생각하는 이유는 잡식주의자가 비건을 대할 때 취하는 평가하는 듯한 태도를 거부하기 때문이고, 모든 먹거리 생산이 죽음을 수반한다는 사실을 가시화하기 때문이다. 로리 그루언은 다음과 같이 설명한다.

> 우리는 살면서 살생을 피할 수 없다. 내 생각에 비거니즘 문헌에서 이 점이 충분히 탐구되지 않았다. (…) 우리는 식량 생산의 모든 측면에서 (인간과 비인간) 타자들에게 해를 끼친다. 땅이 농업용으로 전환될 때 많은 이들이 추방당한다. 그들 중에는 많은 종류의 '비건' 가공식품의 첨가성분인 팜유를 생산하기 위한 파괴적 행위들의 결과로 멸종위기에 처한 오랑우탄과 같은 동물도 있다.[8](Gruen 2014, 132~33면)

맥락에 따른 도덕적 베지테리어니즘은 제1세계의 소비자들에게 도덕적 소비를 장려하지만 고통과 쾌락을 느끼는 동식물 타자들sentient others 중 일부를 죽이고 소비하는 것까지 완전히 없애지는 못한다. 이 타자들은 서구인들이 생각하는 것보다 인간에 더 가까운 동물과 식물 친족들이다. 비판적 에코페미니즘의 중요한 구성요소인 맥락에 따른 도덕적 베지테리어니즘은 식물과 여타 생태적 존재들의 고통과 쾌락을 느끼는 능력sentience을 인정하고, 인간이 다양한 맥락에서 먹이사슬의 포식자이면서 동시에 피식자임을 보여준다. 따라서 모든 존재들, 즉 산업사회와 비산업사회, 농촌사회, 그리고 원주민사회에 속하는 모든 인간과 동물, 식물, 그리고 생태적 존재들의 고통은 최소화하고 돌봄은 최대화할 수 있도록 구체적인 맥락이 고려된 도덕적 방향을 지향하게 한다.

에코페미니즘은 사회정의와 환경에 관한 관심 둘 다를 아우르는 이론을 발전시키면서 인간을 항상 특수하고 다양한 환경에 밀접하게 연결되어 있는 존재로 여겨왔다. 그러나 현대 식물연구와 신유물론 학자들이 발전시킨 행위자성 개념과 횡단신체성 개념을 통해 우리는 환경윤리와 먹거리윤리에서 식물의 위치에 대해 좀더 구체적으로 질문할 수 있게 되었다. 여기에는 패러다임을 깨는 전환이 필요하다. 그것은 인간의 상호정체성을 인정하는 것인데, 즉 인간은 고통과 쾌락을 느끼고 지능이 있는 비인간 생물종 친족들과 맺은 관계망으로부터 지원받고 있을 뿐 아니라 그것으로부터 떨어질 수 없는 불가분의 관계에 있다는 사실을 인정하는 것이다. 플럼우드는 '생태적 동물주의'(Plumwood 2012)나 '애니미즘 물질주의'(Plumwood 2009), 또는 '비판적 페미니즘-사회주의 에콜로지'(Plumwood 2000, 285면)와 '비판적 생태주의 페미니즘'(같은 글 289면) 이론에서 이 전환을 이루자고 주장한다. '비판적 에코페미니즘'이라는 용어는 플럼우드의 이론을 인정하면서 동시에 동물연구와 식물연구, 페미니즘과 생태학, 제1세계와 원주민의 관점을 연결하는 좀더 최근의 연구들로 발전해나간다. 이 최근의 연구들은 플럼우드의 이론이 선견지명이 있었음을 증명한다. 백인 특권에 대한 도전에 헌신해온 강력한 반인종주의자 동지인 플럼우드는 비건 페미니스트인 애덤스와 킬이 호주 원주민의 윤리와 세계관을 가치절하했다고 오해했다. 다른 원주민사회와 마찬가지로 호주 원주민사회의 음식문화는 주변 환경과 더불어 발전해왔고 따라서 음식재료에 그들이 친족으로 여기는 식물과 동물이 포함된다. 자신의 '생태적 동물주의' 이론에서 플럼우드는 "맥락을 고려하는 반半베지테리어니즘 입장"을 옹호했으며, 공장식 농장에는 반대하지만 생계를 위해서나 어쩔 수 없는 상황에서 행해지는 동물 도살은 반대하지 않았다.(Plumwood 2003) 플럼우드는 그의 이론에서 "인간의 생명은 생태적 조건에 위치시키고 비인간의 생명은 윤리적 조건에 위치시키"고자 했다. 따라서 그의 이론에는 다양한 식물종과 동물종을 모두 아우르는 행위자성과 횡단신체성에 응답하는 비판적 에코페미니즘을 발전시키는 데 도움이 되는 여러 측면이 있다.

마치 어슐러 하이제Ursula Heise가 '생태세계시민주의'ecocosmopolitanism* 개념을 주장하며(Heise 2008) 인본주의를 비판할 것이라고 예상하기라도 한 것처럼, 플럼우드는 "[비건이건 잡식이건 상관없이] 자신에게 필요한 영양분을 지구 전체에서 취하는 '생물권 인간'biosphere person"에 반대한다. "필수 영양분은 세계시장이 소비자에게 제공한 선택지 안에서만 결정"되기 때문이다. 따라서 생물권 인간의 라이프스타일은 "파괴적이고 생태적으로 무책임하다"(Plumwood 2003)라고 주장한다. 그 대신에 플럼우드는 '비판적 생물지역주의' 개념을 발전시킨다.(Plumwood 2008) 비판적 생물지역주의는 "소비하는 자아를 위한 그림자 장소"를 가시화하는데, 그곳은 우리가 생산한 오염물질과 해로운 쓰레기를 처리하느라 자신들의 생식력이 고갈되는 곳이며, 우리가 먹을 식량을 생산하느라 토착민과 비인간들이 파괴되는 지역을 의미한다. 에코페미니즘과 식물연구의 퀴어화를 즐겁게 기대하며 플럼우드는 "일부일처제의 이상에서 벗어나 지역에서 좀더 다면적인 관계를 맺을 것"을 제안한다. 그는 이를 '책임 요건'이라고 표현하는데, "다른 지역을 파괴하거나 약화시키지 않으면서 자신의 지역을 소중히 여기고 돌볼 것을 명령"하는 것이다. 여기서 다른 지역이란 다른 인간집단의 지역뿐 아니라 다른 생물종의 지역도 포함한다. 플럼우드는 "우리 주변에 있는 인간 너머의 세계에 존재하는 창조성과 행위자성을 보려고 노력하라"(Plumwood 2003)고 촉구함과 동시에 "모든 육화된 존재는 먹거리면서 먹거리 이상"이지만,

* 생태세계시민주의는 지역에서 살아가는 사람들이라도 그들이 미치고 그들에게 미치는 환경적 영향은 지역 공간적 범주를 넘어서는 수준에서 이루어진다고 보고, 우리 모두 자신의 삶이 자신의 지역만이 아니라 지구 환경 전체에 미치는 영향을 고려하여 행동하고 살아가야 한다는 주장이다.

"인간이건 비인간이건 어떤 존재도 존재 자체가 고기로 환원되어서는 안 된다"(Plumwood 2009)라고 주장한다. 이러한 논지를 펼치며 플럼우드는 먹이사슬에서 인간이 포식자이자 피식자의 위치에 있음을 받아들여 맥락화된 윤리관을 발전시킨다. 이 윤리관은 생태적 타자들과의 관계 속에 뿌리내린 인간의 상호정체성에 기반한다.[9] 우리 자신이 살아 있는 동안과 죽은 후 언제나 다른 동물종의 잠재적 먹잇감이라는 사실을 인정하는 것이 바로 플럼우드의 비판적 에코페미니즘이다.(Plumwood 1995, 2002)

서구인들은 비인간 동물과 식물, 그리고 바위, 물, 토양과 같은 생태적 존재들이 고통과 쾌락을 느낄 뿐 아니라 그들이 인간의 친족이기도 하다는 원주민의 관점을 이해하기 힘들어한다. 이 관점은 애니미즘으로 여겨져서 환경과학보다는 인류학과 비교종교학에서 다루어진다. 그러나 식물연구와 기초 생태비평주의(Adamson 2014; Cohen 2010) 분야에서 새롭게 발전하고 있는 이론에서는 생태적 타자들에게 유사한 생동성과 행위자성이 있음을 인정한다. 생태인류학자 에두아르두 비베이루스 지카스트루(Viveiros de Castro 2004)와 에두아르도 콘(Kohn 2013)은 아마존 원주민 문화의 생태적 세계관과 연결된 자아정체성에 대해 서술한다. 이 세계관과 정체성에서는 인간과 동물 간의 비분화nondifferentiation, 상호소통 능력, 그리고 자아와 타자가 상호 침투하는 상태를 강조한다. 비베이루스 지카스트루가 설명하듯이 "경작된 식물은 그들을 돌보는 여성의 혈족으로 간주될 수 있고, 수렵 짐승들은 사냥꾼의 친척으로, 주술사는 동물과 식물 영혼의 동료나 적이 될 수 있다."(Viveiros de Castro 2004, 466면) 이 세계관에 의하면 인간과 동물은 죽음과 섭식의 결과로 상대방으로 변신하는 상호변환이 가능하다. 서양인들은 친족을 먹는 것을 카니발리즘cannibalism*으로 여긴다. 실제로 일부 비건/베지테리언 활동가들은 다른 동물종을 먹는 것을 일종의 카니발리즘으로 간주한다.[10] 그러나 만약 식물도 고통과 쾌락을 느끼는 친족이라면 무엇을 먹든 친족을 먹는 것이며, 따라서 서구인에게는 모든 먹는 행위가 중요한 윤리적 난제가 된다.

플럼우드는 공포영화가 "다른 생명체의 먹이가 되는 것에 대한 뿌리 깊은 두려움을 반영"한다고 주장한다. 그는 "타자의 포식자로서 우리는 절대로 그들에게 먹힐 수 없거나 우리 자신을 먹거리로 생각조차 하지 않으며, 취하기만 하고 주지는 않는 존재"라고 비판한다.(Plumwood 2003) 이러한 반생태적인 인간우월주의를 거부하면서 플럼우드는 "인간이 잘 살려면 먹거리가 되는 우리의 친족을 인정하는 방식으로 음식을 얻어야만 하고, 우리 모두가 먹거리 이상의 존재라는 점을 잊지 않으며, 호혜적 관계로서 타자의 먹거리에 우리 자신을 위치시키는 것"이라고 주장한다.(같은 글) 그러나 랄프 아캄포라Ralph Acampora가 주장하듯이 생태적 네트워크나 시스템상에서 작동하는 이 호혜성은 먹히는 개체에게 직접적으로 보답하지는 않는다.(Acampora 2014) 아캄포라는 아날리아 빌라그라Analia Villagra의 연구 「동물연구에서 카니발리즘, 섭식, 그리고 친족」Cannibalism, Consumption, and Kinship in Animal Studies, Michigan State University Press, 2011을 진지하게 받아들인다. 아캄포라에 의하면, 빌라그라는 원주민의 세계관에서 "동료 동물을 먹는 관습은 그 동물이 인간과 친족관계로 연결되어 있는지 아닌지와 상관없이 동료 동물이기 때문에 허용된다"라고 설명하면서, 따라서 "동족 포식자가 되기"를 제안한

* 같은 생물종의 몸을 먹는 행위.

다.(같은 책 50, 52면) 그러나 아캄포라가 밝히듯이, 빌라그라는 원주민 카니발리즘을 확대 친족extended kinship에 속하는 다른 생물종에만 적용하고, 인간이 인간을 먹는 식인풍습은 권장하지 않는다. 그러나 빌라그라가 결론에서 "나의 맛있는 반려동물"이라고 말하면서 원주민의 세계관을 사용하여 도덕적 상대주의로 나아간 반면에, 아캄포라는 빌라그라가 논한 원주민의 세계관에는 친족관계의 거리에 대한 분명한 이해가 담겨 있다는 사실을 강조한다. 먹고, 함께 살고, 영혼을 나누는 이런 맥락적이고 관계적인 관행들에 도덕적 방향과 목적이 있다는 사실은 명백하다. 우리는 살아가면서 보편적 무해함이라는 도덕적 목적지에는 절대 도달하지 못할지라도 우리가 맺는 모든 관계를 존중할 수 있고, 모든 생물종과 생물지역권의 고통을 줄이려는 도덕적 방향으로 여전히 나아갈 수 있다.

고기를 넘어서, 생물종을 넘어서

우리는 무엇을 먹어야 할까? 채식은 인간들로 하여금 덜 소비하게 한다. 채식을 하면 식물과 동물을 덜 먹게 되고, 식물과 동물, 생태계, 그리고 다른 인간들에게 고통을 덜 입히게 된다. 채식은 식물과 동물, 그리고 인간을 포함하는 모든 생명체가 먹고 번성하는 데 좀더 넓은 땅을 사용할 수 있게 한다. 그리고 채식은 기후변화에 제동을 건다. 비판적 에코페미니즘은 포스트휴머니즘 이론의 영향을 받은 비판적 동물연구와 식물연구가 페미니즘의 이론적 시각을 통해 서로 대화하게 한다. 따라서 비판적 에코페미니즘은 매우 중요한 역할을 한다.

비판적 에코페미니즘은 육식주의 문화의 장악과 헤게모니를 해체하려면 거부에서 세심한 경청으로, 소외에서 공감으로, 자본주의적 생산의 시간에서 계절적 시간으로, 이성애 규범적 보편주의heteronormative universalism에서 퀴어 멀티버설리즘queer multiversalism*으로 전환할 필요가 있다는 점을 강조한다. 채식을 통해 자아는 합리주의적 개인주의에 의해서가 아니라 유물론적 횡단신체성에 의해 재형상화된다. 즉 멈추지 않는 생산에 기반한, 내재화된 자본주의적 자아 가치로부터 벗어나 계절의 성장과 쇠퇴의 순환에 적절히 대응하고 상호작용하는 자아로 대체하는 것을 의미한다. 채식은 우리의 죽음을 이런 순환의 한 부분으로 받아들이고, 생태계의 관계들만큼 개체들의 삶에도 가치를 두는 맥락에 따른 도덕적 비거니즘을 촉발하며, 먹이사슬 안에서 포식자와 피식자로 위치하게 한다. 또한 지속가능성을 촉진하고 포식자-피식자-생태계의 고통을 줄이는 방향으로 먹거리를 선택하게 한다.

철학자와 생태인류학자, 생태비평가, 그리고 서구문화권 학자들은 우리가 상속받은 도구들을 비인간 동물, 식물, 광물, 다른 지구의 생명체들을 포함하는 타자들에 관한 이해를 이론화하는 데 이용하고 있다. 그러나 오드리 로드Audre Lorde가 썼듯이 "주인의 도구로는 결코 주인의 집을 무너뜨릴 수 없다."(Lorde 1984) 플럼우드가 "재사유하기re-think"를 제안했듯이(Plumwood 2009) 우리에게는 개념적 전환이 필요하다. 우리의 관점들을 다시 위치시킴으로써 비서구 문화와 비인간 동물, 그리고 식물의 입장과 함께 나아가야 한다. 이 전환을 이루려면 페미니즘 동

* 멀티버설리즘은 모든 보편주의(universalism) 신념체계가 검증할 수 없는 가정, 논리적 모순, 제한된 관점으로 얽힌 불완전하고 이해할 수 없음을 비판하며 나온 개념이다.

물연구 학자들(Donovan 1990, 2006)과 식물연구 학자들이 제안하는 주의 깊은 듣기를 실천해야 한다. 경청을 실천하려면 다른 언어로 표현되는 몸성과 행동과 냄새, 그리고 내적 활동intraactivity을 배워야 한다. "우리를 둘러싼 인간 너머의 세계에 존재하는 창의성과 행위자성"(Plumwood 2009)을 보기 위한 전략으로서 서구인들은 동물과 식물, 그리고 원주민들의 투쟁과 삶에 연대할 수 있다. 우리는 인도에서 유래했으나 많은 문화에서 자유롭게 받아들여진 불교의 마음챙김mindfulness 수행과 다르마dharma 철학의 무신론적 원리로부터 파생한 도구들을 활용할 수 있다.

서구인들은 플라톤과 데까르뜨에게서 "인간정체성의 근본으로서 몸성보다는 의식을 고려하라"(Plumwood 2004, 46면)고 배웠다. 그러나 이 존재 요소들은 행위자성의 뗄 수 없는 내적 활동의 요소들로서 지구상에 존재하는 다른 생명의 흐름과 상호 연결되어 있다. 동물연구가 인본주의에 사로잡힌 서구인들을 그 결박에서 풀어준 것처럼, 이제는 식물연구가 식물에 기초한 근본적인 생태비평주의와 같은 추가적인 도구들을 제공한다. 예를 들면 마이클 마더는 『식물의 사유』에서 식물의 세계를 식물의 관점에서 탐구할 것을 제안한다. 계절의 변화와 성장, 그리고 존재의 순환적 특성을 통해 명백해진 식물생명의 의미를 주의 깊게 밝히는 방식으로 실천할 것을 제안한다. 이런 주의 깊은 태도를 구축하기 위해 플럼우드는 탈식민지화하는 텃밭 가꾸기 실천을 옹호한다.(Plumwood 2005) 즉 "텃밭 가꾸기는 자연과 접촉하고 협력하게 하고, 지구와 계절의 리듬, 생명체가 경험하는 성장과정과 생사의 순환에 민감해지게 하는 건강한 지향"을 의미한다. 식물의 자유를 논의할 때 마더는 식물의 무관심, 개체화된 자아의식의 결여와 자기보존에 대한 관심의 결여가 식물로 하여금 놀이의 자유를 가질 수 있게 한다고 주장한다. 따라서 식물에 주의를 기울이면 식물의 해방뿐 아니라 우리 자신의 해방에도 도달하게 된다. 그리고 그 과정에서 의식과 사유가 창의적이고 독창적인 "사유 이전의 사유"(Plumwood 2005, 154면)로 이해될 때, 풍요롭고 다양한 관점이 가능하다는 점을 인식할 수 있게 된다. 식물의 개체화된 자아의식의 결여는 불교의 무아anatta 개념을 반영하는데, 무아란 상호정체성에 찬성하고 개별적이고 자율적인 자아 개념을 거부한다. 또한 무아는 비영구성에 대한 자각anicca과 의존적인 발생paticcasamuppāda에 연결되어 있으며,* 모든 존재와 사건이 함께 일어나고 사라지는 것에 대한 이해를 의미한다. 식물은 자기보존에 관심이 없다고 알려져 있는데, 식물이 공격을 감지할 때 휘발성 냄새를 방출한다는 점을 고려하면 전적으로 정확한 주장도 아니지만, 식물은 집착하지 않는다는 불교 개념으로 설명할 수 있다. 집착tanha은 고통dukkha의 근원이기 때문이다.

불교 관점에서 볼 때, 암석과 다른 광물들에 귀속된 무관심처럼 우리에게 알려진 식물의 무관심이라는 속성은 평정심으로 받아들일 때 더 잘 이해될 수 있다. 평정심이란 생명이 태동하는 데 조건을 두지 않고 생명 그 자체로 존재하는 능력을 의미한다. 에코페미니즘 이론에서 워런의 작업은 어떻게 지배의 논리가 식물과 암석에 대한 인간의 지배를 합리화하기 위해 사용되었는지 보여준다.(Warren 1990, 128~29면) 워런은 자신의 암벽등반 이야기를 통해 광물의 삶에 주의를 기울이는 한 서구인의 실천을 보여준다. 이 이야기를 통해 서구의 인간 지배논리를 반박한다.(Cohen 2010; Gaard 2007 참조)

* 산스크리트어 'anatta'는 불교의 무아(無我), 'anicca'는 무상(無常), 'paticcasamuppāda'는 연기(緣起), 'tanha'는 갈애(渴愛), 'dukkha'는 고(苦)의 개념과 연결된다.

> 나는 눈을 감고 손으로 바위를 느끼기 시작했다. 균열들과 갈라진 틈들, 솟아난 지의류와 이끼들, 내가 등반하기 시작했을 때 내 손가락과 발가락을 지탱해주었지만 잘 알아차리지 못했던 덩어리들. 평온함에 감싸인 그 순간에 (…) 나는 [그 바위]가 내게 준 것에 형언할 수 없이 큰 감사를 느꼈다. 그 바위가 내게 준 것은 나 자신과 바위를 다른 방식으로 이해할 수 있는 기회와 작은 꽃이 바위 표면의 더 작은 틈새에서 자라는 뜻밖의 기적에 감사할 수 있는 기회, 그리고 자연환경과 관계를 맺고 있음을 느낀다는 것이 어떤 것인지 알 수 있는 기회였다. 마치 그 바위와 내가 오랜 우정을 나누며 침묵의 대화를 해온 동반자인 것처럼 느껴졌다.(Warren 1990, 134면)

여기서 워런의 에코페미니즘 윤리학은 자아나 타자의 상대적 가치에 기초하는 것이 아니라 자기 자신이 느끼는 관심과 돌봄과 관계의 질에 달려 있다. 동물과 식물, 광물, 그리고 지구상의 다른 생명을 다루는 에코페미니즘의 횡단종transspecies 윤리학은 개인주의적인 자아정체성이나 다양한 타자들의 권리가 아니라 관계에 근거하는 관계적 윤리다.

식물연구의 출현으로 우리는 원주민 문화들과 불교, 그리고 비판적 에코페미니즘에 이미 식물에 대한 고려가 존재한다는 점을 분명히 알 수 있다. 서구의 한 관점인 비판적 에코페미니즘은 사회정의, 환경정의, 기후정의, 종간정의를 함께 묶는다. 에코페미니즘의 맥락에 따른 도덕적 비거니즘은 인간과 식물과 동물을 위해 어떻게 윤리적으로 먹을 것인지 결정하는 데 유용한 전략을 제공한다. 그것의 맥락적 측면은 도덕적 상대주의의 형태가 아니며 보편적인 규칙도 아니다. 비판적 에코페미니즘은 우리의 사고와 존재를 전환하라고 촉구한다. 이 전환을 이루려면 인본주의적 지배의 관점에서 벗어나 지구행성의 생명순환에 인간을 재배치하는 상호성과 호혜성의 관계를 인식하고 참여하는 것이다.

2부

사례

3장

젖*

꼴롬비아와 과떼말라의 마을 주민들은 설사와 장 경련을 견뎌낸 후 미국으로부터 배급받은 소젖가루는 음식일 리 없다고 결론 내린다. 그들은 소젖가루에 물을 조금 섞어 오두막을 하얗게 씻는 데 사용한다.(McCracken 1971; Kretchner 1972) 인도 께랄라 지역의 한 낙농업자가 자신의 토종난쟁이 베처종Vechur 암소 대신 키우게 된 스위스산 브라운 암소를 낙심 어린 눈빛으로 바라본다. 스위스산 브라운 암소로 바꾼 후 그는 기하급수적으로 늘어난 사료비와 수의사 비용에 시달리고 있다.(Sainath 2012) 아크웨사스네에서 조산사로 일하는 캣시 쿡Katsi Cook은 제너럴모터스가 25년 넘게 PCB와 중금속을 투기한 산업화된 세인트로렌스 강변도로 주변에서 생활한다. 그는 모호크족 어머니들의 젖

* 비거니즘 활동가와 이론가들은 동물의 몸과 젖을 음식으로 여기게 하려고 '고기'와 '우유' 등의 용어로 바꿔 표현하는 현대사회의 언어적 관행을 비판하면서 고기는 '동물의 몸'이나 '사체'로, 우유는 '소젖'으로, 달걀은 '닭알'로, 물고기는 '물살이'로 바꿔 부르기를 제안한다. 이 책의 저자 그레타 가드는 비건 에코페미니스트 학자이므로 이와 같은 한국어 용어 사용에 동의할 것으로 보고 맥락에 따라 영어 'milk'는 우유가 아니라 '젖'이나 '소젖'으로, 'breast milk'는 '어머니의 젖' 등으로 번역한다.

과 벨루가 고래의 체지방에서 잔류성유기오염물질POPs과 DDT, 그리고 난연제가 위험한 수준으로 검출된다는 사실을 알게 된 후 '어머니 젖 프로젝트'Mother's Milk Project를 시작한다.(LaDuke 1999) 15년 후 샌드라 스타인그래버Sandra Steingraber는 잔류성유기오염물질이 재생산 건강에 미치는 효과에 관해 논하는 유엔 청문회에서 유리잔에 자신의 젖을 담아 청문회 대표단에게 전달한다. 이를 통해 먹이사슬의 최상부, 즉 젖을 먹는 영유아의 몸속에 쌓이게 되는 독소의 생물농축성을 환기시켰다.(Steingraber 2001) 몬산토가 제조한 재조합형 소 성장호르몬rBGH인 포실락을 맞은 소에게서 나온 젖이 1994년 미국의 식료품점에 출시되었다. 포실락이 들어간 소젖은 미국 식품의약국FDA의 승인을 받았지만, 소농들과 소비자단체, 환경운동가들과 동물권 운동가들은 모두 이에 반대했다.(Gaard 1994)

이렇게 동물의 젖이 다양한 국가와 성별, 인종, 생물종, 그리고 환경에서 사용되는 정황을 충분히 포괄적으로 설명해줄 수 있는 비판적 이론틀은 무엇일까? 동물의 젖에 대해 언급하기 좋은 위치성을 갖춘 학문분야인 식품연구는 식품의 역사를 아이디어의 역사라고 본다. 또한 식품연구는 미국의 낙농산업에서 '자연적'이고 '건강에 유익한' 것이라고 마케팅해온 상품인 동물의 젖이 하나의 동질적인 실체가 아니라 서로 다른 역사적이고 문화적인 맥락들에서 다양한 의미를 가지며 다양한 과정을 통해 구성된 것이라고 주장한다. 데버라 발렌즈Deborah Valenze의 『동물의 젖: 지역사와 세계사』*Milk: A Local and Global History*, Yale University Press 2011와 앤 멘델슨Anne Mendelson의 『동물의 젖: 대대로 전해지는 동물젖의 놀라운 이야기』*Milk: The Surprising Story of Milk Through the Ages*, Knopf 2008에서는 지난 5000년 동안 서양음식의 역사를 추적한다. 이 책들에서 발렌즈와 멘델슨은 소, 양, 염소와 같은 동물에서 나온 유당을 소화할 수 있었던 유라시아인들의 여러 문화가 생존하는 데 동물의 젖이 결정적인 역할을 했다고 주장한다. 힌두교에서 가톨릭에 이르기까지의 종교사를 살펴보면 과거와 현재의 영성적 실천에서 동물젖의 중요성을 볼 수 있다. 인도에서는 여전히 코끼리 머리를 가진 지혜의 신 가네샤에게 소젖을 바친다. 중세유럽의 성 베르나르는 성모마리아가 자신에게 젖을 먹이는 기적 같은 환영을 보았다.

19세기와 20세기 영국(Atkins 2010)과 미국(DuPuis 2002)의 음식역사를 살펴보면 1850년부터 소젖이 매우 상하기 쉬운 액체 형태로 대규모로 상품화되었고, 이런 상품화에 고무되어 도시에서의 유제품 생산과 철도 운송, 그리고 현관 배달까지 마침내 가능해졌다. 1920년대에 살균 또는 저온살균이 적용되기 시작했다. 그 이전 19세기 말과 20세기 초에 소젖은 주요 공중보건 문제 중 하나였는데, 성홍열, 장티푸스, 결핵과 같은 전염병뿐 아니라 각종 감염을 일으켰다. 소젖을 먹인 영아들이 높은 질병률과 사망률을 보였음에도 고아원(어머니나 유모의 젖을 먹일 수 없는 곳)과 여러 가정에서 계속해서 소젖을 먹였다. 멜라니 뒤퓌Melanie DuPuis는 「왜 어머니가 아닌가?」Why Not Mother?라는 글에서 "도시화의 확산과 아기에게 젖병 수유하는 관행이 늘어난 것은 서로 밀접한 관련이 있다"(같은 책 46면)라고 주장한다. 다양한 계급의 미국 여성들은 서로 다른 이유로 모유수유를 하지 않기로 선택했다. 중산층과 상류층 여성은 모유를 수유하기에는 자신이 너무 '예민'하고 취약하다고 여겨졌다. 또한 모유수유는 사회적 의무를 수행하는 데 필요한 시간을 빼앗는다고 여겨졌다. 아내와 성관계를 원하지만 모유수유 기간에는 성관계를 금하는 사회적 규범 때문에 곤란해진 남편들이 모유수유 중단을 요구했다. 가난한 여성과 부유한 여성 모두 모유수유를 방해하는 또다른 장벽에 직면했다. 그것은 불충분한 음식물 섭취인데, 영양이 부족한 식사를 하거나 '교양 있게 조금' 먹어야 하기 때문이었다. 도시의 부유한 여성들 대부분은 소젖으로 된 분유나 유모의 젖에 의존했다. 노동계급 여성들은 이런 사치를 감당할 수 없었기에 경제적 상황에 의해 방해받지 않는 한 아기에게 자신의 젖을 먹였다.

오늘날 식료품점에서 주유소에 이르기까지 어디에서든 소젖을 구할 수 있게 된 것은 산업화와 도시화, 문화와 경제 조건에 따른 역사적으로 유례없는 결과다. 인간의 개입 없이는 신선한 소젖을 1년 중 여러 달 동안(3월부터 11월까지) 먹을 수 없다. 암소가 젖을 생산하려면 충분한 목초지와 사료가 제공된 상태에서 9개월 동안 임신해야 한다.(같은 책 28~29면) 소젖을 구할 수 있다는 것은 서구 산업문명의 지속적인 '자연에 대한 승리'의 일부분이다. 피터 앳킨스Peter J. Atkins가 결론지은 것처럼 영국에서 소젖은 "자연과 사회의 경계를 재정비하려는 노력을 대표한다."(Atkins 2010, xix면) 뒤퓌는 소젖이 전혀 '완벽한 음식'이 아님에도 소젖은 진보와 완벽함에 관한 서사를 제공한다고 설명한다. "소젖과 그것을 유전적으로 소화할 수 있는 백인 신체의 완벽한 순백색을"(DuPuis 2002, 11면) 연결시켜온 "지난 150년 동안의 미국인 정체성의 정치"(같은 책 8면)를 상징한다는 것이다. 소의 젖과 인간의 젖을 비교한 앤드리아 와일리Andrea Wiley는 소젖에 비타민 D가 함유되려면 그것이 첨가되어야만 하고, "소젖에는 단백질과 철분을 제외한 무기물이 더 많이 들어 있으며, 약간의 비타민 B가 함유되어 있고, 당분과 비타민 C와 비타민 A는 더 적게 들어 있다"(Wiley 2011, 9면)라고 설명한다. 유제품산업이 성장과 튼튼한 뼈 형성에 필요한 필수무기질인 칼슘의 주요 공급원으로 소젖을 장려하고 있지만, 세계인구의 대다수는 소젖을 소화할 수 없다. 그리고 소젖이 뼈를 튼튼하게 하고 어린이를 키 크게 한다는 주장은 지금까지의 연구에서 증명된 바 없다.(같은 책 64~82면) 2008년 현재 미국의 소젖 소비량은 1970년의 76퍼센트로 감소한 반면, 중국에서는 17배, 인도에서는 2.4배 증가했다. 두 국가 모두 근대성과 부유함의 표시로 동물성 식품에 대한 수요가 일반적으로 증가하고 있는 개발도상국이다.(같은 책 91면)

동물연구에는 포스트휴머니즘, 인간-동물연구, 그리고 비판적 동물연구의 다양한 접근방식이 포함된다. 이 분야들 모두 여러 생물종의 젖을 다루기 위한 다양한 관점을 제공하지만, 아직 많은 연구가 이루어진 것은 아니다. 인간-동물연구를 다루는 학술지 『사회와 동물들』*Society & Animals*에 게재된 최근의 한 논문은 도나 해러웨이Donna Haraway의 포스트휴머니즘 이론을 환기시키는 것 같다. 해러웨이는 암소를 낙농업자와 협력하는 존재로 이론화하고 논의하면서 공장식 축산농가에 감금된 동물들이 '노동자'로서 포스트휴머니즘적으로 구성된다고 본다.(Porcher 2012) 해러웨이는 "실험실에서 일하는 동물들"과 "식품산업과 섬유산업에서 일하는 동물들"이라고 언급하는데, 마치 실험동물이 되거나 몸이 공장식 축산의 구조 속에 감금된 상황을 동물이 기꺼이 선택하거나 그만둘 수 있는 지속가능한 '일자리'인 것처럼 언급한다.(Potts & Haraway 2010) 비판적 동물연구의 활동가 입장에서 볼 때 "해러웨이의 연구는 동물연구 내에서 대체로 탈정치화된 접근방식의 전형이 되었고", 이는 인간과 동물의 관계에 있어서 종의 지배를 유지하는 인본주의적 이해관계를 분명히 드러낸다.(Weisberg 2009, 58면)

현재까지 동물의 젖에 대한 대부분의 연구는 식품연구자와 비건 페미니스트 및 에코페미니스트 학자들이 수행하고 있다.(Adams 1994; Adams & Donovan 1995; Gaard 1994, 2010b; Gruen 2012; jones 2004; Kemmerer 2011) 스타인그래버의 『모성혁명: 아기를 지키기 위해 모성은 무엇을 해야 하는가?』*Having Faith: An Ecologist's Journey to Motherhood*와 마이아 보즈웰-펜크Maia Boswell-Penc의 『오염된 젖: 모유, 페미니즘, 그리고 환경악화의 정치학』*Tainted Milk: Breastmilk, Feminisms, And the Politics of Environmental Degradation*, State University of New York Press, 2006과 같은 페미니즘 환경과학 분야의 글은 어머니와 아이에게 인간의 젖이 제공하는 영양가, 이 젖을 통해 전달되는 환경독소가 '몸에 미치는 부담', 그리고 쿡의 아크웨사스네 어머니젖 프로젝트가 비판한 환경인종주의에 대해 더 구체적으로 다룬다. 환경워킹그룹Environmental Working Group과 맘스앤팝스moms and pops 프로젝트와 같은 권리운동집단advocacy group은 건강에 대한 환경지표로서 정기적으로 소젖을 모니터링한다. 그 결과 캘리포니아주의 슈퍼마켓에서 가져온 모든 소젖 샘플에서 과염소산염이 검출되었을 뿐 아니라(EWG 2004), 인간의 젖에서 폴리브롬화디페닐에테르PBDE, 살충제(린덴, 엔도설판, DDT), 그리고 기타 잔류성유기오염물질이 검출되었다.(IPEN 2009) 환경과학 분야의 이런 움직임은 어머니의 몸이 첫번째 환경이라는 쿡의 통찰력에 대한 확신을 심어주고, 페미니즘과 환경정의, 그리고 종간정의에 대한 관심을 연결하는 이러한 통찰력을 인정하는 것이다.

탈식민 연구는 앨프리드 크로스비Alfred Crosby의 '생태제국주의' 개념을(Crosby 1986) 토대로 또다른 비판적 관점을 제공한다. 크로스비는 이 개념을 통해 특히 원주민 여성(Smith 2005)과 퀴어와 동물(Gaard 1997a)의 삶을 침해하면서 원주민 땅을 무자비하게 전유한 것과 외래종 가축과 유럽의 농업관행을 도입한 것을 비판한다. 에코페미니스트 발 플럼우드(Plumwood 2002)와 반다나 시바(Shiva 1997)는 인간(엘리뜨 남성)의 요구를 충족시키기 위해 자연, 원주민, 동물을 '타자'로 구성한 '마스터 모델'의 이원론적 사고방식과 도구적 추론방식을 지적해왔다. 그리고 원주민의 지식과 유전학적 정보의 특허권을 획득하여 그것들을 서구과학과 기업식 농업이 이룩한 '진보'로 위장하는 생물식민주의biocolonialism를 지속적으로 실천해왔다고 비판한다. 환경인종주의와 계급주의는 또다른 현대판 식민주의 관행의 사례인데, 전지구적 자원의 지속적인 전유와 유색인종 공동체 및 세계의 빈곤한 공동체에 전가된 폐기물 투기와 연결된다. 그레이엄 후건과 헬렌 티핀의 작업이 있기 전까지 탈식민 연구에서 "자연과 문화, 동물과 인간 사이의 접점"을 검토할 때 여전히 "생물종의 경계와 환경적 관심을 연구 질문의 중심에 재위치"시키지 못했다.(Huggan & Tiffin 2010, 6면)

따로 떼어놓고 살펴본다면, 이들 각 분야는 다른 분야를 간과하면서 지식에 대한 특정 관점을 제공한다. 그러나 비판적 에코페미니즘의 관점에서는 이러한 다양한 관점들을 통해 발견된 것들이 하나의 페미니즘 이론틀 내에서 통합될 수 있다. 그리고 이 페미니즘 이론틀은 생물종과 인종, 계급, 환경 전반에 걸친 젠더정의를 수립하는 데 생태학적 고려가 필수적이라는 사실의 인식에 기반을 둔다.

밀크 머니: 선물경제 대 자본

영어 방언에서 무엇의 '젖을 짠다'milk는 것은 비록 성인이 쓰는 속어이긴 하지만 '얻을 수 있는 모든 것을 가져간다'는 의미다. 갓 태어난 포유류에게 어미의 젖은 귀중한 선물이다. 그것은 생태학적으로 적절한 온도로 저장된 상태에서 영양, 수분, 애정을 공급한다. 모유는 영유아에게 흔한 소아질환에 걸리지 않도록 해주는데, 그런 질병으로는 설사와 폐렴에서 호흡기 감염, 위장 감염, 체강 질환, 염증성 장 질환, 비만, 당뇨, 소아 백혈병과 림프종, 그리고 영아돌연사증후군까지 다양하다.(AAP 2012) 어릴 때 모유를 먹은 성인은 혈압이 낮고 콜레스테롤이 낮다. 또 제2형 당뇨병과 비만에 걸릴 확률이 낮으며, 지능이 높고 우정과 공감을 통한 유대관계 형성을 더 잘한다.(WHO 2012; Feldman 2012) 젖을 먹이는 어머니에게 좋은 점은 임신 전 체중으로의 빠른 회복, 일시적 피임, 유방암과 난소암 위험 감소, 비만율 감소 등이 있다.(WHO 2012)

그러나 인종과 계급에 상관없이 모든 사람에게 이와 같은 혜택이 동등하게 돌아가지는 않는다. 인종과 계급의 경계를 넘어 상품화되는 수유관계가 주는 혜택에 대해서는 연구조차 되지 않았다. 예를 들어, 상류층의 영아에게 젖을 물리기 위해 고용된 유모나 노예가 된 여성은 자신의 아이에게 젖을 먹일 때와 동일한 생물심리학적 혜택을 누렸을까? 상류층의 영아는 친모의 젖을 먹을 때와 동일한 영양적, 정서적, 지적 혜택을 누렸을까? 여성 공동체 내의 '젖 나눔'은 전통적이고도 현대적인 관행이었지만, 이러한 나눔은 자발적인 참여자들 사이에서 일어난 선물경제의 일부다. 식민 지배를 받기 이전 시기의 폴리네시아, 남미의 숲, 그리고 동남아시아와 호주와 태즈메이니아의 수렵채집사회들에서 돼지, 개, 원숭이, 호랑이과 새끼들에게 흔히 했듯이, 어미가 다른 생물종의 새끼에게 자발적이고 애정 어리게 젖을 먹이는 행위처럼 생물종의 경계를 넘어서 젖을 물리는 행위를 '젖의 공유'라고 설명할 수 있을까?(Simoons & Baldwin 1982) 아니면 인간의 젖이든 암소, 염소, 양, 코끼리의 젖이든 간에 다른 어미의 젖을 먹는 것을 '선물', '임금'wages, 혹은 '도둑질'로 설명하는 것이 적절할까? 젖의 '가치'는 무엇일까?

잡지 『어머니의 돌봄』*Mothering*의 창립자인 페기 오마라Peggy O'Mara는 모유의 경제적 가치를 다룬 2012년 편집장의 글에서, 미국의 연간 아기 분유 판매액 40억 달러와 모유수유로 인한 연간 의료비용 절감액 10억 달러, 그리고 병원이 기증된 모유를 취급하기 위해 지불하는 비용(노르웨이에서는 리터당 50달러, 미국에서는 쿼트*당 96~160달러)을 계산해 냈다. 미국소아과학회American Academy of Pediatrics, AAP에서 권장하는 생후 첫 6개월 동안의 최소 모유수유량[1]과 연간 미국 출생아 수(413만 665명), 생산된 모유의 양(하루에 25온스 또는 6개월에 140쿼트), 그리고 쿼트당 가치(96달러)와 6개월 동안 모유수유만 한 미국 산모의 비율(13.3퍼센트)이나 수(54만 9378명)와 같은 수치를 통해 오마라는 다음과 같은 결론을 내렸다. 즉 젖을 먹이는 어머니들이 이렇게 적은 숫자임에도 불구하고 국내총생산GDP에서 70억 달러를 창출한다는 결론이다. 젖을 먹이는 어머니들은 단 6개월 만에 2년 동안의 분유 판매로 얻어지는 경제적 가치를 능가한다. 『허핑턴 포스트』는 미국소아과학회의 학술지 『소아과』*Pediatrics*에 실린 자료를 요약하면서 모유의 가치를 훨씬 더 높게 잡는다.(Tanner 2010) 미국소아과학회의 의사들은 주로 건강관리 비용과 절약된 금액에 초점을 두었는데, 미국 여성의 90퍼센트가 출산 직후 6개월 동안 젖을 먹일 경우 900명의 신생아 목숨을 구하고 130억 달러의 건강관리 비용을 절약할 수 있을 것으로 추산한다. 또한 50퍼센트의 산모만 젖을 먹인

* 액체나 가루의 부피를 잴 때 쓰는 단위. 영국과 미국에서 1쿼트의 양이 조금 다르다. 미국에서 액체의 부피를 말할 때 1쿼트는 약 0.95리터다.

다 해도 36억 달러(2001년 기준)를 절약할 것으로 추산한다. 그러나 오늘날에는 12퍼센트의 어머니만이 미국소아과학회의 지침을 따른다. 그렇다면 그들은 누구이며, 나머지 88퍼센트의 어머니들이 모유수유를 중단하는 이유는 무엇인가?

2010년 미국 질병통제예방센터에 따르면 모유수유에는 인종적, 민족적 차이가 있다. 6개월 동안 젖을 먹이는 어머니들 중 가장 높은 비율을 차지하는 집단은 아시아계 교육받은 중산층과 태평양 섬 주민 출신 어머니다(52퍼센트). 그다음은 히스패닉계 어머니고(45퍼센트), 유럽계 미국인 어머니(43퍼센트), 북미 원주민 어머니(37퍼센트), 그리고 아프리카계 미국인 어머니(26퍼센트) 순이다. 예상대로 경제적 압력이 크면 이 비율은 더욱 낮아진다. 미국의 인종주의와 식민주의 역사의 맥락을 살펴보면, 북미 원주민과 아프리카계 여성들이 오늘날 왜 낮은 모유수유율을 보이는지 이해할 수 있다. 이 여성들에 대한 강간, 기숙학교나 노예제도를 통해 그들의 자녀를 훔치거나 팔기, 어머니가 백인 노예주 자녀들의 유모나 '엄마유모'mammy로 이용되면서 아프리카계 영유아들이 영양과 애정을 받지 못하고 방치된 것 모두를 정당화한 역사가 있었다.(Collins 1990; Smith 2005) 모든 여성에게 영향을 미친 요인으로는 모성의 물질적 현실에 대한 미국의 문화적 적대감을 들 수 있다. 이 적대감은 한부모 여성과 그 자녀를 위한 복지수당에 대한 낙인, 출산휴가 및 유연근무를 제한하는 직장의 정책들, 그리고 지속적으로 여성의 임금이 낮게 책정되는 현실, 마지막으로 이러한 현상을 바로잡을 수 있는 국가 법률이 부재하다는 점에서 드러난다. 앤 크리텐든Ann Crittenden에 따르면 어머니가 되는 것은 직장에서 여성이 할 수 있는 가장 비용이 많이 드는 결정이며 "노년기 빈곤의 가장 큰 단일 위험요인"(Crittenden 2001, 6면)이다.

그러나 여성이 무보수로 제공하는 돌봄은 가족의 생명줄이자 경제의 심장이다. 에덜먼 파이낸셜 서비스Edelman Financial Services는 자녀 양육, 요리, 가계재정 관리, 정서적 갈등 해결, 그리고 자동차를 운전하여 이동시키는 일을 포함하여 노동자로서 어머니의 가치를 추정했다. 그 결과 은퇴 및 의료혜택을 포함하지 않고도 어머니의 가치는 연간 50만 8700달러였다.(같은 책 8면) 그러나 크리텐든의 『모성의 댓가: 세계에서 가장 중요한 직업이 왜 여전히 저평가되는가』*The Price of Motherhood: Why the Most Important Job in the World is Still the Least Valued*와 그 책에서 영감을 얻은 『모성 선언문: 미국의 엄마들이 원하는 것 — 그리고 해야 할 것』Joan Blades and Kristin Rowe-Finkbeiner, *The Motherhood Manifesto: What America's Moms want — and What to Do about It*, Bold Type Books 2006에서 모유수유에 관한 내용은 두 면도 되지 않고, 그마저도 항상 출산휴가와 관련하여 논의된다. 모두 인정하는 바와 같이 미국은 모든 산업화된 국가 중 가장 낮은 출산휴가율을 보인다. 1993년에 제정된 가족 및 의료휴가법FMLA에 따라 12주의 무급휴가를 제공하거나, 캘리포니아주의 유급가족휴가법에 따라 6주의 휴가를 제공한다. 다른 나라와 비교해보면, 독일과 스웨덴은 47주의 전일제 유급휴가를, 노르웨이는 44주를, 그리스는 34주를 보장한다. 부모에 적용되는 출산휴가 관련법에 대한 국제 연구에 따르면, 미국은 21개 국가 중 20위를 차지했고, 유급휴가를 전혀 제공하지 않는 두 국가 중 하나다.(Ray, Gornick & Schmitt 2009) 이렇게 직장은 보장되지만 급여는 지급되지 않는 12주의 육아휴가에 사용할 생계비를 마련해야 하는 것 외에도 산모는 지속적으로 모유수유에 드는 다른 비용과 문화적 장벽에 직면한다. 유축기 가격(메델라 펌프인스타일 전기 유축기의 경우 269달러다), 짠 젖을 저장하기 위한 사무실용 냉장고, 수유실 및 필요할 때마다 그 방을 사용할 수 있는 휴식시간 보장을 포함하는 정책 등이 직장에 갖춰져야 한다.

이러한 조건하에서 크리텐든은 미국소아과학회의 모유수유 지침을 "역겨운 농담a sick joke"(Crittenden 2001, 258면)이라고 부른다. 그는 다음과 같이 설명한다.

> 경제학에서 '무임승차자'는 재화의 공급에 기여하지 않고 혜택을 받는 사람, 즉 공짜로 무언가를 얻는 사람을 말한다. 이 정의에 따르면 가족과 글로벌 경제가 바로 전형적인 무임승차의 예다. 이 둘은 노동력에 대한 댓가를 거의 받지 않거나 무보수로 일하는 여성 돌봄 제공자에게 의존한다.(같은 책 9면)

여성의 젖과 노동은 동시에 비가시화되고, 화폐화되지 않으며, 국가 및 국제 경제체제에 전용되는 선물경제의 일부다. 아프리카와 중남미에서는 다른 여성들이 일하러 갈 수 있도록, 또는 아프거나 젖이 나오지 않거나 죽은 어머니들의 아기들을 위해서 마을 여성들이 젖을 먹이는 일을 분담한다.(Waring 1988) 미국에서는 젖이 필요한 산모와 남는 젖을 기꺼이 기증하고자 하는 산모들이 서로를 찾을 수 있도록 '모유수유 장려 활동가'lactivist 어머니들이 페이스북에 '이츠온피츠'Eats-On-Feets 등의 젖 나눔 네트워크를 만들었다. 이 네트워크는 안전한 젖 나눔을 위한 네가지 원칙을 지정했는데, 정보에 기반한 선택, 기증자 심사, 안전한 취급, 가정에서의 저온살균이 그것이다.(Walker & Armstrong 2012) 이들은 이 선물경제를 무료로 기증된 젖을 취급하고 검사하는 데 온스당 4.50달러씩 청구하는 모유은행과 자랑스럽게 대조한다.

여성의 젖이 시장의 상품으로 거래되면 가격이 싸진다. 2010년 요리사 대니얼 앤저러Daniel Angerer는 뉴욕의 레스토랑 클리브래서리Klee Brasserie에서 자기 아내의 젖으로 치즈를 만들었고, 이로 인해 뉴욕 보건국의 명령으로 즉시 폐점되었다.(Inbar 2010) 1년 후 런던의 『데일리 메일』 *Daily Mail*은 코번트가든에 위치한 아이스크림 전문점 아이스크리미스츠Icecreamists가 샴페인잔에 인간의 젖을 담아 '베이비 가가'Baby Gaga라는 상표를 붙여 팔기 시작했다고 보도했다. 소문에 따르면 첫 30온스의 젖을 기증한 여성은 자신이 들인 시간이나 젖에 대한 보상을 받지 못했지만 건강검진을 받아야 했다고 한다. 그런데도 13명의 다른 여성들도 자발적으로 젖을 기증했다. 로버트 시츠머Robert Sietsema는 『빌리지 보이스』*Village Voice*의 블로그 섹션에 인간의 젖으로 만든 치즈를 먹은 경험에 대해 "그것은 마치 식인풍습 같다"(Sietsema 2011)라고 썼고, 다른 여러 온라인 게시물에도 이와 같은 감정을 느꼈다는 글이 발견된다. 그는 또한 많은 온라인 게시물에 표현된 여러가지 우려 중 대표적인 것들을 다음과 같이 열거했다. 즉 "인간의 본능"에 따라 거기엔 "근본적으로 역겨운 무언가가 있다", 남는 젖은 미숙아들이나 중병에 걸린 아기들이 영양분을 섭취할 수 있도록 기증되어야 한다, 젖이 성인에게 미치는 영향에 대해 알려진 바가 없다, 그리고 인간의 젖으로 만든 제품은 소젖 검사에 정기적으로 사용되는 의학적 검사를 받지 않았다는 지적이다. 그러나 비판적 에코페미니즘 관점에서 보면 시츠머의 다음과 같은 우려가 가장 핵심적이다.

> 여성은 농장동물이 아니다. 인간의 젖으로 만든 치즈는 여성이 농장동물의 역할을 맡게 만든다. 인간의 젖을 짜는 것에 있어서 '윤리

적인' 것은 아무것도 없다. 돈이 없어 어려운 경우에 처하지 않는 한 어떤 여성이 다른 사람들의 미식의 즐거움을 위해 자신의 젖을 짜는 데 동의하겠는가? 이런 일이 대규모로 일어나면 자연스럽게 가난한 어머니를 착취하게 되고, 그들은 자신의 젖을 팔고 자기 아이에게는 소젖을 먹이도록 유혹받게 될 것이다.

명백히 시츠머의 발언은 인간과 동물의 구분에 의존한다. 여성의 젖을 먹는 것이 '식인풍습처럼 느껴진다'면 다른 종 암컷의 젖을 먹는 느낌은 어떠할까? 그리고 농장의 동물이 된 기분은 어떠할까?

한마디로 말하면 그것은 아마 죽음, 달리 말해 '가축 퇴직'herd retirement* 으로 불리는 것과 같을 것이다. 2012년 2월 트윈시티**의 『시티 페이지스』*City Pages*는 「함께 일하기 협동조합Cooperatives Working Together이 소젖 가격을 인상하기 위해 2003년에서 2010년 사이에 50만마리 이상의 암소를 도살한 가축 퇴직 프로그램」이라는 기사를 실었다.(Mannix & Mullen 2012, 9면) 함께 일하기 협동조합은 아든힐스에 기반을 둔 농업협동조합 랜드오레이크스Land O'Lakes가 가입한 미국의 최대 낙농업협동조합이다. 이 프로그램은 효과가 있었다. 낙농업은 2011년에 낙농제품의 소비자가를 인상하고 더욱 많은 소규모 가족단위 농민들을 파산시키면서 가축 퇴직 프로그램을 통해 117억 달러 이상의 수익을 냈다. 1980년대에 미네소타주에는 최소한 8500개의 소규모 낙농장이 있었지만 2007년에는 그 수가 2000개로 감소했다. 앤디 매닉스Andy Mannix와 마이크 멀

* 소들이 젖 짜기의 역할을 다하고 도살되는 것을 말하는 낙농업 용어.
** 두 도시 미니애폴리스와 세인트폴을 함께 일컫는 말.

린Mike Mullen은 조 소네커Joe Sonneker와 같은 소농민들의 이력을 추적했다. 그의 할아버지는 한세기 전에 65헥타르의 부지를 개간하여 작은 낙농장을 시작했고, 이 농장이 여러세대에 걸쳐 상속되어 운영되기를 바랐다. 2012년에는 '함께 일하기 협동조합'이 미국 소젖 생산의 70퍼센트 이상을 통제하면서 소네커와 같은 소농민들은 미래 낙농업의 방향에 대해 더이상 목소리를 낼 수 없다고 느끼게 된다.

물론 소들도 마찬가지다. 대공황 이후 암소는 인간이 마실 소젖을 시장이 감당할 수 있는 것보다도 더 많이 생산해왔다. 초과량을 구매하여 저장해온 정부 프로그램이 더이상 비용을 감당할 수 없게 되자 미국 농무부는 생산을 늦추도록 농민들을 장려하는 낙농 전환 프로그램Dairy Diversion Program을 도입했다. 그후 이 프로그램이 실패로 돌아가자 농무부는 낙농 종료 프로그램Dairy Termination Program을 도입하여 농민들이 가축을 팔고 최소 5년 안에 낙농업에서 벗어나도록 장려했다. 그러나 이 프로그램에 참여하지 않은 농민들은 여전히 가축의 수와 생산량을 늘렸다. 예컨대 미네소타주 머독에 있는 이스트더블린 낙농회사East Dublin Dairy는 5280마리 이상의 암소를 하루에 두번 착유했다. 공장식 축산업 가축 생산에 대한 퓨위원회Pew Commission 보고서에 따르면 지난 50년 동안 발생한 농장 생산의 현재 '효율성'은 지속가능하지 않으며, 농장 운영은 "[음식이 되는] 동물에게 불필요한 해를 끼칠 뿐 아니라, 공중보건에 허용할 수 없는 수준의 위험을 초래하고 환경에 돌이킬 수 없는 수준의 해를 입힌다."(Pew Commission Report 2008, viii면)

소의 자연수명은 20년에서 25년이지만, 낙농생산에 동원되는 암소는 4년에서 5년밖에 살지 못한다. 암소의 몸에 엄청난 압력을 가하는 소 성장호르몬을 주입한 결과 소젖 배출량은 1950년에 연간 900킬로그램에서 2004년에는 최대 22톤으로 증가했다.(Keon 2010, 192~96면) 암소는 생후 15개월에 인공수정을 당하고, 끝없는 임신과 수유의 주기를 겪으며 고통받고 있으며, 전자식 착유기로 하루에 2~3회 착유를 당한다. 이러한 생애조건 때문에 항생제로 치료해야만 하는 유방염과 기타 감염병에 걸리기 쉽다. 암소는 열량 밀도가 높은 음식을 먹으며 평생 콘크리트 축사에 갇혀 있거나 철망 바닥에 서서 일생을 보내게 된다. 송아지는 출생 후 몇시간 내에 암소에게서 분리된다. 암송아지는 낙농장에서 어미소를 대체하기 위해 사육되고, 수송아지는 송아지고기 농장으로 보내져 생후 14~17주에 도살될 때까지 움직일 수 없을 정도로 좁은 상자에 갇혀 철분 결핍 식단을 제공받으며 사육된다.(Robbins 1987, 112~17면) 예상대로 큰 낙농장일수록 더 많은 분뇨와 메탄을 만들어내면서 공기와 물을 오염시킨다. 무급 돌봄에 대한 크리텐든의 비판을 적용하면 산업화된 낙농시스템 역시 소, 소규모 낙농업자, 그리고 유제품 소비자를 희생시켜 이익을 얻는 '무임승차자'다.

젖먹임의 선물경제를 대체하고 포유동물 어머니와 새끼 사이의 수유관계를 단절하면서 동물의 본성과 노동자 및 소비자로부터 부를 빼앗아 생산자-소유자에게 집중시키는 산업화된 낙농시스템은 '협동적'이지 않다. 낙농업에서 협동이라는 용어는 이제 경제의 이데올로기적 특성을 숨기는 트로이목마다. 이 경제 이데올로기가 낙농업에서 어떻게 작동하는지 밝히기 위해서는 비판적 에코페미니즘의 관점이 필요하다.

어머니 유제품, 어머니 자연

대부분의 서양인은 네슬레의 분유캠페인을 기억할 것이다. 이 캠페인은 아프리카와 인도에서 수천명의 젊은 어머니에게 자신의 젖 대신 분유와 유아용 조제분유를 사용하도록 설득했다. 그 결과로 많은 영유아에게 설사와 영양실조, 사망을 유발하며 그들의 고통을 댓가로 기업 이익을 창출했다. 영국 NGO 빈곤과의 전쟁War on Want이 기록한 바와 같이 네슬레의 유아식 판매 담당자는 인도를 포함한 아시아와 중남미, 그리고 아프리카의 가난한 국가에서 판매되는 제품에 과학적 신뢰성이 있는 것처럼 보이기 위해 간호사 복장을 했다.(Alvares 1985) 빈곤과, 교육 및 적절한 시설의 부족으로 인해 이 국가들의 많은 어머니들은 분유통에 적힌 지침을 읽을 수 없었고, 젖병소독장비나 깨끗한 물도 이용할 수 없었다. 대신 그들은 진보 이데올로기와 기술적으로 선진화된 국가의 우월성을 믿었다. 식민 지배를 받는 사회에서 원주민들은 식민 지배자의 관점을 공유하고, 자신이 열등하다고 믿으며, '발전'하기 위해 식민 지배자의 방식을 따르도록 압력을 받는다. WHO는 인도에서 네슬레와 글락소Glaxo 같은 다국적기업이 영아용 조제분유와 분유를 판매한 것에 대해 비판했고, 1981년 모유 대체품 마케팅에 관한 국제규범을 발표했다. 이 국제적 비난을 틈타 인도의 국영낙농기업은 영유아용 소젖식품 판매지분 중 네슬레의 손실분을 슬그머니 차지했다. 아물Amul Corporation이 인도의 홍수작전Operation Flood*에 관여한 이야기는 제3세계의 엘리뜨들이 제1세계 기업들의 식민주의적 관행에 합류한 전형적인 사례

* 인도 정부에 의해 추진된 낙농개발 프로그램.

다. 그 결과 어머니와 어린이, 소와 송아지, 시골의 빈민과 소규모 낙농업자에게 치명적인 영향을 미쳤는데, 미국의 소규모 낙농업자가 입은 피해와 유사하되 그 피해 규모는 기하급수적으로 확대된 경우라고 할 수 있다.[2]

홍수작전은 유럽의 낙농식품원조 공급이 종료된 1970년에 시작되어 1996년까지 3단계에 걸쳐 시행되었다. 이 작전은 베르기스 꾸리엔Verghese Kurien*이 창안한 것으로, 어려운 시장상황을 해결하고자 시작되었다.(Alvares 1985) 1960년대 후반에 유럽경제공동체EEC는 분유와 버터의 형태로 엄청난 양의 잉여 유제품을 가지고 있었다. 일부를 재가공하고 나머지는 버리다가, 마침내 이 제품을 식량원조의 형태로 제3세계에서 처분하고자 했다. 프랜씨스 무어 라페Frances Moore Lappé와 조지프 콜린스Joseph Collins가 『음식이 먼저다: 희소성의 신화를 넘어』*Food First: Beyond the myth of scarcity*, Houghton-Mifflin, 1977에서 설명하듯이 식량원조는 항상 식민주의자들의 외교정책, 농장이윤, 기업이윤의 확장이었다. 식량원조를 통해 미래의 상업적 판매를 위한 시장을 개척할 수 있고, 기업식농업의 영역을 확장하며, 제1세계의 정부들과 경제기관들이 제3세계 국가를 통제할 수 있다. 라페와 콜린스의 이론을 사용하면 인도의 홍수작전의 결과로 꾸리엔과 아물낙농협동조합Amul Dairy Cooperative이 부와 권력을 얻게 된 정황을 잘 설명할 수 있다.

유럽경제공동체에 식량이 남아돌고 있었을 당시 꾸리엔은 인도 최대의 분유와 버터 제조업체인 아물에서 20년 동안 직원으로 일했다. 유럽의 식량원조는 아물의 시장을 망치게 될 것이었다. 하지만 인도의 국립

* 낙농업을 인도 최대 산업으로 만들면서 '백색혁명의 아버지'로 불린다.

낙농개발이사회National Dairy Development Board, NDDB 의장으로서 꾸리엔은 해결책을 조율할 수 있는 좋은 위치에 있었다. 끌로드 알바레스Claude Alvares가 「식량원조를 통한 제국주의: 제3세계 엘리뜨들의 역할」Imperialism Through Food Aid: The Role of Third World Elites에서 설명하듯이, 홍수작전은 가난한 사람들이 먹을 수 있도록 그들에게 직접 제공하는 자선의 성격을 띤 식량원조로 진행되지 않을 것이었다. "지원된 식량은 대중에게 판매될 것이고, 이를 통해 모인 자금은 국가의 장기적인 낙농개발을 위해 투자될 것이다."(같은 책 3면) 비즈니스 엘리뜨들은 낙농업이 진보의 도구가 될 것이라고 보았다. 그 이유는 토지가 없거나 소규모인 농민들이 소젖 생산을 늘리고 제품당 더 높은 가격을 얻고자 협상하기 위해 협동조합을 조직할 것이기 때문이라고 주장했다. 인도 정부는 이 프로젝트를 실행함으로써 도시의 중산층에게 소젖을 제공하고 가난한 사람들의 경제상황을 개선함과 동시에 정부가 홀로 조달할 수 없는 낙농기금을 조성해낼 것이라고 보았다. 이에 따라 1970년 홍수작전을 관장하기 위해 인도낙농공사Indian Dairy Corporation, IDC가 설립되었고 꾸리엔이 의장으로 임명됐다.

바라뜨 도그라Bharat Dogra, 알바레스, 샨띠 조지Shanti George와 같이 발전에 관해 연구하는 학자들은 홍수작전의 운영과 그들이 선전한 성과를 강력하게 비판했다. 알바레스는 홍수작전을 폭로하는 글 「홍수작전: 하얀 거짓말」Operation Flood: The White Lie을 발표하여 유명해졌다. 1983년 이 글이 처음 발표되었을 때 인도의 국립낙농개발이사회와 인도낙농공사는 통계를 조작하고 대중매체를 조종해 그 내용을 부인했다. 알바레스는 이 글에서 홍수작전으로 인한 실제 결과를 다음과 같이 나열했다.

1. 뭄바이, 꼴까따, 델리, 마드라스 네곳에 '어머니 낙농장'Mother Dairies이 설립되었다. 이 낙농장은 고형 소젖제품과 버터오일을 재결합하여 도시민들에게 공급할 소젖을 만드는 가공공장들이다.
2. 유제품 가공공장들로부터 소젖을 수송하기 위해 국가단위의 소젖 격자망Milk Grid*을 아난드를 중심으로 구축했다. 이로 인해 공장 소재 도시들 주변의 지역 생산자들이 일자리를 잃었다.
3. 아물은 인도 최대의 이유식 생산업체로 성장했고, WHO의 이유식 광고 금지 규약을 반대하는 가장 강력한 세력이 되었다.
4. 다양한 도시로 보내져야 할 대량의 수입물자를 아물이 통제하는 구자라뜨주 낙농장으로 빼돌렸다.
5. 꾸리엔은 세계은행의 자문위원이 되어 홍수작전이 방글라데시, 파키스탄, 필리핀, 스리랑카, 중국과 같은 제3세계의 새로운 국가들로 확장하는 것을 총괄하게 됐다.(같은 책)

인도의 낙농협동조합이 팔 수 있는 것보다 더 많은 소젖의 잉여분을 이유식과 버터로 변환하는 동안, 까이라 지역 시골마을의 농민들은 영양결핍인 자기 아이들에게 먹여야 할 소젖을 협동조합에 팔고 있었다. 어머니들이 왜 자신의 젖을 먹이지 않았는지 또는 왜 먹일 젖이 충분하지 않았는지에 대해서는 알려진 바가 없다. 하지만 어머니들의 빈곤과 영양실조가 그 이유일 가능성이 높다. 알바레스는 까이라의 농민들이 적절한 소젖 값을 받은 경우가 거의 없다고 보고할 뿐이다.

이 문제는 일정 부분 소와 관련이 있었다. 홍수작전은 유럽 혈통의 황

* 소젖의 생산, 조달, 가공 및 마케팅을 위해 도시와 도시를 잇는 연결망.

소와 암소, 그리고 잡종소의 수입에 관여했다. 인도에서 소는 밭 갈기, 연료, 퇴비 등 농사에 여러모로 사용된다. 토종소와 버펄로는 이국적인 북유럽 품종에 비해 젖이 적게 나지만 유지비가 최소한으로 들고 환경적인 면에서 지속가능하다. 수입 품종은 특별한 사료가 필요하고 수의사의 진료를 요하는 질병에 걸리기 쉬운 반면, 토착 품종은 지역 목초를 먹고 기후에 적응했으며 질병과 기생충에 잘 견딜 뿐 아니라 사람의 도움 없이도 쉽게 새끼를 낳는다.(Sainath 2012) 그러나 이 소들의 젖을 송아지에게 먹인다면 소젖의 가치는 아물낙농협동조합의 이윤으로 전환될 수 없었다. 1996년에 홍수작전의 세번째이자 마지막 단계가 끝나고 15년 후 께랄라 토종소의 개체수는 48퍼센트 감소했다.(같은 글)

농촌 여성은 버터의 생산과 판매를 담당하고 그것으로 얻은 경제적 수익을 가져가는 유일한 담당자였기 때문에 홍수작전으로 인해 피해를 입었다. 여성과 어린이는 홍수작전과 함께 사육하게 된 새로운 잡종소에게 더 자주 사료를 먹이고 젖을 짜는 일을 담당해야 했고, 시장에서 현금과 교환된 소젖 값은 여성의 수익으로 돌아가지 않았기에 가족경제에서 여성의 지위가 낮아졌다. 알바레스는 아물낙농협동조합이 여성에 미친 영향에 대한 인도사회과학위원회Indian Council Social Science의 연구를 아래와 같이 인용한다.

> 철골로 지어진 매우 현대적인 단지, 모자이크 유리창, 에어컨이 설치된 건물들, 실험실들, 빛나는 알루미늄과 강철로 된 공장들, 흰색 제복을 입고 모자를 쓴 직원들, 아름답게 배치된 정원들, 방음시설과 앉을 자리가 마련된 강당들, 에어컨이 완비된 고급버스들이 갖춰진 아난드에 위치한 거대한 규모의 아물 산업단지는 이 반짝이는 신

세계를 만들어냈지만 정작 그곳에 들어갈 수 없는 마을 여성들의 삶과는 아주 멀리 떨어져 있는 것처럼 보인다. 전통적인 유제품 가공 기술을 대체한 새로운 도시소비자용 버터와 치즈 가공 기술에 그들 중 어느 누구도 숙달하지 못했다. 그들은 전국적 규모로 확장된 이 발전의 기적에 자신들이 공헌했다는 사실조차 모르고 있다.(Alvares 1985, 37~38면)

이러한 사회적 비용에도 불구하고 인도 국내외 엘리뜨들은 홍수작전을 환영했다. 브루스 숄뜬Bruce Scholten의 단독 저서 『인도의 백색혁명: 홍수작전, 식량원조, 그리고 개발』*India's White Revolution: Operation Flood, Food Aid and Development*은 책표지에 대문짝만 하게 쓰인 꾸리엔의 추천사와 함께 꾸리엔의 말을 옮긴 방대한 각주와 인용문으로 가득 차 있다. 무엇보다 서글픈 것은 아물의 낙농제품군 사진이었다. 이 사진에는 웃고 있는 통통한 아기의 얼굴이 그려진 작은 유아용 유제품 깡통이 찍혀 있었다. 그러나 숄뜬조차도 이 새로운 하이테크 기반시설에는 남성만 고용되었기 때문에 홍수작전으로 이룩한 "현대화가 여성 지위의 완전한 상실을 가져왔다"라고 지적한 비평가 샨띠 조지의 말을 인정한다.(Scholten 2010, 233면) 꾸리엔은 국립낙농개발이사회 의장 자리에서 은퇴한 뒤에도 구자라뜨 소젖 유통협동조합연맹Gujarat Coop Milk Marketing Federation의 책임자로 일하면서 아물 버터와 치즈를 미국을 포함한 40여 개국에 수출했다. 인도의 '백색혁명'은 자급생산에서 수출용 현금상품생산으로 전환하는 식민주의적 패턴 속에서 녹색혁명(Shiva 1997)과 함께 진행되었다. 그렇게 함으로써 종종 여성의 노동으로 이루어지는, 이미 위태로운 자급경제를 불안정하게 만들었고 수천명의 사람들을 실질적인 물질적 빈곤에 빠뜨렸다. 책의 결론 부분에서 숄뜬은 "케냐, 우간다, 에티오피아, 모잠비끄, 르완다와 같은 아프리카 국가들"이 홍수작전을 따라하기 위해 꾸리엔과 접촉했다고 보고했다. 이러한 확장으로 마사이 부족처럼 지역 환경에 적합한 가축 방목형 생계방식을 따르는 유목민집단은 정착지에서 쫓겨날 수 있다. 또한 역사적으로 가축 사육의 경험이 전혀 없고 따라서 어린 시절 이후에 젖을 소화하기 위한 락타아제를 유전적으로 물려받지 않은 지역에서 아프리카식 홍수작전이 이루어진다면 주민들의 건강과 영양에 영향을 미칠 것이 확실하다.

소젖이 필요한 몸은 따로 있다

1970년대에 워싱턴D.C.에 기반을 둔 '책임 있는 의학을 위한 의사위원회'Physicians Committee for Responsible Medicine, PCRM는 유제품을 홍보하는 광고가 연방 광고지침을 위반했음을 증명하는 증거자료와 함께 전미낙농위원회National Dairy Council를 상대로 연방무역위원회Federal Trade Commission, FTC에 여러 청원서를 제출했다. 이에 따라서 1974년 "거짓되고 오해의 소지가 있으며 기만적인" 광고에 대한 연방무역위원회의 제소로 전미낙농위원회는 "모든 사람에게 소젖이 필요하다"에서 "소젖에는 모든 사람을 위한 어떤 것이 있다"로 슬로건을 변경해야 했다.(Keon 2010, 13면) 비건 소젖 비평가들(Campbell & Campbell 2006; Keon 2010; Oski 1977; Robbins 1987)과 몇몇 식품연구 학자들(DuPuis 2002; Wiley 2011)은 모두 소젖이 '완벽한 식품'이라고 주장하는 낙농산업의 신화에 도전해왔다. 비건연구는 보통 동물성 식단과 심장병, 비만, 대장암, 유방암, 전립선

암과 같은 많은 서구적 질병의 연관성을 강조한다. 반면에 식품연구 학자들도 비건연구 학자들과 함께 골다공증과 동물성 단백질 기반 식단 사이에 연관성이 있다는 점에 동의한다.(Keon 2010, 173면; Wiley 2011, 80면) 이 둘의 연관성은 고관절 골절 비율이 남성보다 2배 높은 여성에게 가장 큰 걱정거리다. 이러한 상관관계에 대한 주장은 "[특히 아시아인] 인구가 유제품 소비를 포함하는 서구적이고 산업화된 생활방식을 따르게 되면서 골다공증의 위험이 증가하고 있다"라는 사실에 의해 더욱 힘을 얻는다.(Wiley 2011, 80면; Campbell & Campbell 2006 참조) 이 학자들은 또한 소젖이 보편적으로 건강에 유익하다는 미국 낙농산업의 주장이 서구중심주의와 인종주의에 기반한다는 점에 동의한다.

가축의 젖을 짜는 역사적 관행이 있는 인구집단(중부유럽과 북유럽, 유럽인이 식민지화한 국가[미국, 캐나다, 호주, 뉴질랜드], 그리고 사하라사막 유목민)은 유아기가 지난 후에도 유당을 소화시키는 효소(락타아제)를 보유한다. 그러나 세계인구의 대다수는 만 4세가 되면 락타아제 효소를 잃어버린다. 유당분해효소 결핍증은 베트남인, 태국인, 일본인, 아랍인, 이스라엘계 유대인, 아프리카계 미국인, 아메리카 원주민, 아시아계 미국인, 히스패닉계 미국인들에게 흔하다.(DuPuis 2002, 27면; Keon 2010, 45면; Wiley 2011, 24면) 미국 낙농산업은 소화 능력의 다양성을 인정하기보다는 비백인 집단을 효과적으로 병리화하는 용어인 '유당분해효소 지속 불능증'과 '유당 소화 불량자'라는 용어를 만들어냈다. 1999년에 '책임 있는 의학을 위한 의사위원회'는 아프리카계 미국인 의료종사자들이 주요 독자인 간행물 『전국의사협회지』*Journal of the National Medical Association*에 전미낙농위원회 소젖 찬양을 반대하는 글을 실었다. 그리고 2005년에는 소젖을 담는 팩에 붙은 영양정보표시에 대해 메릴

랜드주와 워싱턴D.C.의 식료품점과 낙농장을 상대로 집단소송을 제기했다. 이 캠페인을 홍보하기 위해서, 남녀공용 화장실 앞에서 유색인종 사람들이 배를 움켜쥐고 있거나 몸을 구부리고 있는 이미지 밑에 "유당분해효소 결핍증이 있습니까? 75퍼센트의 사람들, 특히 유색인종이 그렇습니다. 유당분해효소 결핍증이라면 소송을 제기할 수 있습니다"(Wiley 2011, 32면)라는 문구를 달았다. 소젖 판촉에서 보이는 이러한 인종차별적 근거는 역사적 선례가 있다. 식품과학자 와일리와 뒤퓌는 각각 1929년과 1933년에 쓰인 소젖의 역사를 인용한다. 이를 통해 소젖 소화능력이 인종적 우월성을 낳는다고 공공연하게 주장해온 인종주의의 선례가 대공황시대부터 지속되어왔음을 보여준다.

> 언제나 소젖을 먹고 싶은 만큼 먹으며 살아온 인종은 역사를 만들고 문명의 발전에 가장 크게 공헌한 사람들이다. 허버트 후버Herbert Hoover가 1923년 세계낙농총회World's Dairy Congress에서 발표한 소젖산업에 관한 연설에서 잘 말했듯이, "다른 어떤 식품산업보다 공중보건 문제뿐 아니라 백인종의 성장과 생식능력이 이 산업에 의존한다."(같은 책 33~34면)

> 여러 인종에 대해 대충 살펴보기만 해도 소젖을 많이 먹는 민족이 육체적으로나 정신적으로 가장 강하고 가장 오랫동안 살아남는 것 같다. 세계의 인종 중에서 아리아인이 소젖을 가장 많이 마시고 버터와 치즈를 가장 많이 섭취해온 것 같은데, 이 사실은 인류 중 아리아인이 빠른 시간에 고도의 발전을 이룬 이유를 부분적으로 설명해준다.(DuPuis 2002, 117~18면)

제2차 세계대전 중 미국의 애국적인 소젖 홍보 광고에는 계속해서 백인 권력이 주제로 등장했는데, 소젖을 병에 담는 라인에서 일하는 노동자들의 공장 사진에 '백색 탄약'이라는 표시를 붙였다.(Wiley 2011, 59면)

노골적인 자민족중심주의에 대한 책임을 낙농산업에 묻지 않는 이유는 무엇일까? 문화적 헤게모니와 경제적 이유가 결합하여 작동하기 때문이라는 설명 외에도 어떤 논문(Campbell & Campbell 2006)에서는 동일인물이 국립과학아카데미의 식품영양분과의 의장과 식생활지침위원회Dietary Guidelines Committee의 의장을 동시에 맡음으로써 이해상충이 발생한다고 지적한다. 국립과학아카데미 식품영양분과는 전미낙농위원회, 네슬레, 다농Dannon과 같은 여러 낙농 관련 회사의 자문을 맡고 있다. 이 국립과학아카데미의 의장은 식생활지침위원회의 의장과 동일인물인데, 이 위원회는 식품 지침 피라미드를 만들었고, 전국의 학교 급식 프로그램, 푸드 스탬프 프로그램*, 그리고 여성, 유아 및 어린이를 위한 보충 급식 프로그램에 영향을 미치는 국가의 영양정책을 수립했다.(같은 책 312면) 정부, 과학, 산업 전반에 걸친 이러한 반민주적 동맹이 제1세계와 제3세계 모두에서 지속되는 것으로 보이며, 이는 국내 식민지화와 국제 식민지화 간의 연결을 잘 보여주는 전형적인 예시다.

* 미국 정부가 생활보호대상자에게 식당이나 식료품 상점에서 음식과 교환할 수 있는 쿠폰을 지급하는 프로그램.

소젖과 소의 행위자성에 대한 유물론적 관점

낙농장의 암소에게 체화된 경험이란 무엇이며 우리는 그것을 어떻게 알 수 있을까? 지금까지 이 질문은 주로 동물과학의 입장에서 다루어졌다. 즉 인간의 이익을 목적으로 젖분비, 모성 행동, 젖떼기의 어려움 및 어미와 송아지의 사회적 유대를 끊었을 때 초래되는 영향을 부끄러운 줄 모르고 탐구하는 학자들의 관점에서 다루어졌다. 이러한 연구 중 일부는 동물복지를 추구하는 접근방식과 이윤추구를 결합한[3] 반면, 다른 연구들은 순전히 생산에 초점을 맞춘 것으로 보인다. 임신, 출산, 그리고 젖분비에서 호르몬 옥시토신의 잘 알려진 역할을 인정하는 이러한 소젖 연구는 특히 소젖 생산 및 모성 행동의 측면에서 옥시토신을 조사한다. 그러나 "동물에게서 발견된 것과 인간에게서 발견된 것의 유사점이 매우 현저하다"(Editorial comment, *Hormones and Behavior*, 2012)는 연구 결과에 놀란 것 같다. 한 연구에서는 어미소가 송아지 앞에서 착유를 한 다음 송아지에게 젖을 먹일 때와 송아지 없이 기계 착유만 할 때의 소젖 생산량을 비교한다.(Kaskous et al. 2006) 이 연구는 어미소의 몸은 새끼 앞에서 더 많은 옥시토신을 분비하기 때문에 기계 착유 후 송아지에게 젖을 먹이더라도 더 많은 젖을 생산한다는 사실을 발견했다. 송아지가 없으면 어미소는 옥시토신을 거의 또는 전혀 생산하지 않아 소젖 생산('배출')이 줄어든다. 낙농업자는 정기적으로 "손으로 또는 착유기에 의한 촉각 유두 자극"에 의존할 정도다. 그래서 낙농과학자들은 "외인성 옥시토신을 사용하거나 내인성 옥시토신 분비를 유도하기에 충분히 강한 질 자극과 같은 신경자극에 의해서 옥시토신 혈중 농도를 높이는 것이 필요하다"(Bruckmaier 2005, 271면)라고 믿는다.[4] 또다른 연구에서는 "새끼에게 젖을 먹이는 것에서 기계 착유로 전환"되거나 "낯선 환경에서 착유되어" 소젖 생산에 방해를 받은 암소에게 주입된 옥시토신의 효과를 조사했다.(Belo & Bruckmaier 2010) 이 연구는 "낙농업에서 옥시토신 치료는 종종 매우 높은 용량의 옥시토신을 근육에 주입"(같은 글 63면)하는데, 이는 몇시간 동안 옥시토신 수치를 높이지만, 암소의 유방을 둔감하게 하는 영속적 손상을 입히고 소젖을 얻기 위해 반복적으로 주입해야만 하는 점을 인정한다.

'젖떼기의 고통'에 관한 연구에 따르면, 암소와 송아지의 분리와 젖먹이는 행위에 얽혀 있는 젖떼기의 다양한 측면들을 '풀어냄'으로써 이 고통을 줄일 수 있다.(Jasper et al. 2008; Weary et al. 2008) 동물과학 연구자들은 옥시토신이 수유과정에서 어미소와 송아지 양쪽에 모두 영향을 미친다는 사실을 인정한다. 어미소의 경우, 송아지의 존재와 유두 자극에 대한 반응으로 옥시토신은 젖분비를 촉진한다. 송아지의 경우, 옥시토신은 "송아지가 어미소의 젖을 빨 때만 송아지의 몸에서 분비되고, 양동이에 담긴 젖을 마실 때는 분비되지 않는다."(Weary et al. 2008, 29면) 이 연구자들은 옥시토신이 애착관계에서 생산되며 애착관계를 강화하는 물질이라기보다는 '젖에 함유된 아편과 유사한 다른 물질들'과 비슷한 성분이라고 주장한다. 그들은 따라서 "어린 포유동물은 젖에 중독되고, 그런 아편제의 공급이 중단되면 중독된 마약을 갈망하는 중독자처럼 행동하는 것이다!"(같은 글 29면; Newberry & Swanson 2008 참조)라고 주장한다. 이렇게 동물과학자들은 포유류 어미와 새끼가 애정에 기반한 유대관계를 형성하게 하고, 생물종의 생존에 결정적인 물질과 관계를 맺게 하는 생물학적 토대인 옥시토신을 병리적으로 해석한다. 이를 통해 그들은 어미소와 신생아 송아지로 이루어진 한쌍의 관계를 분리시키는 작업을 건강한 분리행위를 단지 조금 앞당기는 것뿐이라고 주장하면서, 이 분리에서 자신의 역할을 구성하려고 노력한다.

동물과학자들 주장의 초석이 된 것은 로버트 트리버스(Trivers 1974)에 의해 처음 주장된 '부모-자식 갈등' 이론이다. 이 이론은 새끼가 태어난 지 2~6시간 내에 어미소와 송아지를 분리하는 상업적 낙농계의 관행을 뒷받침하는 사실로서 지속적으로 인용되었다. 이 이론에 따르면 '젖떼기 시기의 갈등'이란 포유동물의 새끼는 지속적인 어미의 돌봄과 수유로부터 혜택을 받는 반면, '모성의 투자 정도'는 나이가 들어감에 따라 감소하고, 포유동물의 어미는 먼저 태어난 새끼들이 스스로 먹이를 찾게 내버려둠으로써 미래의 새로운 자손을 낳기 위한 투자를 '더 잘하거나' 이를 통해 '이득을 얻는다'고 주장한다.(von Keyserlingk & Weary 2007; Weary et al. 2008) 동물과학자들은 소젖 희석 정도와 대체 젖꼭지 제공 시기를 다양하게 실험하면서 어미소-송아지 분리 시기를 탐구했다. 또한 심지어 "인간을 포함한 동물은 **특정 시기에**routinely 사물에 대한 애착을 발달시킨다"(Jasper et al. 2008, 142면. 저자 강조)라고 주장하기 위해 아기 원숭이를 실험한 해리 할로우Harry Harlow의 잘 알려진 폭력적인 연구(Harlow & Harlow 1962)와 걸음마를 배우는 연령의 인간 아기들이 동물 인형을 가지고 노는 모습을 비교하기까지 했다. 동물과학자들은 상업적 낙농업의 착취적 관행을 과학적으로 합법화하려고 시도하면서 이와 같은 거짓된 유추와 잘못된 논리를 사용한다. 하지만 그들의 이론이 틀렸음은 쉽게 입증될 수 있다. 그들이 제시한 모든 자료는 어미소-송아지 관계, 즉 어미소와 송아지가 함께 있을 때 호응하여 나타나는 일련의 모성적 행동들(핥기, 냄새 맡기, 젖 먹이기, 부르기, 생물행동적 공시성biobehavioral synchrony*)을 수반하는 복합적 관계를 끊으면 감정적·행동적·생물학적인 고통을 유발한다는 사실을 보여주고 있기 때문이다.

인간 포유류의 옥시토신에 관한 연구는 젖 생산 물질에 초점을 맞추는 대신 관계적 행동, 애착, 양육, 공감, 행복감에 초점을 맞추는 경향이 있다. 그러나 물질적 요소와 관계적 요소는 소와 인간의 어미-새끼 쌍 모두에 존재한다. 학자들은 '옥시토신, 바소프레신, 그리고 사회적 행동'을 주제로 다룬 『호르몬과 행동』 2012년 특별호에서 이러한 호르몬이 "인간의 사회적 행동과 인지를 조절하"고, "대인관계에서의 신뢰를 강화하"며, "애착, 관대함, 심지어 인간의 짝 맺기pair bonding에도 관여한"다고 주장한다.(Editorial comment, *Hormones and Behavior*, 2012) 다른 동물연구에서와 마찬가지로 인간관계에 대한 이러한 연구는 어머니의 모유수유, 신체적 근접성(촉감, 냄새, 움직임, 신체리듬 포함), 애정 어린 시선과 발성에 의해 촉진되는 옥신토신의 분비가 행동에 영향을 받는 것임을 보여주었다. 이와 같은 행동이 모여 생물행동적인 공시성을 생성하는데, 이는 성인기에 더 안정적인 애정관계를 맺게 해줄 뿐 아니라, 자기조절, 공감, 사회적 적응 및 우울증 위험 감소와 같은 사회적, 정서적, 인지적 능력의 기초를 형성한다.(Feldman 2012) 어머니가 보이는 옥시토신에 대한 반응은 상황적 요인과 개인의 특성에 의해 조절된다.(Strathearn et al. 2012) 이 반응은 어머니가 어린 시절 경험한 부모의 보

* 생물행동적 공시성은 동물의 초기 발달 과정에 존재하는 상태로서, 하나의 관계적 단위를 형성하고 있는 부모와 막 태어난 아기 사이에 보이는 행동과 감정의 일치 상태를 가리킨다. 이는 더 확장된 관계에도 적용되는데, 행동적 공시성은 친밀한 관계를 형성하며 상호작용하는 동물들의 경우 행동과 움직임이 동시 발생하여 조화를 이루는 상태로 조율되는 경향이 있다는 점을 가리킨다. 생물행동적 공시성은 이렇게 애착관계에 있는 동물들 사이에 자연스럽게 생기는 생물학적인 행동의 조율과 일치 상태로서 애착관계의 형성과 유지에 매우 중요한 요소다.

살핌에 영향을 받을 수 있으며, 따라서 양육행동이 이루어질 때 옥시토신의 세대 간 전달이 일어난다는 사실은 다른 동물종 연구의 결과와 같다.(Feldman 2012)[5] 젠더 평등에 관한 것으로서 가장 흥미로운 연구는 처음으로 부모가 된 포유류 동물의 옥시토신 수치를 평가한 연구다. 이 연구는 "아버지와 어머니의 옥시토신 기준치가 비슷한 수준"이라는 것을 발견했다. 이 사실은 "번식하는 데 부모 양자가 필요한 포유류에 있어서 옥시토신시스템이 활성화되는 경로는 어머니의 경우 출산과 젖분비를 통해서이고, 아버지의 경우 적극적인 돌봄을 통해서"라는 점을 보여준다.(같은 글 385면) 이 연구에 따르면 각 성별에 따라 다른 행동이었지만 부모 양자가 모두 자신들의 새끼에게 생물행동적인 공시성을 보였다. 예컨대 아버지들은 아이를 공중으로 들어올리거나, 방 안에서 여기저기 데리고 다니거나, 아이의 팔다리를 흔들거나 하는 행동을 했고, 이때에도 아버지들의 옥시토신 수치가 증가했다.[6]

따라서 동물과학 연구는 동물산업과 기술을 약화시키거나 발전시키는 데 사용될 수 있고, 종간 관계에 영향을 미친다. 아기가 울면 엄마젖이 나오는 조응관계는 생물학적으로 그리고 행동적으로 코드화되어 있지만, 그 코드는 깨질 수 있다. 2012년에 동물과학자들은 갓 태어난 자신의 송아지로부터 분리되는 것에 무관심해 보이는 암소만 선택하여 번식시켰다. 패트리스 존스는 "야생동물을 어떻게 길들이지?"*라고 묻는다. "열쇠는 이 단어 자체에서 찾을 수 있다. 연결을 끊는 것이다."(jones 2006, 321면)

소젖 한잔마다 젖먹이 자식과 분리된 어미소의 이야기가 들어 있다.[7]

* '야생동물을 길들인다'는 뜻을 가진 'break a wild animal'의 영어 표현을 직역하면 '야생동물을 부수다'가 된다. 야생동물을 길들이는 행위는 자유로운 영혼을 부러뜨려 인간에 의해 조종될 수 있게 만드는 작업이기 때문이다.

어미소와 송아지를 연결하는 생물·심리·사회적 유대를 '파괴'하는 것을 정당화하고 그것을 편안하게 느끼려면 낙농과학자, 낙농업자 및 낙농소비자 모두가 건강한 생태계를 정의하는 관계의 망을 부인해야 한다. 동물과학 연구에서 이 분리로 인해 어미소와 송아지가 겪는 고통에 대한 연구자료는 충분하다. 송아지의 경우 20분 동안 평균 120번 이상 "울음소리를 내고"(Jasper et al. 2008), 어미소의 경우에도 "울음소리와 활동이 증가한다."(von Keyserlingk & Weary 2007) 그럼에도 불구하고 이 고통을 설명하기 위해 추상적인 단어를 사용하기 때문에 우리는 암소와 송아지의 이미지를 떠올리지 못한다. 상업적인 소젖 생산에 대한 소의 저항이 이러한 동물과학 연구로 인해 감춰진다. 이를 밝히기 위해서 비판적 동물연구 접근법이 필요하다.

동물 활동가들은 송아지와 분리된 암소가 큰 소리로 울며 여러날 비통해하는 것처럼 보이며, 때로는 송아지와 다시 만나기 위해 스톨을 들이받는다고 증언한다. 강제로 분리된 자기 송아지에게 젖을 물리기 위해 수 킬로미터의 시골길을 가로질러 돌아온 암소들의 '놀라운' 재주를 보도하는 뉴스기사가 있다.(Dawn 2008, 162~64면) 어떤 암소들은 심지어 자기 새끼를 보호하기 위해 꾀를 내어 낙농업자를 속이기도 한다. 수의사 홀리 치버Holly Cheever는 이상하게 젖이 말라 있는 소를 사육하는 낙농업자로부터 연락을 받았던 경험에 대해 이야기한다.(Cheever 2012) 다섯번째 임신과 함께 암소는 새끼를 낳기 위해 사라졌고 송아지와 함께 돌아왔다. 농부는 즉시 송아지를 분리했고, 아침저녁으로 착유를 했지만 젖이 나오지 않았다. 며칠 후 이 농부는 다시 전화를 걸어, 낮에 소를 따라 목초지에 나갔다가 소의 비밀을 발견했다고 말했다. 어미소는 쌍둥이를 낳아 그중 한마리를 키 큰 풀숲에 숨긴 것이었다. 동물과학 연구자들이 인정하는 바와 같이 "자연적인 상황에서 소는 새끼를 무리로부터 '숨긴' 후 가끔씩 돌아와서 젖을 먹인다."(von Keyserlingk & Weary 2007, 108면) 그러나 치버가 지적한 것은 낙농과학자들이 예측하지 못한 정교한 사고과정이다. 이 암소는 이전 네번의 출산과 송아지를 빼앗긴 경험을 기억할 수 있었다. 즉 이 암소는 새로 낳은 새끼에게도 비슷한 운명이 닥칠 것을 예상할 수 있었던 것이다. 이 암소는 쌍둥이 중 누구를 낙농업자에게 데려갈 것인지와 누구를 숨기고 보호할지 선택하는 데 있어 일종의 '쏘피의 선택'*을 했다. 이 암소는 속임수를 쓸 수 있었고, 매일 은밀하게 갓 태어난 새끼에게 젖을 먹이기 위해 돌아갔으며, 젖을 먹인 후 일상적으로 착유를 당하는 아침저녁 시간에 모습을 드러낸 것이다. 치버(Cheever 2012)는 "그 농부에게 암소와 수송아지가 함께 있게 해달라고 간청했지만 그 수송아지는 지옥 같은 송아지 우리veal crate**에 갇혔고, 결국 암소는 이 송아지도 잃었다." 치버의 관찰은 농장동물의 행위자성과 저항의 사례에 대한 기록이다.

이 어미소의 젖을 마시면서 인간의 정체성은 어떻게 형성될까? 우리는 어떤 사람이 되는 것일까?

* 윌리엄 스타이런(William Styron)이 1979년에 발표한 소설제목이자, 이 소설을 원작으로 하여 앨런 퍼쿨라(Alan J. Pakula) 감독이 만든 1982년작 영화제목이기도 하다. 쏘피는 폴란드 유대인인데, 제2차 세계대전 당시 아버지와 남편은 나치에 의해 총살당하고, 그는 두 자녀와 함께 나치수용소로 끌려간다. 수용소에서 쏘피에게 반한 한 독일 장교로부터 두 자녀 중 한명만 살려주겠다는 제안을 받은 쏘피는 아들을 선택하고 딸이 가스실로 들어가는 것을 보면서 오열한다. 이 암소 또한 쏘피처럼 자신의 쌍둥이 송아지 중 하나라도 살리기 위해 어려운 선택을 해야 했다는 점에서 그레타 가드는 그 상황을 이 소설/영화에 비유하고 있다.

** 수송아지는 부드러운 육질의 송아지고기가 되도록 도축될 때까지 아주 작은 우리(80×140센티미터)에 갇혀 움직이지 못하고 지낸다.

비판적 에코페미니즘의 젖 연구

캘리포니아주와 위스콘신주의 암소들이 젖을 짜내는 금속 흡입컵을 매단 채 스톨 안에 갇혀 줄지어 서 있다. 2012년 5월 21일자 『타임』 표지에는 26세 어머니가 세살 난 아들에게 젖을 먹이는 사진이 실렸다.(Pickert 2012) 어떤 이미지가 더 충격적인가?

이념적으로 인간중심의 식민주의적 틀 속에 갇혀 있기 때문에 아기에게 젖을 먹이는 인간 어머니들 중 이 체화된 경험을 다른 포유류 어미들의 경험에 공감하는 수단으로 사용하는 이는 거의 없다. 자신의 아기를 만지고 보살피는 인간 부모들 중 이러한 행동에 뒤따르는 애정 어린 옥시토신의 분비를 고려하면서, 인간이 만든 감금체계에 갇힌 다른 동물 부모들이 어떤 경험을 하는지 생각해볼 기회로 삼는 이는 거의 없다. 비판적 에코페미니즘의 젖 연구는 생애 첫 관계, 즉 젖을 먹이면서 형성되는 어머니와 아기의 유대관계와 연관된 행동적이고 물질적인 요소들에 의해 생성되는 생물·심리·사회적 연결을 다룬다.(Kemmerer 2011)

너무 오랫동안 지배문화는 유치하게도 자신의 사회에 존재하는 젠더화된 이미지를 자연에 투사하여 셸 실버스타인Shel Silverstein의 『아낌없이 주는 나무』*The Giving Tree*에서처럼 자연과 다른 포유류 동물들을 이타적이고 자기희생적인 어머니로 그려왔다. 이에 따라 암소는 아무런 생각이 없고, 잘 참으며, 천천히 움직이고, 젖이 나는 특성을 가진 모성적 자연을 상징해야만 했다. 이런 고정관념을 버리고 암소의 눈을 바라본다면 우리는 무엇을 볼 수 있을까?

4장

불꽃놀이

로켓의 붉은 섬광과 창공에서 터지는 폭탄은
우리의 성조기가 밤새도록 저기를 지켰다는 증거라네.
— 프랜시스 스콧 키의 미국 국가 「성조기여 영원하라」 가사 중 일부1

매년 7월 4일이면 독립기념일을 축하하기 위해 미국 전역의 공원과 해안가에서 불꽃놀이가 펼쳐진다. 저녁에 펼쳐질 장관을 기대하며 가족 나들이객들은 피크닉 장소와 야외유원지로 모여든다. 어떤 이들은 손에 드는 반짝이 불꽃, 뱀처럼 긴 불꽃, 회전형·로켓형·분수형 불꽃과 같은 작은 폭죽들을 터트린다. 마침내 공식 불꽃놀이가 시작되고 밤하늘에 폭죽이 요란하게 터지면 놀란 거위들이 불꽃을 피하려고 기이한 날갯짓을 하고, 개들이 폭죽 터지는 소리와 호각소리를 피하려고 목줄을 끊거나 울타리를 뛰어넘어 도망치는데, 이런 모습을 아무도 알아차리지 못한다. 아기들과 유아들은 울음을 터트리며 부모에게 나가자고 매달리지만 부모들은 '구경거리'를 보기 위해 그냥 있자며 아이들을 달

랜다. 불꽃놀이는 동물뿐 아니라 북미 원주민이나 오늘날의 난민과 같은 다른 범주의 '타자'들에게 어떤 영향을 미칠까? 어떤 이들은 폭죽의 폭발음 때문에 조상이나 부모가 겪었던 전쟁의 고통을 다시 체험하게 되는 것은 아닐까? 이 폭죽은 호수나 강, 토양과 대기, 나무와 덤불 어디에 떨어질까? 관람객은 폭죽의 제조사, 가격, 자금 출처에 대해 무엇을 알고 있을까? 미국뿐 아니라 다른 나라에서도 불꽃놀이는 공동체(혹은 집단)의 단합을 북돋아주는 축제활동으로 간주되기에 여기에 반대하는 모든 입장은 '흥을 깨는' 견해가 된다.

누구나 불꽃놀이를 보면 신이 날까? 불꽃놀이에 담긴 서사를 파헤치고 이 문화현상에 대해 비판적 에코페미니즘의 관점을 정립하려면 다양한 학제 간 연구가 필요하다. 역사를 활용하고, 국가별 문화적 맥락을 참조하고, 예술·과학·군사주의·종교, 그리고 정치의 역할도 살펴봐야 한다. 불꽃놀이의 축하행사에는 누구의 어떤 이야기가 담겨 있는가? 그리고 누구의 어떤 이야기와 관점은 배제되는가? 불꽃놀이는 관람객의 정체성을 어떻게 구성하는가? 이런 탐구는 쉽지 않다. 왜냐하면 "불꽃놀이에 관한 기억은 불꽃제조 지침서와 같은 문헌을 제외하면 신문광고, 잡지기사, 광고 전단물, 팸플릿, 영업 카드, 판화, 그리고 대중 인쇄물처럼 수명이 짧은 문헌과 이미지 영역에만 주로 남아 있기"(Werrett 2010, 246면) 때문이다. 이 장은 페미니즘적이고 생태비평적인 분석틀을 통해 기본 문헌과 이차 문헌을 분석하여 과학, 예술, 그리고 식민주의를 연결하는 하나의 서사로서 불꽃놀이를 살펴볼 것이다.

유럽의 불꽃놀이 역사

폭죽은 중국인 화학자가 발명한 것으로 추정되며, 발화제인 유황과 목탄에 촉진제인 질산칼륨을 혼합하여 탄생했다. 7세기에 나온 초기 폭죽은 대나무통에 화약을 넣어 밀봉한 형태였다.(「근대의 기적들」Modern Marvels*에서 인용) 그후 폭죽은 중국에서 이딸리아를 거쳐 유럽 전역으로 퍼져나갔다. 불꽃놀이에 관한 기록은 14~15세기 문헌에 처음 나타나며 16세기 이후로는 시각자료에도 등장한다. 처음에는 동판화나 판화에 등장하다가 이후에는 펜화, 수채화, 구아슈화, 유화, 석판화에도 등장한다.(Salatino 1997) 싸이먼 웨렛Simon Werrett은 문헌과 시각자료에 나타난 불꽃놀이의 발전과정을 재구성했다.(Werrett 2010) 그는 불꽃놀이의 장관을 만들어내는 데 기술자와 과학자들 간의 상호작용이 컸음을 강조한다. 반면에 케빈 살라티노Kevin Salatino는 불꽃놀이 이벤트와 이것을 장관으로 묘사하고 기록한 불꽃놀이 이미지 간의 차이를 살펴본다.

유럽의 불꽃놀이는 군사적 목적의 불꽃제조기술에서 출발하여, 19세기가 되면 다시 원래의 목적으로 돌아온다. 하지만 14세기부터 18세기까지만 해도 '연출용 불꽃놀이'의 전성기였다. 연출용 불꽃놀이는 '포병'(군대의 폭죽기술자들)과 궁정인, 연금술사, 천문학자, 물리학자와 같은 자연철학자들, 그리고 건축가, 화가, 학자 들 간의 협업이 필요한 작업이었다. 이들은 불꽃놀이의 장관을 정교하게 연출하여 특권층의 권력과 권위, 그리고 이들이 신으로부터 선택받았음을 찬양했다. 웨렛

* 미국 역사채널에서 방영된 TV시리즈로 기술이 현대사회에 어떤 영향을 끼쳤는지를 다루었다.

(같은 책)은 불꽃놀이의 장관이 프랑스, 영국, 러시아, 이딸리아에서 어떻게 다르게 발달했는지를 자세히 기술한다. 그에 따르면 나라마다 서로 다른 문화적·정치적 맥락이 불꽃놀이의 모습을 구성하고 그 의미에 영향을 끼쳤다. 예를 들어 영국의 경우 런던 사람들은 반反가톨릭 정서의 부침에 따라 불꽃놀이를 찬양하기도 하고 비난하기도 했다. 자연철학자들도 여기에 맞춰 사람들이 예수회의 방화 선동을 두려워할 때는 자신들의 실험이 불꽃제조기술과는 상관이 없는 듯 거리를 두었다. 그러나 앤 여왕 통치 말년인 1714년이 되면 불꽃놀이는 신의 권능을 뒷받침할 증거로 간주되고 자연신학의 일부가 된다. 프랑스에서는 불꽃놀이가 왕을 예우할 의도로 사용되었다. 그래서 "불꽃놀이에 관한 문헌에도 기술자나 학자들에 대한 언급은 빠지고 왕을 즐겁게 해줄 요소들만 소개"(같은 책 237면)된다. 러시아에서는 상뜨뻬쩨르부르그에 새로 건립된 과학학술원이 불꽃놀이를 통해서만 귀족들에게서 과학에 관한 관심을 끌어낼 수 있음을 알게 되었다. 다른 나라나 문화권에서는 과학에 관한 강연이 인기가 있었지만 러시아에서는 그렇지 못했다. 반면에 불꽃놀이에 담긴 여러 비유는 과학에 관한 귀족들의 관심을 끌어내는 데 성공적이었다. 불꽃놀이 제작에 기여한 장인과 자연철학자의 노고를 칭송한 영국과 달리, 러시아의 학자들은 왕궁의 지원이 학술원으로 직접 들어오도록 장인들의 기술적 노고를 숨겼다.

살라티노가 연구에서 밝혔듯이 "비용은 많이 들어가지만 찰나에 사라지는 이런 오락거리는 이벤트 자체보다 기록으로 남은 결과물이 선전용으로 더 가치가 있었다. 삽화가 들어간 축제용 서적이나 인쇄물이 유럽 전역에서 제작되고 퍼져나갔는데", 불꽃놀이 이벤트보다 "이 문헌들이 영향력과 권위를 촉발하는 데 훨씬 더 효과적이었다."(Salatino 1997,

3면) 예를 들어 1637년 신성로마제국의 황제로 즉위한 페르디난트 3세는 자신의 즉위를 경축하는 불꽃놀이 행사에 "매일 밤 안내문을 배포하라"고 명령했다. 구경꾼들에게 명확하게 설명해주지 않으면 불꽃놀이가 보여주는 **기계적 변형**(폭죽의 구조나 '기계장치')에 담긴 미묘한 정치적 비유를 알아차리지 못할 것으로 짐작했기 때문이다.(같은 책 19면) 18세기 중반까지는 불꽃놀이 행사마다 명확한 설명이 달린 인쇄물이 딸려 나왔다. 분개한 어느 학자는 안내문이 없으면 "불꽃놀이에 아무리 재치 있는 비유가 담겨 있어도 구경꾼들에게는 시간낭비"(같은 책 19면) 라고 말했다. 그러나 불꽃놀이를 선전용 행사로 연출하려는 노력도 불꽃놀이에 대해 반대의견이 나오는 것을 막을 수 없었다. 루이 16세와 마리 앙뚜아네뜨의 결혼을 축하하기 위해 1770년 베르사유 궁전에서 열린 불꽃놀이의 경우 과도한 폭발 연기와 울림으로 인해 실망스러웠다는 의견이 제기되었다. 지나친 비용에 대한 불만도 나왔다. 불꽃놀이 도중 일어나는 작은 사고, 구경꾼의 사망, 그리고 기금이 민중에게 돌아가지 않고 불꽃놀이 축하용으로 전용되는 것에 대한 반대의견이 존재했다. 이것은 예나 지금이나 마찬가지다. 폴게티미술관J. Paul Getty Museum의 폭죽 특별전시전 큐레이터였던 살라티노는 전시회 도록에서 불꽃놀이의 장관을 기록한 이미지를 이해하려면 넓은 범주의 정치적, 문화적, 역사적 맥락을 살펴야 한다고 매우 조심스럽게 강조했다. 그러나 나라마다 이처럼 서로 다른 맥락에도 불구하고 불꽃제조기술이 자연을 조작하는 것과 분명히 연관되어 있음을 보여주는 유럽문화의 특성은 계속되었다.

'화이트홀 맞은편 템즈강 위에서 열린 왕의 대관식 불꽃놀이 장면'이란 제목이 달린 익명의 판화는 1685년 영국의 제임스 2세 국왕을 위해

그림 4.1 「화이트홀 맞은편 템즈강 위에서 열린 왕의 대관식 불꽃놀이 장면」을 재현했다.(1685)

제작되었다.(그림 4.1) 판화를 보면 강 위의 섬에 세개의 불꽃기둥이 솟아 있다. 왼편 기둥에는 투구와 갑옷을 모두 차려입은 로마의 장군이 서 있고, 그의 머리 위에는 '조국의 아버지'라는 의미의 라틴어 문구 "PATER PATRIA"가 새겨져 있다. 오른편 기둥에는 왕관을 쓴 인물이 한 손에는 뱀을, 다른 손에는 네개의 화살을 들고 불을 뿜는 용 위에 두 다리를 벌리고 앉아 있다. 용의 꼬리 밑에는 왕관을 쓴 두명이 고정되어 있고, 용의 머리 아래에는 인어가 있다. 왕관을 쓴 인물의 머리 위에는 '군주'라는 의미의 라틴어 "MONARCHIA"가 새겨져 있다. 가운데 기둥의 맨 위에는 태양이 빛나고, 그 아래에 십자가가 달린 왕관이 있고, 왕관 밑에는 "JMR 2"라는 글자가 월계수잎에 에워싸여 있다. 불꽃기둥 앞쪽으로는 백조들이 줄지어 떠 있다. 여섯마리의 백조와 여러마리의 새끼들은 폭죽이 터지는 상황에서도 부자연스러울 정도로 조용히 떠서 해골 모양으로 생긴 죽음을 물리친 기사를 따라간다. 이 대관식 불꽃놀이 장면에서는 군대와 왕가의 결합이 자연과 신으로부터 인도와 승인을 받은 것처럼 묘사된다. 여기서 자연은 백조, 태양, 불, 물로 대변되고, 신성은 왕권신수설을 신봉하는 제임스 2세에 대한 찬양으로 표현된다. 불꽃놀이는 유럽의 궁정생활 가운데 많은 비용과 장시간의 노고가 드는 행사였다. 불꽃놀이는 E. M. W. 틸리어드E. M. W. Tilyard의 『엘리자베스 시대의 세계관』*The Elizabethan World Picture*, 1959에 처음 묘사된 세계관의 승리를 집요하게 단언한다. 그 세계관이란 이성애자 남성 왕이 태양처럼 중심에 떠 있고, 그 주위를 사회와 자연이 빙빙 도는 것처럼 왕정을 기점으로 위계적 사회질서가 확립된 체제를 말한다.

루까 참베르라노Luca Ciamberlano는 세편의 판화를 통해 1637년 2월 페르디난트 3세의 로마 방문을 기념한 불꽃놀이 행사를 계급주의, 유일신주의, 제국주의가 서로 공명하는 모습으로 그렸다. 판화에서 불꽃놀이의 기계장치는 시칠리아섬 동쪽 해안에 있는 유럽 최고의 활화산인 에뜨나산을 본뜬 모습으로 등장한다. 각각의 승리가 3일 밤 동안 장치를 전환하며 일별로 새겨져 있다. 첫번째 밤은 반역의 무리인 독일 신교도 왕자들을 상대로, 두번째 밤은 이교도인 신교를 상대로, 그리고 마지막 밤은 오스만제국의 튀르키예인들을 상대로 한 신성로마제국의 승리를 묘사했다. 비판적 에코페미니즘 관점에서 볼 때 이 판화는 계급주의, 유

그림 4.2 프란츠 호겐베르크의 「뒤셀도르프의 라인강에 떠 있는 바다괴물 모양의 불꽃 기계장치」(1587)

일신주의, 제국주의를 드러낼 뿐 아니라 종속화된 대상들을 숫양, 사자, 영양과 불을 뿜는 용, 공작, 고르곤처럼 동물로 재현한다는 사실에서 동물자연에 대한 인간문화의 승리를 입증한다. 마찬가지로 흙, 공기, 불, 물이 서로 싸우다가 불이 마침내 황제의 승리를 상징하게 된다. 황제는 무질서한 자연에 제국의 질서를 부여하는 존재로 추앙된다. 이처럼 불꽃놀이에 담긴 서사는 계급, 종교, 민족적으로 종속적인 사람들을 동물화하는 데 이용된다. 또한 이 서사는 자연이 내전으로 서로 갈라져 있어서 오직 지배와 위계를 통해서만 바로잡을 수 있는 존재로 묘사하는 데도 이용된다. 한마디로 군국주의적이며 제국주의적인 프로파간다가 불꽃놀이의 장관을 통해 자연스럽게 수용된다.

군대와 군주제를 잇는 이런 서사적 장관은 생물종 지배species dominance를 통해 보완되고 강화된다. 프란츠 호겐베르크Franz Hogenberg는 「뒤셀도르프의 라인강에 떠 있는 바다괴물 모양의 불꽃 기계장치」Fireworks machines in the form of sea monsters on the Rhine at Dusseldorf라는 작품에서 전투 중인 바다괴물, 불을 뿜는 용, 무기를 휘두르는 군인들이 모두 불꽃놀이의 폭발에 맞서 분투하는 장면을 그려 율리히 공작의 결혼을 축하했다. 여기서 군국주의와 군주제의 비유는 사랑이 전쟁을 이긴다는 그런 소위 결혼식 축하 이유와는 서로 잘 어울리지 않게 그려져 있다.(그림 4.2 참조) 샤를-니꼴라 꼬엥 2세Charles-Nicolas Cohin le fils의 「돌고래의 탄생을 축하하기 위한 불꽃놀이와 삽화」Fireworks and illuminations for the birthday of the dauphin라는 작품도 이와 유사하다. 여기에는 불꽃이 터지는 가운데 뒤편이 기둥으로 둘러싸인 곳에서 헤라클레스가 불 곤봉으로 용을 처단하는 장면이 나온다. 이것은 인간의 군국주의적 문화가 동물자연에 대해 승리를 거두고 군주제를 매개로 질서가 회복된다는 확신을 의미한다.(그림 4.3 참조) 웨렛이 주목한 대로 “전깃불이 없던 시대에 불이란 빛과 열의 원천이자 성스럽고 신비한 함의를 지니는 강력한 도구였다.”(Werrett 2010, 3면) 가톨릭교회부터 포병기술자에 이르기까지, 궁정인부터 화가와 건축가에 이르기까지, 그리고 예술가부터 자연철학자, 사업가에 이르기까지 사회의 많은 기관과 입신출세주의자들은 자연에 대한 지배의 증거로 폭죽제조기술이 낳은 장관을 이용하려고 애썼다.

18세기 중반까지 에드먼드 버크Edmund Burke의 숭고론은 불꽃놀이의 장관을 연출하고 해석하는 데 영향을 끼쳤다. 숭고sublime는 오랫동안

그림 4.3 샤를-니꼴라 꼬엥 2세의 「돌고래의 탄생을 축하하기 위한 불꽃놀이와 삽화」(1735).

산에 비유되었지만 1757년에 나온 버크의 저서 『숭고와 아름다움의 관념의 기원에 대한 철학적 탐구』*A Philosophical Enquiry into the Origin of Our Ideas of the Sublime and Beautiful*에서는 더 높은 경지로 고양되었다. 이 저서에서 버크는 숭고와 아름다움을 서로 배타적인 개념으로 정립한다. 그는 둘 다 경이와 숭배를 불러일으키지만 그 가운데 숭고만이 공포를 유발한다고 주장한다. 살라티노는 버크의 숭고개념이 공포, 장엄, 풍부함뿐 아니라 "고통과 위험에 대한 관념"과 부상이나 죽음을 간신히 모면했다는 인식도 불러일으킨다며, 숭고의 이런 특성이 불꽃놀이의 장관을 연출하는 데 이념적 맥락과 형태를 부여했다고 설명한다. 살라티노는 불꽃놀이 기계장치를 폭발하는 화산으로 재현한 여러 사례에서 '불꽃놀이로서의 전투'와 '전투로서의 불꽃놀이'라는 서사를 찾아낸다. 이 서사를 통해 군국주의, 불꽃놀이, 그리고 자연 지배의 숭고함이 서로 연결된다. 많은 자료들이 보여주듯이 불꽃놀이와 전쟁은 모두 물질적 재료로 폭약을 사용한다는 점에서 서로 연관성이 있다. 그리고 폭죽은 구경꾼에게 쾌감을 주기 위해 터지고, 폭탄은 사람을 불구로 만들고 부상을 입히고 살해하기 위해 터진다는 점에서 전쟁과 불꽃놀이는 비유적으로도 서로 연관되어 있다. 살라티노의 주장에 따르면 이처럼 쾌감을 불러일으키는 체험으로 전쟁을 바라보는 입장은 18세기의 숭고론에서 나왔다. 여기서 쾌감은 실제 전투가 아니라 유사 전투 체험을 할 때 나온다. 구경꾼들은 폭발, 번쩍이는 섬광, 그리고 발사되는 로켓을 쳐다보며 공포가 뒤섞인 쾌감을 느끼게 된다.

18세기의 불꽃놀이 장관은 자연에 대한 과학기술의 승리를 서술하는 장치로도 이용되었다. 특히 서기 79년 뽐뻬이의 멸망을 낳은 유명한 베수비오 화산 폭발과 같은 자연의 불꽃놀이와 비교되었다. 가톨릭교회는 로마교황청의 산딴젤로Sant' Angelo성에서 중요한 성축일인 부활절, 성 베드로, 성 바오로 대축일뿐 아니라 새로운 교황의 즉위를 위한 축일에서도 지란돌라Girandola라고 불리는 장엄한 불꽃놀이를 열었다. 이 장관을 그린 많은 작품 가운데 지란돌라의 불꽃놀이를 베수비오 화산 폭발과 짝을 맞춰 그린 조지프 라이트Joseph Wright의 작품이 주목할 만하다. "베수비오 화산 폭발이 산딴젤로성의 불꽃놀이와 조응하여 서로가 서로를 효과적으로 미러링할 수 있도록 각 캔버스 화면의 오른편 배경에 그려져 있기"(Salatino 1997, 49면) 때문이다. 라이트는 어느 편지에서 이 그림들을 비교하며 "하나는 자연이 낳은 가장 위대한 효과이고, 다른 하나는 기술이 낳은 가장 위대한 효과"라고 적었다. 반면에 21세기의 어느 미술평론가는 라이트의 그림이 아마도 숭고한 대파국에 대한 기독교의 신앙을 참고로 "거의 종말론적인 비전"(King 2010)을 그린 것이라고 설명했다.

비판적 에코페미니즘 관점에서 보자면 18세기의 숭고론은 페미니즘, 생태주의, 민주주의가 지향하는 목표를 향해 더 나아가지 못한다. 18세기의 숭고는 모든 곳에 편재하는 신보다는 초월적인 신에 대한 가치, 공포와 짝을 이루는 쾌감, 참여보다는 장관을 구경하는 데에 대한 찬사, 오락거리로서의 전투, 그리고 자연에 대한 기술의 승리를 말한다. 이것은 상호보상을 통한 상호연결, 관계적 방법을 통한 앎의 습득, 그리고 생태적 지속가능성의 가치를 강조하는 관점과는 양립할 수 없다. 패트릭 머피Patrick D. Murphy는 18세기의 이 숭고개념은 자연을 인간의 육체와 분리된 외부이자 문명의 외부로 인식하는 데 영향을 미쳤고, 궁극적으로는 "생태적 가치를 거스른다"라고 주장한다. "왜냐하면 18세기의 숭고는 육체와 분리된 정신과 비물질적 사유의 원천으로서의 두뇌를 더 고귀하게 여겼기 때문이다."(Murphy 2012, 90면) 숭고에는 "거의 죽을 뻔한 사건이나 무모한 행동에서 지배의 쾌감과 이기적 환상을 찾으려는 남성우월주의자들의 권력과 폭력에 대한 태도가 담겨 있다. 따라서 우리는 숭고의 개념을 다시 생각해보아야 한다."(같은 글 92면) 머피의 이런 해석은 숭고가 생태적, 이데올로기적, 사회적 책무를 다하지 못한다는 점을 강조한다.

웨렛에 따르면 18세기 유럽의 '불꽃놀이 지리학'은 불꽃놀이 시행자 측이 유럽 궁정에 새로운 기술과 새로운 형태의 불꽃놀이 장면을 소개하기 위해 이딸리아의 건축가나 기술자들과 함께 유럽 전역을 순회하게 되면서 변화를 겪게 된다. 처음에는 밤에만 한번 하던 불꽃놀이는 정교하게 만들어진 기계장치에 힘입어 며칠에 걸친 축제 형태로 바뀐다. 하지만 이런 장관에 들어가는 많은 비용 때문에 18세기 후반이 되면 궁정 중심의 불꽃놀이는 마침내 소멸하고, 좀더 상업적인 영역으로 이동한다. 19세기가 되면 더 많은 중산층 관람객의 관심을 끌기 위해 보다 더 상업적인 불꽃놀이가 등장한다. 과거 자연적인 것과 인위적인 불꽃놀이 간의 구별처럼 이제는 계급적 구별이 불꽃놀이에서 중요하게 된다. 계급은 대체로 관람객들이 불꽃놀이에 대한 자신의 감정을 조정하고 해석하는 방식을 통해 드러나거나 수행된다. 다음은 웨렛의 설명이다.

> 1600년경에는 불꽃놀이가 상대적으로 희귀한 이벤트였기에 궁정과 귀족은 불꽃놀이에 대한 지식과 경험을 내세워 자신들을 일반인과 구별했다. 그렇게 하지 않으면 불꽃놀이는 자연현상과 구분이 안 되는 그저 무서운 광경으로 여겨졌다. 18세기 초까지 불꽃놀이에 대한 두려움이 있었지만 점차 더 많은 귀족들이 이를 차분하게 대하게 되었고, 극적인 광경 앞에서도 평정의 기술을 잘 발휘하여 몸과 마음의 열정을 잘 조정했다. (…) 그러다가 숭고의 미학이 등장하자 귀족들은 공포를 억누르기보다는 즐기는 쪽으로 전환함으로써 자신들을 일반인과 구별했다. 쾌락적인 공포가 작위적인 태연함보다 더 자연스러운 표현으로 간주되었다.(Werrett 2010, 239면. 저자 강조)

숭고미는 공포-쾌감 연관성fear-pleasure association을 자연스러운 것으로 만듦으로써 불꽃놀이에 대해 사람들이 느끼는 신체적 반응을 사회적으로 구성하고 서술한다. 이로 인해 관람객들은 전쟁장면과 같은 식의 공포심을 유발했을 불꽃놀이를 즐겁고 자연스러우며 심지어 특권적인 것으로 받아들이도록 훈련되었다. 오늘날 할리우드 영화의 전쟁 장르에서도 이런 관점은 인기를 끌며 반복된다. 공상과학, 첩보, 적군 테러리스트, 역사, 그리고 미래 등 소재와 상관없이 거의 모든 전쟁 장르에 불꽃놀이 같은 특수효과가 도입된다.

18세기의 거대한 불꽃놀이 장관은 어떤 변화를 겪었는가? 19세기에 이르러 정치경제학자들은 불꽃놀이가 불필요한 낭비라고 공공연하게 주장했다. 중산층의 여러 압력단체는 불꽃놀이가 위험하고 천박하다고 불평했다. 그리하여 거대한 불꽃제조기술의 장관을 낳았던 시대는 가고 소규모 단위의 지역 불꽃놀이 축제나, 환등기 공연, 핍쇼peep show*나 만화경 쇼가 등장한다. 살라티노가 관찰한 대로 실제 불꽃놀이의 재현과 달리 이러한 시각적 재구성은 "따분함을 느낄 때까지 반복될 수 있으며", 그로 인해 숭고는 "단순한 호기심 정도"로 축소된다.(Salatino 1997, 97면) 그러나 숭고의 미학은 지속되었다.

오늘날 영어권 불꽃놀이와 그 맥락

미국에서 불꽃놀이는 새해맞이 축제나 스포츠 공연에도 등장하지만, 무엇보다 독립기념일을 축하하는 중요한 행사다. 국가주의 정체성과 단단하게 연결된 불꽃놀이의 이런 특성은 르네상스와 18세기 유럽에서

* 여러층으로 만든 종이상자를 아코디언처럼 쭉 펼쳐서 구멍을 통해 안에 담긴 그림풍경을 들여다보는 것으로 19세기의 인기 있는 기념품이었다.

부터 문화적 맥락에 따라 다양한 형태의 불꽃놀이로 지속되었다.

북아일랜드에서 불꽃놀이는 로마가톨릭과 신교도 간의 갈등과 이와 연관된 아일랜드 민족주의나 영국과의 연합에 대한 갈망에 따라 여러 가지로 해석된다. 이곳에서 불꽃놀이는 소규모 폭죽에 둘러싸인 "사춘기 소년들의 문화에서부터 가정의 뒷마당용 놀이와 대규모의 공공 이벤트에 이르기까지 핼러윈을 축하하는 가장 핵심적인 행사다."(Santino 1996, 215면) 비록 1971년 이후 시의 공식행사를 제외하고 거의 모든 핼러윈 행사에서 불꽃놀이가 금지되었지만 실제로는 여전히 광범위하게 볼 수 있다. 가정용 폭죽놀이가 핼러윈용 대형 모닥불bonfires과 함께 등장하기도 한다. 많은 아일랜드 사람이 핼러윈은 어느 종파에도 속하지 않는 축제로 서로 다른 축하전통이 공존한다고 주장하지만, "핼러윈은 로마가톨릭교회의 문화자산"이기도 하다. 반면에 11월 5일 가이 포크스의 밤Guy Fawkes Night은 "영국인의 것이면서 동시에 반교황파, 반가톨릭파의 문화자산"이다.(같은 글 228면)2 가이 포크스의 밤과 핼러윈 모두 불꽃놀이를 사용하기에 두 행사는 '본파이어 나이트'Bonfire Night라고 불린다. 이 두 행사의 날짜가 서로 가깝다보니 어느 하나가 생략되기도 한다. 잭 샌티노Jack Santino의 연구와 다른 연구들에 의하면 불꽃놀이는 현존하는 사회적 관계, 문화, 역사를 보여주는 기표로 자리하고 배치된다. 기표로서 불꽃놀이는 문화의 목록에 새로운 의미를 추가하는 것이 아니라 기존의 의미를 부각시키는 역할을 한다.

캐나다에서 불꽃놀이는 1867년 7월 1일 최초의 네개 지역이 함께 자치령을 선포했던 도미니언데이Dominion Day를 기념하는 가장 인기 있고 가장 값비싼 축제행사 중 하나다.(Hayday 2010) 그후 처음 50년 동안 지역단체와 지방자치체는 도미니언데이를 축하하기 위해 야외행사와 불꽃놀이를 조직했다. 그러나 제2차 세계대전 이후 연방정부는 도미니언데이를 국가 건립과 정체성 구축의 기회로 이용하는 데 관심을 보였다. 1958년 캐나다 연방의회 앞에서 진행된 도미니언데이 행사에서 21발의 예포와 근위대의 행진, 그리고 불꽃놀이가 열렸다. 이 축제는 처음으로 캐나다 전역으로 방송되었다. 매슈 헤이데이Matthew Hayday에 따르면 "과거 부모나 조부모가 5월 24일 빅토리아데이Victoria Day에서 느꼈던 행복한 기억을 공식적으로 7월 1일로 정해진 도미니언데이 축제에서 지금의 아이들이 경험하게 될 것"이라는 보도가 나왔다. 헤이데이는 이런 축제는 의식적으로 "아동과 이민자라는 두 집단을 목표로 삼는다"(같은 글 295면)고 설명한다. 비록 불꽃놀이 행사 하나에만 초점을 맞춘 것은 아니지만 헤이데이의 설명은 국가정체성 형성에 필요한 이미지 구축에 이런 축제가 중요하다는 점을 잘 보여준다. 1958년의 첫 도미니언데이는 영국인과 프랑스인이라는 '두개의 거대한 물길'이 캐나다 역사에 큰 영향을 끼친 것으로 묘사했다. 이 행사에서 카리부 인디언 소녀 파이프 밴드Cariboo Indian Girls Pipe Band는 스코틀랜드의 백파이프 음악을 연주함으로써 인종 간 동화를 강조했다. 도미니언데이는 1982년에 '캐나다의 날'로 변경되었다. 그리고 1992년까지 축제조직위는 '청년, 원주민, 다문화단체'에 호소하고자 '시민권, 공식어, 환경, 그리고 캐나다의 상징'에 초점을 맞춘 축제메시지를 제작했다.(같은 글 309면) 2010년까지 "해마다 7월 1일이면 수십만명의 시민들이 오타와 거리에 흘러넘쳤고, 캐나다 전지역에서 가족끼리 야유회에 참가하거나 불꽃놀이 행사를 관람했다."(같은 글 313면) 헤이데이의 연구에 따르면 불꽃놀이는 미국에서와 마찬가지로 캐나다에서도 국가 건설과 시민정체성 형성에 필요한 거대한 문화서사의 도구로 쓰였다.

로린다 코훈Lorinda Cohoon은 미국 뉴잉글랜드의 독립기념 축제를 묘사한 19세기 아동도서 연구를 통해 아동기의 시민권 형성에 인종, 계급, 젠더, 종족성ethnicity이 특히 영향을 끼친다는 점에 주목한다. 아동 간행물을 보면 백인 여성이건 흑인 남녀이건 간에 양쪽 모두 투표권이 없던 시기에는 "국가와 [백인] 남성성의 형성이" 밀접하게 연결된 것으로 보고 "[특히] 소년들의 독립기념일 행사 참여"를 중요하게 그렸다.(Cohoon 2006, 133면) 일반적으로 아동기의 시민정체성은 민족주의나 독립과 연관된 문화의례를 반복적으로 관람하고 거기에 직접 참여함으로써 형성된다. 그럼에도 불구하고 코훈은 이 시기의 아동용 간행물이 지속적으로 출간되었기에 또다른 강력한 문화를 형성하는 데 기여했다고 주장한다. 불꽃놀이 프로그램을 다룬 문헌에 선전용 가치가 담겨 있다는 살라티노의 주장과 마찬가지다. 당시의 아동 간행물은 독립축하 퍼레이드나 이벤트를 "일종의 영국계 미국인들의 독립으로 묘사했다. 즉 뉴잉글랜드의 선조들에 초점을 맞추어 그들의 투쟁을 뉴잉글랜드의 중산층 백인 독자들에게 부여된 특권"으로 그렸다.(같은 글 134면) 퍼레이드에서건 간행물에서건 미국 수정헌법 제4조는 "자유를 찬양하는 반면에 모순되게도 이 자유라는 특권은 순응하는 자들에게 가장 수월하게 주어진다는 이념을 강화한다."(같은 글 135면) "이 신생국가의 '아들들'은 선조들의 반란을 찬양해야 하지만, 동시에 스스로는 지역과 국가의 법령이나 규칙을 준수해야만 한다."(같은 글 136면) 아동용으로 집필된 독립 이야기에는 노예제, 서부로의 팽창, 그리고 미국 원주민의 처우 과정에서 정부가 계속 고생하는 내용이 나온다. 그러나 여성 참정권에 관한 논쟁이 점차 확대되고 있었다는 사실은 나오지 않는다. 1830년에 인디언 이주법이 시행되자 백인 정착민들은 인디언의 땅과 목숨을 합법적으로 빼앗을 수 있었다. 이때 나온 아동 간행물에서 백인 아동은 국가를 대표하는 인물로 나온다. 이와 대조적으로 "유색인종 아이들은 노예, 원주민, 그리고 근래의 이주민에 대한 국가의 시각을 은유적으로 대변하는 매우 무력하고 취약한 존재로 묘사된다."(같은 글 142면) 코훈은 "독립을 찬양하는 이런 이야기들을 통해 어린아이들이 영토팽창주의적 시도"와 "배제주의적 실행 모델"이라는 국가적 서사에 동승하게 된다고 주장한다. 이 두 요소로 1860~70년대까지 참정권과 미국으로의 이민이 제한되었다.(같은 글 148면)

뉴잉글랜드의 신교도에서 남부의 침례교도에 이르기까지 불꽃놀이 축제는 지속적으로 미국의 국가정체성을 구축하고 찬양했다. 브룩스 블레빈스Brooks Blevins는 문화연구의 관점에서 쓴 「남부의 불꽃놀이」Fireworking Down South에서 남부에서 폭죽을 팔던 10년간의 경험에 대해 설명한다. 여기에는 폭죽창고 사진, 영화장면들, 앨범표지, 가사, 남부연방의 그림, 유럽의 불꽃놀이를 다룬 문학과 예술, 그리고 불꽃놀이 관람석이 페이지마다 나온다. 블레빈스는 남부 사람들은 다른 어떤 문화집단보다 불꽃놀이에 친밀감을 느낀다고 설명한다. 미국에서 "모든 사람들이 다 불꽃놀이를 구경하지만, 남부에서는 불꽃놀이를 사용한다. 직접 손으로 하는 일이기 때문이다."(Blevins 2004, 28면) 과거 11개 주의 남부연합 가운데 일곱개 주는 지금도 미국에서 가장 관대한 불꽃놀이 법령을 갖고 있다. 그 덕분에 남부는 불꽃놀이에 '가장 너그러운' 지역이 되었다. 블레빈스는 "자기 자신뿐 아니라 근처에 살게 된 이웃까지 위험하게 만드는 권리가 바로 남부가 소중하게 여기는 그 장황한 권리"(같은 글 31면)인 셈이라고 비꼬았다. 한세기 동안 남부 사람들은 미국 독립기념일보다는 크리스마스에 훨씬 더 자주 폭죽을 쏴 올렸다. 이 관습은 남북전쟁 이후 '뉘우치지 않는 남부인들'이 과거의 노예들 앞에서 북부 양키들의 기념일을 축하하는 것을 거부하는 데서 시작되었다. 메리 체스넛Mary Chesnut이라는 남부의 한 백인 여성은 첫번째 독립기념일을 '흑인의 7월 4일'이라고 불렀다.(같은 글 28면) 블레빈스의 주장에 따르면 2004년에도 미국 최남단의 주들은 크리스마스용 폭죽을 쉽게 구매할 수 있는 곳으로 알려졌다. 블레빈스는 불꽃놀이에 담긴 인종적으로 굴절된 의미와 함께 "주목할 만한 사회경제적 차원도 불꽃놀이 관람객에게서" 찾을 수 있다고 적었다. 그는 폭죽산업을 사회경제적 하층계급 소비자들이 제일 자주 구매하는 복권 산업과 비교했다. 그의 주장에 따르면 남부에서 불꽃놀이가 인기를 끄는 데에는 몇가지 복합적인 요인이 있다. "정부의 간섭을 싫어하는 제퍼슨주의의 전통, 상대적으로 농촌이 많은 지역적 특성, (…) 그리고 강성 환경운동의 부족 탓인데, 이런 특성은 대초원지대인 중부지역의 주에서도 찾을 수 있다. 이 주들은 남부와 함께 미국 중부를 관통하는 일종의 '불꽃놀이 벨트' 지역을 형성한다."(같은 글 29~30면)

르네상스 유럽에서건 19, 20세기 미국에서건 간에 불꽃놀이는 자연에 대한 문화의 지배를 단정 짓고, 찬양하고, 명확히 하는 데 이용되었다. 문화와 자신을 동일시하는 사회적 엘리뜨들은 불꽃놀이를 통해 사회 하층민들과 이들을 연상시키는 자연을 지배하고 적대시했다. 사회의 지배집단은 다양한 형태와 길이로 고안한 불꽃놀이 서사를 통해 문화, 종교, 경제, 환경에 대한 적법한 통제권을 강화해왔다.

소설과 영화에 등장하는 동시대 불꽃놀이 서사

불꽃놀이는 이야기 속에 실제 장면이 등장하는지와 상관없이 서사에서 하나의 비유로 광범위하게 사용된다. 예를 들어 영국작가 앤젤라 카터Angela Carter의 첫 단편소설집인 『불꽃놀이: 아홉개의 불경스러운 단편들』*Fireworks: Nine Profane Pieces*, Quartet Books 1974에서도 비유적으로 사용된다. 이 작품은 포스트모더니즘의 자기반영이라고 알려져 있는 서술 전략을 통해 모방과 재현에 대해 탐문한다. 어떤 단편에서는 실제 화기火器가 등장하며 작가는 주로 터지기 직전의 억압적인 사회관계를 암시하기 위해 불꽃놀이를 은유적으로 사용한다. 「사형집행인의 아름다운 딸」The Executioner's Beautiful Daughter이라는 단편은 처형장면으로 시작한다. 쥘리 소바주Julie Sauvage는 "이 살아 있는 장면인 **타블로 비방**tableau vivant은 우리 눈앞의 잔혹한 대학살이 죽음에 대한 찬양이기 때문에 **정물화**nature morte라고 부르는 편이 더 나을지 모른다"(Sauvage 2008)라는 인용문을 발췌하여, 카터가 "어떤 방식으로 서사의 흐름에 비현실적인 효과를 만드는지" 강조한다. 카터는 장면tableau이란 단어를 넓은 의미로 사용하여 연극(**타블로 비방**)과 그림(**정물화**)을 비교하는 방식을 취했다. 타블로 비방은 18세기에 유행했던 극적 장르로 배우가 꼼짝 않고 서서 유명한 그림의 장면을 모방하는 것을 말한다. 이 두 장르에서, 더 나아가 카터의 『불꽃놀이』에서도 마찬가지로 소바주는 예술을 낳기 위해 자연을 '죽인다'는 놀라운 통찰력을 보여준다. 이를 통해 그는 연극의 역사적 기원이 인간의 죄를 면해주기 위한 전략으로서의 동물 희생제의에 있었음을 상기시킨다. '비극'의 어원이 된 '**트라고스**'tragos는 대체물로 희생되던 염소를 의미한다. 앞선 단편에 등장하는 사형집행인은 근친

상간을 저지른 죄인들을 참형으로 처벌하는 인물로 심지어 자기 아들도 같은 형벌로 처형한다. 그리고 그 자신은 사형집행인의 마스크를 쓴 채 자기 딸을 상대로 근친상간을 저지른다. 로비 고Robbie Goh는 이 이야기를 "현대 경찰국가에 대한 희화화"로 읽었다.(Goh 1999, 76면) 이 이야기에서 멕시꼬의 시우다드후아레스 시에서 발생한 여성에 대한 강간, 살인, 방화살인과 같은 폭력, 경찰까지 가담된 마약조직들이 저지르는 지속적인 폭력이 떠오른다.(Portillo 2001) 그러나 폭력적인 성차별주의, 연령차별주의, 그리고 경찰국가 간의 연관성은 시작일 뿐이다. 카터는 「주인」Master, 「프리랜서를 위한 비가」Elegy for a Freelance와 같은 단편을 통해 가부장제 식민주의라는 맥락에서 살아남기 위해 분투하는 여성들이 처한 구체적 상황을 보여준다.

「주인」은 남미의 정글에서 식민주의적 착취를 저지르는 어느 백인 사냥꾼의 이야기로, 그는 원주민 소녀를 납치하여 자신의 성적 도구로 만든다. 이 소녀는 재규어 씨족집단의 일원으로 "자기를 낳은 숲과 마찬가지로 처녀"였다.(『불꽃놀이』, 74면) 플럼우드의 식민주의자 마스터 모델에서 '주인'의 정체성은 성인, 남성, 인간, 그리고 유럽인으로 규정된다. 이 모델의 반대편에는 토착민, 여성, 젊음/미성숙, 야만, 그리고 동물이 있다. 원주민 소녀의 몸성embodiment은 이들 간의 상징적 교환 가능성을 표현한다.(Plumwood 1993) 플럼우드의 마스터 모델 분석은 유럽 식민주의에 동력을 제공한 이념과 실행, 그리고 북미 원주민에 대한 종족학살을 이해하는 데 매우 유용한 시각이다. 여기에는 많은 동물에 대한 폭력적인 공격과 숲, 초지, 습지의 파괴와 오염뿐 아니라 문자 그대로 원주민 여성들에 대한 강간도 포함된다.(Smith 2005) 이 작품에 등장하는 노예가 된 원주민 소녀는 결국에는 위대한 백인 사냥꾼을 그의 무기로 쏴서 죽인다. 아홉편의 단편 중 마지막인 「프리랜서를 위한 비가」는 "폭죽이 곧 화기가 되는 치명적인 이중적 특성"을 다룬 작품이다.(Sauvage 2008, 152면) 폭죽-화기는 국민국가가 저지르는 불의에 맞서 싸우며 정치테러를 가격하는 데 중요한 혁명적 대비책이다. 이 단편집의 이야기들은 식민주의자들이 정복과정에서 지속적으로 강간을 저지르고, 귀화한 원주민 타자들을 젠더, 종, 연령, 인종, 국가, 민족성의 위계를 통해 폭력적으로 종속시킨다는 것을 보여준다. 다른 경우와 마찬가지로 여기서도 폭죽은 특정한 문화적 의미를 구성하기보다는 그 의미를 강조하는 기호의 역할을 한다.

반대로 미국의 영화감독 케네스 앵거Kenneth Anger의 「불꽃놀이」Firework, 1947는 연속적인 꿈으로 이루어진 14분짜리 단편영화다. 이 영화는 남성 동성애의 판타지를 실현하기 위해 불과 폭죽의 이미지를 직접 사용함으로써 주류 국가주의라는 주제를 비틀고 전복한다. 앵거가 겨우 열일곱살에 만든 이 영화에서 감독 자신이 주인공 역을 맡았다. 영화가 시작되면 잠이 든 주인공이 과도하게 발기되어 깨어나는데, 이불을 들추고 보니 거기에는 페니스가 아니라 목공 조각품이 들어 있었다. 그는 '빛'을 찾으러 나가 '남자' 화장실로 들어가는데 거기서 해군 제복을 입은 남성집단으로부터 통과의례처럼 보이는 폭행을 당한다. 손가락을 콧구멍에 넣자 주인공의 코와 입에서 피가 터져 나온다. 한 해군이 그의 팔을 비틀자 주인공은 비명을 지른다. 크림 한병이 바닥에 떨어지고 해군은 깨진 유리조각으로 주인공의 가슴을 가른다. 위에서 부은 크림이 갈라진 상처부위와 그의 입으로 흘러내린다.(Kane 2008) 마침내 주인공은 자신의 '빛'을 남근 모양의 촛대를 든 어느 해군 복장의 남성에게서 발견한다. "영화의 마지막은 신과 같은 모습의 이 남성이 주인공과 함께 누워 있는 것으로 끝난다."(Meir 2003) 비평가들은 주인공이 나무꼭대기에 촛불을 밝힌 크리스마스트리를 자기 머리 위에 올려놓고 균형을 잡고 걷는 인상적인 이미지에 주목했다. 이 나무의 촛불은 주인공이 해군 수병의 팔에 안겨 있던 사진을 불태우는 데 사용된다. 영화의 결말에서 카메라는 벽난로에서 불타고 있는 사진들로부터 침대로 이동하여 거기서 동성 애인과 함께 누워 있는 주인공을 비춘다. 그 애인의 얼굴에는 불이 붙어 있다. 앵거는 영화필름에 스크래치를 내어 이 효과를 얻었다. 마침내 카메라는 영화 첫 장면에 나왔던 손가락이 부서진 석고로 만들어진 손을 비추는데, 이제는 온전한 손이 등장한다.

앵거는 청년기의 동성애 관점을 묘사하기 위해 주류 국가주의의 이미지들을 끌어온다. 이것은 주로 남성미가 넘치는 해군 수병들, 크림/우유, 불꽃, 그리고 크리스마스트리와 같은 기표에 대한 번역에서 잘 드러난다. 감독은 해군 수병을 동성애적 욕망의 대상이자 수행자로 묘사함으로써 미제국의 힘을 대표해온 군대를 전복시킨다. 한때 우유는 주류인 이성애 핵가족의 영양을 상징했다. 우유는 사실 암소와 송아지 간의 고통스러운 분리에 그 물질적 기원이 있지만, 영화에서는 그런 암시 없이 "흘러내리는 정액의 대체물로 등장한다."(같은 글) 그리고 크리스마스트리의 의미는 유일신주의와 이성애 가부장제 기독교로 국한되어 왔지만, 이 영화에서는 그런 의미에서 해방된다. 여기서 크리스마스트리는 생식력의 기원을 동성애적 정력에 두는 이교도 의식을 밝혀주는 나무가 된다. 물론 불꽃놀이는 주인공의 꿈에서 애국적인 독립기념일이 아니라 자신의 동성애적 해방을 축하하기 위해 '폭죽제조기술로 만들어진 남근'을 찬양하는 것으로 변환된다.

이와 같이 불꽃놀이는 문화적 서사에서 하나의 은유로 읽을 수 있다.

이런 불꽃놀이는 위계, 군주제, 남성 지배, 제국, 계급, 국가, 종교, 민족성, 생물종, 그리고 연령을 자연적인 것으로 강조하는 주류 문화의 메시지를 전파하기 위해 다양하게 전용된다. 소설이나 영화와 같은 서사 예술에서 불꽃놀이는 군주제, 생물종, 그리고 섹슈얼리티에 대한 지배 담론을 강화할 뿐 아니라 연령, 제국, 젠더의 위계를 전복하는 데도 이용된다(카터, 앵거의 작품들). 불꽃놀이 그 자체가 '의미'하는 것이 있는가? 아니면 단순히 사회의 문화적 이미지를 투영하는 거울이나 견본일 뿐인가? 자세히 들여다보면, 불꽃놀이에 담겨 있는 서사만큼 화학성분과 같은 불꽃놀이의 물질적 특성, 인간·동물·환경에 끼치는 영향, 불꽃놀이 제작에 들어가는 노동, 실제 경제적 비용과 추정되는 사회적 비용도 중요한 문제다.

비판적 에코페미니즘 관점에서 본 불꽃놀이

수세기 동안 불꽃놀이는 목탄, 유황, 질산칼륨을 혼합하여 만든 화약으로 시각적, 후각적, 청각적 효과를 만들어냈다. 초창기 화약성분은 불안정하고 찌꺼기가 많이 나왔기 때문에 어느 시점부터는 불꽃에 산소를 공급하고 폭발 속도를 높여주기 위해 질산칼륨 대신 과염소산칼륨과 과염소산암모늄 같은 과염소산염이 사용되었다. 그러나 과염소산염은 불꽃놀이가 끝난 뒤에도 공기 중이나 물속에 며칠에서 몇주까지 남아 있어 인간과 동물 그리고 환경의 건강에 심각한 위험을 일으킨다. 미국 환경보호국의 리처드 윌킨Richard T. Wilkin과 동료들은 2004, 2005, 2006년에 있었던 불꽃놀이를 전후하여 오클라호마주 호수의 물을 분석했다. 이 분석에서 과염소산염 오염 원인은 호수에서 펼쳐졌던 불꽃놀이라는 점이 분명하게 드러났다. 불꽃놀이 이후 14시간 내에 과염소산염의 농도는 24로 올라가 자연농도 수준의 1028배나 상승했다. 불꽃놀이 이후 24시간이 지나자 수치는 정점에 도달했고, 그후 감소하기 시작하여 20일에서 80일이 지나서야 불꽃놀이 이전의 농도로 돌아갔다.(Wilkin et al. 2007) 쥐 임상실험에서 과염소산염은 갑상선암을 일으켰고, 인간에게도 영향을 끼쳐 갑상선기능 항진증이 생길 가능성이 있다.(McLendon 2009) 불꽃놀이에서 발생하는 연기에는 미립자 물질도 들어 있으며, 이것이 폐로 들어가면 천식환자나 화학물질에 민감한 사람에게 즉각적인 위험을 초래할 수 있다. 과염소산염이나 다른 미립자들은 불꽃놀이 이후 수일에서 수주가 지나면 사라지지만 폭죽의 착색성분으로 쓰이는 중금속들은 계속 남아 있다.

폭죽이 터질 때 쏟아지는 불꽃 색깔을 내기 위해 스트론튬, 알루미늄, 구리, 바륨, 루비듐, 카드뮴, 수은, 납 등이 포함된 중금속이 들어간다.(같은 글; Conway 2011) 반짝이는 녹색에 사용되는 바륨은 방사능 위험이 있는 것으로 알려져 있다. 붉은빛을 내는 스트론튬에서도 마찬가지로 방사능이 나온다. 이 물질은 동물실험 결과 선천성 장애를 야기하거나 어린아이의 뼈 성장에 손상을 입히는 것으로 알려져 있다. 푸른색 불꽃에 쓰는 구리와 과염소산염에서는 호르몬 생성을 방해하는 발암물질로 잘 알려진 다이옥신이 나온다. 알루미늄과 카드뮴은 둘 다 폐에 영향을 준다. 또한 알루미늄은 알츠하이머병과 관련된 것으로 추정되고, 카드뮴은 인간의 몸에 암을 일으키는 물질로 알려져 있다. 폭죽에 들어 있는 중금속의 특성에 대해서는 여러 자료에서 논의되지만 인간에게 미치는 직접적인 영향에 대해서는 밝혀진 바가 없다. 그럼에도 불구하고 여러 특정 지역에서 불꽃놀이 후에 폐가 아프다는 불만이 나온다. 캘리포니아주 애너하임 인근 지역의 주민들은 디즈니랜드에서 불꽃놀이를 하고 나면 그 낙진 때문에 폐가 아프다고 호소한다.[3] 로스앨러모스 국립연구소의 어느 화학자도 "폭죽장치가 터질 때 현장에 있거나 바람 부는 방향에 있을 경우 누구든지 자연적인 상태에서보다 높은 농도의 중금속에 노출되기 쉽다"(Sohn 2009)는 점을 인정한다.

불꽃놀이에서 배출되는 중금속 독성을 증명하기 위해 실험실에서 이용되는 동물뿐 아니라 반려동물, 야생동물, 그리고 축산동물의 경우도 불꽃놀이의 피해를 입는다. 미국의 오하이오주 동물보호연맹, 호주의 왕립동물학대방지협회RSPCA, 그리고 다른 많은 동물복지협회의 통계자료에 의하면 대부분의 동물종이 불꽃놀이 때문에 겁먹거나 혼란스러워한다.[4] 동물보호소와 동물애호협회가 경험한 바에 의하면 불꽃놀이 이후 길을 잃거나 부상을 당해 트라우마에 시달리는 동물의 숫자가 정기적으로 많게는 500퍼센트까지 증가하는 것으로 보고된다. 개들은 폭발을 피해 달아나다 발을 다쳐 피투성이가 되거나, 울타리를 뛰어넘다 피부가 찢기거나, 아니면 자동차에 부딪혀 부상을 입고 불구가 된 채로 보호소에 들어온다. 폭죽이 터질 때 너무 가까이 있었던 동물은 심각한 화상을 당하거나 시력 손상을 입는다. 동물은 인간의 청력보다 훨씬 더 높은 강도로 날카로운 폭발음을 듣는다. 캐나다 겔프대학교의 동물학자는 불꽃놀이가 진행되는 동안 공포로 인해 방향감각을 상실한 새들이 도망쳐 날아가다 빌딩에 부딪힌다고 보고했다. 노바스코샤주의 아카디아대학교의 연구진에 따르면 개체수 밀도가 높은 곳에 둥지를 튼 새들이 가장 큰 위험에 노출된다. 큰 폭발음이 있고 나면 새들이 깜짝 놀라 도망치듯 날아가버리는데, 이때 어미새들은 방향감각을 상실하게 되어 돌아와서도 원래의 둥지를 찾지 못한다. 2011년 앨라배마주 지역의 새해맞이 불꽃놀이에서는 너무 심한 굉음으로 가정집의 창문이 흔들릴 정도였다. 폭죽이 붉은날개검은새와 유럽찌르레기의 둥지 근처에서 터지는 바람에 밤눈이 어두운 이 새들이 너무 놀라 시속 40킬로미터의 빠른 속도로 날아가다 집이나 도로표지판, 땅에 부딪혀 죽었다. 부검 결과 사인은 가슴 외상, 출혈, 날개 앞부분 골절상이었다.(Weise 2011) 야생동물보호소에 따르면 어미를 잃어버린 새, 다람쥐, 너구리와 다른 작은 포유류들의 숫자도 늘어났다. 가축들조차도 영향을 받는다. 불꽃놀이 다음 날 암탉의 산란율은 매우 떨어진다. 그리고 낳은 닭알도 기형인 경우가 많다.(오하이오주 동물보호연맹)

사람들이 악의적으로 폭죽을 사용하여 동물을 일부러 괴롭힐 때 그 결과는 더 나쁘다. 다음과 같은 제목을 단 뉴스기사가 국제적으로 엄청나게 쏟아진다. '끔찍한 화상을 입은 고양이'Cat found with horrendous burns, 2010, 영국, '더블린 폭력배들이 강아지 입에 폭죽을 터뜨리다'Dublin thugs set firework off in dog's mouth, 2010, 2009, 아일랜드, '폭죽으로 양의 주둥이를 날리다'Sheep's jaw blown off with fireworks, 2009, 뉴질랜드 마우아오, '말을 죽인 죄로 폭죽 훌리건들 처벌받다'Firework hooligans punished for horse's death, 2008, 네덜란드 즈볼러, '폭죽의 공포 속에 고양이 폭파되다'Cat 'blown up' in firework horror, 2008, 사이프러스, '거북이를 폭죽으로 터트린 잔인함으로 비난받다'Turtle firework cruelty condemned, 2007, 영국, '겁에 질린 소에게 폭죽을 던진 제정신 아닌 폭력배에게 분노가 일다'Fury as sick thugs throw fireworks at terrified cow, 2007, 벨파스트, '폭죽 공포 속에 토끼 터지다'Rabbit blown up in firework horror, 2006, 영국 블랙풀, '동물원의 동물들, 폭죽으로 다치다'Fireworks injure zoo animals, 2004, 말레이시아. 이런 많은 뉴스기사에서 일부의 사람들이 폭죽을 실제 무기처럼 사용하여 다른 동물을 학대한다는 사실을 확인할 수 있다. 이 사례들처럼 서구 산업국가의 사춘기 소년들이 이런 일을 많이 저지른다.

불꽃놀이는 잔류 화학물질과 쓰레기를 남겨 공기, 물, 토양을 오염시키고 사춘기 소년들의 싸구려 전쟁무기가 된다. 그뿐 아니라 폭죽제조에 아동 노예노동이 투입된다는 점에서 환경정의의 또다른 측면에서도 염려스럽다. 다른 나라와 함께 미국에서 사용되는 압도적으로 많은 불꽃놀이 물량은 모두 중국제이며, 다섯살에서 열네살까지의 아동들이 만든다. 중국 관련 전문가들은 수출주도형 기업에 대한 외국투자가 증가하면서 학교의 자퇴율도 함께 증가한다는 점을 들어 아동노동이 증가하고 있다고 믿는다.(Grau 2005) 중국에서 의무교육은 16세까지지만 광둥성, 쓰촨성, 저장성, 허베이성 경제구역의 경우 16세 이하의 아동노동자가 대략 400만에서 500만명으로 추산된다. 이들은 하루 10시간에서 14시간씩 일하며 성인 임금의 절반 정도를 받는다. 2001년 3월에는 초등학교 3학년과 4학년생 37명이 학교에서 중국 기업의 폭죽을 제조하다 폭발사고로 사망했다.(Llorca 2002) 이런 상황인데도 미국은 독립기념일을 축하하기 위해 해마다 약 10억 달러를 들여 중국에서 폭죽제조기술과 폭발물을 수입한다.(Grau 2005) 과떼말라와 인도의 경우도 폭죽제조에 투입되는 아동노동이 두드러지게 많다. 과떼말라에서는 국제노동기구가 폭죽제조에 투입되는 아동노동을 근절하고자 활동 중이고, 인도에서는 강력한 '아동보호운동'Bachpan Bachao Andolan, BBA이 일어나 매년 힌두교 최고의 빛 축제인 디왈리Diwali를 불꽃놀이 없이 진행하자고 촉구하지만 역부족이다. 다른 아동노동 활동가들처럼 이들도 따밀나두주의 시바까시와 기타 지역에 집중되어 있는 성냥과 폭죽제조를 문제 삼는다. 이 지역들에서 일어나는 많은 사고는 보고되지 않는다. 아이들은 유황, 탄산칼륨, 인, 염소산염과 같은 화학물질에 항시 노출되어 있고, 그 결과 폐, 피부, 신장, 눈 등이 치명적으로 감염된다. BBA의 2010년 불꽃놀이 반대 캠페인 홍보물은 "아동기를 날려버리는 대신 램프를 밝혀 디왈리 축제를 벌이자"라고 결론짓는다. 다행히 이 작업은 인도 시바까시 지역 아동노동Child Labour in India에 대한 다큐멘터리 덕분에 힘을 얻었다. 이 다큐멘터리는 한국 대구의 한 방송사가 아동보호 시민인권단체인 마니쌈Manitham, 국제엠네스티, 인도인권연맹의 도움을 받아 찍었다.(Menon 2007) 마니쌈은 영화제작과 관련하여 인도의 시민단체와 제작사 설득에 실패하자 한국의 영화제작사를 찾았다. 영화는 한국어로 찍어 따밀어와 영어로 더빙했다. 다큐멘터리에 나오는 아이들은 폭죽제작 작업으로 얼굴과 손에 흉터가 생기면서도 오전 7시부터 저녁 6시까지 일해 주당 겨우 40루삐에서 100루삐(1달러 98센트에 해당)를 벌었다. 글로벌 환경인종차별주의가 어떤 '느린 폭력'을 초래하는지는 이 아이들의 노동조건이 잘 보여준다.(Nixon 2011)

지난 세기 동안 불꽃놀이는 동물과 제3세계의 아동 노예들을 '희생양' 삼았을 뿐 아니라 산업화된 국가의 아동과 성인들에게도 폭력적인 영향을 끼쳤다. 시카고 『트리뷴』의 세세한 기록에 의하면 1899년부터 1908년까지 독립기념일(7월 4일)에 508명의 사망자와 2만 9085명의 부상자가 발생했다.(「조용한 4일」A Quiet Fourth, 1909) 반면, 전미의료조합AMA의 기록에 의하면 1903년부터 1908년까지 6년 동안 1316명의 사망자와 2만 7980명의 부상자가 발생했다. 전미의료조합의 기록에는 불꽃놀이와 연관된 모든 사상자가 포함된 반면 『트리뷴』의 경우 7월 4일에 발생한 사상자만 산정했기 때문에 이런 차이가 나온다. 1909년에는 215명이 사망했으며 아이들이 많았다.(「우리의 세기에」In our Century, 2010) 1913년에 나온 교육학회지 기록에 의하면 32명이 사망했는데, 그중 13명은 옷에 불꽃이 튀어 불에 타죽은 어린 소녀들이었다.(「7월 4일 사상자」Fourth of July Casualties) 1900년대 당시의 적은 인구 규모를 감안하면 이것은 놀라운 숫자다. 미국 소비자제품 안전위원회가 내놓은 2010년도 불꽃놀이 연간보고서에 의하면 2010년도에 불꽃놀이 관련 사망자는 3명에 불과했다. 그러나 불꽃놀이 사고와 관련하여 응급실을 찾은 부상자는 8600명으로 추산된다.(Tu & Granados 2011)

한편 미국의 소비자들은 "독립기념일 불꽃놀이 가운데 가장 사치스러운 행사가 진행되는"(Berr 2010) 필라델피아(비용을 300만 달러에서 210만 달러로 축소), 보스턴(250만 달러), 시애틀(50만 달러), 패서디나의 로즈볼스타디움(35만에서 40만 달러), 텍사스주 에디슨(24만 달러)으로 몰려든다. 뉴욕시(메이시스 백화점)와 워싱턴D.C.의 불꽃놀이 후원자들은 독립기념일 행사에 들어가는 불꽃놀이 비용을 밝혀달라고 요구받았지만 "답변을 거절했다." 몬태나주의 그레이트폴스와 같은 작은 도시는 더 적은 비용으로 불꽃놀이 행사를 진행한다. 2011년의 경우 1만 5000달러였다. 그러나 불꽃놀이에 들어가는 이런 비용 때문에 다른 공공 분야로 들어갈 기금이 축소된다. 수많은 사회정의, 환경정의 활동가들은 지역 공동체나 국가의 복지에 더 지속적으로 투자하는 것보다 이런 일회성 축하행사에 돈을 쓰는 것이 가치가 있는지를 문제 삼는다. 가령 미국에서 노후 상수도 기반시설을 교체하고, 다리와 고속도로를 재건하고, 공교육과 공공도서관에 투자하고, 의료보험 수혜자를 더 늘리고, 적정 가격의 주택공급을 늘리고, 대중교통 수송체계를 향상시키고, 공원을 관리하고, 야생지를 보호하는 것보다 말이다. 제1세계의 국가들이 폭죽 구매에 들어가는 비용을 중단하고 이것을 제3세계의 시민단체들에게로 돌린다면 전지구적 복지 향상을 위해 좀더 지속적인 투자가 가능할 것이다. 그 돈으로 제3세계 지역의 생태적 경제적 지속가능성을 구축하고, 학교교육을 늘리고, 아동의 성적·경제적 노예노동을 막는 데 쓸 수 있다. 폭죽 제조와 구매의 전과정에서 제3세계 어린이들, 남반구의 가난한 노동자들, 동물들, 그리고 자연환경은 어떤 혜택도 받지 못하면서 막대한 실질적 희생을 치르고 있다.

결론

2008년에 이딸리아의 나뽈리 여성들은 불꽃놀이로 매년 수백명이 상해를 입는다며 불꽃놀이 중단을 요구하는 고전적인 항의집회를 했다. "폭죽을 쏘면 섹스는 없다Se Spari, Nient Sesso"라는 구호는 두 아이의 엄마인 까롤리나 스따이아노Carolina Staiano가 창안했다. 이 두 아이의 아버지는 불꽃놀이 사고로 신체 일부가 마비되었다.(「여성들 협박을 사용하다」Women use threat, 2008) 고대 그리스의 극작가 아리스토파네스의 희극 『리시스트라타』*Lysistrata**에는 아테네와 스파르타의 여자들이 두 도시국가의 남자들에게 전쟁을 멈출 때까지 섹스를 거부하겠다고 외치는 장면이 나온다. 이 희극에서처럼 지금은 동시대의 여성들이 남성들이 쏘아대는 불꽃놀이 '축하행사'가 실제로 에로스에 해가 된다며 단체를 조직해 에로틱한 관계를 중단하겠다고 항의한 것이다.

* '여자의 평화'라는 의미가 있다.

이 여성들의 항의의 기저에는 군사용인 동시에 축하용이고, 화기인 동시에 폭죽인 불꽃놀이의 이원적 특성이 깔려 있다. 플럼우드의 마스터 모델이 보여주듯 이원주의는 근본적으로 분리될 수 없는 개념을 분리할 때 생긴다. 목숨을 무릅쓰고 자연을 지배하려는 것이 불꽃놀이라면, 목숨을 상대로 타자를 지배하려는 것이 화기이기에 이 둘은 분리되기보다 서로 연결된다. 그럼에도 불구하고 불꽃놀이의 장관을 소비하는 사람들은 여기에 담긴 두가지 특성을 서로 분리하여, 오직 사회의 엘리뜨들이 허용해준 숭고하고도 축제적인 불꽃놀이에만 초점을 맞춘다. 비판적 에코페미니즘의 입장에서 보자면 불꽃놀이와 화기는 두개의 서로 다른 가지지만 근본적으로는 같은 뿌리에서 나온 것이다. 이 둘은 아동 노예노동, 일터에서의 부상, 그리고 경제적 부정의에 내재된 환경 부정의를 통해 죽음으로 이끄는 느린 폭력을 휘두른다는 점에서 같다. 또한 환경 독성물질이 나온다는 사실과 인간과 동물을 비롯한 많은 생물종들이 부상과 죽음을 맞닥뜨리게 된다는 점, 그리고 과잉분리, 식민주의, 전쟁, 남성성의 지배를 찬양하는 다중적이고 서로 연결된 유해한 서사와 뿌리를 갖는다는 점에서도 같다. 불꽃놀이의 장면은 분명히 숨이 멎을 정도로 멋지다. 그렇지 않다면 불꽃놀이에 담긴 서사는 효력이 없어지고, 관람객은 번쩍이는 불빛 너머의 그늘진 사실을 마주보게 될지도 모른다. 노예처럼 일하는 아이들, 공포에 질려 도망치는 새들, 약탈한 땅에서 미국의 독립을 기념하는 축하잔치를 가능하게 해준 식민지 전쟁의 살상과 잔인한 강간이 그 어두운 그늘 속에 있다.

비판적 에코페미니즘의 입장은 주인과 노예의 이원주의에서 주인과 동일시하는 것이 아니다. 반대로 중심부 지배층의 공인된 이야기에서 주변부의 서사로 관심을 돌림으로써 분리된 연결망을 복구한다. 이렇게 초점을 전환하면 관람객-시민이라는 국가주의적 신념을 가진 주체는 전지구적으로 연관된 상호정체성을 의식하는 주체로 새롭게 탄생한다. 국민국가에 충성을 맹세하지 않는다면 타자는 적이라는 사회적 구성은 무너질 것이며, 군국주의는 연결성, 지속가능성, 그리고 경제적 정의로 대체될 것이다.

불꽃놀이의 물질적 서사 속에 이처럼 "잘려나간 서사truncated narrative"(Kheel 1993)를 다시 채워 넣으려면(들려주려면) 불꽃놀이가 사실은 다수를 희생시키고 소수를 위한 축하용 '구경거리'였다는 점을 보여주는 새로운 이야기가 나와야 한다. 아동작가인 수전 메도Susan Meddaugh의 '마사가 말하길'Martha Speaks 시리즈 가운데 『모두를 위한 불꽃놀이』*Fireworks for All*, Houghton Mifflin Harcourt 2011라는 동화가 있다. 이 동화에서 말할 줄 아는 개 마사는 불꽃놀이 금지 서명을 받기 위해 동료 개들을 조직한다. 하지만 마사의 인간 가족들은 "개들이 불꽃놀이 때문에 겁을 먹는다"라는 마사의 정보를 무시한다. 그런데 흥미롭게도 개를 좋아하지도 않는 여성이 불꽃놀이 금지 서명을 받으러 다닌다. 금지령이 통과된 후에야 마사의 사람 친구인 소녀 헬렌은 마사의 염려를 이해하여 개와 아이들이 모두 반길 한가지 방안을 제시한다. 그것은 불꽃놀이가 진행되는 날 저녁에 '용감한 콜리견 칼로'라는 개들만을 위한 특별쇼를 영화관에서 공연하여 개들이 소음에서 벗어나도록 도와주는 것이다. 물론 이 동화는 불꽃놀이에 영향을 받는 개들 외에 다른 생물종이나 노동자, 관람객, 환경문제 등은 다루지 않는다. 그러나 이 이야기 덕분에 다른 존재들을 위한 이야기를 시작할 수 있다.

생태적으로 더욱 정의로운 해결방법은 축하를 위해 불꽃놀이가 아닌 다른 대안을 찾는 것이다. 가령 바띠깐은 2015년 11월에 빠리에서 열린 제21차 유엔기후변화협약 당사국총회UNFCCC COP21에 맞춰 '멸종위기종을 위한 조명쇼'를 1시간 동안 상연했다. 50개의 영사기가 바띠깐 성베드로대성당의 캔버스 위에 멸종위기종의 모습을 영상으로 쏘았다.[5] 환경운동가들, 동물권리 옹호자들, 노동운동가들은 다함께 불꽃놀이로 축하하는 대신에 레이저쇼, 지역 드럼동아리, 주민파티를 조직하거나 아니면 별 보기를 제안했다. 또한 과염소산염을 쓰는 대신에 바륨을 10배나 적게 배출하는 질소계 연료를 연소시키는 '친환경' 불꽃놀이도 개발 중이다.(Sohn 2009) 그러나 이조차도 지역 행사로는 너무 비싸고, 불꽃놀이 역사의 근간인 소음이나 빛 그리고 이데올로기와 같은 형태의 오염은 제거하지 못한다.

다양한 문화권에서 불꽃놀이의 화려한 서사는 주류집단이 제국, 에로토포비아, 에코포비아를 자연화하는 것을 강화한다는 점에서 위험하다. 이런 서사가 지닌 느린 폭력은 우리를 종말로 이끈다.[6] 이 소중한 지구와 수많은 거주자의 안녕을 위해 우리에게는 상호의존의 새로운 축하방식과 새로운 축하서사가 필요하다.

5장

우주로 발사된 동물들

'인류세'Anthropocene라는 용어는 미국의 생물학자 유진 스토머Eugene F. Stoermer가 처음 만들었지만 네덜란드의 화학자이자 노벨상 수상자인 파울 크뤼천Paul Crutzen이 대중화시켰다. 인류세는 산업혁명 이후의 인간활동으로 초래된 대기 온난화의 시대를 의미한다. 특정 인간집단이 석탄과 석유를 태워 이산화탄소 배출량을 증가시키고, 점점 더 큰 도시들을 건설하고, 삼림을 벌채하고, 바다를 산성화시키고, 종의 대멸종을 촉진시킨 시대를 가리킨다.(Revkin 2011) 전세계 과학자들과 과학단체들의 수많은 경고에도 불구하고 가장 산업화된 국가들은 기후변화와 관련하여 단기적인 기업이윤보다 장기적인 생태 지속가능성과 건강을 우선시하는 일에 굼뜬 반응을 보여왔다. 오히려 글로벌 엘리뜨, 정치인, 비즈니스 리더들은 빌 피트Bill Peet의 동화 『웜프의 세상』*The Wump World*에 나오는 등장인물인 오염원들Pollutians처럼 행동하고 있다. 그들은 자신들의 생태적, 경제적 행동을 전혀 바꾸지 않은 채 환경을 오염시키고 다시 깨끗한 새 환경으로 이동하면서 대륙에서 대륙으로, 행성에서 행성으로 여행할 수 있다고 생각한다. 미국과 러시아 양국의 우주 프로그램은 천국과 신성이 지구 위의 천상에 있다는 초월적 신학의 문자 그대로의 해석을 이데올로기적으로 받아들였고, 자연을 통제하려는 서구 기술-과학의 탐구에서 그 동력을 공급받았다. 그래서 지구의 엘리뜨에게만 주어질 다른 세계로의 탈출을 위한 탐사에 공공자금을 전용해왔다. 이런 식으로 전용되지 않았더라면 그 자금은 태양계에서 인간이 살 수 있는 유일한 행성인 지구에서의 삶에 실제 필요한 물질(주거, 보건, 교육, 식량 확보)을 충족하거나, 지속가능한 에너지 생산과 수송, 농업을 촉진하기 위한 연구와 시설을 지원하는 데 사용될 수 있었을 것이다. 앙드레 꼴라르Andrée Collard와 조이스 콘트루시Joyce Contrucci는 『야생지의 강간: 동물과 지구에 대한 인간의 폭력』*Rape of the Wild: Man's Violence against Animals and the Earth*에서 아래와 같이 말한 바 있다.

> 나사NASA로서는 우주비행사들에게 인간의 달 착륙을 알려줄 명판을 세우도록 하려는 동기 외에 다른 초월적 가치는 전혀 없다. 이런 모양새는 '존은 메리를 사랑해'나 이와 비슷한 한심한 문구가 새겨진 훼손된 나무나 바위를 우연히 마주쳤을 때만큼 큰 불쾌감을 준다. (…) 우주의 '인간화'와 아프리카나 중남미 대륙의 식민화 사이에는 사실상 별반 차이가 없다.(Collard & Contrucci 1989, 166면)

비판적 에코페미니즘 관점은 우리가 우주탐사 이데올로기를 이해하는 데 어떤 기여를 할 수 있는가? 젠더, 종, 계급, 문화에 관한 서사는 지구 생물권 너머에서는 어떻게 전개되는가? 그리고 20세기의 이러한 과학적 추구는 우리에게 동시대의 환경문제와 미래를 위한 해결책에 대해 어떤 정보를 제공해주어야 하는가?

나는 이러한 질문을 탐색하기 위해 외계탐사와 생존의 한계를 시험한 세가지 서사를 병치해본다. 첫째는 인간을 외계로 보내기 전 비인간 동물을 우주탐사에 이용한 이야기, 둘째는 밀폐된 구역 안에 다섯개의 지구 생물군계를 복제하여 인간의 무한한 생존가능성을 시험하기 위해 건설된 바이오스피어 II 시설의 개념, 임무, 그리고 최종적 실패 이야기, 마지막으로 현재 우주관광과 정착을 육성하려는 뉴스페이스NewSpace 기업들의 벤처사업 이야기가 그것이다. 이 장은 과학에 대한 페미니즘 철학, 페미니즘 동물연구, 에코페미니즘 이론들을 바탕으로 우주탐사의 서사에서 젠더, 종, 인종, 계급 및 문화의 교차점에 위치하는 비판적 에코페미니즘의 관점을 발전시킨다.

'내 엄지 아래': 충돌 테스트용 인형들과 (한 남자) 인간을 위한 작은 한걸음

아폴로 8호가 달에서 보낸 **지구돋이**Earthrise from the Moon와 아폴로 17호가 보낸 **지구행성**Whole Earth의 이미지(Henry & Taylor 2009)를 통해 우주여행이 환경에 대한 인식을 더욱 확장시켰다는 주장이 있다. 하지만 나는 이 장에서 우주탐사는 남성주의적 이데올로기의 틀 안에서 진행되고 있다고 주장한다. 그 이데올로기란 특정 개인을 넘어선 일종의 총체론holism, 위험이 난무하는 모험 속에서 이룩하는 영웅적인 정복의 위업, 그리고 지금 지구를 덥혀놓고 도주해버린 자본주의적 제국주의가 낳은 생태사회적 문제에 대한 기술-과학적 해결을 가치 있게 여기는 것을 말한다. 우주비행사들은 달에서 자신들의 엄지손가락을 들어 지구를 완전히 가릴 수 있게 되었을 때[1] 갑자기 지구에 대해 더욱 깊은 경외감을 느꼈다. 이 지구행성의 이미지는 달력, 열쇠고리, 커피잔 등으로 도처에서 상품화되었다. 우주비행사도, 복제된 상품도 환경보존주의로 가는 길을 확산시키지는 못했다. 이들의 손가락 제스처는 1966년에 나온 믹 재거Mick Jaggar의 「내 엄지 아래」Under My Thumb에 나오는 지배력을 연상시킨다. 이 노래가사에는 '꿈틀대는 개', '샴 고양이'로 이제 애완동물이 되어버린 여자친구에 대한 자신의 지배력을 찬양하는 내용이 나온다. 하지만 환경 및 기후정의에 대해 우리가 관심을 쏟아야 할 부분은 동물과 장소와 문화 간의 특정 관계이며, 이를 통해 우리는 더 진일보한 우주탐사 기술-과학을 얻으려 애쓰기보다 현시대 생태정의 위기의 근본 뿌리로 다가가야 한다.

페미니스트 과학철학자들은 '객관적 과학의 초연한 관점'을 제시하기 위해 감정을 차단하는 것과 함께 과학 연구자가 실험대상으로부터 거리두기를 요구하는 '과학적 방법'의 젠더화된 특징들에 대해 충분히 주목해왔다.(Haraway 1989, 13면; Keller 1985; Keller & Longino 1996) 도나 해러웨이는 『영장류의 시각: 근대과학의 젠더, 인종, 자연』*Primate Visions: Gender, Race, and Nature in the World of Modern Science*에서 서구과학의 과학적 관점 구축이 과학적인 수사학과 조사방법뿐 아니라 자연과 다른 동물종에 대해 서구문화가 맺고 있는 관계도 통제함으로써 인종, 성별, 종우월주의에 의해 굴절된다고 설명한다.[2] 마티 킬은 『자연의 윤리학: 에코페미니즘의 한가지 관점』*Nature Ethics: An Ecofeminist Perspective*에서 인종과 종우월성에 의해 굴절될 뿐만 아니라 합리성, 보편성, 자율성이라는 개념 속에 자리잡은 남성주의의 특징들을 밝혀낸다.(Kheel 2008) 이러한 남성주의 특징들은 우주탐사를 정당화하는 수사학에도 분명히 존재하며, 여기에는 (특히 남성으로 성별화된) 인간이란 공격적이고 자기중심적인 생물학적 충동에 따라 움직이며 이 충동은 반드시 통제되고 이성적으로 표현되어야 한다는 신념도 들어 있다. 또한 이 수사학에는 미래 세대, 특히 소년들을 위한 유산으로서 국가가 '개척지' 경험을 보존해야 한다는 (인종차별적이고 제국주의적인) 아이디어도 들어 있다. 그리고 모험(특히 높은 수위의 위험)을 생물학적 자연의 반복적인 영역의 대척점에 있거나 그런 영역에서는 발견되지 않는 개념으로 정당화했다. 킬이 설명하듯이, 남성주의는 본질적으로 반생태적이다. 왜냐하면 "인간이 아닌 다른 동물들other-than-human animals과의 유대관계로 대표되는 그런 생물학적 영역을 초월하는 것을 이상화하고", "개별 존재에 대한 공감과 보살핌을 더 큰 인지적 관점이나 '전체'에 종속시키는 방식이기 때문이다."(같은 책 3면) 남성운동men's movement 작가들과 동물 및 환경연구 학자들은 킬의 남성성 비판을 여러 학문 영역에서 확장시켜왔다. 이들은 분리로서의 성숙이라는 주제에 입각해 남성성을 구성하는 수많은 특징들을 규명했다. 그 특징에는 지배, 정복, 영향력(근로 윤리와 정서적 금욕주의), 직업(가정과 가사노동보다 경력을 중시하기), 체력, 성적 능력, 동물 '고기' 사냥 및/또는 섭취, 그리고 경쟁력에 기반한 자아 정체성과 자부심이 있다. 이런 남성성은 백인 이성애인간-여성성white heterohuman-feminity이라는 보완적이고 왜곡된 여성 역할과 대조되어 개발되었다.(Adams 1990; Connell 1995; Plumwood 1993) 우주침팬지chimponauts와 우주개astrodogs에 대한 갈등의 역사가 시사해주듯 우주탐험의 서사들은 과학 자체에 대한 정의와 실행을 형성해온 이와 같은 남성주의적 젠더이데올로기라는 더 거대한 서사 안에서 구축된다.

나사NASA가 1969년 7월 20일에 닐 암스트롱Neil Amstrong의 그 유명한 달표면 걷기moonwalk를 실현하기 10년도 더 전에, 미국과 러시아의 과학자들은 급속한 가속, 장기간의 무중력 상태, 대기권 재진입과 우주여행의 기타 위험요소들이 초래할 결과를 시험하고자 주로 원숭이, 침팬지, 개와 같은 비인간 동물들을 이용했다. 미국은 뉴멕시코주 앨라모고도에 있는 홀로만 공군기지의 우주탐사 테스트에 이용할 동물을 얻기 위해 아프리카에서 어린 침팬지와 새끼 침팬지를 포획하는 데 자금을 지원했다. 일부 소식통에 따르면 새끼 침팬지를 어미로부터 떼어내기 위해 어미 침팬지를 죽였다고 한다.(Cassidy & Davy 1989) 당시 소련에서는 과학자들이 모스끄바 거리에서 유기견을 포획했다. 냉전으로 심화된 미국과 소련 양국의 문화적 이데올로기에서 우주 식민지화는 국가주의적 자부심이었고, 비인간 동물의 "희생"은 "유인" 비행에 선행되어야만 하는 것으로 여겨졌다.3

1948년 6월 11일 뉴멕시코주에 있는 미국 화이트샌드 시험장US White Sand Proving Ground에서 앨버트 1세Albert I라는 이름의 붉은털원숭이가 최초의 포유동물로 우주로 발사되었다. 이후 앨버트 1세부터 6세로 명명된 일련의 붉은털원숭이들이 계속해서 우주로 발사되었다. 이 원숭이들은 모두 지구로 복귀하는 중 충격으로 죽거나 회복과정에서 열사병으로 사망했다. 1959년에 최초로 생존한 미국 원숭이인 에이블(Able, 붉은털원숭이)과 베이커(Baker, 다람쥐원숭이)는 곧이어 1961년에 침팬지 햄(Ham, 1월 31일)과 에노스(Enos, 11월 29일)와 함께 다시 우주비행에 올랐다. 원래 별명이 '촙촙챙'Chop Chop Chang인 침팬지 65번에게는 공식이름이 주어지지 않았다. 하지만 그가 우주비행에서 17분간 생존했다는 것이 분명해지자 비로소 우주침팬지 프로그램이 개발된 홀로만 우주-의학연구소Holloman Aero-Medical Research Lab의 첫글자를 따 햄Ham이라는 공식이름이 주어졌다. 또한 그의 이름 햄에서 "노아의 막내아들이자 흑인 외아들인 햄을 불가피하게 떠올리게 된다"는 점에서 그의 이름은 우주 프로그램 언어에 담긴 "충격적인 인종차별주의"의 사례가 된다. 그리고 이 사례는 과학 실행과 과학자의 정체성이 가부장적으로 구축됨을 보여준다.(Haraway 1989, 137~38면)

우주경쟁의 팬들은 햄의 비행이 1961년 앨런 셰퍼드Alan Shepard의 첫 '유인' 미국 준궤도 비행에 필요한 선례였으며, 에노스가 3시간 넘게 보여준 2회의 궤도 시연도 1962년 존 글렌John Glenn의 첫 미국 궤도 비행을 위한 선례라고 주장해왔다. 하지만 사실 이 영웅적인 인간 우주비행 자원자들은 강제로 발사된 침팬지 전임자의 손자국을 뒤따랐을 뿐이다. 비인간 동물들이 '충돌 테스트용 인형들'처럼 사용되지 않았다면, 그리고 매번의 시험비행이 컴퓨터, 한명의 인간 모델, 혹은 희생정신을 지닌 고도로 훈련된 인간 자원자에 의해 조종되어야만 했다면, 과연 우주경쟁은 어떤 식으로 진행되었을까?4 우주탐사에 이용되어 종종 파괴되어버린 동물의 목숨이 대체로 무심하게 취급되었다는 사실은 그들의 죽음을 묘사한 다음의 문서에서 알 수 있다. 희생된 붉은털원숭이인 앨버트 6세는 '요릭'Yorick이라는 별명을 얻었다.(셰익스피어 희곡 『햄릿』에 등장하는 묘지장면에서 햄릿이 요릭이라는 죽은 궁중 광대의 해골을 들고 읊는 독백을 암시한다.)5 어느 미공군이 갖고 있던 사진에는 고무로 만든 쥐 세마리, 조화, 꽃병과 함께 작은 추모식 장면이 담겨 있다. 이 사진 속 카드에는 '고인이 된 디스커버러 3호의 우리 친구들에게 진심으로 애도를 표합니다. 원숭이 부대로부터'라고 적혀 있다.(Burgess & Dubbs 2007, 186면) 로켓비행에서 발생할 수 있는 '고중력'g-force이나 가속 및 급격한 감속의 효과를 시험하고자 침팬지, 곰, 돼지 들을 다양한 자세로(똑바로 앉거나, 눕거나, 머리를 거꾸로 하거나, 앞을 보거나, 뒤를 향하거나) 묶어두었다. 이들은 치명적인 속도로 트랙을 타본 경험이 없는 사람들의 관점에서 만들어진 '지휘즈'Gee-Whizz, '소닉 윈드'Sonic Wind, '프로젝트 우시'Project Whoosh 및 '데이지 트랙'Daisy Track이라는 기발한 명칭의 썰매 위에 안전벨트를 하거나 하지 않은 상태로 묶여 있었다. 사진에 찍힌 돼지 한마리는 (똑바로 앉아 뒤쪽을 바라본 채) 충돌 시뮬레이션 장치에서 머리가 한쪽으로 기울어져 있고(사진에 찍힌 동물이 죽었는지, 살았는지, 테스트 전인지 후인지 확실하지 않음), 벨트 끈 아래 두 다리 사이에는 '프로젝트 바비큐, 가동 #22 , 1952년 8월 5일'이라고 적힌 메모가 있었다. 이 메모는 공군 과학자들이 고통받다 죽은 돼지를 부검 후 요리해 먹었다는 사실을 알려준다.(같은 책 105면) 이러한 항공과학자들의 동물 취급 방식에 담긴 수사학은 과학자들과 진행 중인 과학 프로젝트의 지배, 모험, 무감각한 정체성을 강화시킨다.

미국이 원숭이들로 실험을 하는 동안 소련은 유기견들로 실험을 했다. 과학자들은 암컷이 소변 볼 공간이 덜 필요하고 우주비행 훈련도 더 쉽게 받을 수 있기 때문에 모스끄바 거리에서 주워 온 작은 몸집의 암컷 유기견을 선호했다. 포획된 개들은 좁은 공간에 갇혔고, 극도로 시끄러운 소음과 진동에 노출되었으며, 새로 만든 우주복을 입었고, 모든 테스트는 비행 중 개들이 겪을 수 있는 모든 것을 체험할 수 있도록 설계되었다. 모스끄바에서 최초로 우주로 발사된 개들인 찌간Tsygan과 데지끄Dezik는 1951년 7월 22일 우주에 도달했지만 궤도를 돌진 않았다. 그러나 그 개들은 우주비행에서 돌아와 성공적으로 회복된 최초의 포유류였다. 소련은 그후 몇년 동안 많은 개를 궤도 이하 비행에 투입하여 적어도 네마리가 사망했지만, 소련 과학자들은 냉전경쟁에서 미국을 이기고 대기권 외 궤도로 진행하기 위해 약간의 '희생물'을 만드는 데 열중했다.(Kemp 2007) 1957년 11월 3일 러시아혁명 40주년을 기념하기 위해 니끼따 흐루쇼프 제1서기장의 요청과 수석 엔지니어 세르게이 빠블로비찌 꼬로레프Sergei Pavlovitch Korolev의 명령으로 약 6킬로그램 무게의 세살 된 암컷 유기견이 스푸트니크 2호에 탑승되어 지구궤도로 진입하기 위해 발사되었다. 원래 이름은 꾸드랍까(Kudryavka, '작은 곱슬머리')고 나중에 라이까(Laika*)로 이름이 바뀐 이 유기견은 작은 사모예드허스키로 순종적이고 침착한 성향 때문에 선택되었다. 스푸트니크 2호는 스푸트니크 1호의 성공이 국제적 찬사를 받은 후 즉흥적으로 불과 한달 만에 만들어졌기에 소련 엔지니어들로서는 그 개의 귀환을 위한 대책을 설계할 시간이 없었다.

소련 과학자들이 자신들의 의무에 대해 갈등을 겪었다는 증거는 라이까가 발사되기까지 이어진 사건들 속에 기록되어 있다. 당시 개 조련사 중 한명이던 블라지미르 야즈돕스끼Vladimir Yazdovsky가 아이들과 놀도록 라이까를 집으로 데려왔는데, 나중에 그는 미션에 대한 자신의 견해를 이렇게 썼다. "나는 라이까에게 뭔가 좋은 일을 해주고 싶었다. 하지만 라이까에게는 남은 시간이 별로 없었다."(Oulette 2011) 발사하기 전 3일 내내 라이까는 생명유지시스템을 모니터링받기 위해 1957년 10월 31일부터 우주 캡슐 속에 묶여 있었다. 발사일인 11월 3일에 야즈돕스끼와 의료진은 엔지니어들에게 라이까가 탄 캡슐을 감압해야 한다고 설득한 뒤, 이를 틈타 라이까에게 마지막으로 마실 물을 제공했다.(Burgess & Dubbs 2007, 159면) 이러한 행동들은 냉전 민족주의에 대한 복

* 라이까의 원래 이름(별명)은 '작은 곱슬머리'(Little Curly)라는 뜻의 '꾸드랍까'였는데, 라디오 방송에서 짖는 바람에 '라이까'(Laika)로 불리게 되었다. 라이까는 러시아어로 '짖는다'는 뜻이다.

종과 문화적으로 구성된 남성적 과학 아래 억눌린 '연루된 공감'entangled empathy이 심리적 갈등과 정서적 혼란을 초래했음을 시사한다.(Gruen 2012)

그러나 전세계적으로 이러한 상황을 주시하고 있던 대중들은 그렇게 복종적이지 않았다. 스푸트니크 2호에 탑승한 라이까의 발사 소식이 언론에 발표되자마자, 전세계 동물복지단체들이 분노와 슬픔을 공개적으로 표출했다. 영국에서는 소련대사관 앞으로 시위대가 집결했고, 국립개보호연맹은 라이까가 궤도에 있을 것으로 추정되는 시간 동안 매일 1분간의 침묵을 촉구했다. 처음에 기만적인 소식을 내보냈던 소련 뉴스매체들은 라이까를 지구로 돌아오게 할 계획이 없다는 사실을 곧 인정해야 했다. 그리고 라이까가 며칠 동안은 건강을 유지했을 거라고 보도했지만, 40년이 지난 후 마침내 모스끄바 생물문제연구소의 디미뜨리 말라셴꼬프Dimitri Malashenkov는 라이까가 스트레스를 받고(심박수가 정상 박동수의 3배까지 상승) 체온이 급상승하여 고통스럽고 끔찍한 죽음을 맞이했을 것이라는 사실을 인정했다. 1998년, 개 훈련을 담당했던 소련 과학자 중 한명인 올레크 게오르기비찌 가젠꼬Oleg Georgivitch Gazenko는 "시간이 지날수록 그 일에 대해 미안한 마음이 든다. 라이까의 죽음을 정당화할 만큼 우주 발사 미션으로부터 우리가 배운 것은 많지 않다"(Oulette 2011)라고 인정했다.

스푸트니크 2호에 바로 뒤이어 소련의 국가주의자들은 라이까의 포획, 감금, 죽음을 일련의 영웅주의적 행위로 구성하려고 시도했다. '용맹스럽고 밝은 기운을 뿜어내는' 라이까의 모습과 함께 우주기구에서 발행한 사진들이 몽골과 루마니아의 우표와 기념품에 실렸다. 우주정복자 기념비가 모스끄바에 건립되어 1964년 10월 4일에 공개되었는데,

기념비에는 우주선용 벨트를 찬 채 머리를 돌리고 있는 라이까의 모습이 잘 새겨져 있다.(Kemp 2007)[6] 미국의 우주 프로그램조차도 이런 영웅주의에 무관심하지 않아, 나사는 화성에서 채취한 토양 샘플에 라이까의 이름을 붙였다. 그러나 양국가의 우주경쟁에서 국가주의자들은 우주탐험에서 죽은 동물들에 대해 어처구니없는 방식으로 감사를 표시했다. 박제사들은 동물로는 최초로 지구궤도를 돈 뒤 살아서 귀환한 스트렐까Strelka와 벨까Belka를 박제했으며, 그 박제품은 현재 모스끄바의 우주항행학 기념박물관에 전시되어 있다. 햄의 유해는 뉴멕시코주에 있는 우주역사박물관의 국제우주항공 명예의 전당International Space Hall of Fame 입구에 묻혔다. 그리고 우주경쟁이 끝난 후 미공군은 1970년대에 홀로만 공군기지에 남아 있던 침팬지들을 의학연구소에 대여해주기 시작했으며, 1997년에는 우주침팬지들을 바이오의학 테스트 시설인 콜스턴재단으로 '은퇴'시켰다. 이 재단은 침팬지 학대에 관한 끔찍한 기록을 남긴 곳으로 알려져 있다. 수년에 걸친 미국 농무부의 조사로 콜스턴재단이 수많은 동물복지 규정을 위반한 것이 밝혀졌으며, 한때 그곳에 있던 침팬지 300마리를 압수하기도 했다. 마침내 캐럴 눈Carole Noon 박사가 제인 구달과 로저 파우츠Roger Fouts 박사의 지원을 받아 이 우주침팬지들을 생추어리로 데려왔다.[7] 동물들의 죽음 후 등장한 이런 영웅서사는 결국 과학의 이름 아래 자행된 종차별주의와 동물의 고통을 숨기지 못한다.

최근 아동문학과 미디어에 다시 등장하는 이런 이야기들은 많은 사람이 햄, 에노스, 라이까의 처우에서 느꼈던 불편함을 보여주어 그런 비통한 과거를 추적하고 체감할 수 있도록 만들고자 노력 중이다.[8] 라이까의 '편도 비행' 50주년이었던 2007년에는 우주침팬지 햄의 삶을 상세하게 다룬 제임스 바이닝James Vining의 그래픽노블 『최초의 우주비행』 *First in Space*이 출판되었다. 이 책과 함께 라이까에 관한 두권의 아동도서인 닉 아바드지스Nick Abadzis의 『라이까』*Laika*와 잰 밀샙스Jan Milsapps의 『망가진 개』*Screwed Pooch*가 출판되었는데, 일부 이야기는 라이까의 관점으로 서술되어 있다. 이 책들은 우주에서 죽을 줄 알면서 발사된 최초이자 최소한 공식적으로는 유일하다고 알려진 생명체였던 라이까의 포획, 훈련, 선발로 이어진 냉전이라는 역사적 사건과 우주경쟁을 자세히 다룬다. 아바드지스의 소설에 명확하게 묘사된 것처럼 소련 우주계획의 창시자 꼬로레프는 흐루쇼프 제1서기장에게 자신의 애국심을 증명하기 위해 스푸트니크 2호에 개를 넣어 보내는 데 동의했다. 꼬로레프는 사보타주를 했다는 근거 없는 혐의로 근 8년을 스딸린의 강제수용소에서 보냈다. 그후 그는 소련 우주 프로그램에서 출세가도를 달렸고, 자신의 열정, 지성, 야망으로 존경을 받았지만, 잘못된 사보타주 혐의에 대해서만큼은 아직 사면되지 못했다. 아바드지스의 묘사 중에서 특히 통찰력 있는 한 장면은 라이까와 독백을 하도록 꼬로레프를 우주개가 갇혀 있는 우리로 끌어들인 부분이다. 우리 안에서 꼬로레프는 자신의 감금경험을 떠올리며 라이까의 감금과의 유사성을 인식하지만 라이까를 풀어줄 수는 없다고 결론 내린다. 여전히 가석방 상태인 그는 자신의 자유를 암캐 라이까의 죽음을 통해 얻게 될지도 모른다고 믿는다. 그리고 그 댓가로 라이까를 개에게는 별로 중요하지 않은 평판인 '역사상 가장 유명한 개'로 만들어주겠다고 약속한다.(Abadzis 2007, 132면) 이 장면 다음에 아바드지스가 만든 허구적 인물인 라이까의 조련사 옐레나 두브롭스끼Yelena Dubrovsky가 등장하여 앞선 장면과 대조적으로 이 이야기에서 윤리적 관심을 환기시킨다. 옐레나는 꼬로레프에게 다른 개를 선택하라고 종용하며, 이를 위해서는 '무엇이든' 하겠다는 제안을 하는데, 이것이 암시하는 바를 꼬로레프는 알아차렸다. 옐레나는 남성주의 과학의 남성 지배적 체제 속에서 소모되는 한명의 여성으로서 연루된 공감과 국가주의자의 충성심 간의 갈등을 보여준다. 로리 그루언(Gruen 2011)은 이런 공감을 "지혜와 관점의 습득이 필요하고, 더 중요하게는 공감자가 윤리적 행동을 하도록 동기를 부여하는" 것으로 정의한다. 아바드지스의 우주개 이야기는 허구적 인물인 옐레나의 입을 통해, 또한 라이까의 죽음으로 수렴되는 학대의 순환이라는 주제를 통해, 우주탐사 과학과 그 문화적 이데올로기를 비판적 에코페미니즘 관점으로 읽어내도록 한다.

우리는 이러한 사건들이 발생한 지 50년이 지나서야 우주로 발사된 구체적인 개별 동물들의 포획, 감금, 훈련, 죽음에 이르는 실제 삶이 어떻게 우주탐사에 대한 현란한 소재와 담론적 수사학으로 인해 뒷전으로 밀려났는지 더 잘 알 수 있게 되었다.[9] 『우주로 발사된 동물들』*Animals in Space*의 공저자(Burgess & Dubbs 2007)들조차 다음과 같이 회상한다.

> 1957년 11월 어느 날 밤, 시끄러운 [보이스카우트] 어느 분단이 정해진 시각에 스카우트 홀에서 밖으로 나왔다. 이들은 청명하게 밝은 밤하늘 아래 모여 서서 분단장이 진득하게 들려주는 라이까와 스푸트니크 2호에 대해 들었다. 갑자기 그는 흥분하여 어두워진 지평선 위를 가리켰고, 우리는 하나의 아주 작은 바늘 모양의 빛이 조용히 그리고 장엄하게 호주 동부해안의 별이 빛나는 창공을 가로지르는 광경을 바라보자마자 금세 경외심에 빠져들었다.(Burgess, xvii~xviii면)

> 우주선을 탄 개의 이미지가 어떻게 어린 시절의 상상력에 지워지지 않을 불을 지폈는지 아무리 과장해도 지나치지 않는다. 열한살이던 당시의 나로서는 이해할 수 없었다. 그것은 너무나 참신하고 비범한 성취여서 내가 지닌 어떠한 지식 토대에도 들어맞지 않았다. 그것은 가히 신화적이었고, (…) **나는 라이까의 운명에 대해 괴로워하기보다 라이까에게 주어진 특별한 경험에 대해 더 경탄했다.**(Dubbs, xix면. 저자 강조)

불꽃놀이와 마찬가지로 하늘을 가로지르는 우주 캡슐은 찬양과 영웅주의의 시각적, 물질적 서사를 제공했다. 이것은 특히 서구 유럽의 지배적인 남성성을 구축하는 데 적절했고, 사용된 이미지는 소년들과 공군 과학자들을 똑같이 매료시켰다. 침팬지의 아기용 시리얼 식단과 기저귀에서부터 '테두리에 전자장치가 달린, 마치 요람처럼 보이는 체형 맞춤형 소파'에 에노스를 넣어놓은 '다정한 기술자 팀'에 이르기까지, 큰 키에 흰색 연구실 가운을 걸친 인간 남자들과 작은 키에 기저귀를 차고 원격측정기가 이식된 어린 포유동물 간의 이러한 시각적 대조는 냉전시대 과학의 남성성을 강화했다. 또한 미국과 러시아에 걸쳐 '아버지가 가장 잘 안다'Father Knows Best는 백인 가부장들의 권위주의적 입지도 강화했다.[10] 라이까 조련사 중 한명인 가젠꼬는 라이까가 사망한 지 40년이 지난 뒤에야 "우리는 개들을 말 못 하는 아기 취급했다"(Abadzis 2007, 201면)고 시인했다.

인간에게 주요 관심이 되는 정보를 얻고자 다른 동물들의 몸과 생명을 이용하는 실험들은 1970년대의 동물권 이론과 1980년대의 동물 에코페미니즘이 발전시킨 비판에 의해 오래전부터 폭로되어왔다. 이들의 폭로에 의하면 동물실험은 더 적은 비용의 비동물 대안과 비교해볼 때 종종 반복적이고, 고통스럽고, 무섭고, 불필요하다. 20년 후에는 마침내 이런 점을 인정하는 학술 이론도 등장하게 된다.[11] 이런 과학실험을 작동시키고 정당화하는 것은 과학적 연구방법, 방법론, 인식론이라고 '여겨지는' 것에 대한 어떤 믿음이다.(Harding 1987) 과학에 대한 페미니즘 접근법은 전통적인 (남성중심적) 과학과는 다르다. 그것은 단지 여성을 연구원이나 연구가치가 있는 주제로 과학에 '추가'하는 것이 아니라, 과학의 이런 핵심적인 믿음에 대해 페미니즘은 다른 방식으로 접근한다는 것이다. 페미니즘 방법론은 과학연구에 대해 행동주의적 접근, 즉 실천을 요구한다. 그것은 특히 연구대상이 되는 주변화된 개인들과 집단들에 대한 이해를 증진하고 이들의 실질적 물적 조건들을 개선하기 위한 정보를 탐색하는 것이다. 따라서 페미니즘 방법은 여성 및 다른 주변화된 존재의 경험과 관점이 담긴 자료를 얻기 위해 페미니스트 과학자들에게 '경청할 것'을 요구한다. 또한 전통적인 과학자들이 이런 자료를 어떻게 설명하는지 '비판적으로' 듣고 그들이 '중요하다고 생각해본 적 없는' 정보를 찾아낼 것을 요구한다.(같은 글 2면) 마지막으로, 페미니스트 과학자들은 무엇이 지식으로 간주되는지, 누가 '지식을 아는 자' 혹은 '지식의 행위자'가 될 수 있는지 묻고, 과학자의 진정한 정체성을 의미 있게 재구성한다. 그들은 합리주의 과학의 초연하고, 권위적이며 '맥락이 증발된' 객관성과 이성-감정의 가치 이원론을 모두 거부하고, 주관성과 객관성이 분리될 수 없음을 강조한다. 그래서 연구자와 연구대상자를 같은 비평적 차원에 놓고, 연구 프로젝트에서 양쪽 입장의 '권위'를 모두 함양한다.(Keller 1985; Hubbard 1990; Birke 1995; Mayberry, Subramaniam & Weasel 2001) 페미니스트 과학자들은 인간의 상호주관성, 이성, 감정 간의 근본적인 관계적 특성을 연구의 자산으로 간주한다.

에코페미니스트들은 오래전부터 고도로 성별화된 이성-감정 이원론과 개인보다 집단을 우위에 두는 것을 거부해왔다. 후자는 피터 싱어(Singer 1975)의 공리주의 윤리뿐 아니라 개체에 대한 공감과 돌봄을 더 넓은 인지적 관점이나 '전체'에 종속시키는 '총체주의'holism 환경윤리의 특징이기도 하다.(Kheel 2008) 오히려 에코페미니즘과 페미니즘 동물연구 학자들은 윤리의 기반을 돌봄, 연민, 동정, 공감의 언어를 사용하여 관계적 상호정체성에서 나오는 감정과 이성에서 찾는다.(Donovan & Adams 2007; Gruen 2014; Donovan 1990, 2014) 이들은 여성, 어린이, 비인간 동물에 대한 학대와 같은 다양한 억압체제, 그리고 인종주의, 성차별주의, 종차별주의, 또는 토착민, 비이성애적 행동, 자연에 대한 억압의 연결고리들에 주목한다.(Adams 1995; Gaard 1997a; Garbarino 2007; Harper 2010; Kemmerer 2011) 끝으로 이들은 이를테면 송아지를 '송아지고기'라고 말하는 것처럼 비인간 동물의 고통과 죽음을 슬그머니 회피하는 언어를 거부한다. 또한 우주왕복선에 갇힌 살아 있는 동물에 대해 '탑재물'payload이라는 용어를 사용하는 것에서 볼 수 있듯이 전통 과학의 특정한 인간중심주의가 보여주는 정서적 거리두기의 언어도 거부한다. 우주비행에서 살아남지 못할 수도 있는 침팬지를 '촙촙챙'과 '65번'으로 부르고, 과학에 이용되는 동물의 포획, 감금, 훈련, 생체 해부, 죽음을 '희생'으로 칭하며, 라이까의 죽음이 소련 우주과학자들의 행위로 인해 생긴 일이 아니라 마치 존재 자체에 원래부터 내재된 것인 양 라이까의 '운명' 혹은 '숙명'이라고 부르는 것이 그 예다.

그동안 지속적으로 실행되어왔던 우주탐사의 반페미니즘적·반생태적 특성들은 여기서 설명한 우주 프로그램의 경제학, 방법론 및 윤리학에서 충분히 명백하게 드러난다. 제2차 세계대전 이후 우주탐사기금은 우주탐사의 혜택이 모든 인류에게 적용될 것이라고 줄기차게 주장하며 정부기금이 다른 공공 프로젝트로 가지 못하도록 가로챘다.[12] 그러나 러시아와 미국 간의 냉전시대 우주경쟁은 그러한 주장이 거짓말이라는 것을 보여주었다. 인도주의보다는 남성주의, 국가주의, 식민주의가 더 강력한 동기였다.

바이오스피어 II 프로젝트: 지구 안의 우주로의 탈주

몸통 없는 거대한 다리 석상 두개가
사막에 서 있다네. 그 곁에는 부서진 두상이
모래 속에 반쯤 묻혀 있다네, 꽉 다문 입술과
입가의 차가운 위엄은 말해주노라.
조각가가 왕의 얼굴에 비친 열정을 잘 읽어내어
생명도 없는 돌에 새겼지만 그 열정 오늘까지 살아남았다네…

—퍼시 비시 셸리, 「오지만디아스」(Ozymandias, 1818)

러시아의 '우주개'cosmodogs와 나사의 '침팬지우주비행사'himponauts를 바이오스피어 II 프로젝트와 연결하려면 먼저 우주탐사라는 테마와 '최초'가 되려는 식민화의 욕망을 고려해야 한다. 우주에도 최초, 지구 궤도 비행에도 최초, 우주로 인간을 보내는 데도 최초, 달 착륙에도 최초, 우주에서 여자 비행사로도 최초가 되려는 욕망이 그 예다. 그뿐 아니라 우주탐사 미션에 동물을 가두는 점에 대해서도 경쟁적이었다. 우주로 보낸 개나 침팬지 중 누구도 '최초'와 명성에 대해 조금의 관심도 없었다. 마찬가지로 인간동물의 먹거리로 바이오스피어 II에 함께 갇힌 동물들도 애리조나주 오러클에서 진행된 수백만 달러짜리 실험에 관심이 있거나 그것에서 혜택을 받지 못했다. 저명한 영장류학자인 제인 구달은 이 두 실험 프로젝트에 대해 이렇게 말했다. 먼저 우주침팬지 햄이 지구로 돌아왔을 때 보여준 행복한 미소는 실제로는 침팬지가 이를 전부 드러냄으로써 '가장 극한의 공포'를 표현한 것으로 설명했다. 또한 2년짜리 격리 실험의 중간 시점에 있는 바이오스피어 대원들의 경우 그들의 감금상태는 '무슨 일이 일어나고 있는지, 또는 어떻게 대처해야 하는지를 이해할 정신 능력도 없이' 감금된 침팬지가 체험하는 것보다 훨씬 더 경미할 것이라고 책망했다.(Cassidy & Davy 1989) 그러나 구달이 거의 1년 후 다시 돌아와 바이오스피어 대원의 2년간의 격리 실험 종결을 위한 마무리 연설을 했을 때(그래서 그 임무가 20분 연장되었을 때) 대원 한명이 "제인, 우리 인간 유인원도 이 우리에서 내보내줘!"라며 화가 나서 말했다.(Poynter 2006, vii면) 구달이 자발적 감금과 비자발적 감금의 차이에 대해 설명한 것을 사람들은 이해하지 못했다. 그러나 남성화된 우주과학의 인간 문화적 개념에 복속하기 위해 동물과 인간의 신체를 가두는 것의 유사점은 탐구해볼 만한 문제다.

바이오스피어 II는 1960년대 우주왕복선 미션의 연장선상에서 구상되었고, 두가지의 장기적인 의도 아래 세워졌다. 그 의도란 인간이 미래에는 지구에서 거주할 수 없을 것을 예상하여 인간이 살 수 있는 지구를 닮은 피난처를 개발하고, 나아가 "화성 정착지의 성공적인 건설과 운영을 가능하게 해줄 최초의 모델과 데이터"를 제공하는 것이다.(Allen 1991, 75면) 시너지아 목장Synergia Ranch* 커뮤니티의 카리스마 넘치는 리더이

* 1969년에 미국 전역의 선각자들이 뉴맥시코주 샌타페이 인근에 토지를 매입하여 '시너지

자 바이오스피어 II의 선지자인 존 앨런John Allen은 바이오스피어를 "핵전쟁이나 다른 재난으로부터 대피할 소수의 엘리뜨들을 위한 피난처"로 구상했다. 그는 "고등생명체는 산속 동굴에서 자체의 에너지 자원으로" 생존할 수 있고, "하늘이 다시 깨끗해지면" 지구로 돌아와 "온전한 삶을 살" 수 있으리라 믿었다.(Broad 1991) '바이오스피어 대원'인 마크 넬슨Mark Nelson과 앨런이 함께 쓴 『스페이스 바이오스피어』*Space Biospheres*에서 두 사람은 바이오스피어 II를 만든 주요 동기에 대해 이렇게 설명했다. "바이오스피어 II는 (…) 바이오스피어(지구생태계인 '바이오스피어 I'을 의미)를 지원하여 지구행성을 벗어나 태양계 내의 잠재적인 생명체 거주 지역으로 진화하는 것을 돕는" 데 있다고 설명했다.(Allen & Nelson 1989, 3면) 이들은 '바이오스피어 I'은 '우주선 지구'Spaceship Earth로, '바이오스피어 II'는 지구와 같은 또다른 우주선으로 묘사하는 은유를 통해 이 프로젝트가 자연스럽게 보이도록 만들었고, 이는 제작자들의 오만함을 드러낸다. 이 프로젝트에 참여한 로이 월포드Roy Walford 박사는 이것을 "항공모함 위의 에덴동산"으로 불렀고, 『타임』은 심지어 "노아의 방주: 속편"이라고 불렀다. 이 두 은유는 앨런과 그의 동료들이 펼칠 수 있다고 생각한 성스러운 창조주의 장엄함을 가리킨다.(Smith 2010) 이런 공언에도 불구하고 바이오스피어 II는 근본적으로 반생태적 프로젝트였다. 인구, 소비, 폐기행위 사이의 균형을 유지하고 이런 생태시스템에 영향을 주는 경제적, 정치적 힘에 도전함으로써 살아 있는 생태계를 풍요롭게 만들 방법을 찾는 대신, 바이오스피어 II는 '잘려나간 서

아 목장'(Synergia Ranch)이라고 명명했다. 이 목장은 발명가, 창조가, 예술가, 디자이너, 그리고 바이오스피어 II 프로젝트 운영자들의 혁신과 은둔의 중심지가 되었으며, 지금도 바이오스피어 연구와 개발을 계속하면서 생태기술과 예술작업의 융합을 주도하고 있다.

사'(Kheel 1993)의 사례가 되었다. 그 서사는 영웅적 남성주의 이데올로기와 기술 및 환경과학의 결합으로 생겨났으며, 환경경제학, 환경윤리학, 비판적 동물학, 환경정의, 기후정의, 먹거리정의Food justice 및 생태심리학과 같은 환경인문학의 지식과 관점을 취하지 못한 채 신자유주의의 틀 안에서 작동한다. 티머시 루크Timothy Luke가 적은 대로 바이오스피어 II는 "'지속가능성'이 순전히 기술적이고 관리적인 문제로 인식될 때 '지속가능한 발전'이 우리를 어디로 이끌지를 조금이나마 엿볼 수 있게 했다."(Luke 1995, 159면)

이 프로젝트의 실현 동력은 처음부터 과학이 아니라 이데올로기와 돈에서 나왔다. 즉 텍사스주의 억만장자이자 석유와 부동산 자산의 상속자인 에드 바스Ed Bass가 어떤 정부기관이 지원할 수 있는 금액보다 더 많은 2억 달러의 자금을 결국 이 프로젝트에 지원했다. 그는 1984년에 마그렛 오거스틴Margret Augustine, 앨런과 함께 '스페이스 바이오스피어 벤처'Space Biospheres Venture, SBV를 만들었다. 앨런은 카리스마 넘치는 지도자로 생태기술연구소Institute of Ecotechnics를 이미 설립해본 적이 있었다. 그는 1960년대의 주요 가치였던 공동체 생활, 명상, 연극, 그리고 벅민스터 풀러Buckminster Fuller가 주창한 시너지 개념과 '우주선 지구'라는 관점에서 영감을 받았다. 런던의 한 아트갤러리 위층에 있던 생태기술연구소는 세계 전역의 프로젝트들과 관계를 맺게 되었다. 가령 뉴멕시코주 샌타페이 근처의 시너지아 목장뿐 아니라 대양을 항해하는 '연구' 선박 헤라클레이토스Heraclitus, 호주의 오지 퀀번다운스Quanbun Downs에 있는 대규모 목장, 그리고 포트워스Fort Worth 시내의 공연예술센터 꿈의 캐러밴Caravan of Dreams과도 연결되었다. 그 결과 생태기술연구소는 연구소가 없었더라면 대학 교육을 받지 못했을 바이오스피어 II

의 많은 직원들에게 '학위'를 수여했다. 가령 바이오스피어 II의 '공동 건축가'인 오거스틴은 생태기술연구소 졸업장을 제외하면 건축 교육을 전혀 받지 않았던 것으로 알려졌다.(Siano 1992, 41면) '꿈의 캐러밴'에서 받은 연극 교육으로 바이오스피어 대원들은 바이오스피어 II라는 연극에 대해 잘 알게 되었다. 앨런의 공저자이자 확고한 시너지스트인 넬슨은 한 동료에게 이렇게 말했다고 알려졌다. "완수할 필요가 있는 임무를 완수하기 위해서는, 우리가 해야 할 일이 무엇이든 그 일을 하고, 해야 할 역할이 무엇이든 그 역할을 연기한다." 제인 포인터Jane Poynter에 따르면 이런 식의 접근은 "누가 어떤 자격을 갖추고 있는지에 구애받지 않는 대신 그 사람이 해당 역할을 얼마나 유능하게 잘하는지에 초점이 있기"에 '해방적'이다.(Poynter 2006, 237면) 바이오스피어 II에서 시너지스트들은 "선장, 농업 책임자, 의사 또는 분석화학자"의 역할을 했고, "발사 날짜", "미션 통제Mission Control"와 같은 용어와 부츠와 색을 맞춘 붉은 산호색 우주복을 갖춘, 마치 나사NASA 같은 연극을 연출했다.(Cooper 1991a)

시너지아 커뮤니티 모임과 연관된 많은 사람들이 바이오스피어 II 내부 여행에 필요한 준비와 자격을 얻기 위해 헤라클레이토스호에 올라 돌아다녔고, 호주 오지의 대목장에서 시간을 보냈으며, 그외 시간에는 앨런과 오거스틴의 리더십 팀으로부터 초대받은 곳에서 지시받은 대로 생활했다.13 이 열성적인 참가자들은 여섯개의 생물계로 구성된 노아의 방주를 만들기 위해 인간의 삶과 에너지 전환 과정에 필요한 전세계에서 선별된 대표 생물종을 수집했다. 여섯개 생물계에는 열대우림, 인공 파도와 진짜 같은 산호초 대체물이 있는 바다, 바다와 강을 이어주는 하구습지, 세개의 대륙에서 가져온 식물들이 있는 사바나, 네개의 대륙에서 온 식물이 있는 사막, 식물과 물고기, 염소, 돼지, 닭 등의 동물을 모두 포함한 농업지대가 있다. 인간 구역에는 공적 공간과 사적 공간이 있으며, 지상에는 도서관과 주방이 있고, 지하에는 바이오스피어 II 시스템의 '허파'인 모든 모터가 작동하는 '테크노스피어'technosphere가 있다.

바이오스피어 II는 표면적으로는 공기와 쓰레기를 모두 재활용하는 자족적인 시스템의 실행가능성을 테스트하는 2년짜리 프로젝트로 구상되었다. 하지만 이 프로젝트는 곧 사회적, 심리적 장벽은 물론이고 물질적·과학적 장벽에도 부딪혔다. 단 12일 만에 여덟명의 '바이오대원'bionauts 중 한명인 포인터는 실수로 탈곡기에 손가락 끝이 잘려 치료를 받기 위해 6시간 반 동안 밖으로 대피해야 했다. '봉쇄'되기 직전 일주일간의 시뮬레이션에서조차 이산화탄소 최저치는 554피피엠에 도달했는데, 이는 기묘하게도 바이오스피어 I에서 일어나고 있는 지구온난화현상과 거의 유사했다. 그러나 앨런은 단연코 프로젝트가 성공해야 한다고 주장하며 이러한 문제를 경시하는 등 급기야 '공포정치'reign of terror를 야기했다. 심지어 바이오스피어 대원들에게 필요한 총식량의 80퍼센트만이 바이오스피어 안에서 생산될 수 있다는 연구결과도 받아들이지 않았다.(Poynter 2006, 115~16면) 16개월이 지나자 이산화탄소 농도가 최고 4500피피엠까지 상승하고, 7톤의 산소가 '사라졌으며', 산소 수준이 15퍼센트 미만으로 떨어졌고, 상주하던 의사가 단순한 덧셈도 할 수 없는 상태가 되었다. 그제야 응급상황이 선포되었고, 산소가 추가로 투입되었다.(Cooper 1991d) 여덟명의 바이오스피어 대원들이 식량 생산과 바이오스피어 작동을 위해 주당 66시간을 일했음에도 불구하고 봉쇄 전에 예견된 대로(그리고 그 예견이 묵살된 대로) 자신들의 자급에 필요한 식량 가운데 80퍼센트만을 생산할 수 있었다. 비록 이들의 영양상태는 충분한 수준을 유지했지만 신체는 체중감소, 수면부족, 체력손실을 겪었다. 채 1년도 되지 않아 바이오스피어 대원들은 두개의 파벌 그룹으로 갈라졌다. 한 그룹은 과학적인 실제 데이터를 보고하고 여기에 대응하자고 주장한 반면, 다른 그룹은 과학 장비와 자신들의 '동물' 신체가 보여주는 물질적, 생물학적 데이터와는 상관없이 앨런과 그의 비전에 충실하자고 주장했다. 두 파벌 사이의 긴장이 너무 높아져 10개월이 지난 후부터 남은 봉쇄기간 내내 바이오스피어 대원들은 좁은 복도에서 마주쳤을 때 서로의 눈을 피하고 가슴을 벽에 바싹 붙이고 지나갔다.(Cooper 1991d) 이들 간의 긴장은 계속되어서, 일곱명의 '바이오스피어 대원'이 6개월간 봉쇄되는 두번째 '임무'를 1994년 3월 6일 시작했는데, 첫번째 임무에 참여했던 두명의 대원들이 일본에서 애리조나주의 오러클로 돌아와 4월 5일 오전 3시에 바이오스피어 II의 봉인을 부숴버릴 정도였다. 이 침입사건은 바스가 앨런과 오거스틴으로부터 프로젝트 통제권을 잡은 지 3일 후에 일어났다. 앨런과 오거스틴은 바이오스피어 II를 운영하면서 수백만 달러의 재정을 잘못 관리하고 과학적 조언을 거부했다. 2011년 6월 27일자로 애리조나 주립대학교가 바이오스피어 II를 인수하여 관리하기 시작했고, 지금은 "B2, 과학이 살아 있는 곳"이라는 명칭으로 불린다.

바이오스피어 II가 반생태적임을 시사하는 증거로는 무엇이 있을까? 첫째, 미션의 목적이 여기 지구의 환경문제를 해결하는 것이 아니라 우주를 식민지화하고 자본화하는 데 있었다. 앨런과 넬슨은 『스페이스 바이오스피어』의 서문에서 자신들의 목표는 "바이오스피어[지구의 생태계]가 지구행성을 벗어나 태양계의 잠재적인 생명체 거주 지역으로 진화하는 것을 돕는 데 있다"라고 했다. 이는 지구의 '피할 수 없는 종말'을 감안할 때 화성을 식민지화해야 하는 '역사적 명령'에 대응하는 것으로 설명된다.(Allen & Nelson 1989, 3면) 하지만 바이오스피어 II가 봉쇄되기 몇달 전인 1991년 5월 15일에 이런 역사적 필요성이 황당한 것임이 드러났다. 바이오스피어 II 주변의 1450헥타르의 상업적 목적의 개발 계획이 지역발전 기획 공무원에게 제출되었는데, 여기에는 RV 캠핑카 공원, 쇼핑센터, 주유소, 사무실, 학교, 호텔, 아파트, 골프장이 들어서 있었다.(Cooper 1991c) 제안된 커뮤니티에는 연구와 개발 지역(바이오스피어 II 건물), 환경해석센터, 학습기관, 기술학교뿐 아니라 학생, 학자, 개인, 가족을 위한 숙박시설이 포함된 생태 대중교육이 들어갈 예정이었다. 테크노과학의 민낯은 바로 자본주의의 상업용 벤처라는 점이 매우 명확하게 드러난다.

둘째, 바이오스피어 I을 재창조하기 위해 인간중심주의적인 보여주기식 토크니즘tokenism*이라는 기계론적 접근방식이 이용되었다. 이는 바이오스피어 II 안에 포함시킬 생물종으로 주로 인간에게 유익한 기능을 한다고 여겨지는 생물 4000여종을 선별한 것에서 볼 수 있다. 이런 방식은 두번의 봉쇄에서 나온 결과가 입증하듯 근본적으로 반생태적이고 지속 불가능하다. 지구행성의 생태계와 거주자들은 인간 과학자들과 물질주의 철학자들 둘 다 아직 완전히 이해하지 못한 방식과 규모로 상호작용한다. "생동하는 물질vibrant matter"과 지구 행위자들 간의 "촘촘한 그물망"(Bennet 2010)에 대한 이런 인간 과학자들의 이론은 아직 행위자들 간의 생태적으로 지속가능하고 사회적으로 정의로운 올바

* 원래는 사회적 소수자에 대한 차별을 은폐하기 위해 극소수의 구성원을 구색 맞추기용으로 기용하는 것을 의미한다.

른 관계들을 구분하지 못하고 있다. 그리고 종간의 관계, 특히 인간과 다른 동물종 간의 관계를 전부 무시하는 경향이 있다. 이러한 다양한 생태적 '내부-작용'intra-actions의 지속가능성에 주의를 기울이는 것이 매우 중요하다. 이를 비판하는 사람들조차도 바이오스피어 II의 가장 중요한 교훈은 지구를 대체할 수 있는 것은 없다는 점에 동의한다.

세번째 교훈은 식량과 연관된다. 사전에 계획된 여러 시도에도 불구하고 바이오스피어 II의 식량시스템은 비인간 동물종의 죽음이 인간 식단에 필수불가결하다고 보았다. 어느 자료에는 이런 닫힌 체계가 '화성처럼 멀리 떨어진 곳의 영구적인 기지에 필수적'이기에 '농사를 반드시 유기농으로 지어야 한다는 사실을 뒤늦게 깨달았다'는 점이 놀랍다고 적혀 있다. 즉 유기농법이 생태적 지속가능성에 얼마나 근본적인지를 인식하게 되면서 바이오스피어 II의 농업은 '녹색혁명' 기술을 버리고 유기농으로 가고 있었다.(Poynter 2006, 95, 182면) 그러나 인간-비인간 동물 간의 관계는 바이오스피어 대원들의 식단에서 전혀 고려되지 않았고, 새로운 생태적 비전에도 연관이 없다고 여겨졌다. 따라서 바이오스피어 대원들의 생태윤리는 이들이 친구처럼 여겼던 동물들을 도축하고 소비하는 행위를 반복함으로써 분명히 약화되었다. 포인터는 "동물구역에 있을 때 나는 어떻게 이렇게 훌륭한 우유, 계란, 고기를 사실상 공짜로 얻는지를 종종 생각하곤 했다. 소형화된 닭, 돼지, 염소는 인간이 먹을 수 없는 것을 먹고 살아갔다"(같은 책 183면)라고 회상한다. 포인터와 다른 시너지스트들은 이 동물들에게는 그들이 치른 목숨 비용이 결코 '공짜'가 아닐뿐더러 바이오스피어 II 시너지스트들의 실험극장에 들어가겠다고 스스로 선택하지도 않았다는 점을 생각하지 못했다. 동물 사육을 담당했던 바이오스피어 대원 포인터는 "거의 채식주의 식단으로 살아가기" 시작하면서 "동물을 도살하는 것이 갈수록 더 힘들어"졌다. 그 이유는 "자신이 이 동물들을 먹지 않을 것이라는 사실을 깨닫자 그들과 더욱 친밀하게 연결되었다고 느꼈기 때문이다."(같은 책 184면) 일단 식량 부족이 확실해지자 바이오스피어 대원들은 동료로 지내왔던 돼지들을 잡아먹기로 결정했다. 포인터는 다음과 같이 보고했다. "나는 자주Zazu와 퀸시Quincy가 죽는 것을 보면서 슬펐다. 그들을 먹는 것이 배신처럼 느껴졌다. 그들이 몇년 동안 우리와 함께 살아왔기에 마치 친구를 먹는 것과 같았다."(같은 책 228면) 그러나 그의 이런 통찰력은 오래가지 못했다.

네번째 반생태적 특징은 인간의 사회문화에 대한 충분한 고려가 없었다는 점이다. 모든 바이오스피어 대원들이 백인, 이성애자(또는 독신)이며 주로 특권층 출신이라는 사실도, 미래의 바이오스피어 역시 아마 소수의 엘리뜨들에게만 가능할 것이라는 사실도 우려할 만한 것으로 여겨지지 않았다. 『스페이스 바이오스피어』의 설명에도 나오듯이 "최초의 화성기지는 기업의 형태를 띨 것이며, 인구는 64명에서 80명 정도가 될 것이다. 만일 더 많은 인구가 도착하면 그들은 자기들만의 공동체를 만들기 시작해야 할 것이다."(Allen & Nelson 1989, 7면) 이 신규 이민자들이 그들만의 바이오스피어를 갖기 위한 자금 조달 방법으로 또 다른 억만장자를 찾을 수 있는 곳은 명시되어 있지 않다. 개인들보다 총체주의를 우위에 둘 것이기에 대인관계는 집단에 종속될 것으로 여겨졌는데, 페미니스트들은 사랑하는 동반자, 자녀, 가족, 우정 및 개인을 평가절하하는 이러한 윤리 전략을 강력히 비판해왔다. 바이오스피어 II보다 앞선 시너지아 커뮤니티의 경우 아이들을 위한 시간, 에너지, 양육은 계획에 들어 있지 않은 채 설립되었다. 두 커뮤니티의 커플들은 커뮤니티 작업과 활동에 할당된 시간이 아닐 때에만 관계 유지를 위한 시간을 보낼 것이 기대되었다.(Poynter 2006; Veysey 1973)

이러한 모든 결함을 감안해볼 때, 바이오스피어 II는 어떻게 그렇게 오랫동안 관심과 신뢰를 얻는 데 성공할 수 있었을까? 바스가 지원한 수백만 달러의 자금은 개인 과학자들과 조직들의 매수를 통해 이 프로젝트를 가시화시켰고 신용도 부여했다.[14] 프로젝트 배후에 있는 사람들은 다양한 국제기업체의 뒤를 봐주었다. 시너지아 목장(뉴멕시코주), 생태기술연구소(런던), 꿈의 캐러밴 극장(텍사스주), 스페이스 바이오스피어 벤처(애리조나주), 투자결정팀Decision Investment Team 모두 같은 직원들로 구성되었고, 같은 핵심 그룹이 통솔했다. 이 그룹은 대중매체를 매우 효과적으로 관리했고, 언론보도가 비우호적인 경우 소송으로 위협하기 위해 변호사를 고용했다. 그러나 이러한 모든 전략도 남성주의적 기술-과학의 포괄적인 문화이데올로기와 신자유주의 경제학의 울타리 바깥에서였다면 성공하지 못했을 것이다. 문화이데올로기란 과학과 기술은 인류를 어떤 위기에서든 구해내고, 심지어 우리가 지구를 쓰레기로 뒤덮어 끝장을 내더라도 대안을 내놓을 것이라는 당연한 믿음을 말한다. 신자유주의 경제학은 "제너럴모터스에 좋은 것은 국가에도 좋다"와 같은 슬로건, 다시 말해 소수의 엘리뜨/기업에 좋은 것은 국가와 지구에도 마찬가지로 이롭다는 것이다. 게다가 프로젝트/사람/조직이 돈이 많으면 그/그것은 '뭔가 일을 잘했음'에 틀림없고, 따라서 신뢰할 만하고 믿을 만하다는 내용의 슬로건에 갇혀 있는 것을 말한다. 요약하자면, 2년 동안 '우주선'에 인간을 포함한 다양한 종의 동물을 가두었던 바이오스피어 II 실험은 지구생태계와 우리의 동물적 '얽힘'을 인위적으로 흉내 내면 동물과 생태계의 건강이 심각하게 손상될 수밖에 없다는 사실을 증명했다. 전지구적 기후변화의 원인에 직면하여, 우리는 이러한 반생태적 믿음으로부터 교훈을 얻어 이런 믿음을 거부할 필요가 있다.

남성주의 컬트, 우주탈출 및 기후변화를 위한 다른 기술적 해결책

우주탐사는 1950년대와 1960년대의 우주경쟁에서 출발하여 1980년대와 1990년대의 바이오스피어 II 실험에서 동력을 얻었다. 우주탐사를 추동한 두개의 힘은 기술-과학에 대한 백인 남성주의 신념과 정부와 민간에서 조달한 엄청난 액수의 돈이었다. 1970년에 나온 질 스콧-헤론Gil Scott-Heron의 유명한 곡 「달에 간 화이티」Whitey on the Moon에는 "내가 작년에 번 돈은 그게 전부였나요(달에 간 그 화이티를 위해?) / 왜 이곳에는 돈이 없을까요?"라는 가사가 나온다. 노래에 나오는 이런 질문은 공교육, 보건, 복지와 같은 사회적 안녕에 들어갈 연방 세금이 우주탐사 프로젝트용 기금으로 전환됨으로써 노동계급과 중산층 납세자들이 누려야 할 세금혜택이 경제 엘리뜨들에게 이전되었음을 짚어냈다.

이미 1967년에 힐튼호텔그룹 총수였던 배런 힐튼Barron Hilton은 우주에 호텔을 건설할 계획을 세웠다. 1970년대 프린스턴대학교의 물리학자 제리 오닐Gerry O'Neill이 인간의 우주 거주를 위해 제안했던 것과 유사한 아이디어가 지금은 뉴스페이스NewSpace 지지자들 사이에서 선견지명으로 인용된다.(Dickens 2009; Valentine 2012) 2006년 스페이스 프런티어 재단Space Frontier Foundation, SFF에서 처음 만든 '뉴스페이스'는 스페이스X SpaceX, 버진걸랙틱Virgin Galactic, XCOR, 비글로우에어로스페이스Bigelow Aerospace와 같은 기업들의 창업주인 부유한 기업가들을 지칭하는 용어다. 이들의 주요 목표는 나사와는 별개로 우주여행을 독자적으로 계획하고 홍보하는 데 있다. 이들의 성공은 임박한 것 같다. 2010년 말 버진걸랙틱은 뉴멕시코주의 스페이스포트 아메리카에서 화이트나이트투WhiteKnightTwo의 첫 착륙을 실행했고, 2013년까지 고객을 준궤도 우주로 비행시킬 계획이었다. 드래곤 스페이스 캡슐을 탑재한 스페이스X의 팔콘 9 로켓은 2010년에 발사되었으며, 2012년 5월 25일 드래곤 스페이스 캡슐은 국제우주정거장International Space Station에 성공적으로 도킹했다.(Valentine 2012)

뉴스페이스 지지자들에게 이런 동기를 부여하는 것은 무엇일까? 피터 디킨스Peter Dickens에 따르면 우주는 자본주의의 새로운 '외부'가 되었고, 이러한 '대기권 밖 우주제국주의'는 자본주의가 처한 위기를 해결하는 '대기권 밖 공간적 해결책'으로서 새로운 투자처가 되었다.(Dickens 2009, 68면) 드와이트 아이젠하워 대통령이 만든 신조어인 '군산복합체'military-industrial complex는 이제 '군산우주복합체'military-industrial-space complex로 바뀌고 있다. 군산우주복합체는 레이시언Raytheon, 제너럴다이내믹스General Dynamics, 록히드마틴Lockheed Martin, 보잉Boeing, 노스럽그러먼Northrop Grumman과 같은 방위산업체들이 감시할 필요가 있는 새로운 적을 만들어낸다. 이를 통해 방위산업체들은 정부로부터 더 많은 기금을 받을 수 있게 된다. 냉전 때부터 시작된 제국주의자들 간의 경쟁으로 전세계는 대기권 밖의 우주를 놓고 세개의 세력집단으로 확장되었다. 그 세력으로는 '전체 스펙트럼 지배'가 국방부의 철학인 미국, 그리고 유럽과 중국이 있다. 디킨스에 따르면 다음의 세가지 주장이 "대기권 밖 공간적 해결책"을 정당화하는 데 동원된다. 첫째, 대기권 밖의 우주탐사를 통해 "순수하고 보편적이며 과학적인 지식을 획득하게 될 것"임을 호소하는 것이다. 둘째, 생태적 상태를 "모니터링"하고, 자원 고갈에 처한 세계를 위해 태양에너지를 수집하여, 시민의 자유 "보호"를 포함한 모든 혜택이 지구 환경과 전세계 인구에게 돌아간다고 주장한다. 셋째, 초기 식민주의자들로 하여금 모험을 감행할 수 있게 했던 "인간의 잠재력"을 해방시킨 것처럼 "새로운 지평을 탐험하고", "정복하는" 인류의 몸에 생물학적으로 새겨진 욕구를 충족시킬 수 있다고 주장한다.(같은 글 78~79면) 이러한 주장이 성별화된 식민주의적 수사학이라는 점에 대해서는 논평할 필요도 없다. 이런 주장은 과학을 가치중립적이고 맥락과 상관없는 것으로 제시하며, 이에 따라 과학지식을 갖춘 자들의 정체성은 남성주의의 특징인 거친 개인주의와 정복을 통해 형성된다. 전지구적 모니터링은 극지방 얼음의 용해, 더욱 극심해진 기후 재난, 기록을 깨는 더위, 가뭄, 생물종 이주와 멸종과 같은 생태적 기후 변화의 위기를 이미 확실하게 보여준다. 그런데도 위의 세 주장은 두려움에 호소하여 더 많은 '모니터링'이 필요하다는 식의 잘못된 요구를 들어주게 만든다.

게다가 자원 고갈을 해결하기 위해 대기권 밖 우주에서 태양에너지를 수집한다는 것은 이곳 지구에서 태양에너지를 수집할 능력이 모두 소진되었다는 가정에서 나온 것인데, 이것은 사실과 거리가 멀다. 그러나 이와 같은 가정에는 1970년대 이후 유행한 '성장의 한계'라는 입장을 거부하는 뉴스페이스의 이데올로기가 담겨 있다. 뉴스페이스 지지자들에 따르면 우주에는 무한한 양의 에너지, 연료, 광물 및 토지가 있으며, 우주 기반 태양광 발전, 소행성에서 채굴한 광물, 자유시장의 확장을 제공할 수 있다.(Valentine 2012) 뉴스페이스 지지자들이 개최한 여러 학회에 참석했던 데이비드 밸런타인David Valentine은 우주탐사 목적에 대해 각기 다른 관점을 지닌 세개의 하위그룹이 있다고 말했다. 밸런타인은 우주투자써밋Space Investment Summits 학회에서 투자자들이 "우주는 비싸다"라고 반복적으로 말하는 것을 들었다. 이들은 투자자가 최고의 이윤을 얻을 수 있는 시점에 사업을 매각하는 '출구 전략'에 주로 관심이 많다. 그러나 국립우주학회의 국제우주개발회의ISDC의 슬로건은 "우주는 장소이지 프로그램이 아니다"이다. 여기에서 뉴스페이스 지지자들은 "생물종의 생사가 우주에 달려 있기에" 우주를 "혜택이 많은 목적지"로 본다.(같은 글 1050~57면) 이런 견해는 밸런타인이 말한 세번째 그룹으로 연결되는데, 이들은 뉴스페이스의 성공 여부는 '인간이 지구로 돌아갈 필요가 없을'15 시점에서 판가름 난다고 본다. 이런 제안은 1957년 스푸트니크 2호의 편도 항해에 올랐던 라이까의 이미지나 스탠리 큐브릭Stanley Kubrick의 「2001: 스페이스 오디세이」2001: A Space Odyssey, 1968의 이미지를 섬뜩하리만큼 떠오르게 만든다. 「2001: 스페이스 오디세이」는 식량, 따뜻함, 양육을 제공해주는 어머니와 자궁, 그리고 지구 없이 대기권 밖 우주공간을 떠다니는 인간 태아의 이미지로 끝난다. 미래에 대한 이런 이미지는 '천체환경주의'astroenvironmentalisms(Henry & Taylor 2009)16가 아니다. 반대로 이것은 에드먼드 버크가 광활함, 어둠, 무한함, 텅빔, 어려움, 위험으로 정의했던 숭고에 도취된 이카로스적이며 오만한 반환경주의다. 여기서 우리는 인간의 필멸과 인간이 자신보다 훨씬 더 위대한 것과의 관계에서 느끼는 미미함에 직면하게 된다.(Smith 2009) 패트릭 머피(Murphy 2012)의 주장대로 숭고는 에코페미니즘 환경윤리와는 반대된다.

여기 지구에서는 기후변화의 속도와 영향을 완화하기 위한 기술-과학적 시도가 정부의 테두리 밖에서 활동하는 영웅적인 기업가들에 의해 수행되고 있다. 지구공학은 이제 탄소배출량 감축이라는 현실적이며 어려운 작업을 대체하려고 하고 있다. 먼저 기업과 정부가 실제 기후과학적 사실과 보폭을 맞추어 정부, 기업, 공동체, 개인 차원의 모든 수준에서 행동과 경제에 영향을 미치는 정책을 수립하며, 궁극적으로는 기후변화로 인해 이미 발생한 피할 수 없는 결과에 적응하고, 이런 결과를 완화시키고자 한다. 나사의 우주경쟁과 바이오스피어 II 이후, 막대한 양의 자금이 기후변화 대응에 대한 국내와 국제사회의 반응을 결정짓고 있다. 생태과학과 생태인문학을 이런 식으로 부인함으로써 이익을 얻는 자는 누구인가? 그리고 그런 이익을 위해 돈을 지불하는 자는 또 누구인가?

나오미 클라인Naomi Klein이 설명했듯이, 지구공학은 "지구온난화의 영향을 줄이기 위해 바다와 하늘을 근본적으로 변화시킬지도 모르는 매우 위험하고 대규모로 이루어지는 기술적 개입"(Klein 2012)을 한다. 지구공학이 고려 중인 전략에는 "중대한 화산 폭발로 생기는 냉각효과를 모방하고자 황산염을 에어로졸 상태로 상층대기로 쏘아 올리는 것과 구름을 '밝게' 만들어 더 많은 태양광선을 다시 우주로 반사시키는 것"이 포함된다. 오늘날, 미국 하원 과학과기술위원회, 영국 정부, 억만장자 빌 게이츠의 후원을 받고 있는 과학자들은 "지구상의 생명을 유지하는 복잡하고 예측할 수 없는 자연시스템을 적극적으로 조작"할 준비를 하고 있다. 이는 "의도하지 않은 결과를 초래할 잠재적 가능성"이 매우 크다.(같은 글) 지구공학의 가장 치명적 특징은 지구의 어느 한 부분에서 시도되는 지구공학적 노력이 지구의 다른 부분에서는 재앙적인 결과를 촉발할 수 있다는 점이다. 바이오스피어 II에서 목격했듯이 지구시스템들이 과학자들로서는 아직 완전히 이해하지 못한 방식으로 연결되어 있기 때문이다. 여기에 맞는 어떠한 감독 기제도 마련되지 않았다. 유엔기후변화협약UNFCCC이 온실가스 배출을 낮추기 위해 지역사회 차원과 국가 차원에서의 약속 준수를 제안하는 것과 달리, 의지와 자금력을 갖춘 개인이나 집단은 누구든 지구공학적 '해결책'을 시도할 수 있다.

침팬지를 우주로 발사하고, 바이오스피어 탐사대원과 그들의 '식량용 동물'을 유리돔 안에 가두거나, 뉴스페이스에 관광객용 호텔과 셔틀을 만드는 것과 마찬가지로 지구공학은 우리를 지금의 기후위기로 몰아넣은 동일하게 잘못된 가정을 추종한다. 그 가정은 인간이 자연과 어떻게든 분리되고, 자연 위에 군림하며, 자연을 통제해야 한다는 믿음이다. 이 인본주의적 문화신념은 서구 유럽에 깊이 뿌리내린 이성애남성성heteromasculinity을 보여준다. 이성애남성성의 핵심적인 특성은 신체적, 경제적, 정치적, 군사적, 생태적, 심리적, 정서적, 성적 지배다. 페미니스트와 인류학자는 이러한 서구 유럽의 식민주의 문화를 문화적으로 구성된 이성애남성성의 가정과 이데올로기가 반영되어 만들어진 '전사숭배'로 묘사해왔다. 이런 이성애남성성은 다른 피지배 사람들, 장소, 생물종을 지배하는 제국주의를 통해서, 혹은 우주탐사를 가장한 기술-과학적 동물실험을 통해서 구성된다. 만약 '우리'가 자연 위에 군림하거나 자연을 통제하려고 하지 않는다면, '우리'는 '진짜 남자'가 되어서만 인간이 되지 않아도 될 것이다. 그렇게 되면 우리는 단지 '인간동물'(humananimals, 해러웨이의 용어)이 아니라 좀더 구체적으로 말하면 **지구동물**earthanimal이 될 것이다. 이 장에서 설명했듯이 우주로 발사된 동물은 궁극적으로 죽은 동물이다.

수천년 동안 모든 문명과 문화에 속한 인간은 경외심과 관심, 호기심으로 하늘을 바라보았다. 그러면서 어떤 사람들은 종교를 만들었고, 다른 일부는 인간의 운명을 읽으려고 노력했다. 여전히 또다른 사람들은 별을 보면서 단순히 시간의 움직임이나 해양 항해를 측정했다. 어찌 됐든 사회적·경제적·생태적 힘들이 서로 병합되면서, 일부 인간들은 우리 자신을 많은 동물 중 단지 하나의 동물종으로 보는 이해력을 상실했고, 우주와 이 하나뿐인 지구를 모두가 다 같이 공유하고 있는 장소로 받아들이지 못하게 됐다. 대기권 밖 우주 옹호자들은 자연의 나머지 부분들과 우리의 얽힘(Alaimo 2010), 그리고 우리 자신의 **지구동물성**earthanimalities의 강점과 한계를 마주하지 못한다. 인류세 시대는 기후변화의 원인 그 자체를 직면하고 줄이는 것에 우리의 미래가 달려 있다. 그러나 우주과학 옹호자들은 여전히 기술-과학적 해결책만을 추구한다. 도하에서 디트로이트에 이르는 기후정의 활동가들이 동의하듯, 기후변화의 원인은 제1세계의 과소비 습관으로 인한 삼림 벌목, 동물 기반 식량 생산을 포함한 모든 산업, 농업, 운송과정과 생산에서 온실가스 배출량이 증가하는 데 있다.

결론: 지구에서 생태남성성을 추구하자

킬은 『자연의 윤리학』에서 지배적 남성성이 사회적으로 구성되는 방식은 본질적으로 반생태적이라고 주장한다.(Kheel 2008, 3면) 왜냐하면 "인간이 아닌 동물이나 친밀한 유대관계로 재현되는 [여성으로 이미지화된] 생물학적 영역을 초월하는 것을 이상화하기" 때문이다. 또한 "개개의 존재에 대한 공감과 보살핌을 더 큰 인지적 관점이나 '전체'에 종속시키기" 때문이다. 모든 환경윤리가 젠더의 렌즈를 통해 구성된다는 킬의 통찰력은 매우 중요한 의미를 갖는다. 만일 그 렌즈가 특히 환경과학과 인문학, 경제와 정치에 영향을 미치는 방식에 대해 환경윤리학자와 활동가가 보다 의식적인 선택을 하고자 한다면, 우리는 에코젠더, 생태남성성, 에코섹슈얼리티에 관한 보다 지속가능하고 정의로우며 다양한 표현을 구상할 필요가 있을 것이다. 이에 대해서는 8장에서 설명할 것이다. 기후정의 운동은 이미 20세기 후반의 새로운 사회운동과 급진적 환경보호주의의 혜택을 받았지만, 국제적으로 찬사를 받은 '350.Org'* 에서도 볼 수 있듯이 아직도 발전의 여지가 많다.

2012년 11월 30일, 빌 맥키벤Bill McKibben의 '따져보라'Do the Math 투어는 기후정의 운동의 도전과제와 다음 단계를 구상하고자 기후정의 활동가 지역지부인 MN350.Org가 있는 미니애폴리스를 방문했다. 포크 가수 메이슨 제닝스Mason Jennings가 막을 열고, 원주민 환경네트워크Indigenous Environmental Network, IEN의 마티 코베네스Marty Cobenais, 극지 탐험가 윌 스테저Will Steger, 하얀 지구땅 회복 프로젝트White Earth Land Recovery Project의 위노나 라듀크가 발표를 했다. 이후 맥키벤은 강연에서 미네소타주에 기반을 둔 풀뿌리 활동을 다룬 영상을 보여주었다. 여기에는 코펜하겐 협약과 그 이후 2007년에 '박차를 가하자'Step It UP로 시작된 글로벌 350.Org 운동에 관한 영상도 들어 있었다.

맥키벤은 투어 비용을 아끼고자 여러 인터뷰를 녹음하여 강연 중간에 넣었다. 그중 하나는 '그린포올'Green For All**의 대표 밴 존스Van Jones

* 작가 빌 맥키벤과 미국의 대학생들이 2008년에 설립한 기후운동조직으로, 350은 대기 중 이산화탄소의 안전한 농도인 350피피엠을 따서 명명되었다.

** 미국 워싱턴D.C.에 위치한 단체로 녹색경제를 구축하는 동시에 시민을 빈곤에서 구출하는

와의 인터뷰인데, 이 단체는 녹색경제를 개발하여 사람들이 빈곤에서 벗어나도록 돕는 조직이다. 또다른 인터뷰에서 다큐멘터리 「가스랜드」Gasland 제작자인 조시 폭스Josh Fox는 수압파쇄공법이 인간과 생태에 미치는 영향을 설명하면서 기후변화의 종식 없이는 '뒷마당'이나 지역에서 실행되는 퀴어 생태주의 운동으로는 충분치 않다고 말했다. 남아프리카공화국의 데즈먼드 투투Desmond Tutu 대주교의 인터뷰는 1980년대의 아파르트헤이트와 투자회수 전략에 대한 연설이었다. 맥키벤은 나사 과학자 제임스 핸슨James Hanson이 제공한 지구온난화의 증거를 석유회사와 그들의 두뇌집단의 자금을 지원받은 지구온난화 부정론자들의 가짜과학과 대조함으로써 과학적 지식 구축에 있어 좀더 페미니즘적인 **생태남성적** 접근방식을 제시한다. 그의 방식이란 다양한 인종과 국가의 리더들로 풀뿌리 환경운동과 전지구적 환경운동을 구성하는 것이고, 그의 방법론으로는 참여민주주의에 대해 강한 의식을 갖도록 격려하는 것이며, 그의 열정적인 인식론이란 기후정의 운동에 참여하는 모든 사람의 이야기를 경청하고 집단 간 대화를 끌어냄으로써 모든 참가자에게 혜택이 돌아가게 하는 것이다.(McKibben 2013) 맥키벤의 '계산' 방식은 간단하다. '이산화탄소(CO_2) + 돈($) = 불타는 행성'이 된다는 것이다.(McKibben 2012) 따라서 다음 단계는 빼기다. 350.Org는 엑손모빌ExxonMobil, 셸, 셰브론텍사코Chevron Texaco, BP The British Petroleum Company 및 코노코필립스ConocoPhillips와 같은 글로벌 석유기업들의 연구투자를 대학이 철회하게 하는 투자거부 전략을 국제적으로 장려할 계획이다.

맥키벤의 '지도자 없는 운동'(McKibben 2013) 구축에 대한 포괄적이고

것을 목표로 2007년에 밴 존스와 마조라 카터(Majora Carter)에 의해 설립되었다.

민주적인 접근방식은 종간정의와 기후정의 간의 상호작용에 주목함으로써 더욱 강력해질 수 있다.[17] 비록 맥키벤은 강연에서 "그리고 다른 생물종들"이란 말을 여러번 언급했지만, 인간과 비인간 동물 관계에 대해 불가지론적 입장(McKibben 2010)을 갖고 있다. 즉 그는 고기를 덜 먹는 것이 좋은 생각인 것은 "매우 분명하지"만 "우리는 비거니즘과 같은 이슈에 대해 공식적인 입장을 취하지는 않는다"라고 인정한다. 이처럼 축산농업과 기후변화 사이의 연관성을 무시하는 것은 『올바른 음식: 로컬푸드 애용자가 어디에서 잘못될 수 있는가 그리고 어떻게 책임 있게 먹을 수 있는가?』*Just Food: Where Locavores Get It Wrong and How We Can Eat Responsibly*의 저자인 제임스 맥윌리엄스James McWilliams에게는 터무니없는 일로 보인다. 맥윌리엄스의 추측에 따르면 이 연관성을 생략하는 데에는 최소한 세가지 이유가 있으며 듣기에 좋은 말이 아니다. 첫째, 타르샌드 파이프라인에 반대하여 백악관 앞에서 체포당하는 시위는 생태영웅적 모델이자 남성주의적 입장으로서 헤드라인을 장식하며, "집에 머물며 케일을 씹어 먹고 다른 사람들에게 비거니즘을 조언하는 것보다 350.Org를 알리는 데 훨씬 도움이 되고"(McWilliams 2011) 있다. 더욱이 송유관은 대중매체에 명백한 희생자와 가해자가 누구인지 알려주고 생태적 쇠퇴에 관한 특정한 서사도 제공한다. 이 쇠퇴는 '느린 폭력'의 또다른 예인데(Nixon 2011), 제1세계의 지속적인 밀집사육 동물의 과잉소비와 그에 따른 생태적 영향보다 덜 가시화되었다. 둘째, 육식 환경론자들은 맥키벤과 마찬가지로 가축 사육장을 순환 방목 형태로 교체해야 한다고 주장하며 산업화 이전과 농경 이전의 과거에 대한 향수를 표방한다. 이는 자연이 인간이 없어야 더 자연답다는 생각을 암시한다. 그렇게 함으로써 이와 같은 환경론자들은 포스트휴머니즘, 에코페미니즘, 유물론적 페미니즘과 다른 철학자들이 제기하는 날카로운 비판에도 불구하고 환경주의의 다양한 갈래 속에 견고하게 남아 있는 인간-자연 이원론을 반복한다. 마지막으로, 맥윌리엄스가 주장하는 것처럼 육식은 '개인의 자유'와 선택에 해당하는 것처럼 보인다. 반면에 송유관과 석탄발전소는 환경 영향에 대해 더 가시적이며 집단적으로 공유되는 이미지를 제공한다. 이런 대조는 권리 기반의 윤리학과 돌봄과 책임에 기반한 좀더 페미니즘적인 관계의 윤리학 사이의 차이를 명확히 보여준다. 그러나 동물성 식품 소비는 지속 불가능한 에너지 및 그것의 수송과 마찬가지로 기후변화에 막대한 영향을 끼치고 있어서 일부 과학자들은 식단의 변화가 송유관을 중단시키는 것만큼 중요할 수 있다고 제안한다. 후속 연구는 가축 생산을 급격히 축소할 경우 지표면의 4분의 1을 차지하는 방목지를 나무, 삼림 및 다년생 토착식물을 재배하는 목초지로 되돌림으로써 배출된 탄소를 흡수하여 기후변화에 대처할 수 있다는 것을 보여준다.(Steinfeld et al. 2006; Harvey 2016; Springman et al. 2016) 왜 350.Org는 기후정의 생태운동에서 이와 같은 중요한 구성요소를 간과하는 것일까? 왜 농산업 비즈니스에서 아무런 이익도 얻지 못하는 사람들이 환경과 기후 모두에 영향을 끼치는 젠더와 생물종에 대해서는 관심을 두지 않는 것일까?

우리는 환경과학과 환경인문학에 대한 반생태적 남성주의적 접근방식을 좀더 '생태주의적인 남성성'ecological masculinity으로 대체할 필요가 있는데, 심지어 킬이 비판했던 남성주의적 사냥꾼-환경론자들 속에서도 이러한 전환을 위한 씨앗을 발견할 수 있다. 알도 레오폴드는 『모래군의 열두달』*A Sand County Almanac*에서 "대지윤리는 호모사피엔스의 역할을 대지 공동체의 정복자에서 이 공동체의 일반 구성원이자 시민으로 바꾼다"라고 적었다. 레오폴드는 "정복자의 역할은 결국에는 자멸적인 것"이기 때문에 이러한 전환을 촉구했다.[18] 과학은 정복자의 역할을 하며 "이 공동체가 작동하는 방식과 그 과정을" 알고 있다고 주장하지만, 사실 "생물 메커니즘은 너무나 복잡다단해서 그 작동을 절대로 완벽하게 이해할 수 없다." 레오폴드의 대지윤리는 일련의 역설을 정의하고, 서구문화의 인본주의적 정체성, 과학의 이용, 환경윤리, 인종차별과 계급주의에 대한 거부를 포함한 연결된 선택을 제공한다. 우리는 "인간 정복자"라는 문화를 계속 이어갈 것인가? 아니면 지구에서 함께 살아가는 "생물적 시민the biotic citizen"이 될 것인가? 과학은 "정복자의 검을 더 날카롭게 만들 것인가?" 아니면 "하나뿐인 우주의 탐조등"이 될 것인가? 그리고 지구 자체, 지구의 상호의존적인 생태계, 식물, 동물, 인간 공동체 모두가 정복자들의 "노예와 하인"이 될 것인가? 아니면 "우리 모두가 속해 있는 하나의 공동체"가 될 것인가?

'따져보면'do the math 이러한 질문들이 기후과학, 기후정의, 종간 관계 및 우리 자신의 생태심리학과도 밀접히 연관되어 있다는 점은 자명하다.

3부

기후

6장 기후정의

7장 클라이파이 서사들

8장 기후를 퀴어링하기

6장

기후정의

고대 로마시대 이래로 정의의 여신Lady Justice은 객관성을 상징하는 눈가리개를 하고, 오른손에는 경합하는 주장들의 무게를 재는 저울을, 왼손에는 이성의 칼을 들고 있는 모습으로 재현된다. 현대 페미니스트 윤리학자들은 정의의 여신 이미지가 전통적인 서구윤리의 남성중심적 편향을 드러낸다고 비판한다. 이성과 객관성을 과대평가하고 여성의 관점과 여성이 하는 일의 가치를 평가절하하기 때문이다. 서구 남성주의 관점은 권리를 가진 개인들 사이의 자원 분배를 '정의'로 개념화한다. 이 관점은 참여자들이 정체성과 책임을 형성하는 '관계' 안에서 정의가 태동한다는 점을 간과한다.(Jaggar 1994; Warren 1990; Young 1990) 에코페미니즘 윤리는 인간이 동물, 환경 및 지역적이고 전지구적 차원의 다양한 타자들과 맺는 관계야말로 맥락적 윤리로서 관심을 받을 가치가 있음을 주장해왔다.(Donovan & Adams 2007) 하지만 젠더, 섹슈얼리티, 생물종, 그리고 환경과의 관계를 무시한 분배 모델에 도전하는 페미니즘 기후정의 윤리는 아직 충분히 개진되지 않았다.

기후변화 담론은 현재까지도 제1세계의 지구행성 차원의 과잉소비

그림 6.1 유스티티아

에서 나타나는 젠더화된 특징을 정확하게 제시하지 못하고 있다. 예를 들어, 2009년 12월 코펜하겐에서 열린 제15차 유엔기후변화협약 당사국총회UNFCCC COP15의 유명한 상징물은 '정의를 상징하는 서양의 여신, 뚱뚱한 유스티티아'가 비쩍 마른 흑인 남성의 등에 올라탄 모습을 묘사한다.(그림 6.1 참조) 다른 설치작품에서는 넓은 강물 속에 일군의 굶주린 아프리카 남성들의 몸이 서 있다. 정의의 여신 유스티티아의 조각 아래에는 이런 말이 쓰여 있었다. "나는 남자의 등 위에 올라앉았고, 그 남자는 내 무게 때문에 가라앉고 있다. 나는 그를 돕기 위해 모든 일을 할 것이다. 그의 등에서 내려오는 것만 빼고."(Sandberg & Sandberg 2010,

8면) 이 예술작품은 글로벌 북반구의 과잉소비 때문에 기후변화가 일어나지만, 남반구가 기후변화의 무거운 부담을 떠맡고 있다는 주장을 담고 있다. 하지만 페미니즘 관점에서 볼 때 이 작품이 놓치고 있는 것은 둘의 젠더가 바뀌어야 한다는 점이다. 여성들이 세계식량의 대부분을 생산하지만, 지구상에서 가장 굶주리고 있는 존재는 남자가 아니라, 여성과 어린이다. 그리고 식물, 동물, 생태계 등 지구의 다른 거주자들을 과잉소비해온 문제는 여전히 언급조차 되지 않고 있다.

나는 이 장에서 기후변화와 제1세계의 과잉소비가 남성중심적 이데올로기의 산물이며, 남성중심적인 기술-과학의 접근법으로는 해결될 수 없음을 논할 것이다. 나는 대신에 지역, 국가와 글로벌 차원의 퀴어 페미니즘의 포스트휴먼 기후정의queer feminist posthumanist climate justice 관점을 제안한다. 우리는 이 관점을 통해 기후변화에 대한 분석과 해결책 모두에 개입하여 실질적 변화를 이뤄내야 한다.

여성의 역사: 기후변화에 대응해온 여성의 실천운동

1985년 나이로비에서 열린 유엔 회의에서 생계수단인 나무를 지켜냈던 인도 여성 농민의 칩꼬Chipko 운동* 소식을 통해 환경을 보호하는 여성들의 '최초의 움직임'이 소개되었다. 하지만 지구를 보호하는 여성의 역할이 본격적으로 논의된 곳은 1991년 11월에 열린 여성환경개발기구

* 1973년부터 다국적기업에 의한 숲 파괴에 맞서 나무를 껴안고 저항한 인도 여성들의 비폭력 저항운동. 칩꼬(Chipko)는 '껴안다'는 뜻이다.

Women's Environment and Development Organization, WEDO 회의였다. WEDO는 플로리다주 마이애미에서 건강한 지구를 위한 세계여성대회World Women's Conference for a Healthy Planet를 개최했다.(Resurrección 2013; WEDO 2012) 이 회의는 여성을 위한 유엔 10년UN Decade for Women의 성과를 바탕으로 1992년 리우데자네이루에서 열릴 예정이던 유엔환경개발회의United Nations Conference on Environment and Development, UNCED를 위한 행동의제를 준비하기 위해 열렸다. 83개국에서 1500명 이상의 여성들이 회의에 참석했다. 당시 회의의 리더들은 최종적인 '여성 의제 21'Women's Agenda 21이 합의과정을 통해 구축되었다고 주장했다. 하지만 연이은 '엘리뜨' 연사의 발언을 앉아서 듣고 있던 많은 참석자들은 자신들의 견해가 이 의제 형성과정에 어떻게 영향을 미치고, 기여했는지에 대해 명확히 알 수 없었다. 풀뿌리 에코페미니즘 운동의 오래되고 소중한 전략인 참여민주주의participatory democracy는 모호한 두갈래로 축소되었다. 회의 내내 참석자들은 일련의 세부토론 그룹으로 분리되었고, 집에 돌아가 각 지역사회의 특정한 문제들을 평가하고 지역의 대응을 조직화하는 데 사용할 '보고카드'를 배부받았다. 그러나 이 '보고카드'에는 각 지역사회의 고유한 문제를 다룰 수 있는 여지는 주어지지 않았다. 나는 다른 에코페미니스트들과 마찬가지로 회의 내내 열정, 당혹감, 그리고 좌절이 뒤섞인 감정을 느꼈다.[1] 세계 각국의 여성 지도자는 바로 그 주말에 있을 다양한 대화에 참여할 중요한 참가자이자 의사결정자들이었다. 하지만 너무 많은 연사가 여성의 '여성스러운' 젠더 역할을 주제로 토론했고, 의사결정권자들에게 미칠 우리의 영향력과 현 시스템 개혁의 필요성을 언급했지만 "여성이 어머니처럼 지구를 돌볼 때다It's Time For Women to Mother Earth"라는 본질주의적 선언만 되풀이했다.

수사학과 민주적 참여의 차원에서 드러난 한계에도 불구하고, WEDO의 1991년 세계여성대회는 페미니즘이 지구 환경에 관한 유엔 회의에 진입한 시발점으로 환영받았다. 기후변화에 관한 페미니스트의 개입과 운동을 연결하는 후속 논의를 위한 길을 열어줬기 때문이다. 하지만 이듬해 열린 UNCED의 의제 21은 여성 의제 21에서 제안한 가장 변혁적인 권고사항들을 포함하지 않았다. 예를 들면 군사적/산업적/자본주의적 경제학에 뿌리를 둔 환경파괴에 대해 분석하라는 급진적인 요구뿐만 아니라, 유엔의 모든 패널에서 성평등을 실현하라는 개선책마저도 받아들여지지 않았다.(표 6.1 참조) 후자의 권고는 2013년 폴란드 바르샤바에서 열린 유엔기후변화협약 당사국총회UNFCCC COP19에서 다시 제안되었다.

WEDO의 여성 의제 21은 아마도 1987년 세계환경개발위원회의 보고서에 의해 이미 훼손되었던 것 같다. 당시 그로 할렘 브룬틀란트가 주도한 『우리 공동의 미래』란 보고서는 '지속가능한 발전'을 바람직한 전략으로 확립했다. 이 보고서는 지속가능한 발전이란 "미래 세대가 그들 자신의 필요를 충족시킬 능력을 훼손하지 않으면서 현재의 필요를 충족시키는 발전"이라고 정의했다. 일견 합리적인 것처럼 들리지만, 유한한 지구행성에서 경제성장을 지속해보자는 이 보고서의 새로운 주장을 읽어보면 이것이 근본적으로 지속 불가능한 제안임을 알게 된다.

이 보고서는 제1세계/북반구2의 과도한 개발과 높은 수준의 생산, 소비, 그리고 환경에 대한 무관심을 일절 언급하지 않았다.(Agostino & Lizarde 2012) 그런데도 『브룬틀란트 보고서』의 '지속가능한 발전' 개념은 이후 수십년간 기후변화 담론을 주도하게 되었다. 이 개념은 자본주의와 식민주의의 사유화 전략을 영속시켜온 '녹색경제'와 같은 기

표 6.1 여성 의제 21(1991)과 UNCED 의제 21(1992) 비교하기

이슈/선언	여성 의제 21	UNCED 의제 21
소비	• 환경과 사회를 존중하는 산업발전을 추동하기 위해 여성이 가져야 할 힘 • 현재의 지속 불가능한 생산과 소비 모델을 보이콧하기 위한 세계적 연대를 가능하게 하는 힘	• 다양한 경제 형태에 영향을 미치는 소비자로서 여성의 역할과 여성 구매력의 영향 • 지속 불가능한 소비 패턴을 변화시킬 정책의 실행 • 신기술은 이 과정에서 역할을 해낼 수 있음
기술	• 자연파괴를 일으킬 수 있음 • 가난한 사람들의 필요를 충족시키지 못하고 여성에게 접근성이 떨어지며, 이들의 다수가 기술의 피해자였음 • 여성과 소외계층이 기술에 접근하고 도움을 받을 수 있도록 기술의 윤리적 함의를 고려하고 기술을 민주화할 필요가 있음	• 기술은 지속가능한 발전을 실행하는 데 도움을 줌 • 신기술에 관한 연구를 강화하고 장려해야 함. 지식 이전을 통해 개발도상국을 기술발전에 참여하게 해야 함
외채	• 산업화된 국가들은 개발도상국들의 자원을 착취하고 있음을 인정해야 함 • 국제통화기금과 세계은행의 구조조정 정책이, 특히 여성과 어린이에게 부정적 영향을 끼치고 있음을 규탄해야 함 • 외채 탕감을 제안하고, 외채 기조를 유지하는 은행을 보이콧해야 함	• 개발도상국은 외채를 갚아야 함 • 부채를 줄이기 위한 국제 협력의 장려책이 확인되었음
인구	• 환경오염의 주요 원인은 군사와 산업에서 나온 오염물질과 자본주의 경제체제이지, 여성의 출산율이 아님 • 소비 대비 쓰레기의 1인당 비율은 빈곤국보다 산업화된 국가가 훨씬 높음. 수정이 필요함	• 인구 증가는 지속 불가능한 환경 압력임 • 여성을 위한 가족계획 정책과 교육 프로그램이 필요함 • 여성의 교육 수준을 높여야 함 • 여성의 경제적 자립과 의사 결정에서의 참여를 증진함 • 빈곤과의 전쟁이 인구 성장을 줄이는 핵심 요소임

출처: Brú Bistuer & Cabo 2004

술적 해결책을 조장하면서, 기후위기의 근본 원인을 다루는 데 실패한다.(Pskowski 2013)

페미니스트들은 WEDO의 여성 의제 21 이후 지난 20년간 글로벌 환경주의에 다양한 방법으로 참여해왔다. 1980~90년대는 '여성, 환경 및 개발'WED, '발전과 여성'WID 또는 '젠더, 환경 및 발전'GED 접근법에 초점을 맞추었지만, 1990~2000년대는 페미니즘 정치생태학으로 강조점을 이동시켰다.(Goebel 2004; MacGregor 2010; Resurrección 2013) 초창기 여성과 환경에 관한 논의는 남반구 여성에게 관심을 기울였다. 젠더화된 환경 담론에 관한 구조적 논의보다는 식량안보, 생산적인 농지, 산림자원, 깨끗한 물, 위생 등 여성에게 실질적으로 필요한 물적 자원이 무엇인지에 대한 토론이 주도했다.(예를 들어, Leonard 1989; Sontheimer 1991) 물론 당시 다른 텍스트에서는 구조적 변혁의 요소들을 다뤘다.(예를 들어, Sen & Grown 1987) 젠더가 아닌 여성에 초점을 맞추면 여성을 누군가의 구원이 필요한 환경파괴의 희생자로 그려내기 쉽다. 가족 돌봄과 생계노동을 통해 획득한 자연과의 본질적인 친밀성이 여성에게 존재하고, 이를 통해 여성은 특수한 지식을 갖게 되고 환경 지속가능성 프로젝트에서 노동자와 지도자로서의 행위자성을 갖는다고 옹호되었다.(Shiva 1989; Mies & Shiva 1993) 이러한 수사학이 여성을 도구화하고, 여성-자연 연결성의 문화적 한계들을 간과한 것은 분명하다.(Li 1993; Dodd 1997; Leach 2007 참조) 또한 남성의 역할을 다루지 않았고, 어떻게 체계로서의 젠더가 '피해자'를 생산하는 경제적, 물질적 자원을 구성해왔는지에 관해서도 침묵했다.(MacGregor 2010; Resurrección 2013) '페미니즘 정치생태학'으로의 전환(Goebel 2004)은 세계화와 식민화 문제의 거시적 차원의 탐색, 환경 관리를 하는 지역기관에 대한 미시적 수준의 조사, 자연자원에 대한 여성의 접근에 영향을 주는 결혼제도에 대한 비판, 그리고 여성의 이동성, 노동, 지식, 권력과 관련된 공간의 젠더적 측면에 관한 탐구 등을 모두 포함한다. 개인 여성에서 권력관계를 구조화하는 체계로서의 젠더로의 관점 변화는 기후변화에 대한 페미니즘의 대응에 중요한 진전을 가져왔다.

나는 이와 같은 여성의 역사herstory로부터 출발하여, 에코페미니즘 관점으로 나아가고자 한다. 에코페미니즘 관점은 환경과학과 기술의 관점에서 주로 분석해온 기후변화 현상을 검토하고, 이 관점이 어떻게 다양한 해결책의 가능성을 차단하는지를 분석한다. 여기서는 자유주의 에코페미니즘 관점과 문화주의 에코페미니즘 관점 모두를 검토한다. 이 관점들은 여성들이 어떻게 기후변화 정책 논의에서 배제되었고, 어떻게 기후변화 현상에 의해 불균형적으로 영향을 받았는지를 강조한다. 또한 기후변화의 문제를 해결하는 의사결정자와 리더로서 여성의 '특수한 지식'과 행위자성에 의지하는 제안들을 요약한다. 이러한 관점의 한계뿐만 아니라 대중적 유용성에 주목하면서, 기후변화 현상과 기후정의 분석 둘 다를 다룬다. 이 과정에서 나는 럿거스대학교 여성글로벌센터 설립자이며, 페미니스트 운동가이고 학자인 샬럿 번치Charlotte Bunch에게 큰 영감을 받았다. 그는 역사에 남을 에세이 「학위가 아닌: 페미니즘 이론과 교육」Not By Degrees: Feminist Theory and Education, 1979에서 상황을 파악하고, 이를 더 큰 맥락에 위치시키고, 할 수 있는 행동 방향을 평가하는 데 필요한 페미니즘 이론의 4단계 전략을 제시한다. 간단히 말해 번치의 이론은 '무엇이 문제인가? 문제는 어떻게 발생했는가? 우리는 무엇을 원하는가? 그리고 어떻게 이뤄낼 것인가?'라고 질문하라고 제안한다.(Bunch 1987)

무엇이 문제인가? 기후변화, 환경과학과 개량주의 페미니즘

기후변화에 대한 과학적 증거는 우리에게 경종을 울리고 있다. 산업혁명(그 시작이 1760년과 1840년 사이에서 의견이 분분함)이 시작되던 시기에 대기 중 이산화탄소의 밀도는 280피피엠에 불과했다. 이때부터 인간은 에너지를 생산하고, 운송을 제공하고, 기계에 연료를 공급하기 위해 석탄, 가스와 석유를 태우기 시작했다. 이산화탄소는 1900년까지 점진적으로 증가했고, 온실가스와 지구 온도는 급속히 상승했다. 2001년 기후변화에 관한 정부간 협의체Intergovernmental Panel on Climate Change, IPCC 정책 입안자용 요약본에 포함된 마이클 만Michael Mann의 '하키스틱' 그래프*가 이를 잘 보여준다.(Appell 2005) 이후 2012년 여름까지 매우 빠른 속도로 북극 얼음의 절반이 사라졌다. 2013년 5월 하와이 마우나로아 천문대는 이산화탄소 수치가 400피피엠에 도달했음을 기록했다. 이 수치는 역사상 최고이며, 이후 이산화탄소는 매년 2피피엠을 초과하는 속도로 증가하고 있다. 기후변화에 따른 생태적 변화로는 해수면이 상승하고, 빙하가 녹아 줄어들고, 산호초가 사라지며, 허리케인·홍수·가뭄·산불·열파 등의 극단적인 기상이변이 일어나고, 생물종의 이동 또는 멸종이 가속화되며, 곤충 매개 질병의 확산을 들 수 있는데, 이 모든 것이 이미 일어나고 있다. 중국, 미국, 러시아와 인도 등 지구에서 가장 발전한 국가들이 가장 많은 탄소배출을 주도하고 있고, 미국, 호주, 캐나다와 사우디아라비아는 1인당 배출량에서 선두를 차지하

* 미국 기후학자 마이클 만과 연구진이 2000년 동안의 자료를 분석하여 산업화가 지구온난화의 직접적 원인임을 보여준 그래프.

고 있다. 하지만 기후변화에 따른 영향의 75~80퍼센트는 글로벌 남반구라고 불리는 세계인구의 나머지 3분의 2가 체감하고 있고, 기후변화의 영향이 이곳에서 가장 가혹하다. 왜냐하면 물질적 빈곤은 주택, 깨끗한 물, 식량 보장, 의료서비스, 그리고 재난 대비와 대응에서의 지원 인프라가 부족함을 의미하기 때문이다.

실제로 여성은 기후변화와 자연재해에 가장 심각한 영향을 받는다. 그러나 여성의 취약성은 타고난 것이 아니다. 그러니 잘못 판단하지 말자. 여성의 취약성은 젠더화된 사회적 역할, 차별과 빈곤을 통해 생산된 불평등의 결과다. 국제 NGO인 CARE*에 따르면, 여성들은 세계 총노동시간의 3분의 2를 일하고 세계식량의 절반을 생산하지만, 세계소득의 10퍼센트밖에 벌지 못한다. 전세계 10억명에 달하는 극심한 빈곤 인구의 70퍼센트가 여성과 소녀다.[3] 근로와 수입 사이에 투명한 상관관계가 가능하다면, 여성은 세계 최고의 고소득자가 되어야 한다. 하지만 젠더라는 구조적 장벽은 세계 최빈곤층의 여성과 어린이를 기후변화의 최전선으로 내몬다. 전세계에 존재하는 젠더화된 역할은 여성의 이동성을 제한하고, 식량 생산과 돌봄과 관련된 임무를 부과하고, 이와 동시에 기후변화, 온실가스 배출, 적응 및 완화에 관한 해결책 등을 포함한 의사 결정에 참여하는 것을 가로막는다. 개발도상국의 빈곤 여성은 기후변화의 결과에 따른 부담을 견뎌내고 있다. 기후변화의 결과 때문에 여성의 일로 간주해온 물 긷기나 땔감과 가축사료 모으기에 더 많은 노동을 들여야 하기 때문이다. 정기적으로 그리고 기후변화로 인해 더 자

* 캐나다에 본부를 둔 1945년에 설립된 인도주의 단체로 특히 여성과 소녀들에게 영향을 미치는 기후변화, 경제, 식량안보, 위기나 재난 시 긴급구호와 같은 문제들을 해결하기 위한 활동을 한다.

주 발생하게 된 식량 부족을 가족이 경험할 때, 여자들은 아이들과 남자들을 먹이려고 자신은 가장 먼저 음식을 포기한다. 농촌지역의 사막화, 식량 생산 감소, 그리고 다양한 경제적, 생태적인 문제들은 남성들의 도시로의 이주를 촉진한다. 남자들은 돈을 벌어 경제적 문제를 해결해서 집에 돌아오겠다는 약속을 하지만, 이런 약속이 늘 지켜지는 것은 아니다. 남성이 단기 혹은 장기간 집을 떠나 있게 되면, 더 많은 여성들이 농사일이나 돌봄 같은 가사노동의 부담을 지게 된다. 계절성 또는 간간이 발생하는 기상재해와 자연재앙에 대처할 수 있는 여성들의 자원은 훨씬 더 줄어들게 된다.[4]

젠더 불평등으로 인해 여성과 어린이가 생태적 재난으로 사망할 가능성은 남자보다 14배나 더 높다.(Aguilar 2007; Aguilar et al. 2007) 예를 들어, 방글라데시에서 1991년에 발생한 사이클론과 홍수 피해자의 90퍼센트가 여성이었다. 원인은 다양하다. 주로 집안에 머물렀던 여성들에게 경고 정보가 전달되지 않았다. 여성은 수영을 능숙하게 하도록 훈련받지 못했다. 여성이 돌봄 책임을 떠맡았기 때문에, 유아를 안거나 노인을 부축하면서 홍수에서 탈출해야만 했다. 반면에 남편들은 혼자서 빠져나갔다. 집 밖에서 성폭행을 당할 위험이 증가했기 때문에, 여성들은 남성 친척들이 자신을 데리러 돌아오기를 바라며 집을 떠나지 못하고 기다리느라 시간을 지체했다. 마찬가지로 2004년 수마트라섬 아체에서 발생한 쓰나미로 인한 사망자의 75퍼센트 이상이 여성이었다. 2008년 5월 사이클론 나르기스Nargis가 상륙한 미얀마의 에야와디 지역의 경우 총 13만명의 사망자와 실종자 중 61퍼센트가 여성과 소녀들이었다.(CARE Canada 2010)

다수의 어머니가 사망하게 되면 다른 문제들이 발생한다. 유아 사망률이 증가하고, 소녀들의 조혼, 소녀 교육의 소홀, 성폭행, 여성의 인신매매와 아동 매춘이 증가한다. 산업화된 국가에서도 양상은 다르지 않다. 2003년 유럽의 폭염으로 남성보다 여성이 더 많이 사망했고, 미국의 경우, 허리케인 카트리나로 인해 미국에서 가장 빈곤한 인구군인 아프리카계 미국인 여성이 생존하는 데 가장 큰 어려움을 겪었다.(Aguilar et al. 2007) 기후변화로 인한 재해에서 살아남은 여성들은 이후 성폭행을 당할 가능성에 직면하게 된다. 예를 들어, 허리케인 카트리나 이후 "수십명의 생존자가 강간당했다고 신고했고", 그 소식은 뉴스에도 보도되었다. 하지만 구조팀 안에 강간 피해자 지원팀을 포함하거나, 강간당한 여성의 재생산 건강을 위한 의료서비스를 제공한다는 논의는 없었다.(Seager 2006) 또한 게이, 레즈비언, 양성애자, 트랜스젠더 퀴어GLBTQ에게 가해진 유사한 폭행은 보도되지도 않았다.

허리케인 카트리나 상황에서 미디어가 GLBTQ에 대해 보도하지 않은 것은 기후변화로 촉발된 호모포비아Climate change homophobia를 잘 보여준 것이다. 전례 없는 폭풍과 인프라 붕괴를 몰고 온 허리케인 카트리나는 퀴어페스티벌 연례행사를 불과 며칠 앞두고 발생했다. '남부의 퇴폐'Southern Decadence*라 불리는 이 축제는 2003년에 12만 5000명의 열렬한 참여자를 뉴올리언스에 불러 모았다.(ecesis.factor) 우파 종교계는 허리케인 카트리나가 동성애자에 대한 하나님의 진노라고 재빨리 선언했다. 그들은 "카트리나를 보내주신 신에게 감사합니다"라고 쓴 팻말을 흔들거나, 동성애 죄와 뉴올리언스 파괴 간의 관련성에 관한 자세한 글

* 1972년 뉴올리언스 친구들의 작은 코스튬(costume) 파티로 시작해 세계적으로 유명한 퀴어축제로 발전했다. 노동절 주말에 열리는 이 파티는 매년 25만명 이상의 참여자와 관광객을 끌어 모으는 도시의 3대 관광행사가 되었다.

을 써댔다. 루이지애나주, 앨라배마주, 미시시피주에는 GLBTQ에 대한 법적 보호가 없고, 동성애 차별과 관련한 보도에도 냉담했을 것이라는 점을 고려해볼 때, 카트리나 당시와 이후 GLBTQ는 당연히 괴롭힘, 차별과 폭력을 당했을 것이다.

퀴어와 트랜스젠더는 이미 많은 사회에서 주변부로 살아간다. 결혼과 가족생활의 권리가 종종 거부되고, 파트너와 자녀의 의료보험 보장, 주택과 고용에서의 공정한 권리, 이민의 권리 등 많은 권리에서 배제된다. 기후변화는 가장 먼저 사회적 주변부에 가해지는 압박을 가중시키지만, 경제적, 문화적 엘리뜨는 자신에게 미치는 기후변화의 부정적 영향을 완화하고 지연시킬 수 있다. 전세계적인 현상으로서 호모포비아는 기후변화 담론에 스며들어, 기후변화의 원인과 정의로운 해결을 위해 요청되는 분석을 왜곡하고, 국제 활동가들 간의 분열을 만들어낸다. 예를 들어, 2010년 4월 19~22일 꼬차밤바에서 개최된 제1차 기후변화와 어머니 지구에 관한 세계인민회의First Worldwide People's Conference on Climate Change and Mother Earth에서 볼리비아 대통령 에보 모랄레스Evo Morales는 전세계적으로 동성애자가 존재하는 이유가 남성들이 유전자 변형 닭고기를 섭취한 결과 때문이라고 주장했다. "우리가 먹는 닭고기는 여성호르몬으로 가득 차 있다. 그래서 남성이 이걸 먹게 되면, 남성성을 잃게 된다."(ILGA 2010) 이 진술은 무지, 종차별주의, 호모포비아를 위험한 방식으로 엮어, 기업식 농업의 작동 방식을 은폐하고, 동시에 게이와 트랜스젠더를 '유전적 기형인'으로 악마화한 사례다. 모든 기후는 젠더와 성애적인 측면을 가지고 있으며, 동시에 물질적이고 문화적이며 생태적이다. 하지만 현재까지 기후정의에 대한 어떤 성명서도 퀴어 기후정의를 수용할 필요성에 대해 언급하지 않았다.[5]

천체물리학, 대기화학, 지리학, 기상학, 해양학, 고기후학 등 대부분의 환경(기후)과학의 관점에서 설명하는 기후변화는 기술적이며 과학적 해결책이 필요한 과학의 문제로 논의되어왔다. 이러한 과학의 관점은 기후변화를 지배, 착취 및 식민주의 경제 형태와 이데올로기를 실질적으로 변형시켜야만 해결될 수 있는 문제로 보지 않는다. 이 관점의 문제는 기후변화의 근본 원인에 대한 잘못된 설명으로 인해 그 해결책을 모색하려는 사람들을 불완전한 분석에 근거한 잘못된 길로 인도한다는 점이다.(Klein 2014 참조) 이 관점에 따라 국제적인 차원에서 기후변화를 완화하는 해결책으로 채택한 것은 삼림 벌채와 산림 황폐화로 나오는 이산화탄소배출량 줄여나가기(REDD+이니셔티브*), 교토의정서에서 합의된 청정개발체제Clean Development Mechanism, CDM, 그리고 가장 최근에는 지구공학 등을 포함한다.(Klein 2012) 교토의정서에서 합의된 청정개발체제는 배출권 거래, 세계 3분의 2에 해당하는 국가들의 지속가능한 개발을 위한 자금 지원, 유전자변형 작물, 재생에너지 기술을 적극적으로 장려한다. 개인적 차원의 해결책으로는 세계 3분의 1에 속하는 북반구 시민 소비자가 녹색 소비주의와 탄소발자국 감소에 적극적으로 참여하는 것이다. 재생에너지로의 변화는 꼭 필요하고, 그 실현 가능성 또한 높다. 재생에너지의 실천은 제1세계 북반구 시민 소비자가 환경 및 생태계와 맺는 관계를 변화시키는 광범위한 변혁에 필요한 이데올로기

* UN-REDD 프로그램은 유엔식량농업기구, 유엔개발계획(UNDP), 유엔환경계획이 각자의 강점과 기술역량을 결합하여 여러 이해관계자와 협력하는 유엔의 가장 오래된 협약이다. REDD는 개발도상국이 기후변화 완화 노력에 기여하도록 장려하는 것을 목표로, 산림 손실과 황폐화를 늦추고, 중단하고, 되돌리면서 온실가스 배출량을 줄이고, 산림의 보존, 관리 및 확장을 통해 지구대기에서 온실가스를 줄여나가고자 한다.

적 전환을 가져온다. 그러나 페미니스트적 관점에서 볼 때는 여전히 문제가 있다. 가장 높은 차원의 국제적 논의에서조차 "기후변화를 젠더와는 무관한 인간의 위기로 설명한다."(MacGregor 2010) 이때 '인간'man은 '모든 사람'everyone을 대표한다. 성별 무감성에 기인한 이러한 분석은 기후변화 문제 해결에 결정적인 역할을 할 데이터와 관점을 배제하는 결과를 낳는다. 기술-과학적 해결책이 기후변화에 관한 토론과 자금 조달을 결정하는 주도적인 담론이 되면서, 여성들이 전통적으로 조직해왔던 환경 보건, 서식지, 생계와 관련된 이슈들은 주변화된다. 마찬가지로 학교에서의 괴롭힘, 증오범죄 법안, 주택과 직장에서의 평등, 비독점적 다자연애 결혼은 말할 것도 없고 동성결혼 등과 같은 GLBTQ의 이슈는 기후변화 논의에 등장하지 않는다. 젠더문제에 무감한 기술-과학 관점이 현재의 기후변화 담론을 주도하는 상황에서, 퀴어 페미니즘의 입장은 이 담론에 진입하지 못하고, 진퇴양난에 빠져 있다. 이 결과로 지난 20년 동안의 논의는 두 흐름 사이를 횡단한다. 하나는 WEDO가 해온 것처럼 기후변화와 관련한 여성의 위험, 취약성 및 적응의 문제에 집중하는 주류화 모델이라는 자유주의 전략이다. 또다른 흐름은 문화 페미니즘의 전략을 채택하는 것이다. 즉 가족과 환경을 돌보는 여성의 '고유한' 능력과 성역할에 기반한 제한된 직업에서의 위치 때문에 갖게 되는 여성의 '특수한 지식'과 행위자성을 강조하고, 여성의 풀뿌리 리더십을 칭찬하는 것이다. 두 전략 모두 '젠더'를 여성에 관한 연구로 한정하기 때문에, 남성, 여성, GLBTQ 타자들의 지위를 비교하는 구조적 성 불평등에 대한 페미니즘의 분석은 전부 생략된다.

현재까지도 유엔기후변화협약UNFCCC의 '젠더와 기후변화' 웹사이트는 개량주의적 자유주의 에코페미니즘과 문화(본질주의) 에코페미니즘의 관점에 따라 이 문제들을 언급한다. 이 웹사이트에는 여성의 취약성, 포섭과 행위자성에 관해 다음과 같은 주장이 명시되어 있다. "여성이 기후변화 도전의 중심에 있다는 점이 점점 명료해지고 있다. 여성은 가뭄, 홍수 및 기타 극한 기상현상 같은 기후변화에 불균형적으로 영향을 받지만 기후변화에 맞서 싸우는 중요한 역할을 한다." 하지만 그러한 '중요한 역할'을 수행하기 위해서는 기후변화 논의에서의 성평등은 최소한의 필요조건이다. 즉 여성은 기후변화 정책 수립과 의사 결정에서 남성과 평등한 구성원이 되어야 한다. 진정성 있고 포용적인 페미니즘을 위해 젠더정의와 성적sexual 정의는 기후정의와 결합되어야 한다. 왜냐하면 모든 젠더와 섹슈얼리티의 여성들은 이 세가지 운동 안에서 풀뿌리 세력을 형성하기 때문이다.(Olson 2002 참조)

문제는 어떻게 발생했는가?
인구과잉을 비난하고, 생물종의 젠더 문제를 주변화하기

기후변화의 근본 원인에 대한 잘못된 분석으로 현상 유지를 옹호하는 세종류의 반페미니즘적 흐름을 살펴보자. 이 세 흐름은 기후변화를 다루는 주류 과학적 대응과 발맞춰 더 많은 주목을 받기 위해 서로 연합하거나 경쟁한다. 이들은 인구 통제, 반이민 정서, 그리고 군사주의 강화를 옹호하는 수사학과 상호 연결되어 있다. 1968년 파울 에를리히Paul Ehrlich의 『인구 폭탄』*Population Bomb*이 출간된 이래로, 제1세계 환경주의의 한 부류는 주로 제3세계의 인구과잉을 환경파괴의 근원으로 지목해왔다. 이 흐름 중 조금 더 정확하고 설득력 있는 담론은 인구와 제1세계의 과잉소비를 연결하면서, 인구와 소비 둘 다를 줄여나가야 한다고 주장한다. 인구에 관한 주류 수사학은 암묵적으로 제3세계 여성을 피임, 낙태, 불임수술 등이 포함된 '가족계획' 패키지의 표적으로 삼아왔다. 물론 좀더 최근의 '인구과학'은 일련의 유엔 회의(1974년 루마니아, 1984년 멕시꼬, 1994년 카이로)에서 제시된 재생산과 성 건강/권리에 관한 페미니즘의 주장에 영향을 받았다. 환경보호단체인 월드워치연구소World Watch Institute는 "가난한 여성과 어린이들은 기후문제의 원인 제공자가 아님에도 불구하고 기후변화에 가장 취약하다"(Engelman 2010)라고 주장하면서, 세계에서 가장 취약한 공동체를 대상으로 한 '인구 감소 접근법'을 공개적으로 지지한다. 이 접근법은 아래와 같은 세 축의 전략으로 실행된다.

- 법, 시민사회, 정치 영역에서 여성과 남성의 평등을 방해하는 제도적·사회적·문화적 장벽을 제거함.
- 모든 어린이와 청소년을 위해 학교 교육을 개선해야 하고, 특히 소녀와 여성의 교육적 성취를 증진함.
- 모든 여성과 그들의 파트너가 재생산 건강과 가족계획 서비스에 접근하고, 이를 사용할 완전한 자유를 보장함. 이를 통해 자녀를 낳아 성인으로 키우고자 하는 부모의 의도에 가장 부합하는 출생이 이루어지게 함.(같은 글)

이 세가지 전략은 전세계적으로 적용될 수 있는 것처럼 보이지만, 특히 개발도상국의 여성을 정책 대상으로 삼는 것 같다. 일례로 월드워치연구소에서 나온 보고서의 표지 사진에는 두명의 여성과 세명의 어린이가 나오는데 '니제르의 메마른 땅에 사는 가족'이라는 제목이 달려 있었다. 가족계획의 대상이 된 이 여성들과의 인터뷰가 보고서에 나오지 않기 때문에, 여성들이 이 가족계획을 원한 것인지 혹은 이 계획이 제대로 실행될 수 있는 것인지 확인할 길이 없다. 이 전략은 인구와 기후과학에 관해서는 '가부장이 가장 잘 안다'라는 접근법을 취하고 있음을 보여준다.

남반구에 사는, 세계인구의 약 80퍼센트는 전세계 온실가스 배출량의 20퍼센트만을 만든다. 다시 말해, 북반구에 사는 나머지 20퍼센트 인구가 대기 중 누적 온실가스 배출의 80퍼센트의 책임이 있다.(Egeró 2013; Hartmann 2009) 이 명확한 논리에도 불구하고, 2009년 코펜하겐에서 열린 유엔기후변화협약 당사국총회를 앞두고 인구 접근법이 또다시 출판물에 등장했다. 이 회의에서 인구정책 지지자들은 빈곤지역을 대상으로 한 가족계획이 비용 대비 효율적인 탄소 감축 방법 중 하나라고 주장했다.(Egeró 2013) 이에 뒤질세라 영국인구현안UK Population Matters*은 비행기로 여행을 많이 다니는 제1세계 소비자가 구매를 통해 탄소를 상쇄하는 방식과 유사한 '인구 상쇄' 시스템을 시작했다.(MacGregor 2010) 이 단체는 웹사이트를 통해 "인구 상쇄PopOffsets는 가장 비용효율이 높고 가장 환경 친화적인 수단인 가족계획을 통해 이산화탄소 배출을 상쇄하는 세계 최초의 프로젝트"라고 주장한다.(https://popoffsetssite.wordpress.com/ 참조) 이와 같은 인구 전략은 글로벌 북반구/제1세계에서 일어나는 지구자원의 심각한 과소비를 줄여야 한다거나, 온실가스 80퍼센트 배출을 엄하게 규제해야 한다는 제안은 전혀 포함하지 않는다.

* 환경 지속가능성에 대한 인구의 영향을 다루는 영국 기반 자선단체.

제3세계의 인구를 줄이는 일이 제1세계 과잉소비자들에게는 점차 중요해지고 있다. 세계에서 가장 주변화된 커뮤니티에 닥친 심각한 기후변화가 난민 위기와 빈곤층의 긴급한 이주를 촉발할 것임을 깨달았기 때문이다. 전세계 3분의 2에 속하는 지역에서 증가한 인구는 기후변화의 영향으로 큰 타격을 받게 되면서 제1세계 국가로 난민 신청을 할 것이다. 이들의 이주는 북반구의 부(즉, '안보')에 위협이 될 것이다. 기후 난민에 대한 북반구의 우려는 이주를 막기 위해 군사주의를 강화해야 한다는 주장으로 이어졌다.(MacGregor 2010; Egeró 2013) 기후위기는 여성에게 가장 큰 영향력을 미친다. 여성들은 기후재난 당시뿐만 아니라 재난 이후에도 젠더 기반 폭력과 물질적 어려움을 경험한다. 하지만 인구 담론은 여성이 기후위기의 원인 제공자인 것처럼 비난한다. 이런 점에 주목한 재생산정의를 위한 아시아 공동체(Rojas-Cheatham et al. 2009)는 기후정의와 재생산정의 사이의 교차성을 인식하는 '양방향 시각'을 촉구했다. 페미니스트들은 이러한 이유로 인구가 기후변화를 포함한 환경파괴의 근본 원인이라는 주장에 강력하게 저항해왔다.(Hartmann 1987; Silliman et al. 2004; Gaard 2010b)

기후변화 분석에서 인구과잉에 관한 주장은 엘리뜨들의 수사학적 관심 돌리기로 기능하면서 젠더, 섹슈얼리티 및 종간정의라는 보다 근본적이고 교차적인 문제를 못 보게 만든다. 대부분의 페미니즘 논의가 휴머니즘의 관점에서 이뤄진다는 점에서 한계가 있지만, 기후변화 여성네트워크인 '상상할 수 있는 미래'Conceivable Future의 밀레니얼 페미니스트들은 새로운 관점을 주도해가고 있다. 그들은 다음과 같이 주장한다.

기후위기는 재생산의 위기다. 우리 중 일부는 기후변화의 위험 때문에 아이 낳을 기회를 미리 차단당하면서 임신을 포기하게 된다. 우리 중 또다른 일부는 화석연료산업에 노출되어 자신의 재생산 건강이나 아이들의 건강에 위협을 받고 있다. 우리 중 누군가는 양육자로서 용기 내어 더 큰 행동에 나선다. 재생산 자유에 대한 위협을 느낀 일부 사람들은 급진화되어간다. 재생산 선택과 자기 결정에 대한 제약이 늘어나는 이 시기를 통해 우리는 기후변화의 영향력을 목격하고 있다.6

페미니스트 과학 연구자들은 가장 포괄적으로 분석할 때 억압문제를 가장 잘 다룰 수 있다고 말한다. 따라서 데이터를 배제하면, 좋은 연구, 좋은 논증 또는 좋은 페미니즘을 끌어낼 수 없다. 그러므로 기후정의에 대한 페미니즘 접근방식은 더 큰 환경들을 고려한 물질적이고 포스트휴머니즘적인 접근법을 취해야만 한다. 이는 기후변화의 윤리정치적 문제가 내포된 더 큰 환경들을 고려함으로써 가능하다. 즉 글로벌 경제와 글로벌 식품 생산과 소비 관행에서 드러나는 종간 관계와 생태적 횡단신체성이 그것이다.

발 플럼우드의 '지배를 옹호해온 마스터 모델'의 작용으로 '후경화되었던' 기후위기의 원인을 두 부류의 페미니즘 연구가 복원해내고 있다. 첫번째는 유물론적 페미니즘(Alaimo & Hekman 2008)으로 횡단신체성의 개념을 개진해왔다. 이 개념은 우리 몸을 생명, 물질과 에너지의 흐름 안에서 상호 구성된 물리적 실체로 설명한다. 이와 같은 최근의 페미니즘 입장은 40년간의 페미니즘 과학 연구와 인간과 환경 간의 연결을 강조해온 에코페미니즘 관점에 토대를 두고, 젠더, 인종, 계급, 연령, 그리고 공중보건 연구의 지식을 발전시키고 있다. 1970년대 페미니스트 건강 옹호자들은 남성 표본만을 수집한 뒤 그 연구결과를 여성과 아동에게 일반화했던 과학의 지배적인 관점에 도전하기 시작했다. 이 페미니스트들은 환경이 인간 건강에 미치는 영향을 탐구하고, 유방암, 천식, 납중독, 재생산 이상, 기타 유형의 암과 환경과의 관련성을 폭로하면서 여성과 어린이의 건강에 관한 질문을 제기했다. 침묵의 봄 재단Silent Spring Institute*과 유방암행동Breast Cancer Action**과 같은 전국 규모의 여성단체들은 유방암 연구 및 예방의 모든 측면에 페미니즘 환경주의 관점을 도입하기 위해 노력했다. 기업의 이윤구조부터 환경오염물질, 의약품, '핑크워싱'7 및 개별 유방암 환자와 생존자를 포괄하는 문제 등 모두를 연구에 포함했다. 환경 화학물질이 조류, 기타 동물 및 에코시스템에 미치는 영향을 폭로한 레이철 카슨의 책(Carson 1962)을 기반으로 페미니스트 환경운동가들feminist environmentalists은 합성화학물질이 인간과 비인간 동물의 내분비계에 미치는 영향을 밝혀냈다. 살충제와 플라스틱, 페인트와 잠옷에 포함된 합성화학물질은 개구리와 기타 야생동물의 남성 생식기관의 여성화를 일으켰고(Aviv 2014), 여성의 유방암과도 관련이 있다. 로이스 기브스Lois Gibbs의 다이옥신 연구(Gibbs 1995), 리안 클로펜-카스텐Liane Clorfene-Casten의 유방암 연구(Clorfene-Casten 1996; 2002), 테오 콜본Theo Colborn의 합성화학물질에 대한 분석(Colborn et al. 1997), 샌드라 스타인그래버의 농약, 환경 건강, 아동의 건강과 인간 암에 관한 설득력 있는 연구(Steingraber 1997, 2001)는 환경 건강, 공중보건 및 사회정의의 상호연관성에 관한 우리의 이해력을 확장해내는 데 크

* 유방암의 환경적 원인을 밝히는 데 전념하는 비영리 과학연구기관.

** 유방암을 앓고 있는 사람들이 주도하고 지원하는 미국 기반의 풀뿌리 교육 및 활동가 조직.

게 기여했다. 이와 같은 건강과 환경과학의 페미니즘 연구는 환경정의 운동의 과학적이며 역학적 토대를 쌓는 데 기여해왔고, 유물론적 페미니즘의 이론화를 위한 환경주의적 페미니즘의 견고한 기초를 제공하고 있다.

두번째 페미니즘 이론의 부류는 페미니즘 동물연구다. 페미니즘 동물연구는 산업형 식품시스템에서 사용되는 동물의 생산, 운송, 소비 및 폐기물 간의 연결성과 식품산업이 인간과 환경의 건강에 미치는 악영향을 탐구해왔다. 현재 인간 소비용 동물 신체의 산업적 생산은 억압적인 관행들의 집합체라 할 수 있다. 페미니즘 동물연구 학자들은 여성 재생산 착취(Corea 1985)와 일차적으로 비인간 암컷을 대상으로 한 실험을 통해 개발된 재생산기술에 관한 초기 페미니즘 연구로부터 이론화의 기틀을 마련했다. 이들은 서구의 산업형 동물식품 생산 시스템('공장식 축산')이 특히 암컷의 착취에 기반을 두고 발전되어온 것임을 강조한다.(Adams & Donovan 1995; Donovan & Adams 2007) 이 시스템은 비인간 암컷뿐 아니라 이 암컷의 몸과 재생산 '산물'을 소비하는 인간 여성 둘 다의 건강에 손상을 입힌다. 캐럴 애덤스는 "생식을 통제하기 위해서는 그 생물종의 암컷에 대한 절대적인 접근권이 필요하다"고 말한다.(Adams 2003, 147면) 식량 생산과 인간 재생산을 위한 여성 생식력 통제는 유사한 방식으로 이뤄지는데, 외과적 기술을 사용해 모든 생물종의 여성 신체를 조종한다는 점이다.(Adams 2003; Corea 1985; Diamond 1994) 그 예는 다음과 같다.

• 좁은 케이지에 갇혀 밀집 사육되는 암탉은 부리가 제거되고, 그들의 재생산 산물인 닭알을 많이 낳기 위해 수많은 항생제를 맞는

다.(Davis 1995) 수컷 병아리는 공장식 양계산업에서 아무 용도가 없어 보통 폐기된다. 암컷 병아리는 지나치게 큰 가슴과 작은 발을 가진 기형으로 사육되며, 케이지에 갇힌 채로 매우 짧은 생을 산다. 이들은 먼지 목욕, 둥지 틀기와 날기 같은 그들의 자연스러운 삶의 방식대로 살지 못한다.

- 임신한 암퇘지는 감금틀에 갇혀 살고, 출산 후에는 철창 틈을 통해서만 새끼에게 젖을 물릴 수 있다.
- 젖소를 강제로 수정해 태어난 수컷 송아지는 출생 후 24시간에서 48시간이 지나면 어미와 분리되어 감금틀에 갇히게 된다. 갇혀 지내는 동안 철분을 뺀 사료를 먹고, 이후 송아지고기로 도살된다.[8]

정동 이론과 페미니즘 동물연구를 결합해낸 로리 그루언(Gruen 2012)은 '연루된 공감'entangled empathy 개념을 제안한다. 그는 이 개념을 통해 생물종과 식량생산시스템 전반에 걸쳐 인간이 해온 내부-작용에 대해 일깨우고자 했다. 연루된 공감은 다른 존재들의 정동적 상태에 대한 우리의 인지를 통해 동시적으로 생겨나는 정동을 의미한다. 연루된 공감을 통한 강렬하고 체화된 깨달음은 고통을 없애기 위한 행동에 동기를 부여한다.

동물을 산업용 식품시스템의 '노동자'로 묘사하는 것(Haraway 2003)은 재생산노동의 제도적 억압과 인간 책임을 모호하게 만드는 점 때문에 비난받아 마땅하다. 지포라 와이즈버그(Weisberg 2009)의 말처럼 가족과 떨어져 평생 갇혀 살아야 하고, 자기가 낳은 아이를 살해하고, 과밀한 상태에서 불구가 될 정도로 생물학적 조작을 당하다 결국 사형을 당해야 하는 일을 누가 '직업'으로 선택하겠는가? 조반나 디 끼로Giovanna Di

Chiro는 「환경정의, 기후정의, 재생산정의의 통합」bringing together environmental, climate and reproductive justice*이란 논문에서 재생산정의를 다음과 같이 설명한다.(Di Chiro 2009) 재생산정의는 "신체적 자기 결정권과 안전한 피임의 권리"뿐만 아니라 "자녀를 낳고 그들을 풍요롭고 건강하고 안전한 환경에서 양육할 수 있는 권리"를 의미한다. 이를 위해 "좋은 일자리와 경제적 안정, 가정폭력과 강제 불임으로부터의 자유, 저렴한 의료서비스, 교육 기회, 그리고 양질의 주거와 깨끗하고 건강한 지역에의 접근권"이 필요하다.(같은 글 2면) 페미니즘 동물연구 학자들은 섹슈얼리티와 재생산 착취가 식민주의와 기술-과학의 세계관에서 비롯된 것이라 주장하면서, 산업형 동물식품 생산을 재생산정의, 횡단종정의, 환경정의 모두의 실패로 설명해왔다.

유엔식량농업기구의 보고서 『가축이 남긴 긴 그림자』(Steinfeld et al. 2006) 또한 기후정의를 중요한 사안으로 다룬다. 이 보고서는 '가축'을 소, 물소, 작은 반추동물, 낙타, 말, 돼지와 가금류를 포함한 모든 동물성 식품이라 정의하고, 고기, 계란, 우유 및 유제품을 축산물에 포함한다. 미국에서 처음 도입한 '공장식 농업'은 지구에 해를 끼치면서 전세계로 수출되었다. 소와 다른 식품용 동물을 먹이기 위해 사용되는 경작지가 늘어나고 있고, 숲은 방목지로 바뀌고 있으며, 엄청난 양의 물이 축산동물이 먹을 작물을 기르는 데 사용되거나 그 동물의 식수로 공급되고 있다. 산업형 동물식품 생산의 폐기물인 살충제, 제초제, 비료, 호르몬과 항생제, 분뇨와 도축장 폐기물은 습지와 야생지를 오염시키고, 멕시꼬

* 논문의 원제는 '일상생활을 지속하기: 환경정의, 기후정의, 재생산정의의 통합'(Sustaining Everyday Life: Bringing Together Environmental, Climate and Reproductive Justice)이다.

만과 만나는 미시시피강 하류에 저산소('죽은 지대') 지역을 만들어냈다. 동물의 트림과 방귀에서 생성되는 메탄, 호흡과 수송과정에서 발생하는 이산화탄소, 아산화질소와 암모니아 모두 공장식 축산업을 통해 증식되는 온실가스다. 축산업은 지구의 온실가스 배출량을 기하급수적으로 증가시킬 뿐 아니라, 온실가스를 흡수해 지구가 균형을 회복하도록 돕는 탄소흡수원의 역할을 하는 산림지역을 감소시킨다.

인간의 건강 또한 다양한 방식으로 영향을 받는다. 육류 생산은 번영, 건강, 사회적 지위와 서구 산업화한 국가의 풍요로운 생활방식이 연상된다. 점점 더 많은 국가들이 산업화한 국가의 육류 소비 수준을 모방하면서, 암, 심장병, 비만 및 기타 동물성 식품 관련 질병의 비율이 증가하고 있다.(Campbell & Campbell 2006) 제1세계 과잉소비자에게서 비만이 증가하는 현상과 세계인구의 3분의 2가 기아와 영양실조로 고통받는 현상을 비교한 통계에서 우리는 이 현상들이 동물식품 소비의 비율 그리고 성별화된 기아 현상과 상관관계를 갖는다는 점을 알 수 있다.(FAO 2013) 개발도상국의 여성은 농업 노동력의 43퍼센트를 차지하지만, 수확량이 남성보다 20~30퍼센트 정도 낮다. 여성은 가장 좋은 토양에서 농사를 지을 수도 없고, 종자, 비료와 장비에 대한 접근권을 갖지 못하기 때문이다.(WFP 2013) 전세계적으로 음식을 요리하고 제공하는 일은 주로 여성이 하지만 가장 먼저, 가장 영양가가 높은 음식을 먹는 사람은 남성이다. 이후 남성이 남긴 음식은 아이들이 먹고, 여자는 맨 마지막에 먹는다. 음식이 부족하면 여성은 아이들을 먹이려고 음식을 포기한다. 개발도상국의 약 1억 4600만명의 어린이들이 극심한 또는 만성적인 영양실조로 인해 저체중 상태이며, 세계에서 가장 굶주리는 인구군의 60퍼센트가 여성이다.(같은 글) 세계식량계획World Food Program, WFP은 여성 농부들의 자원 접근성이 남성과 같았다면 전세계의 굶주리는 인구를 최대 1억 5000만명까지 줄일 수 있었을 것이라고 말한다.(같은 글)

산업형 동물식품 생산은 소에게 먹이는 곡물의 양보다 소고기에서 얻는 단백질이 더 적기 때문에 "거꾸로 단백질 공장a protein factory in reverse"(Robbins 1987)이라 묘사되어왔다. 먹이사슬의 상위에서 먹는 육식은 그 과정에서 곡물, 물과 방목지의 '투입'을 더 많이 요구하기 때문이다. 산업형 축산업으로 인한 생태 위협과 인명 피해는 논쟁의 여지가 없다. 다음과 같은 사실이 이미 잘 알려져 있기 때문이다.

- 1파운드의 고기를 생산하기 위해서는 13파운드의 곡물과 2400갤런의 물이 필요하다. 1칼로리의 동물단백질을 생산하려면 식물단백질보다 11배나 많은 화석연료를 사용해야 한다.
- 식용동물을 키우기 위해서 지구표면의 30퍼센트에 달하는 땅이 필요하다.
- 현재, 세계에는 약 120억명을 먹일 수 있는 충분한 식량이 있지만 여전히 9억명 이상의 사람들이 굶주리고 있다.(Steinfeld et al. 2006; WFP 2013)

식품과 개발을 연구하는 학자들이 수십년 동안 주장해온 것처럼, 기아는 인구과잉 때문에 생기는 것이 아니라 분배의 문제이고, 세계식량 공급을 통제해온 엘리뜨들의 문제다.(George 1976, 1984; Hartmann & Boyce 1979; Lappé & Collins 1998) 또한 '구조조정'이라 불리는 부채 상환 프로그램은 부채 상환을 위해, 생계용 식량 작물보다 수출용 현금 작물을 재배할 것을 개발도상국에 요구하고 있다. 바이오기술 기업은 수확량이 많은 종자를 선전하고 있는데, 이 종자들은 고가의 비료를 투입해야 하고 단일 작물로만 길러야 한다. 이런 농법은 생계용 농사를 대체하고, 생물다양성을 파괴하고, 물을 오염시키며, 빚과 굶주림을 낳는다. 이러한 사실에도 불구하고 전세계 육류와 유제품의 생산량은 2050년까지 2배 이상 증가할 것으로 예상한다.(Steinfeld et al. 2006) 산업형 동물식품 생산은 동시에 생물종정의, 환경정의, 재생산정의, 먹거리정의와 관계된 문제다. '먹거리정의'는 너무 오랫동안 인간 다양성을 둘러싼 정의라는 관점에서만 논의되었다. 하지만 '음식'으로 간주되어온 존재들을 배제하면서 진정한 의미의 먹거리정의를 실천할 수 없다. 먹거리정의에는 종간정의가 필요하고, 이 정의는 재생산정의와 퀴어정의 둘 다와 교차한다.

퀴어 먹거리정의Queer food justice는 현재 싹트고 있는 에코퀴어 운동에서 나왔다. 조슈아 스비카Joshua Sbicca는 이 운동을 "느슨하게 엮인, 정치적·사회적으로 탈중심적인 운동가들의 집합"으로 헤게모니적 지식체계를 해체하기 위해 섹슈얼리티, 젠더와 자연의 지배담론에 도전하는 운동으로 정의한다.(Sbicca 2012, 33~34면) 스비카는 먼저 레즈비언 에코커뮤니티와 뮤직페스티벌을 건설하고, 게이 크루징과 공공장소에서의 섹스public sex*를 통해 도시지역 공원의 이성애 규범성에 도전해온 퀴어 생태주의 운동의 여성 역사(Mortimer-Sandilands & Erickson 2010)를 검토한다. 그는 퀴어 농부와 재배자들이 형성한 퀴어 먹거리정의 운동을 강조하면서, 이들이 대안적 식품운동과 불편한 관계일 수 있다는 점을 지적한다. 왜냐하면 이 운동을 대표하는 마이클 폴란, 에릭 슐로서Eric Schlosser,

* 크루징은 성적 파트너를 찾기 위해 특정 지역을 걷거나 방문하는 것을 의미한다. 이를 통한 익명적 만남이 공중화장실이나 공원 등에서 이뤄지기 때문에 '공공장소에서의 섹스'라 부른다.

조엘 샐러틴Joel Salatin, 바버라 킹Barbara King과 같은 주요 인물들이 대부분 백인, 이성애남성이며 중산층이기 때문이다. 풀뿌리 먹거리정의 운동은 이런 정형화된 이미지와는 거리가 멀다. 실제로 이 운동은 18세기 유럽의 여성 텃밭(Norwood 1993)을 비롯하여 미국 재건시대 이후 남부 농촌지역의 흑인 여성 농민들(Walker 1983)과 할렘지역 옥상 텃밭의 여성 재배자들로부터 기원했다. 2007년에 결성된 샌프란시스코의 '사랑을 위한 퀴어푸드'Queer Food For Love, QFFL는 '폭탄이 아닌 음식'Food Not Bombs* 운동의 퀴어식 최신판으로, 퀴어에 대한 편견에 맞서 음식, 공동체와 안전한 공간을 제공하고자 하는 열망을 표현한다. 이와 유사한 운동으로는 2008년에 결성된 샌프란시스코의 레인보우차드 동맹Rainbow Chard Alliance이 있다. 이 운동은 유기농업 운동과 퀴어 운동을 연결하여, 같은 생각을 가진 '에코호모'eco-homos 커뮤니티를 샌프란시스코 베이지역과 캘리포니아에 건설했다.(Sbicca 2012) 퀴어 먹거리정의 운동은 캘리포니아 지역에 국한되지 않고, 버몬트주, 매사추세츠주, 코네티컷주, 테네시주, 앨라배마주, 아칸소주, 캔자스주와 워싱턴주 지역 참여자들을 통해 확산되고 있다. 이 퀴어그룹들은 환경, 섹슈얼리티, 젠더 간의 교차성 관점에서 음식을 통해 커뮤니티를 만들고, 억압에 맞서며, 지구와 인간의 몸을 돌본다. 하지만 이 그룹들이 섹슈얼리티와 생물종 억압 간의 연결성을 만들어, 다른 생물종을 포괄하는 먹거리정의를 실천하고 있는지는 분명하지 않다.

전세계의 굶주림, 음식 생산, 젠더, 섹슈얼리티와 생물종에 관한 사실

* 전쟁, 빈곤, 환경파괴에 항의하기 위해 65개국 1000개 이상의 도시에서 버려지는 음식을 회수하여 비건 및 채식 식사를 배고픈 사람들에게 나눠 주는 자원봉사 운동.

을 바탕으로 기후변화를 분석해보면, 인구과잉을 기후변화의 근본 원인으로 보는 것은 잘못된 것 같다. 기후변화는 널리 확산된 젠더와 인종 부정의injustice, 섹슈얼리티 부정의, 종간 부정의에 의해 고양된 백인 산업자본주의 이성애남성 우월주의가 너무 과도하게 작동한 탓일 수 있다. 먹이사슬에서 사치스럽게 먹는다는 것은 지구의 음식접시를 세계에서 가장 부유한 사람들의 입안으로 기울이는 것으로 간주해야 한다. 이는 수십억마리 동물의 목숨과 거의 절반이 5세 이하의 어린이인 최대 8억 7000만명의 사람들이 만성적 영양실조 상태라는 희생을 치르고 이뤄진다.(FAO 2013) 인구 조절과 산업형 동물식품 생산은 재생산정의, 종간정의, 젠더정의와 기후정의의 대안이 될 수 없다.

우리는 무엇을 원하는가? 좀더 포괄적인 기후정의를 향하여

2002년에 발표된 27개 발리 기후정의 원칙(The 27 Bali Principles of Climate Justice. 이하, 발리 원칙)은 기후변화를 환경정의의 관점에서 재정의했다. 발리 원칙은 1991년 제1차 전국유색인종 환경리더십 써밋에서 채택한 17가지 환경정의 원칙을 견본으로 활용했다. 발리 원칙은 젠더, 토착성, 나이, 능력, 부, 건강과 같은 범주를 언급하며, 기후변화에 가장 취약한 전세계 인구군에 대한 기후변화 영향의 완화와 적응을 위한 지원을 해야 한다는 내용을 담아냈다. 구체적으로 에너지와 식량 생산의 지속가능성, 민주적 의사 결정, 생태경제학, 젠더정의, 경제적 보상 등의 의무 명령을 제시하고 있다. 이러한 원칙은 기후과학의 '잘려나간 서사'(Kheel 1993)에서 누락된 많은 구성요소들을 복원해낸다. 즉 산업화한 북반구/제1세계와 전세계 3분의 2에 해당하는 남반구 지역 엘리뜨들의 지속 불가능한 소비와 생산 관행을 남반구와 북반구의 빈곤지역 사람들이 심각하게 경험하는 환경적 영향과 연결한 것이다. 그러나 "어머니 지구의 신성함, 생태적 통일성과 모든 생물종의 상호의존성을 주장"한 서문 격인 발리 원칙 1항에도 불구하고, 발리 원칙이 포스트휴머니즘 관점을 도입한 것은 아니다. "기후정의는 여성의 권리를 증진하는 해결책의 필요성을 강조한다"라는 발리 원칙 22항과 마찬가지로 기후정의는 퀴어 권리 증진의 해결책 또한 포함해야 한다. "기후정의는 자연과 자연자원의 상품화에 반대한다…"라는 발리 원칙 18항의 내용처럼, 기후정의는 또한 동물 신체와 모든 생물종의 여성/암컷 신체의 상업화에 반대할 필요가 있다. 발리 원칙이 좀더 포괄적인 기후정의 원칙이 되려면 퀴어정의, 페미니즘 정의, 포스트휴머니즘 정의의 관점으로 보강되어야 한다.

2013년 11월 12일 폴란드 바르샤바에서는 제19차 유엔기후변화협약UNFCCC 당사국총회 주최로 젠더 균형과 젠더 평등에 관한 전례 없는 워크숍이 열렸다. 3시간의 워크숍 동안 연사들은 여성이 기후변화에 관한 의사 결정에서 소외되고 있음을 확인하는 사실을 공개했다. "UNFCCC에서 대표 또는 기구조직의 회원으로 참여하는 여성의 비율이 여전히 35퍼센트 미만이며, 몇개 조직의 경우는 11~13퍼센트로 낮다."(GGCA 2013) 이 문제와 관련해서 발표자들은 여덟가지 해결책을 제시했는데, 그중에는 젠더 균형을 감시하기 위해 할당, 제재, 그리고 모니터링 조직을 갖춘 적극적 우대 전략을 설립하고, 참여 및 훈련을 위한 기금을 지급하자는 제안이 있다. 또한 "여성과 젠더에 민감한 기후정책의 체계적 도입"(GGCA 2013)을 증진하기 위한 연구와 실천을 이끌 수 있는 도구와 방법론을 도입하는 내용이 포함되어 있다. 성평등을 실행하는 이러한 변화는 기후변화에 대한 좀더 변혁적인 페미니즘 분석과 대응을 위해 필요한 첫 단계를 제공한다. 1991년 WEDO의 '여성 의제 21' 이후 이 워크숍이 개최되기까지 20년 이상이 걸린 것은 기후변화 분석이 남성중심적이란 점과 자유주의 페미니즘과 문화 페미니즘 전략을 고수해온 여성들의 영향력이 관철되고 있음을 분명하게 확인시켜준다.

그러나 기후변화에 대한 유엔 논의에 여성을 더 많이 참여시키면 페미니즘 관점이 저절로 태동한다고 할 수 있을까? 연구자들은 의사결정 기구의 여성 대표성이 환경적 결과에 영향을 미치는지(Ergas & York 2012), 여성 참여율을 높이면 더 나은 기후정책으로 이어지는지(Alber & Roehr 2006), 그리고 기후변화에 대한 지식과 관심에서 확인 가능한 성별 차이가 있는지(Alaimo 2009; McCright 2010) 등을 조사했다.[9] 표 6.2에 요약된 것처럼, 여성은 기후변화 문제와 해결에 있어서 의사 결정 자리에 있는 남성과는 다르게 행동할 것임을 이 연구자료들은 시사한다. 그러나 한 연구(Rohr 2012)에 따르면, 기후행동위원Commissioner on Climate Action인 코니 헤데고르Connie Hedegaard가 예외적으로 "유럽 기후정책에서 젠더를 언급하는 것에 찬성하지 않았는데, 그 이유는 젠더가 개발도상국에서만 적용된다고 간주하면서"(같은 글 2면) 유럽 기후정책이 젠더 관점을 포함함으로써 '과부하되는' 것을 원치 않았기 때문이다. 따라서 모든 수준의 기후변화에 대한 의사 결정 과정에서 젠더 균형이 필수적이지만, "그렇다고 해서 젠더 대응 기후정책이 자동으로 보장되는 것은 아니다."(같은 글 2면) 여기에는 더 광범위한 변혁이 필요하다. "자신의 남성성과 성역할에 대해 의문을 제기하고, 기후변화 정책과 경감 전략에 내재한 젠더[섹슈얼리티]와 권력 관계"를 폭로하는 데 동참할 "진보 남성과

표 6.2 기후변화에 대한 지식, 태도, 행동에서의 젠더 차이

- 여성은 풀뿌리 환경단체 구성원의 60~80퍼센트를 차지하는 것으로 추정된다. 또한 환경개선 프로젝트에 더 적극적으로 참여한다.*
- 여성은 남성보다 환경적인 위험을 더 위협적으로 인식하는 경향이 있고*, 기후변화에 대해 더 큰 우려를 표현한다.***
- 미국 여성은 기후변화에 대해 더 많은 과학적 지식이 있음을 보여주고***, 기후변화 이슈에 다르게 접근하며, 문제들에 대한 다른 우려와 잠재적 해결책을 표현한다.*
- 여성은 기후변화의 영향력이 더 심각하다고 생각한다.**
- 여성은 기존 기후변화 정책이 문제 해결에 효과적인지에 대해 더 회의적이다. 반면에 남성은 과학적이고 기술적인 해결책을 신뢰하는 경향이 있다.**
- 여성은 더 기후 친화적인 생활방식으로 바꿀 용의가 있다.**
- 기후보호 정책 분야, 즉 에너지 정책, 교통계획, 도시계획 등은 남성에 의해 주도되는 경향이 있다.**
- 여성은 기후변화 정책 분야에서 과소 대표된다.**
- 여성은 남성보다 기후변화에 대한 자신의 지식을 더 과소평가한다.***

출처: *Ergas & York 2012; **Alber & Roehr 2006; ***McCright 2010

젠더퀴어 타자들을" 포함해야 한다.(같은 글 2면) 이런 연구들이 시사하는 것은 구조적 젠더 불평등과 더 구체적으로는 기후변화에 관한 의사결정기구에서의 여성의 과소 대표성이 기후변화에 대처하는 국가별, 그리고 전지구적 행동을 실제로 저해하고 있다는 점이다.

성차별주의와 호모포비아의 상관관계와 상호강화를 고려할 때(Pharr 1988), 기후변화에 대한 여성과 LGBTQ의 입장이 유사하다는 점은 놀랄 일이 아니다. 그러나 오늘날까지도 유엔 담론에서 기후변화에 관한 대화에 LGBTQ가 진입할 수 있는 일차적인 접점은 질병문제, 즉 HIV와 AIDS를 언급할 때뿐이다.(McMichael, Butler & Weaver 2008) 퀴어 생태학적 관점을 인지한 연구는 거의 없고(Gaard 1997a; Mortimer-Sandilands & Erickson 2010), 그 관점을 기후변화 연구와 자료수집에 적용한 경우는 훨

씬 적다. 그럼에도 불구하고 이 얼마 되지 않은 연구들은 기후변화와 다양한 LGBT 개인과 공동체 간의 연결이 "다른 사람들의 환경, 자원, 맥락과 욕망을 지배하고 통제하는 우파 근본주의의 욕망"에 맞서는 과정에서 생겨났다는 점을 확인해주고 있다.(Somera 2009)

시장조사기관인 해리스 인터랙티브가 실시한 미국 여론조사(Harris Interactive 2009)에 따르면, "LGBT 미국인들은 다른 사람들보다 더 친환경적으로 생각하고, 행동하고, 투표한다." 이 같은 결론은 몇가지 주요 질문에 대한 답변을 토대로 이뤄졌다. 즉 환경문제에 지원하는 것이 중요한지, 기후변화가 실제로 진행되고 있는지, 응답자 자신이 환경주의자라고 생각하는지, 후보에게 투표할 때나, 상품 및 서비스를 구매하고 직업을 선택할 때 환경문제를 고려하는지에 관한 질문들에 응답한 결과였다.(그림 6.2 참조)10

이 여론조사에서 가장 의미 있었던 것은 LGBT 응답자가 미래 세대에게 남겨줄 지구의 모습에 대해 보인 반응이었다. 이성애 응답자의 42퍼센트와 비교하여 LGBT 응답자의 51퍼센트는 매우 큰 우려를 표명했다. 이성애자에게 아이가 있을 가능성이 더 높다는 점을 고려할 때 이 부분은 매우 흥미로운 결과다. 앤딜 고신Andil Gosine은 "비백인의 재생산non-white reproduction과 동성 간 에로티시즘"이 환경주의 담론과 호모포비아 담론 모두에서 "자연을 거스르는 퀴어 행위"로 구성되어온 이유를 탐구했다.(Gosine 2010) 그는 이 둘이 "식민화 과정을 통해 이뤄진 백인 중심의 국가건설 사업에 위협적이기" 때문이라고 해석한다.(같은 글 150면) 고신은 인구과잉과 퀴어 섹슈얼리티의 생태학적 위험에 관한 담론 둘 다 에로티시즘을 부인한다는 점에서 유사하다고 주장한다.(Lorde 1984 참조) 기후변화와 호모포비아의 유해한 환경은 마스터

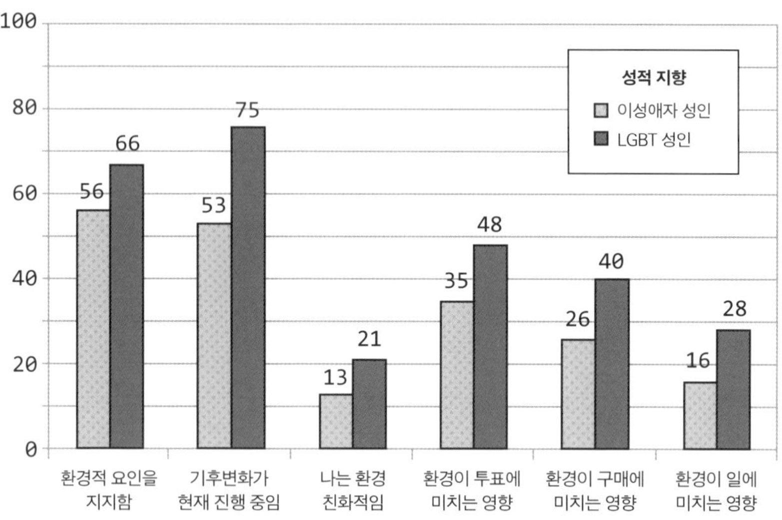

그림 6.2 해리스 인터랙티브 2009. "LGBT 미국인들은 다른 사람들보다 더 친환경적으로 생각하고, 행동하고, 투표한다." 비즈니스 와이어(Business Wire, 뉴욕), 10월 26일.

모델의 이성-에로티시즘 이원론과 연결되고(Plumwood 1993), 이것은 백인-비백인, 부유함-빈곤함, 지성-생식성이라는 다른 이분법들과 일관되게 연결된다. 이 연결을 에로토포비아erotophobia(Gaard 1997a)와 에코포비아ecophobia(Estok 2009)라고 부른다.

청년 생태 활동가들은 우리에게 체화된 에로티시즘에 대한 문화적으로 구성된 두려움, 부인, 그리고 평가절하에도 개의치 않고, 기후변화 논의에서 성적 행복sexual well-being을 처음으로 언급한 부류 중 하나다. 2012년 11월 26일부터 12월 8일까지 카타르 도하에서 열린 제18차 유엔 기후변화협약 당사국총회에서 열정적인 청년운동이 태동했다. WEDO에 따르면 "청년 젠더 실무위원회는 재정과 기술에 대한 권리, 재난

이 여성에게 미치는 영향, LGBT 커뮤니티, 성 건강과 재생산 권리' 같은 이슈들을 강조했다."(De Cicco 2013) 퀴어 페미니즘 생태학에 관한 이러한 탐구는 젠더와 기후변화 네트워크Gender and Climate Change Network, genderCC의 구호를 강화할 수 있다. 즉 "(퀴어) 젠더정의 없이는 기후정의도 없을 것이다."

어떻게 이뤄낼 것인가? 목표와 결과

퀴어 페미니즘 포스트휴먼 관점의 강화로 발리 원칙을 실행하기 위해서는 상향식과 하향식 모두를 포함한 변혁적 전략이 필요하다. 즉 국가와 기업 정책의 변화와 같은 시스템적인 차원과 시민과 소비자로서 개인적 차원에서의 변화 모두가 필요하며 함께 책임을 나눠야 한다.(Cuomo 2011) 기후변화에 대한 몇가지 기술-과학적 해결책은 제1세계와 기업의 불공정하고 반생태적인 관행의 결과를 완화하는 데 도움을 주어, 좀더 지속가능한 자원으로 우리의 에너지 의존성을 변화시켜낼 수 있다. 그러나 퀴어 페미니즘 기후정의 접근방식은 근원에 접근하여 시민으로부터 기업에 이르는 모든 차원에서 형평성과 지속가능성을 요구한다. 이 접근법은 경제학에서 출발한다.

페미니스트 경제학자 매릴린 워링Marilyn Waring이 그의 대표작인 『여성이 고려된다면: 새로운 페미니즘 경제학』*If Women Counted: A New Feminist Economics*에서 관찰했듯이, 유엔국민계정체계UN System of National Accounts, UNSNA에는 자연에서 나온 생산물이 현금경제에 들어갈 때까지는 자연이 생산하거나 파괴한 것을 회계 처리하는 방법이 없다. 마찬가지로 이

시스템은 여성이 수행하는 대부분의 일에 대한 지출 내역이 없다. 여성에게 요리와 농작물을 위한 담수를 제공하는 깨끗한 호수는 오염되기 전까지는 경제적 가치를 인정받지 못한다. 오염된 이후에야 기업들이 정화를 위한 비용을 지급해야 하고, 정화작업은 남성에 의해 수행되며, 소득 창출로 기록된다. 마찬가지로 여성에게 식량, 연료와 사료를 제공해온 살아 있는 숲은 유엔국민계정체계에 그 가치가 기록되지 않는다. 숲은 벌목된 이후 판매를 위한 상품으로 제조될 때만 가치를 인정받으며, 모든 관련 산업과 제품은 보통 남성의 일로 간주하고, 소득 창출로 기록된다. 앤 크리텐든은『모성의 댓가』에서 재생산과 양육 같은 여성 무급노동을 그림자 경제로 다루면서, 젠더경제와 생태경제를 연결한다.

비인간 존재들이 올바르게 포함된 생태정의 지속가능성을 위해 우리는 페미니즘 생태학 회계시스템이 필요하다. 이를 통해 지역부터 글로벌 영역에 이르는 모든 수준에서의 기후정의에 기반한 경제적 실천을 추적하고 촉진할 수 있다.

경제 세계화(실제로 세계화는 글로벌 기업화와 생태 및 토착적인 것들의 식민화를 의미한다)를 글로벌 경제정의로 대체함으로써 기후변화 문제를 정면으로 공격할 수 있다. 산업화한 국가는 지역사회와 생태계 둘 다에 기후 부채를 갚아야 한다. 이는 발리 원칙에서 요구한 것으로서, 이 국가들은 정의로운 전환을 위해 필요한 비용을 기후변화의 결과를 직면하고 있는 환경과 지역사회에 떠넘기지 않는 경제 회계시스템을 개발해야 한다. 여성, 토착민 공동체, 전세계 3분의 2 지역, 동물, 생태계에서 과도하게 착취한(즉, 이윤) 경제로부터 녹색경제로 전환하기 위해서는 밴 존스가 설립한 단체인 그린포올에서 주장해온 것과 같은 지속가능한 일자리가 필요하다. 이러한 일자리는 지속가능한 에너지시스템, 지속가능한 운송시스템과 환경정의로 주도된 도시계획에서 창출된다.

먹거리정의의 기반은 19세기에 시작되었고, 1970년대에 부활한 식품 협동조합운동에서 수십년 동안 성장해왔다. 오늘날의 먹거리정의 운동은 지역사회 지원 농업Community Supported Agriculture, CSA, 밀워키에서 활동하는 윌 앨런Will Allen의 그로잉파워Growing Power* 같은 단체가 보여준 옥상 텃밭과 커뮤니티 텃밭의 출현, 버몬트주에서 캘리포니아주 지역까지 퍼져 있는 퀴어 먹거리정의 농부와 재배사들과 너태샤 보언스Natasha Bowens**의 '브라운 걸 파밍'Brown Girl Farming 운동 등을 포함한다.(Bowens 2015) 브라운 걸 파밍 운동은 먹거리정의 운동이 부유한 소비자가 주도하는 영역이 아닌, 유색인종 여성과 공동체의 자기 결정으로 형성됨을 보여주는 먹거리정의의 지도를 만들기 위해 노력한다.(같은 책) 포스트휴머니즘 먹거리정의 운동은 다른 동물종을 포함하며 그들의 삶을 재생산정의의 관점에서 고려하기 위해 재고한다. 이런 관점과 맥을 같이하는 동물 생추어리 운동animal sanctuary movement***은 연루된 공감에서 나온 교정적 실천으로 산업화한 축산 관행에 저항함으로써 새로운 기회를 열어가고 있다. 즉 산업화한 축산이 점유한 과도한 토지 공간

* 윌 앨런은 밀워키에 거주하는 미국 도시농부이자 은퇴한 프로농구 선수로 지속가능한 식량 생산과 지역 정원과 커뮤니티 푸드시스템 조성을 통한 커뮤니티 성장을 목표로 그로잉파워를 설립했다.

** 너태샤 보언스는 식량주권과 사회문제에 초점을 맞춘 작가이자 농부이자 정치 활동가이며 '혼혈' 여성으로서 흑인, 원주민, 아시아 및 라틴계 농부와 식품 활동가의 이야기를 존중하고 보존하며 증폭시키는 데 전념하는 책을 집필하고 운동을 하고 있다.

*** 동물 생추어리 운동은 1980년대에 공장식 농장과 도살장에서 구조된 학대받은 동물을 위한 안전한 피난처를 제공하는 것을 목표로 시작되었다. 현재는 야생동물 재활센터, 이국적인 동물보호소, 동물 동반자 구조 등 활동 영역을 확대하고 있다.

을 해방하면, 소규모 농업과 커뮤니티 텃밭은 농업과 해방된 동물을 위해 더 많은 땅을 갖게 될 것이다. 산업형 축산으로부터의 이러한 전환은 공장식 농장에서 사는 암컷 동물의 인공수정을 멈추고, 해방된 동물들을 자신의 삶을 살 수 있게 인근 지역의 작은 농장과 커뮤니티 텃밭으로 돌려보내는 것에서 시작된다. 이곳에서 동물들은 작물 수확을 돕거나 천연비료를 제공하고, 인간이 다른 동물종에게 진 빚을 갚을 기회를 준다.

먹거리정의를 포괄하며 탄생한 전환마을 운동Transition Town Movement은 1998년에 이 이름으로 명명되었고, 2005년에 공식적으로 시작되었다. 영국에서 생겨나 모든 대륙의 국가들로 확산한 전환마을 운동은 피크오일에 도달한 것에 대응했던 지역사회에서 시작되었다. 이들은 커뮤니티 텃밭을 통한 지역 식량안보와 재생에너지 개발을 통한 지역 에너지 안보를 구축하고자 했다. 일부 그룹은 '누군가의 1시간은 다른 사람의 1시간과 같은 가치를 지닌다'는 교환을 기반으로 한 지역화폐 운동을 설립했다.

빌 맥키벤이 『롤링스톤』*Rolling Stone*에 발표한 「따져보라」Do the Math, 2012에 쓴 것처럼, 지금 필요한 종류의 사회운동과 환경운동은 종종 적을 갖는 데서 영감을 얻기도 한다. 맥키벤은 글로벌 화석연료산업을 표적으로 삼아 350.Org라는 조직을 출범했다. 이 조직의 투자철회 전략은 남아프리카공화국의 인종분리정책 종식을 촉진한 성공적인 투자철회 전략 모델을 따랐다. 글로벌 생태정의를 파괴하는 시스템에 대한 재정지원 철회는 필요하지만 충분하지 않은 저항의 또다른 방법이다. 경제적 보이콧과 미시적 커뮤니티 인프라는 지역 경제, 에너지, 식품, 거버넌스를 통해 글로벌 자본주의에 대안을 제공하며 정의로운 전환을 이끌 수 있다. 하지만 이런 전략들은 글로벌 수준의 무역협정, 다국적 투자 및 기타 경제적 또는 군사적 압박으로 무력화될 수 있다. 생태를 지배해온 이러한 글로벌 기관들에 대한 경제 지원을 철회하고, 사회/환경/기후정의에 기반한 시스템에 투자하며, 국제적 거버넌스 조직 내부의 공평한 대표성을 위해 압력을 가하는 것도 마찬가지로 중요한 전략이다.[11]

유엔기후변화협약의 거시적 수준의 논의는 반드시 젠더 균형을 이뤄내야 한다. 이는 1992년 리우데자네이루 유엔환경개발회의 준비회의로 1991년에 개최한 WEDO 때부터 20년 넘게 주장해온 것이다. 당시 기후변화의 많은 핵심적인 이슈가 이 두 중요한 회의에서 언급되었지만 무시되었다.(Brú Bistuer & Cabo 2004) 사후적인 생각이긴 하지만, 페미니스트 기후정의 학자들이 주목한 것은, '젠더와 기후'에 대한 이러한 논의들이 여성에게만 초점을 맞추고 있었다는 점이다. 전세계 남성들이 기후변화 논의, 문제와 결과로부터 어떻게 다양하게 혜택을 받거나 영향을 받는지에 대한 더 많은 연구가 필요하다. 또한 다양한 문화권의 남성성에 기반한 성역할과 이러한 사회적 구성이 어떻게 과소비, 성폭력과 착취, 기후변화 위기상황에서 가족 구성원을 버리도록 조장하는지, 그리고 지역, 국가 및 글로벌 수준의 의사결정기구에서 여성의 실질적 배제를 합리화하는지에 대한 더 많은 연구가 필요하다. 남성성이 반생태적 방식으로 구성된다는 점을 확인해주는 글이 많다.(Kheel 2008) 기후정의로의 이 전환에 동참할 문화적으로 구별되는 생태남성성을 상상하고 회복해야 할 때다.(Gaard 2014) 포스트휴먼 젠더 퀴어 활동가들은 이 점에 있어 많은 것을 제공해줄 것이다.[12]

페미니스트 학자들은 인종, 계급, 젠더, 섹슈얼리티, 종족, 나이, 능력과 다양한 형태의 인간 차이들의 내부-작용(Barad 2007)을 묘사하기 위해 교차성 개념을 사용해왔다.(Crenshaw 1991; Collins 1990) 이 개념을 통해 우리는 권력, 특권, 그리고 억압에 대한 보다 미묘한 이해를 발전시켜왔다. 그러나 교차성의 인간중심주의를 비판하거나(Lykke 2009), 생물종과 생태계가 교차적 정체성에서 배제된 점을 검토할 것을 제안한 학자는 거의 없다. 심지어 가장 소외된 인간도 비인간 자연과 지구타자들과의 관계에서 도구화하기의 마스터 모델 과정에 참여할 수 있다는 점은 거론되지 않았다. 마스터 모델에 저항하는 생태정체성과 생태정치적 입장을 갖는 에코페미니스트들은 한때 제1세계 생태시민들이 '정치적 동물'political animal로서의 자아정체성을 가져야 함을 제안했다.(Gaard 1998; Sandilands 1994, 1999) 이 관점은 인간을 생태계 내부에 재위치시켜, 생태계의 흐름과 균형의 평가에 직면하게 하고, 동시에 우리의 횡단신체성의 안녕well-being에 주의를 기울이게 한다.(Alaimo 2008)13 퀴어 포스트휴머니즘과 '페미니즘 생태시민권'(MacGregor 2014)은 경제의 세계화와 그것이 기후변화에 끼치는 역할에 대한 생태정치학적 탐구를 통해 인간 정체성에 대한 철학적 재개념화에 참여한다. 이를 통해 기후변화를 감축과 예방으로 해결하기보다 '완화와 적응'을 강조하는 현재의 지배적인 기술-과학 담론(예를 들어, 지구공학)에 비판적 도전을 할 수 있을 것이다.

우리는 얼마나 더 많은 시간을 허비해야 할까?

7장

클라이파이 서사들

기후변화에 대한 글을 쓰기 시작한 달에 내 몸은 땀을 흘리기 시작한다.
열기에 휩싸여 밤에 나는 잠에서 깨어난다.
닫힌 문 밑에 연기가 모이는 것처럼 더운 기운이 내 두개골 밑부분에서
시작해 머리와 목 주변을 감싼다. 열기가 목과 어깨, 팔과 등뼈를 따라
흘러내리면서 나는 땀을 흘리지만 곧 한기를 느낀다.
어떤 것도 잘못된 건 없다.
이 갑작스러운 열기는 자연스럽고 불가피한 내 죽음에 한발짝 다가가는 것일 뿐이다.
너무 뜨거워지면 몸이 어떻게 되는지 생각한다.*

페미니스트와 생태비평가들은 어떻게 '지구타자들'과 공감하고 이 공감을 학문의 동기로 삼을 수 있을까? 현재까지 미국 기업, 정부, 미디어는 실제 데이터를 무시하고 공감하기를 회피하면서 환경주의자, 정치가, 나사 과학자, 유엔의 기후변화에 관한 정부간 협의체IPCC로부터 터져 나온 심각한 경고에 저항했다. 300명 이상의 과학자와 정부 관리들로 이루어진 IPCC는 1990년, 1995년, 2001년, 2007년, 그리고 2013년의 보고에서 인간이 만들어내는 온실가스 배출이 그대로 방치될 경우 금

* 이 문구는 연구노트 옆에 써놓았던 내 일상의 기록에서 가져왔다. 이 장에서 나는 두가지 목소리를 다 포함시키고자 한다. — 저자 주

세기 말에 이르면 지구 평균기온이 섭씨 5.8도(화씨 10.4도)까지 올라갈 수 있을 거라는 사실을 확인했다. 풀뿌리단체 '더이상 꾸물거리지 말자'Idle No More의 원주민 활동가, 점거Occupy 활동가, 브라질 숲 거주민, 인도의 여성 농부와 과학자들, 저지대 국가의 시민과 지도자들 모두 글로벌 기후변화의 긴급성을 강조한다. 기후변화의 결과는 인도주의적, 생태적 위기가 될 것이며 이것은 국제 환경 의제에 가장 시급한 이슈가 될 것임에 동의한다. 하지만 제1세계의 시민 소비자들은 이에 귀 기울이고 기관의 변화를 요구하는 데 굼뜨다. 그 이유 중 일부는 주류 매체의 선전과 기후변화 사이언스 픽션climate change science fiction, cli-fi에서 나타나는 절반의 진실로 인해 무사안일주의에 빠져 있기 때문이다. 이번 장에서는 공감과 경험을 통한 실천적인 개입에 대해 이야기하고자 한다.

여론을 형성하고 사회운동을 촉발하는 데 서사의 힘이 작동한다는 사실을 잘 알기에[1] 나는 비판적 에코페미니즘 관점을 가져올 것을 제안한다. 이 관점은 페미니즘 동물연구, 포스트휴머니즘, 유물론적 페미니즘, 에코페미니즘, 그리고 페미니즘 생태비평주의를 연결하여 기후변화의 문제를 (남성주의적) 기술-과학적 관점에서 제시하는 문학 서사의 장점과 결점을 조명할 수 있다. 기후변화의 원인과 영향에 대한 이야기가 좀더 온전한 복원과 다시 말하기restor(y)ing를 제공하면 활동가와 생태비평가뿐 아니라 작가와 독자들도 환경정의를 둘러싼 활동과 정책 결정에 관련된 담론을 형성하고 이에 기여할 수 있는 더 큰 잠재력을 갖게 될 것이다.

생태비평가들은 이미 환경과학과 환경인문학 사이의 괴리를 관찰하면서(Buell 2005; Garrard 2004) 환경과학이 환경문제를 정의하고 그 해결책을 둘러싼 담론을 지배하고 통제하고 있음에 주목했다. 이 환경과학적 분석은 환경인문학의 관점이 부재한 불완전한 서술이다. 생태심리학, 공공 건강, 환경철학, 환경정치학, 환경경제학, 생태비평을 포함한 환경인문학은 특히 기후변화와 같은 환경문제에 대한 우리의 이해를 확장하고 변화시킬 수 있는 비판적 정보를 제공한다. 나는 먼저 식민주의, 신자유주의, 종차별주의, 그리고 젠더 근본주의의 뿌리에 도전하는 데 실패한 다양한 기후변화 서사를 탐색할 것이다.[2] 생태비평의 장르와 지형도를 유색인과 다양한 섹슈얼리티의 예술가를 포함하여 확장하고, 서사와 분석에서 기후변화를 초래하는 동물식품의 생산과 소비를 언급함으로써 비판적 에코페미니즘 관점은 좀더 포괄적인 기후변화 서사의 복원과 다시 말하기를 제공하게 될 것이다.

기후변화 픽션과 '클라이파이' 사이언스 픽션

1980년대부터 현재까지 환경 관련 페미니즘 서사가 풍부하게 쓰였음에도 불구하고 기후변화를 적시하는 페미니즘 픽션은 아직 쓰이지 않았다. 환경정의를 주제로 한 사이언스 픽션으로는 옥타비아 버틀러Octavia Butler의 『제노제네시스 3부작』*The Xenogenesis Trilogy*과 『씨앗을 뿌리는 사람의 우화』*Parable of the Sower*, 어슐러 르 귄Ursula Le Guin의 『세상을 가리키는 말은 숲』*The Word for World Is Forest* 『언제나 집으로 돌아온다』*Always Coming Home* 『버펄로 여자와 다른 동물들의 존재』*Buffalo Gals and Other Animal Presences*, 그리고 마지 피어시Marge Piercy의 『시간 경계 위의 여자』*Woman on the Edge of Time*가 있다. 그리고 미래 종말론적이고 종말 이후의 세계를 그리는 소설에는 스타호크Starhawk의 『다섯째 성물』*The Fifth Sacred*

Thing, 코맥 매카시Cormac McCarthy의 『로드』*Road*, 마거릿 애트우드Margaret Atwood의 『미친 아담 3부작』*MaddAddam trilogy*이 있다.[3] 지금까지 기후변화 픽션이나 사이언스 픽션으로 이름난 텍스트는 대부분 남성작가에 의해 쓰였고 잘해봤자 페미니즘적이지 않고 최악의 경우 반페미니즘적이거나 성차별적이었다. 문제는 페미니즘 연구가 기후변화의 근본 원인이 인본주의, 식민주의, 반민주주의, 반생태주의 믿음과 실행에 있다고 밝혔음에도 그렇다는 점이다.(MacGregor 2010)

기후변화 픽션에서 가장 대표적인 문학작품은 T. C. 보일T. C. Boyle의 『지구의 친구』*A Friend of the Earth* 인데, 1969년 데이비드 브라우어David Brower가 미국에 본부를 두고 창립한 국제단체 '지구의 친구들'Friends of the Earth에서 제목을 따왔다. 2025년 캘리포니아주 샌타바버라 근처 어디쯤을 배경으로 하는 이 소설에서는 지속가능하지 않은 인구 증가, 회복 불가능한 생물다양성의 손실, 삼림 벌채, 생물종 멸종, 건강보험이나 사회안전망 같은 사회적 지원을 종료시킨 경제적·문화적·정치적 세력 때문에 지구온난화가 발생했음을 제시한다. 소설의 결말은 이성애 핵가족의 재탄생과 이를 통해 인간종이 유지된다는 희극적인 톤을 띠긴 하지만 소설 『지구의 친구』를 지배하는 어조는 냉소적이고 절망적이다. 이 소설의 서사적 해결책은 시민의 사회운동 참여가 이루어지지 않은 채 사회문제로부터 멀어지는 것이다. 보일의 지구온난화에 대한 분석은 생태적·사회적·문화적·경제적·정치적 원인과 결과를 포함하고 있지만 백인 중산층에만 초점을 둔다. 기후변화 문제나 해결방법에 대해 이야기할 때 젠더, 인종, 섹슈얼리티, 민족 다양성에 관한 논의를 생략하는 것이다. 그런데 기후변화의 재해는 다양한 민족, 공동체, 젠더에 미치는 영향에 있어서 똑같지 않으며 차이가 있다.

2007년 저널리스트 댄 블룸에 의해 처음으로 '클라이파이'cli-fi로 지칭된 기후변화 사이언스 픽션의 경우 메시지가 종종 그 반대다. 회의주의자 마이클 크라이튼Michael Crichton의 『공포의 제국』*State of Fear*에 따르면, 기후변화는 환경주의자들이 만들어낸 농간인데, 이들은 기후변화에 대한 두려움을 일으킬 작정으로 신형 기술을 사용해 북극의 빙산을 부수어 쓰나미를 일으키는 등 자연재해를 만들어내며, 자신들의 목표를 위해 무구한 사람들이 죽어나가는 걸 그냥 두고 볼 용의가 있다. 크라이튼의 소설은 박사, 과학자, 지식인, 페미니스트를 포함하는 '전문가'들이 놀랄 정도로 부패하고 매우 틀렸다고 묘사한다. 소설 주인공인 회의주의자 존 케너와 그의 신뢰를 받는 네팔인 조수 산종은 늘 함께 등장한다. 이는 유럽-미국식 식민주의 신화 서사를 찬양하는 1940년대의 미국 서부극에서 인종차별과 동성애 코드가 꽤 적나라하게 드러나는 존 웨인과 톤토가 이루는 한쌍을 떠올리게 한다. 크라이튼의 소설에서 두 사람은 지구온난화를 부정하기 위해 차트와 그래프와 다른 '사실에 입각한' 자료를 제공하고자 함께 일한다. 소설 마지막에는 환경주의자 한명이 식인종에게 잡아먹히고, 회의주의자들은 갑자기 여자들에게 끌리는데 이 모든 것이 9일 안에 벌어진다. 소설 자체가 기후변화에 대해 충분히 경고하지 않는 것도 문제지만, 생태비평가들은 이 책이 무비판적이고 비과학적인 대중에게 엄청난 인기를 끈 것에 불편함을 느낄 것이다. 게다가 뉴욕 주립대학교 버펄로 캠퍼스의 우등생 세미나인 '과학적 질문: 과학에서의 사례 연구'에서 교재로 사용된 것을 끔찍하게 여길 것이다.[4]

킴 스탠리 로빈슨Kim Stanley Robinson의 기후변화 3부작 『비의 40가지 징후』*Forty Signs of Rain* 『화씨 영하 50도』*Fifty Degrees Below* 『60일이 지나고 계

속』*Sixty Days and Counting*은 적어도 생태비평의 관점에서는 크라이트의 비판에 환영할 만한 대조점을 보여준다. 이 3부작의 첫 작품은 이틀간 비가 억수같이 쏟아진 워싱턴D.C. 일부가 홍수 피해를 보고 동물원의 동물들이 물에 빠지지 않도록 풀어주는 상황으로 지구온난화의 문제를 제시한다. 두번째 소설은 지구온난화에 의한 좀더 심화된 결과를 보여준다. 멕시꼬만의 조류가 멈춰서면서 미국 동부지역과 서유럽의 겨울이 몹시 추워진다. 사람들이 굶어 죽게 되자 다국적기업들은 이익을 챙길 수 있는 방법을 찾는다.(너새니얼 리치의 소설 『승산 없는 미래』의 플롯과 같다.) 남극의 빙산은 붕괴되고 저지대 국가들은 물 아래로 가라앉는다. 워싱턴D.C.의 환경과학자들은 정부의 무감각을 극복하고 세상을 구할 수 있는 정책을 마련해야 하는 설정이다.

두번째 소설이 서구 자본주의 시장과 민주주의의 실패에 초점을 맞춘 반면에 세번째 소설은 과학자가 정치를 맡으면 세상이 더 나아질 것이라고 제안한다. 과학자들이 백악관을 가득 채우지만 이 책은 과학주의(과학주의scientocracy는 과학이 객관적이고 보편적이라고 주장하는 잘못뿐 아니라 기업이 과학을 조종하는 것도 포함하는데, 후자가 가장 문제적이다)의 혜택과 문제점을 탐구하지 않고 단지 올바른 남자가 대통령이 되면 모든 상황이 더 나아질 거라는 생각을 옹호한다. 실제로 로빈슨 소설의 주 플롯은 남성들을 중심으로 이루어지고, 주인공은 남자들이며, 성평등은 말할 것도 없고 사회 부정의 문제에 맞서지 않고, 단순히 남성중심적이며 생태사회주의의 낙관적 과학주의가 기후변화의 문제를 해결할 거라는 식의 제안을 하는데 이는 한계가 있다.

2011년에서 2013년 사이에 '클라이파이' 소설들이 잇따라 등장하면서 실질적으로 이 새로운 장르의 성격을 규정하게 되었다. 기후변화를 사실로 보고 그로 인한 결과에 대처하는 인물들을 둘러싸고 플롯이 이루어지는 소설로는 파올로 바치갈루피Paolo Bacigalupi의 『와인드업 걸』*The Windup Girl*, 이언 매큐언Ian McEwan의 『솔라』*Solar*, 바버라 킹솔버Barbara Kingsolver의 『비행 태도』*Flight Behavior*, 대니얼 크램브Daniel Kramb의 『여기에서부터』*From Here*, 너새니얼 리치Nathaniel Rich의 『승산 없는 미래』*Odds Against Tomorrow*가 있다. 리베카 투스-두브로우Rebecca Tuhus-Dubrow의 서평 에세이(Tuhus-Dubrow 2013)는 이 소설들 중 일곱편에 대해 다루고 있다. 작가 우드버리Woodbury는 브리티시컬럼비아주의 소규모 출판사 문 윌로우Moon Willow를 설립하여 2013년 8월에 '클라이파이 북스' 웹사이트를 열었다. 이 웹사이트는 2015년에 '에코 픽션'eco fiction이라는 좀 더 간단한 이름으로 개명되었다. 『뉴욕타임스』의 서평가인 리처드 페레스-페냐Richard Pérez-Peña는 클라이파이 소설이 "다양한 참사 이후의 미래를 그리는 추론적 픽션의 오래된 전통에 부합하여" 참사의 뿌리가 되는 원인이나 해결에 대한 분석을 생략한다고 말한다. 클라이파이 소설은 적응과 생존을 다룰 뿐이라는 말이다. 하지만 "작가들이 정치적 의식을 함양하고자 하더라도 그러한 노력이 이전 소설들보다 더 눈에 띄지 않는다." 기후변화 소설에 대한 최근의 페미니즘 생태비평 분석은 페레스-페냐의 의견에 동의한다. 예를 들어 크리스타 그레베-폴프Christa Grewe-Volpp는 버틀러의 『씨앗을 뿌리는 사람의 우화』와 매카시의 『로드』와 같이 나빠진 환경 속에서 생존을 위해 분투하는 인물을 묘사하는 기후변화 포스트종말 소설에 대해 논의한다.(Grewe-Volpp 2013) 토니 쿠슈너Tony Kushner의 종말론적 희곡 『미국의 천사들』*Angels in America*, 1994에 나타나는 기후변화 관련 내용에 대한 케이티 호건Katie Hogan의 퀴어 환경 분석(Hogan 2013)은 질병을 사회적·생태적·심리적 문제 모두와 연결시킨다. 이 같은 생태비평의 학술적 논의가 보여주듯 클라이파이 소설은 기술과 과학의 해결책이 실패한 종말론적 서사에 초점을 두고 있고, 기후변화 정의 운동에 대해서는 무지하다.[5] 이런 소설들을 읽고 나서 클라이파이 독자들은 기후변화는 기술과 과학의 실패이지 종간정의나 환경정의의 실패가 아니라는 메시지를 얻게 된다. 따라서 이런 책들을 읽고 나면 우리는 구조적 체제 차원의 생태정의가 구현된 변화를 이루기 위해 노력하기보다 기술-과학적 해결과 개인 차원의 탄소발자국 감소에 대한 믿음을 더 강하게 갖게 될지도 모른다.

기후변화 논픽션 저술

논픽션 문학 분야의 대다수 글은 환경문학의 관점을 통해 환경과학에 더 쉽게 다가갈 수 있는 서사를 제공하지만, 환경정치, 사회학, 환경정의, 또는 생태사회적 대응 전략에 대한 정보는 거의 주지 않는다. 이런 접근을 하는 책 두권을 예로 들면 팀 플래너리Tim Flannery의 『날씨를 만드는 인간』*The Weather Makers*과 엘리자베스 콜버트Elizabeth Kolbert의 『지구 재앙 보고서: 인간, 자연, 그리고 기후변화』*Field Notes from a Catastrophe: Man, Nature, and Climate Change*가 있다. 플래너리의 책은 지구온난화의 결과를 다룬 36편의 짧은 에세이로 이루어져 있고, 후반부 3분의 1 정도는 탄소배출을 줄이기 위해 개인, 국가, 그리고 국제사회가 취해야 할 행동을 포함하는 해결책을 제시한다. 그가 전하는 메시지의 핵심은 우리가 어떻게 화석연료에서 수소 기반 경제로 옮겨 갈 수 있는지 탐색하는 것이다. 그는 석탄기업들이 공화당에 기부함으로써 미국 행정부에 영향력을 행사하고 정치적 행동을 약화시킨다는 걸 인정하긴 하지만 그가 제시하는 환경과학에 의한 해결은 환경경제학, 정치학, 그리고 문화가 끼치는 강력한 영향을 보지 못하게 한다.

이와 신선한 대조를 이루는 콜버트의 글은 인간의 정책을 기후변화 대응의 핵심에 두어야 한다는 관점으로 되돌아온다. 그의 에세이는 지구온난화가 어떻게 사람들과 장소와 생물종에 영향을 끼치는지 세계 곳곳의 모습을 찾아 보여준다. 그는 과학자와 회의주의자를 인터뷰하고 과학적 데이터를 인문학 배경의 청중들에게 들려주면서 지구온난화 부정론자들의 오류를 드러낸다. 하지만 지질학적 시대인 '인류세'를 다룬 마지막 장의 결론은 해결책이 아니라 절망을 보여줄 뿐이다. "기술적으로 진보한 사회가 본질적으로 스스로의 파괴를 선택한다는 건 상상할 수 없는 것처럼 보인다. 하지만 그것이 지금 현재 우리가 하고 있는 일이다."(Kolbert 2006, 187면) '지구온난화를 멈추기 위해 당신이 할 수 있는 것'과 같은 제안을 하며 콜버트의 절망에 맞서는 논픽션 안내서가 많지만 이조차 환경적 맥락 없이 개인의 행동에 초점을 맞추는 한계를 지닌다. 이 책들은 지역 공동체, 주정부, 국가 차원에서의 민주적 결정을 무시하는 다국적기업의 힘에 맞설 전략을 제공하지 못한다.[6]

아동과 청소년을 위한 기후변화 서사

아동 환경문학은 생태사회적 정의, 공동체 역량 강화, 생태 수호 전략에 대한 메시지 전달에 엄청난 잠재력을 갖고 있다.(Gaard 2009) 하지만 2014년 현재 기후변화를 다루는 아동도서는 이 잠재력을 아직 현실화하지 못하고 있다. 기후변화가 북극에 미치는 영향에 초점을 맞춘 몇 권의 책(Bergen 2008; Rockwell 2006; Tara 2007)은 북극곰이나 펭귄을 주인공으로 하면서 어린이들이 다른 생물종에 대한 공감 능력을 키우게 하며 이를 통해 기후변화 문제를 일깨워준다. 이때 제공된 해결책은 공감하기부터 실천까지 다양하지만 기후변화에 대해 환경과학적 접근만을 보여준다.(예를 들어, 에너지원을 바꾸거나 나무 심기, 자전거 타기, 소비 줄이기, 편지 내용은 구체적으로 제시되지 않는 '국회의원에게 편지쓰기' 등이다.) 아동도서에도 생태회의론이 깃들어 있다. 홀리 프렛웰Holy Fretwell의 『하늘은 무너지지 않아!: 지구온난화를 걱정하지 않아도 되는 이유』*The Sky's Not Falling!: Why It's OK to Chill about Global Warming*는 인간의 창의성이 '환경 기업가' 정신과 힘을 합해 인간이 지구를 파괴하지 않는 환경적으로 밝은 미래를 가져올 것임을 어린이에게 확신 있게 말한다.

기후변화를 주제로 한 아동영화도 크게 다르지 않다. 「해피 피트」Happy Feet, 2006와 「월-E」Wall-E, 2008는 기후변화에 따른 결과를 이야기하기 위해 이성애 로맨스라는 서사적 궤도를 이용한다. 「해피 피트」는 기후변화와 그 근본 원인, 즉 엘리뜨 인간의 자연 과잉소비를 빙하의 붕괴, 남획문제, 그로 인한 물고기 부족과 북극의 쓰레기 증가를 통해 보여준다. 「월-E」에서 지구는 쓰레기로 완전히 덮여 있고, 로봇 '월-E'와 '이브' 간의 로맨스는 인간이 우주선으로부터 탐사선을 보내면서 시작된다. 이 탐사선은 거대 기업에 의해 지배되고 길들여진, 스스로 움직이지 않고 자동의자를 타고 다니는 뚱뚱한 소비자들로 구성된 난민집단이 지구에서 다시 살 수 있는지 보기 위해 보내졌다. 이 두 영화를 보는 아이들은 어린아이 같고 힘없는 남자 주인공이 마침내 생태계 수호와 이성애 둘 다에 성공하는 모습에 동일시하도록 유도된다. 두 영화에서 인간 의식의 변화는 마법처럼 일어난다. 펭귄은 남획을 일삼고 쓰레기를 버리는 인간에 플라스틱 포장 고리로 맞선다. 월-E는 의자 신세를 지는 소비자들의 뚱뚱한 지도자와 친구가 되는데, 그는 '권력에 진실을 말하고' 사람들이 지구로 귀환하도록 고무한다. 소설에서는 그저 환경 폐해 사실을 아는 것만으로도 행동을 촉구하기에 충분하다. 하지만 현실에서는 합리주의적 수사만으로는 불충분한데, 기후변화와 관련된 사실들이 서사적인 조작과 남성주의적 기술과 과학의 틀로 인해 왜곡되기 때문이다. 지구의 엘리뜨들은(종종 생태비평가와 우리의 독자도 포함하는데) 현재의 식민주의, 신자유주의 경제에서 오는 혜택에 투자하고 있고, 따라서 변화에 무관심하거나 변화하기를 주저한다.

청소년 소설의 경우 한때 종말 이후의 상황을 다루는 '디스토피아 픽션이 유행'했다. 이를 촉발한 것은 엄청난 인기를 끈 수잔 콜린스Suzanne Collins의 3부작 소설 『헝거 게임』*The Hunger Games*인데, 이 소설의 배경이 되는 기후변화 문제는 2012년에 개봉된 대형 배급사 영화로 제작되는 과정에서 생략되었다. 『뉴요커』에 서평을 쓴 로라 밀러Laura Miller는 "디스토피아 픽션은 어른을 대상으로 할 때보다 아이들을 위해 쓰였을 때 유일하게 덜 교훈적인 장르다. 독자들로 하여금 끔찍한 일이 일어나는 걸 막으라고 설득하는 게 아니라 책을 읽는 지금 바로 이 순간 청소년 독자들이 겪는 심리적 격변이 더 중요하다"고 주장한다.(Miller 2010) 이 같은 관점을 뒷받침하는 소설로는 민디 맥지니스Mindy McGinnis의 『마실 물이 한 방울도 없어』*Not a Drop to Drink*와 새시 로이드Saci Lloyd의 『카본 다이어리 2015』*Carbon Diaries 2015*가 있는데, 둘 다 16세 주인공들이 환경 악화와 사회정치적 실패, 그리고 청소년기의 호르몬 변화를 동시에 겪으며 살아남기 위해 애쓰는 모습을 보여준다. 법으로 규정된 물 배급에 관한 것이든(맥지니스), 탄소배출 할당에 관한 것이든(로이드) 두 소설 모두 여성의 생존기를 다룬다는 점에서 앞서 출간된 진 헤글런드Jean Hegland의 소설 『인투 더 포레스트』*Into the Forest*를 연상시킨다. 이 소설은 10대 자매 두명이 문명의 붕괴로 인해 전기, 전화, 우편, 자동차 연료, 상품화된 식품, 그리고 부모 없이 생존을 위해 애쓰는 이야기를 담고 있다.

'뉴아메리카 파운데이션'New America Foundation*의 에세이스트 토리 보스Torie Bosch는 『뉴요커』에 쓴 밀러의 글에 동의하지 않으면서 청소년 대상 디스토피아 픽션에 "교훈적인 요소가 강하다"라고 말한다. 왜냐하면 "오늘날 젊은이들은 올바른 행위를 통해 조상이 환경에 지은 죗값을 갚을 수 있다고, 아니 갚아야 한다는 말을 듣기 때문이다." 캐러 오브라이언Caragh O'Brien의 『타고난 운명』*Birthmarked*, 로렌 올리버Lauren Oliver의 『딜러리엄』*Delirium*, 그리고 『헝거 게임』이 "모두 10대, 특히 소녀들에게 부정의에 대해 발언하고 행동하는 권한을 부여한다."(Bosch 2012) 같은 맥락에서 앤 브래셰어스Ann Brashares의 각광받는 소설 『여기 그리고 지금』*The Here and Now*은 시간여행을 하는 10대 주인공인 17세 프레나 제임스의 이야기를 다루는데, 그는 엄마와 또다른 수백명의 사람들과 함께 '과거로의 여행'을 떠난다. 기후변화로 인한 참화가 벌어지는 2090년에서 미래의 환경위기를 여전히 되돌릴 수도 있었을 2010년의 뉴욕으로 여행을 떠난다. 소설은 "자신들이 살고 있는 현재의 낙원을 포기하지 않으면 파멸의 미래를 맞게 될 것을 알면서도" 그대로 살아가는 한 공동체의 삶을 정직하게 관찰한다. 그리고 이렇게 질문한다. "끔찍한 미래를 피할 수 있다면 그렇게 되도록 노력하는 것이 도덕적으로 옳은 일

* 1999년에 설립된 미국의 싱크탱크 기관으로 다양한 공공정책 이슈를 다룬다.

이 아닌가?"(Clare 2014) 기후변화를 제1세계의 과잉소비와 연결한 브래셰어스의 소설 『여기 그리고 지금』은 기후변화의 원인과 개입에 대한 좀더 정확한 그림을 제공하여 청소년 독자에게 환경을 위한 실천을 하도록 서사적 영감을 불러일으킨다.

기후변화 다큐멘터리와 영화

앨 고어Al Gore의 「불편한 진실」An Inconvenient Truth, 2006은 합리주의와 공감의 서사적 통합을 통해 기후변화라는 주제를 일반 대중에게 알리는 데 성공했다. 이 영화의 영향력은 부시 대통령이 2006년에는 언급하지 않았던 기후변화 문제를 2007년과 2008년 연두 국정연설에서 언급한 사실에서 알 수 있다. 또한 인터넷으로 '지구온난화'를 치면 영화가 나오기 1년 전인 2005년에는 129건의 글만 나타났는데, 영화 상영 다음 해인 2007년에는 471건이 검색되었다.(Johnson 2009, 44면) 로라 존슨Laura Johnson은 고어의 대중적 성공이 종말적 수사학을 과학적 합리주의와 청중의 행동을 끌어내는 방식으로 완화하는 능력에 있다고 평가한다. 고어는 현재와 미래의 기후변화 재앙에 대해 발언하면서 동시에 새로운 기술과 정치적 활동을 지지한다. 하지만 그는 지구온난화에 대해 책임져야 할 글로벌 엘리뜨와 경제체제, 기후변화 중심에 있는 희생자, 그리고 기후정의를 위한 싸움을 이끄는 시민 활동가에 대해서는 언급하지 않는다. 육식에 기반을 둔 식생활이 환경에 영향을 끼치는 상관관계에 대해서도 마찬가지다. 그래서 영화는 기후행동을 지지하긴 해도 가해자의 죄의식을 불러일으키는 걸 피한다. 페미니즘 환경정의의 관점에서 볼 때 고어의 분석은 서글플 정도로 불완전하다. 환경을 의식한 활동에 영감을 주는 서사는 당연히 칭찬받을 만하지만 고어의 제한된 해결책은 모든 환경 부정의를 다루지도 바로잡지도 않는다.

사이언스 픽션 영화는 고어의 종말론적 기조 위에 만들어지지만 수사적 불균형으로 인해 실제로는 기후과학자들의 신뢰성을 약화시킨다. 영화 「워터월드」Waterworld, 1995, 「투모로우」The Day after Tomorrow, 2004, 「A. I.」Artificial Intelligence, 2012, 「엘리시움」Elysium, 2013, 「설국열차」Snowpiercer, 2013는 백인 남성 주인공이 기후변화의 결과를 배경으로 삶이나 사랑을 복구하고자 하는 모습을 보여준다. 「워터월드」에서 주인공 매리너는 사악한 해적들과 싸움을 벌이고 마침내 고아 여아와 그 아이를 돌보는 여자, 그리고 수력발전소 전문가 남성을 다른 사람들과 함께 '드라이랜드'(에베레스트산)로 데려가는 데 성공한다. 그리고 매리너는 바다/경계 지역으로 되돌아간다. 드라이랜드에서 지속가능한 삶을 위해 일상적으로 하는 일들은 매리너의 영웅적 행동에는 어울리지 않는다고 사람들은 생각한다(케빈 코스트너가 적절하게 배역을 맡았다). 「투모로우」는 아버지가 아이를 구조하는 비슷한 내용의 이야기다. 고기후학자 잭 홀 교수는 기후변화의 영향 때문에 빙하시대로 빠르게 전환되는 상황으로부터 미국을 구하는 동시에 예상된 빙하 안전지대로부터 한참 북쪽에 위치한 뉴욕 공공도서관에서 몸을 피하고 있는 아들 쌤을 구하고자 한다.[7] 두 영화 모두 기후변화의 결과가 너무 황당해 설득력이 없다. 지구 전체에 홍수가 난다고? 일주일 안에 빙하시대가 된다고?

위에 언급한 다섯편의 영화 중 좀더 복잡한 영화들도 기이한 개연성을 제공하기는 마찬가지다. 「A. I.」는 열한살 사이보그 소년을 주인공으로 내세워 어머니의 사랑을 찾아 나서게 한다. 영화는 기후변화의 영향으로 미래의 인간이 갖게 되는 정체성에 대해 물음을 던지면서 사이보그를 인간으로, 거절하는 어머니를 지구로, 그리고 기후변화를 지구/어머니의 최종적 거절로 읽을 것을 제안하는데, 이는 어머니 탓하기의 새로운 변용일 뿐이다. 「엘리시움」의 주인공은 백인 남성(맷 데이먼)으로 유색인종이 대다수인 과밀하고 쇠락한 지구에 살고 있다. 그는 빈곤문제와 라틴계 비혼모와의 사랑을 계기로 지구위성인 엘리시움에 위치한 엘리뜨 세상에 침입한다. 이곳은 조디 포스터가 잘 연기한 사악한 백인 여성이 이끄는 곳이다. 그는 죽음을 불사하고 엘리뜨 전용의 신속한 의료를 위한 운영시스템 전체를 다운로드한 후 대중에게 개방하여 지구의 고통받는 사람들뿐 아니라 애인의 죽어가는 딸이 바로 치료받을 수 있도록 한다. 「설국열차」 또한 계급 분화를 묘사한다. 지구공학이 기후위기를 해결하는 데 실패한 결과로 빙하시대에 접어든 지구를 빠른 속도로 도는 노아방주열차가 배경이다. 혁명을 주도하는 백인 노동자 계급의 주인공은 계급적으로 분류된 열차 칸을 뚫고 지나가 일등급 열차의 엘리뜨가 누리는 쾌락과 아동 착취, 끔찍한 인구 감소 방식을 알게 된다. 영화의 마지막 장면에서 열차는 폭발하여 눈사태가 일어나고, 안전시스템 담당 엔지니어의 10대 딸과 어린 소년은 얼어붙은(하지만 곧 녹을) 에덴동산 같은 세상으로 회귀한다. 이 모든 서사의 뻔뻔한 아이러니는 인종과 젠더의 뒤바뀜이다. 전세계적으로 가난한 여성, 농촌 여성, 유색 여성이 글로벌 기후변화의 영향을 가장 많이 받고 있다. 또한 백인 남성이 대부분인 엘리뜨 세계에 의해 발생한 전지구적 환경위기의 결과를 완화시키고 이에 적응하려는 풀뿌리 영웅들도 역시 여성이다.(Women's Environmental Network 2007)

생태비평은 단지 괜찮은 문학작품과 문화적 산물이 없다는 이유로 지구온난화에 대한 지속적인 담론에 어떤 공헌도 할 수 없었던 것일까? 지구온난화를 탐색해온 몇 안 되는 생태비평가들은 그렇다고 생각한다. 패트릭 머피는 "문학은 기후변화, 피크오일, 인구 압박, 식량위기와 관련된 과학과 공공정책의 발전에 보조를 맞추지 못했다"고 말한다.(Murphy 2008, 14면) 스콧 슬로빅Scott Slovic도 "미국의 소설가들은 기후변화 주제에 대해 충분히 다루지 않고 있다"고 동의한다.(Slovic 2008, 109면) 하지만 나는 그렇게 쉽게 포기하지 않았다. 교차성에 대한 의식을 갖춘 서사와 환경과학과 환경인문학을 이을 수 있는 접근법을 찾으면서 나는 에코페미니즘 이론, 환경정의 분석, 비판적 동물연구, 그리고 페미니즘 생태비평에 주목했다.

환경과학에서 비판적 에코페미니즘까지 모든 이야기를 들어보자

지구온난화가 자연스럽고 불가피한 것이라 말하는 건 엘리뜨의 과잉소비와 낭비를 묵살하는 것이다. 붐비는 고속도로 위를 기어가는 수천대의 자동차가 뿜어내는 매캐한 공기를 들이마셔라. 제트기 뒤 하늘 속으로 확산되는 갈색 띠를 추적하고 두툼한 회색구름을 내뿜어 하늘을 흐리게 만드는 굴뚝을 바라보라. 숨 쉬고 마시고 소비하면서 내 몸은 온실가스와 공기와 물에 의해 퍼지는 오염물질의 수위가 높아지면서 발생하는 효과를 체현한다. 내 몸도 차를 타고, 비행기 창문 밖을 내다보고, 전등을 켜고, 석탄과 질식하는 강에서 뽑아낸 동력으로 가동되는 컴퓨터를 사용한다.
나는 이 문제의 일부다.
내 얼굴은 열기로 붉게 달아오른다.

앞에서 언급한 페미니즘 환경정의 생태비평의 교차적 관점에서 볼 때 기후변화는 환경과학의 물질적 결과를 동반하는 환경정의의 문제로 볼 수 있다. 에코페미니스트이자 비건 활동가인 마티 킬은 에세이 「영웅적 윤리에서 총체론적 윤리로」From Heroic to Holistic Ethics에서 잘려나간 서사 이론을 발전시킨다. 이 이론은 생략의 수사적 전략에 초점을 맞춘다. "현재 윤리는 위기가 발생한 지점에 드라마틱한 결정을 내리는 도구로 인식된다. 위기나 갈등이 왜 생기는지에 대해서는 거의 생각하지 않는다."(Kheel 1993, 256면) 서구의 윤리학에서 가치는 추상적이고 이론적인 면에서 논의되고, 문제들은 그것이 발생하는 맥락에서 떨어져나와 정체적이고 단선적인 방식으로 제시된다. "잘려나간 이야기가 주어지고 우리는 끝이 어떻게 되어야 하는지 질문을 받는다"라고 킬은 설명한다.(같은 글 255면) '위기로서의 윤리학'ethics-as-crisis이라는 발상은 편의적으로 윤리적 행위자를 영웅으로 창조한다. 이 정체성은 발 플럼우드(Plumwood 1993)가 '마스터 모델'이라고 정의한 것에 부합한다. 킬은 "서구의 영웅 윤리학은 서구 역사의 심화된 단계에서 태동하는 문제를 해결하기 위해 고안되었다. 이는 생태학의 가장 기본적인 원칙 중 하나, 즉 모든 것은 서로 연결되어 있다는 원칙에 어긋난다"라고 주장한다. "윤리적 딜레마를 그것이 만들어진 환경으로부터 떼어냄으로써 영웅 윤리학은 전지구가 병들었다는 관점보다 무작위적이고 고립된 문제들만 보게 한다. 이렇게 총체적 관점이 사라진다면 우리는 지속적으로 같은 종류의 도덕적 위기에 직면할 것이다."(Kheel 1993, 258~59면) 킬은 생략된 윤리적 서사나 영웅 윤리학의 대안으로 '윤리적 딜레마와 관련된 온전한 이야기'를 되찾을 것을 제안한다. 이를 통해 윤리적 '위기'에 의해 영향을 받는 모든 사람을 포함하여 사회적·환경적 관점, 정치, 경제, 정책 결정의 상호연관성에 대해 알 수 있다. 이로써 우리는 좀더 효과적으로 현재의 생태사회적 문제에 대한 해결을 도모할 수 있고, 미래의 문제를 예방할 수 있을 것이며 그렇게 함으로써 영웅을 필요로 하지 않게 될 것이다. 킬은 "예방은 사실 그다지 영웅이 할 일은 아니다"라고 비꼬아 말한다.(같은 글 258면)

킬의 잘려나간 서사 이론은 기후변화의 원인과 해결에 관한 '이야기'를 조명하는 데 도움이 되며, 이 이야기들은 대중매체와 과학, 문학, 그리고 문화에서 표면화된다. 우리가 처음으로 이 문제에 관심을 가지기 시작했을 때 기후변화의 원인에 대해 우리가 수집한 이야기들은 기후변화가 우선적으로 운송과 에너지 생산의 문제라고 제안하는 환경과학자들의 서사였다. 관심이 진척되면서 기후변화가 산업화된 축산농업 과정에 의해 악화된 문제라는 것을 환경과학과 환경정치에서 밝혀냈다. 유엔식량농업기구의 보고서 『가축이 남긴 긴 그림자』(Steinfeld et al. 2006)는 이 점을 기록했다. 우리는 또한 환경정치로부터 이 두가지 '커버스토리'[8]의 '서브플롯'이 제1세계 산업화된 국가의 과잉소비와 전지구적 자연 낭비, 그리고 자연과 연관된 모든 이들의 더 깊은 문제임을 알게 되었다. 이 문제에는 원주민과 세계인구의 '3분의 2'를 차지하는 개발도상국, 비인간 동물들과 생태계가 포함된다. 제1세계/3분의 2 세계 서사에 포함된 서브플롯은 다국적기업이 경제력과 글로벌 무역협정을 통해 도시, 주, 국가 차원 모두에서 만들어지는 민주적 결정을 제압할 수 있는 강력한 존재라는 것이다. 마지막으로 이 서사들의 위계구조에서 가장 밑자리는 젠더, 인종, 생물종의 불평등이 차지하고 있고, 이는 사회와 국가의 거의 모든 차원에 존재한다.[9]

지구온난화 관련 '잘려나간 서사'에서 빠진 많은 요소들을 복구하면서 발리 원칙[10]은 기후변화를 환경정의 관점에서 새롭게 정의하는데, 이는 제1차 전국유색인종 환경리더십 써밋에서 고안된 17가지 환경정의 원칙을 보기로 삼은 것이다. 이 원칙들은 북반구(산업화된 제1세계)의 지속 불가능한 소비와 생산 관행과 남반구(3분의 2를 차지하는 '개발도상국') 엘리뜨를 환경적 영향과 연결시키고 있는데, 이 영향은 남반구 사람들과 북반구의 가장 빈곤한 지역에서 가장 가혹하다. 이 원칙들은 젠더, 토착성, 연령, 역량, 부, 그리고 건강을 다루고 있다. 이는 세계에서 가장 취약한 이들에게 미치는 기후변화의 영향을 완화하고 적응을 돕기 위해 에너지와 식량 생산, 민주적 정책 결정, 생태경제학, 젠더정의, 경제적 보상에서의 지속가능성을 위한 사명을 부여한다. 이 원칙들에서 빠진 산업화된 축산업의 역할과 LGBT 성소수자에게 미치는 특수한 환경정의의 영향은 여전히 포함되어야 할 사안이다. 이 두 요소를 포함하면 이성애주의와 사실상 인본주의인 종차별주의가 수정되고, 따라서 발리 원칙에서 제안된 교차적 분석은 기후변화의 잘려나간 서사를 가장 잘 복구할 수 있다.

기후정의 서사들

지구는 여성이 아니고, 하나가 아닌 수십억개의 몸이다. 나는 단단한 얼음을 찾아 헤엄치는 육중한 백곰을 생각한다. 이 더운 여름밤 잠을 이루지 못하고, 나는 아래층으로 쿵쾅거리며 내려가 얼음물 한잔을 만들어 이마에 갖다 댄다. 나는 습지가 줄어들고 꽃이 일찍 피는 탓에 길을 잃은 철새와 나비, 그리고 제방이 터져 발생한 홍수를 피해 지붕 위에 올라가 있거나 다락방에서 숨 막혀 죽어가는 사람들을 생각한다. 수영을 할 줄 모르는 여성들, 오지 않는 도움의 손길을 집에서 기다리는 여성들, 노인과 아이들을 안전하게 대피시키려다 물에 빠져 죽은 여성들을 생각한다.
우리는 모두 몸으로 안다.

인간과 동물 그리고 환경 건강이 서로 의존적이라는 사실은 20세기 페미니즘 운동, 독성물질 반대 운동, 환경정의 운동의 지적 유산이다. 이는 살충제와 인간/동물/환경 건강 간의 관계를 밝힌 레이철 카슨(Carson 1962)의 연구로 시작해 후커케미컬Hooker Chemical이 러브운하에 버린 폐기물로 인한 노동계층 아이들의 집단 암 발생에 대해 밝혀낸 로이스 기브스의 활동으로 강화되었다. 또한 1980년대 페미니스트들의 독성물질 반대 운동, 1990년대 유방암과 환경운동(예를 들어, Brady 1991; Clorfene-Casten 1996), 1990년대 환경정의 운동, 그리고 암과 환경 독성의 연관성에 대한 연구 등으로 강화되었다. 테오 콜본의 『도둑 맞은 미래』*Our Stolen Future*, 샌드라 스타인그래버의 『먹고 마시고 숨쉬는 것들의 반란: 생태학자가 바라보는 암과 환경』*Living Downstream: An Ecologist Looks at Cancer and the Environment*, 타이론 헤이즈Tyrone Hayes의 아트라진의 내분비 교란 효과에 대한 연구(Hayes et al. 2002)가 대표적이다. 유물론적 페미니스트 스테이시 앨러이모(Alaimo 2008)의 용어 '횡단신체성'transcorporeality의 과학적·경험적 토대가 되는 이 연구들은 50년 이상 건재하다. 우리의 신체적 자아는 경계가 있는 별개의 몸이라기보다 더 정확하게는 물질적 흐름으로 이해되었다. 그래서 애스트리다 네이마니스Astrida Neimanis와 레이철 로언 워커Rachel Loewen Walker는 "육화된 존재로서 살로 이루어지고 축축한 우리 자신의 즉물성과 '기후변화'를 밀접하게 중첩된 것으로 새롭게 상상해야" 한다고 주장한다. "날씨와 기후는 우리가 그 '안'에 살고 있는 현상이 아니다. 기후는 별개로 살아가는 인간 삶이라는 드라마의 자연적 배경이 되는 것이 아니라 우리 자신의, 우리 안에 있는, 우리를 관통하는 현상이다."(Neimanis & Walker 2014, 559면) 네이마니스가 반복하듯이 이 '횡단신체성'은 "육화된 것이지만 본질화되지는 않는다." 그것은 "정치, 경제, 식민성, 특혜와 그 안에 맞물려진 나로부터 분리될 수 없는 방식으로" 늘 발현된다.(Neimanis 2013, 103면)

인간과 인간 이외의 자연존재 사이의 횡단신체성과 이러한 횡단신체적 몸들에 대한 책임/응답 능력을 확인하는 페미니즘적, 반인종주의적 환경 이론이 확고한 상황에서 클라이파이 서사의 저자들 중 여성, 유색인, 에코 퀴어가 부재한 현상은 설명하기 어렵다.(백인 여성이 아동도서 저자로 확연히 눈에 띄긴 한다.) 마이클 지저Michael Ziser와 줄리 지Julie Sze가 밝히고 있듯이 글로벌 기후변화 주류 서사에는 "특정 인종과 계급과 관련한 환경 부정의는 생략"되어 있고, "환경정의 목표를 부드럽게 다루는 방식으로 미국의 전통적 환경 서사를" 재배치한다.(Ziser & Sze 2007, 387면) "픽션, 논픽션, 사이언스 픽션, 영화 모두에서 지구온난화 서사가 대체로 백인 남성의 영역이었다면 퀴어나 유색인 예술가들이 지구온난화를 다루는 데 어떤 장르를 사용하는가?"라는 질문을 던지는 생태비평가는 현재까지 거의 없다. 생태비평가 스티븐 시퍼스타인이 제안하듯이 우리는 "장르에 대한 우리의 시야를 확장할 용의"(Siperstein 2014)가 있어야 한다. 생태비평가들은 환경정의 다큐멘터리, 단편소설, 뮤직비디오, 대중음악에서 잘려나간 기후변화 서사를 복구하고 기후부정의의 결과를 완화하는 전략을 제공하는 좀더 포괄적이고 교차적인 서사를 발견할 수 있을지도 모른다.

처음으로 전세계적으로 상영된 기후정의 다큐멘터리 「아일랜드 프레지던트」The Island President, 2011는 고어의 환경과학이 밝힌 '불편한 진실'에 상응하는 (인문학적) 환경정의를 다룬다. 이 영화는 몰디브공화국의 모하메드 나시드 대통령이 산업화된 국가에서 배출되는 기후변화 물질이 대부분의 저지대 국가에 끼치는 영향을 이 국가들이 인정하도록 하기 위해 투쟁하는 모습을 추적한다. 몰디브 국민들이 이웃 섬나라들에서 피난처와 정착 가능성을 찾는 동안 나시드 대통령은 2009년 코펜하겐 기후변화 정상회담에 참여해 전세계의 고위관리들을 만난다. 그리고 그 회담에서의 연설을 통해 마지막 순간에 동의를 얻어냈다. 코펜하겐 정상회담은 전반적으로는 실패한 걸로 평가되지만 인도, 중국, 그리고 미국이 지구온난화 가스배출 감축에 처음으로 동의한 회의이기도 하다. 이 다큐멘터리는 2012년 2월 나시드 대통령이 폭력의 위협 때문에 사임해야만 했다는 사실을 생각하면 더 마음을 아프게 한다. 이전 독재자에 충성하는 보안부대가 쿠데타를 일으켰고, 독재자의 이복형제가 2013년 11월 선거에서 대통령으로 선출되었다. 민주주의 부재가 환경 부정의와 연결된다는 점은 몰디브뿐 아니라 3분의 2 세계 전반에 걸쳐 명백하다.

필리핀 작가 호노리오 바톨로메 드 디오스Honorio Bartolome de Dios의 단편소설 「까예라」Cayera에서 레즈비언 미용사 버니는 친구들과 함께 샌마틴 농촌마을에서 벌목과 산업단지 건설 반대운동에 합류한다. 이 마을의 엘리뜨들은 버니가 신뢰할 만한 조력자라는 사실을 알지만 그의 성정체성 때문에 운동에 포함시키기를 주저한다. 이성애자 생태 활동가들은 시위 때 버니와 그의 친구들을 조롱했지만, 그는 나중에 자신의 미용실을 반란자들의 은신처로, 그리고 반란자들을 여성으로 변장시켜 군부로부터 스스로를 보호할 수 있도록 한다. “그렇게 해서 화려한 쇼와 공연은 저항의 장소가 된다”고 니나 소메라Nina Somera는 결론내린다.(Somera 2009) 소메라는 기후변화가 “소작농, 산업노동자, 레즈비언 엄마, 토지를 소유하지 못한 과부, 원주민 여성 등으로 이루어진 인간정체성의 여러 층위들을 뒤흔드는 특수한 상황과 오래된 불평등을 악화시킨다"라고 주장한다.

마빈 게이Marvin Gaye의 1971년 히트송 「나에게 자비를, 자비를(생태학)」Mercy, Mercy Me(The Ecology)이 2006년 더티더즌브라스밴드Dirty Dozen Brass Band에 의해 뉴올리언스 재즈풍으로 리메이크되었다. 홍수가 난 도시를 홀로 카누를 끌고 가는 웃옷 벗은 남자 사진을 담은 앨범 재킷은 이 노래가 명백하게 허리케인 카트리나를 둘러싼 사건들을 주제로 삼고 있음을 보여준다. 게이는 "이 과밀화된 땅은 어떻게 할까? 대지가 인간의 남용을 얼마나 더 견딜 수 있을까?"라고 묻는다.[11] 지구온난화로 인한 참사와 기후정의의 맥락에서 게이의 가사는 새로운 울림을 갖는다. 허리케인 카트리나는 자연을 통제하려는 문화의 오만함을 볼 수 있게 만든 사건이며, 빈민과 유색인, 특히 유색인 여성을 보호하는 안전구조물에 대해 도시계획자와 엔지니어가 얼마나 무관심한지(Seager 2006), 그리고 사회적 위계가 땅, 물, 그리고 비인간 동물들에 미치는 방식을 드러내 보였다.

또다른 예술가의 모범적인 예를 들자면, 인디아 아리India Arie는 앨범 『증언』*Testimony*, Vol. 2, 2009에서 교차적이고 기후정의적인 관점에서 지구온난화를 다루는 노래를 두곡 수록했다. 첫번째 노래 「더 나은 길」Better Way은 허리케인 카트리나에 대한 정부의 대응과 정치적 이해에 의해 벌어진 이라끄전쟁을 미디어 독점과 선출된 정치인, 특히 당시의 대통령 조지 부시George W. Bush의 철저한 무관심과 대조한다. "민주주의 때문이냐 아니면 석유 때문이냐? 이 질문이 매일 뉴스에 나오고, 우리는 하루 벌어 하루 사는데 대통령은 골프 치느라 바쁘네."[12] 흑인 찬송가의 전통적 방식에 따라 아리는 마틴 루서 킹이 그랬던 것처럼 "내 사람들을 풀어줘!"라는 후렴구를 사용하며 자신을 모세의 모습과 페미니스트 작사가 둘 다로 표현한다. 이를 포함한 여러 사회적·환경적·기후적 부정의 문제에 대해 그가 제안하는 해결책은 인간의 생존을 위한 유일한 전략으로 제시되는 포용력과 돌봄을 포함하는 상호의존적인 존재로 인간정체성을 재개념화하는 것이다. "더 나은 길이 있다는 걸 알아. 우린 그걸 찾아야 해. 우리는 함께 설 것이고 그렇지 않으면 우리는 무너지고 말 거야."

아리의 앨범에 수록된 또다른 노래 「게토」Ghetto는 국가, 계급, 인종을 넘어서 관계를 맺는 상호의존적 자아정체성을 주장한다. 그의 노래는 제1세계 내부에 존재하는 제3세계를 드러내면서 지구정의의 문제를 제1세계 청자들(가사의 '너')에게 설득력 있게 들려준다. "로스앤젤레스에서의 굶주림은 봄베이에서의 굶주림과 마찬가지지. 모로꼬의 노숙자나 시카고 쉼터의 노숙자나 똑같아." 게토를 '소수자, 가난, 인구과잉의 장소'로 정의하는 것과 대조적으로 아리는 "우리는 이 지구에 함께 살고 있"고, 그래서 우주에서 보면 지구 전체가 게토로 보일 수 있는데, 왜냐하면 "지구는 아주 작은 세상에 지나지 않기 때문"이라고 주장한다. 아리의 가사는 디즈니랜드의 '작은 세상' 은유*와 육체에서 분리된 '하늘의 눈'으로 우주탐험을 표현한 기술-과학적 은유가 생산하는 효과를 재미있게 뒤집는다. 이 두 은유는 파란 공과 같은 지구를 모든 사회적 위계를 동등화시켜 지우는 장소로 제시하는데, 이로써 백인우월주의에 의해 자행되는 차이의 말소와 상품화를 비가시화하는 효과를 가져왔던 것이다. 아리는 차이를 강조하면서 똑같은 주류 은유를 전략적으로 사

* 디즈니랜드의 '작은 세상'은 'It's a small world'라는 놀이기구를 가리킨다. 보트를 타고 7대륙을 돌아보는 동안 세계의 거의 모든 다양한 사람들을 만난다. 지구가 하나의 작은 세상임을 체험한다는 의미에서 은유로 사용되었다.

용해 청자의 마음을 끈다.

닥터 옥타곤Dr. Octagon이라는 페르소나로 활동하는 쿨 키스Kool Keith의 또다른 기후정의 뮤직비디오 「나무들이 죽어가」Trees Are Dying, 2007에서는 열한두살 먹은 아프리카계 미국인 소년이 래퍼로 나온다. 이 소년은 학교 선생님처럼 흰 셔츠에 검정색 격자무늬 나비넥타이와 빨간색 격자무늬 멜빵, 흰바지를 입고 컨버스 운동화를 신었다. 아이는 화씨 186~202도의 혹서 상태가 표시되어 있고, 멕시꼬만에서 발생한 허리케인이 그려진 미국 지도가 걸린 칠판 앞에 서서 교사이자 뉴스 진행자 역할을 한다. 칠판이 불에 확 타오르고 소년의 등에 불이 옮겨 붙는다. 소년이 춤을 추며 말하는 동안 나무로 분장한 여자들과 아이들이 잘려나간 나무 그루터기가 있는 벌판을 뻣뻣하게 행진하고, 묘비를 향해 뒤로 넘어지고, 하늘로 연기를 뿜어내는 핵원자로 앞에서 죽음의 장밋빛 원 주위를 돌며 춤춘다. 과학자 차림의 아이들이 연기 나는 액체를 섞어 거품에 둘러싸인 지구행성에 쏟아부으면 거품이 폭발하고 지구는 거품 밖으로 굴러간다. 지구는 후드에 황소뿔이 장착된 차들이 미친 듯이 질주하는 6차선 고속도로 위로 굴러간다. 흰색 하이힐이 지구를 짓밟는데, 정장 차림의 로봇 같은 이 백인 여성은 고질라 역할을 하는 듯하다. 그는 복사기에 나뭇가지를 쑤셔 넣으려다 실패하자 다른 복사기에서 또 시도한다. 그러는 동안 흰 가운을 입은 과학자 차림의 아이들은 그 주변을 서성거리고 종이가 공중에 날아다닌다. 의미심장하게도 연기하고 춤추는 배우들의 과반수가 흑인 어린이들이며 풍경과 하늘은 계속 회색이다. “무관심이 죽인다”, “자동차-자동차-이산화탄소”, “코끼리처럼 나무가 죽어가고 있다” 같은 구절이 가사와 화면에서 반복해서 나온다. 이 뮤직비디오는 대중문화에 풍부한 은유적 비틀기를 활용함으로써 생물종 멸종, 벌목, 지속 불가능한 운송과 에너지 생산, 대기업에 의해 자행되는 자연의 식민지화, 백인우월주의, 성인우월주의, 무감각한 원로정치gerontocracy의 관계를 분명하게 드러낸다.

기후변화의 근본 원인을 사회적·경제적·지구적 부정의에서 찾는 교차적 분석을 통해 이 힙합 가사와 뮤직비디오는 문학이나 씨네마 서사와 같은 매체로는 이룰 수 없는 감각적인 재연결을 제공한다. 즉 시청자로 하여금 춤추고 싶게 만드는 것이다. 환경과학과 클라이파이 문학이 제공하는 정보의 과잉은 종종 허무감, 무관심, 부인과 같이 운동에 참여하지 않게 하는 감정을 들게 한다. 반면 기후정의 음악의 서사는 좀더 포용적이고 좀더 대중적으로 접근하기 쉬운 매체를 제공하면서 청중에게 에너지를 주어 행동과 운동으로 나아가도록 한다.

비판적 에코페미니즘과 기후변화

'유물론적 페미니즘'(Alaimo & Hekman 2008), '생태 존재론적 페미니즘'(Blair 2008), '생태 존재론적 사회(주의) 페미니즘 사상'(Bauman 2007) 등 21세기에 등장한 환경주의 페미니즘 이론의 갈래들은 우리의 교차적 정체성의 물적 현실과 체화된 지식의 가치를 강조하는 에코페미니즘과 환경정의의 기여를 바탕으로 발전했다. 1990년대의 본질주의-사회구성주의 논쟁은 에코페미니즘과 본질주의를 동의어로 오해했고, 인간의 정체성과 경험을 구성하는 문화의 영향을 강조하기 위해 둘 다를 비난하고 폐기했다.[13] 20년이 지나 페미니스트들은 본질주의가 문제적 용어였음을 인정하고 있고, 이제는 '지구에 의존하는 우리 자신을 수긍하는 것에 기반을 둔 몸-장소성에 대한 페미니즘 정치학'(Mann 2006, 129면)을 주장한다. 유물론적 페미니즘은 "문화, 역사, 담론, 기술, 생물학, 그리고 '환경'의 상호작용을 이 요소들 중 어느 것도 우위에 두지 않고 탐구한다"라고 앨러이모와 수전 헤크먼Susan Hekman은 말한다.(Alaimo & Hekman 2008, 7면) 이와 비슷하게, 비판적 에코페미니즘은 인간의 정체성을 지구 타자들과 함께 되어가는 존재로 상상해왔다. 이는 "우리를 둘러싼 인간 너머의 세계에 존재하는 창의성과 행위자성"(Plumwood 2009)이다. 따라서 "기후변화에 우리가 의미 있는 반응을 할 수 있는 잠재력은 주체성의 재개념화와 인간이 물질적 세상에서 지각하고 변화를 추동하는 방식의 재개념화에 달려 있"을 거라고 제니퍼 블레어Jennifer Blair는 말한다.(Blair 2008, 319면) 문제는 "미디어가 지구온난화에 대해 어떤 정보를 전달하는지와 관계없이 사람들이 이 현상에 대해 의미 있고 변화를 촉발하는 방식으로 반응하기 위해서는 스스로 상승된 기온을 느낄 필요가 있"(같은 글 320면)는 것이다. 다큐멘터리, 문학, 음악에서의 기후정의 서사는 예술을 이용해 사람들이 "상승된 기온을 느끼도록" 돕고 기후변화에 개입하도록 할 수 있기에 가치 있다.

물론, 모든 사람이 의미 있는 행동을 하기 위해 기후변화의 효과를 직접 경험해야 한다면 그런 행동이 변화를 가져오기까지 너무 오랜 시간이 걸릴 것이다. 기후변화의 급박함을 직시하면서 클라이파이 서사는 단순히 기술-과학적 이야기를 제시하는 것이 아니라 우리의 횡단신체성에 대해 서술하는 잠재력을 갖고 있다. 즉 젠더, 인종, 국가, 경제, 생태, 섹슈얼리티, 그리고 생물종의 차이를 좀더 분명하게 다루는 것이다. 그렇게 될 때 클라이파이 독자들은 기후 부정의에 대한 좀더 온전한 이야기와 좀더 효과적으로 운동에 참여할 수 있는 지침을 얻을 것이다.

8장

기후를 퀴어링*하기

비판적 에코페미니즘 실천과 일치할 수 있는 에코젠더와 에코섹슈얼리티는 존재하는가? 에르네스또 라끌라우Ernesto Laclau와 샹딸 무페Chantal Mouffe는 급진적 민주사회운동의 형성에 결정적이라 본 '급진적 등가사슬'chain of radical equivalences이라는 개념을 주창했다.(Laclau & Mouffe 1985) 이 개념을 통해 오랜 기간 사회운동 활동가들을 조직해왔던 생태정의 활동가와 학자들은 마스터 자아를 해체하고, 인종, 젠더, 계급, 섹슈얼리티, 국적 어느 것을 통해서건 지배적 위치를 점하는 이들에게도 급진적 생태비전을 포용하고 지구의 억압받는 다수 위에 군림하기보다

* '퀴어링'(queering)은 '퀴어'(queer)의 동사형태이며 '퀴어리딩'(queer reading)의 축약형이기도 하다. 이성애 규범에서 벗어난 섹슈얼리티와 관련해 사용된 '퀴어'가 긍정적인 용어로 사용되면서, 퀴어 이론에서 퀴어링은 이성애 규범성과 성정체성 이분법에 도전하는 분석방법으로 활용된다. 또한 다양한 억압시스템과 정체성 정치를 다루면서 지배문화의 사회적, 정치적 전복을 위한 도구로 확장되어 사용된다. '기후를 퀴어링(queering)하기'는 기후문제에 대한 기존 담론의 질서에 포함되지 않았던 퀴어 관점을 적극적으로 사유하여 기후위기가 퀴어집단에게 미치는 영향, 퀴어집단이 기후문제에 대응하는 방식 등을 고찰함을 의미한다.

그들과 연대할 수 있는 기회를 주는 일이 가치 있음을 배우게 되었다. 에코페미니즘이 옹호하는 평등한 사회경제와 생태정치로의 전환이 가능하려면 개인과 제도 모두의 변화가 필요하다. 개인과 제도 차원에서 생태정치적 지속가능성과 생태적 젠더들을 인식하고 행동하기 위해서는 특권화된 백인, 남성, 이성애남성성의 특징과 행위, 직업, 환경, 경제 관행, 법률, 정치적 관행을 과대평가하는 것으로부터 벗어나야 한다. 다양한 젠더와 인종, 국가, 섹슈얼리티의 학자 겸 활동가들이 에코페미니즘 이론과 실천에 대해 지속적으로 언급하는 것은 별로 놀랍지 않다. 백인 남성 이성애남성성을 중심으로 하지 않는 미래를 생각하고 좀더 포용적이고 서술적인 에코페미니즘을 창조하는 데 있어서 생태남성성과 에코섹슈얼리티에 대한 사유를 시작하는 것은 유용하다. 이때 에코페미니즘은 집단적 창의성을 발휘해 반생태적으로 젠더화된 구성물들을 거부하는 사람들에게 새로운 비전을 제시하고 이들을 교육시키고 동원할 수 있는 전략과 거점을 제공할 수 있다.

유해하고 헤게모니적인 남성성은 에코페미니즘적인 재사유를 필요로 한다. 왜냐하면 산업자본주의자에서 에코페미니스트와 환경주의자에 이르기까지 모든 인간은 젠더화된 성적 존재들이고, 젠더는 많은 이들이 자신의 에로티시즘을 표현하는 데 아주 중요하기 때문이다. 내가 말하는 에코페미니즘에서 젠더와 에로티시즘은 지구에 대한 사랑과 뒤엉겨 있다. 암벽을 등반할 때 손가락 밑에 있는 유문암流紋岩 바위의 강인한 성애적 공명을 표현할 단어가 있었으면 좋겠다. 집에 왔을 때 나에게 다가와 눈을 맞추며 문간과 의자다리에 몸을 비비는 고양이와 나 사이에 일어나는 에로틱한 끌림을 위한 언어가 있었으면 좋겠다. 긴 팔다리를 가진 나무냄새가 나는 연인의 내음을 들이마실 때 이 욕망을 표현할 이론이 있었으면 좋겠다. 젠더와 생물종과 자연에서 느끼는 이런 생태에로스적인 조합을 나만 느끼는 것이 아님을 안다. 버지니아 울프의 소설 『올랜도』*Orlando*, 1928에 나오는 트랜스젠더 주인공에서부터 지넷 윈터슨Jeanette Winterson의 소설 『몸에 쓰인』*Written on the Body*, 1992에 나오는 이름이 주어지지 않은 채 다양한 젠더를 가진 화자에 이르기까지 퀴어 페미니스트 작가들은 생물학적 성을 뛰어넘어 다양한 젠더와 섹슈얼리티와 성적 실천을 아우르는 생태남성성ecomasculinities을 상상해왔다.[1]

애니 스프링클은 『다른 어떤 이름으로도 양성애자: 문학과 예술로 표현된 양성애자들의 이야기』*Bi Any Other Name: Bisexual People Speak Out*에 이렇게 썼다. "나는 보통의 이성애자 여성으로 시작했다. 그러다 양성애자가 되었다. 이제 나는 양성애자 그 이상이다. 인간 이외의 존재들에게도 성적으로 끌린다는 의미다. 나는 말 그대로 폭포, 바람, 강, 나무, 식물, 진흙, 건물, 보도, 보이지 않는 것들, 정령 등과 사랑을 나눈다…"(Sprinkle 1991, 103면)[2] 한때 성노동자이자 포르노스타였고 이제 자칭 '생태성애자'eco-sexual인 스프링클의 입장부터 모르몬교 이성애자 아내이자 환경 작가인 테리 템페스트 윌리엄스Terry Tempest Williams의 공적 입장까지 생태에로티시즘과 생태젠더에 대한 표현은 생태남성성을 고려하는 데 있어서 풍부한 정보를 제공한다. 문학에서 보면 윌리엄스는 그의 작품 『사막의 4중주: 에로틱한 풍경』*Desert Quartet: An Erotic Landscape*에서 하이킹하는 사람과 땅, 물, 바람, 불 4원소들 사이의 생태에로스적인 만남을 묘사하고 있다. 유타주 시더메사협곡에서 화자의 손바닥은 "바위에서 맥박을 찾고" 있다. 그사이 그의 몸은 "이 신성한 협곡의 통로에 존재하는 침묵이 나를 밀어붙일 때까지 내 엉덩이가 겨우 빠져나갈 수 있는 장소"를 찾는다. "나는 긴장을 푼다. 나는 승복한다. 나는 눈을 감는다. 다리 사이의 강한 근육이 조였다 풀리면서 내 숨결은 음악처럼, 사랑처럼 솟아오른다. 서로 주고받으며 나는 정적의 순간 바위와 하나가 되었고, 내 몸과 지구의 몸 사이에는 어떤 구분도 없었다."(Williams 1995, 8~10면) 그랜드캐니언의 개울을 따라 하이킹하던 화자는 "동이 트고 겨우 한시간"이 지났을 때 "피부 같은 옷가지"를 벗어 강둑에 두고 누워서 물에 떠내려가기로 한다. "내 얼굴만 잔물결 위에 유령처럼 노출되어 있다. 물과 함께 놀아볼까? 내가 과연 그럴 수 있을까? 다리를 벌린다. 세차게 흐르는 물이 내 몸을 돌리고, 빠른 손가락은 지치지 않고 나를 만진다. 나는 주저 없이 받는다. 시간. 서두름 없이, 느끼기만 하면 된다. 나는 내 안에서 시간을 느낀다. 이 시간은 물결 속에서 느끼는 끝없는 쾌락이다."(같은 책 23~24면) 이런 생태에로스적인 조우에서 바위와 물이 젠더화된 걸까, 아니면 생태에로티시즘이 젠더를 포함하고 젠더를 트랜스* 하는 걸까? 『계간 트랜스젠더 연구』*TSQ: Transgender Studies Quarterly*의 '트래니멀리티즈'Tranimalities에 관한 특별호*의 공동편집자들이 설명하듯 "트랜스* 발견heuristic은 소수의 인간을 특권화하기 위해 다수를 비de-, 반in-, 불non인간화하는 생물정치학적 도구로서의 '인간' 개념의 한계를 더 잘 이해하게 해준다."(Hayward & Weinstein 2015, 195면)3

이제 에코페미니즘의 관점에서 대안적 젠더와 섹슈얼리티를 그려볼 때인 것 같다(어쩌면 뒤늦은 것일 수 있다). 생태적 남성성을 재정의하거나 재구상한다는 것은 어떤 의미일까?

* 2015년 5월호.

많은 에코페미니스트 철학자들과 남성운동 작가들, 동물연구 학자와 문화연구 학자들이 내놓은 서구 유럽의 문화적 구성물로서의 남성성에 대한 비판은 다양하면서도 서로를 강화한다. 이 남성성은 지배와 정복, 직장에서의 성취, 경제적 축적, 엘리뜨 소비 패턴 및 행동, 체력, 성적 기량, 동물 '고기' 사냥 및/또는 섭취와 경쟁력에 기초한 남성의 자아정체성과 자존감과 함께 성인됨을 분리의 과정으로 보는 주제에 근거를 둔다. 이런 남성성은 백인 이성애-인간-여성성이라는 보완적이고 왜곡된 여성 역할과 대칭을 이루면서 발전했다.(Adams 1990; Buerkle 2009; Cuomo 1992; Davion 1994; Plumwood 1993; Schwalbe 2012) 남성 라이프스타일 잡지에 그려진 헤게모니적 남성성에 관한 최근 연구를 보면, 이 같은 남성성이 외모(강인함과 크기), 감정(직업윤리와 정서적 강인함), 섹슈얼리티(동성애 대 이성애), 행동(폭력적이고 주장이 강한), 직업(가족과 가사보다 경력에 가치를 둠)과 지배(여성과 아동의 종속)에 관한 담론을 통해서 널리 퍼져 재현되고 있음을 확인할 수 있다.(Ricciardelli, Clow & White 2010, 64~65면) 이 같은 남성성의 재현은 연구자들의 예상과 달리 이성애자와 동성애자 지향의 남성잡지 모두에서 별반 다르지 않다. 이는 헤게모니적 남성성의 힘이 섹슈얼리티와 국적을 가로지르며 지속되고 있음을 재확인시킨다.

2003년 '올해의 단어'로 선정된(Danford 2004) **메트로섹슈얼리티**metrosexuality는 대중매체 텔레비전 쇼인 「퀴어아이」Queer Eye for the Straight Guy와 마이클 플록커Michael Flocker의 『메트로섹슈얼 스타일 가이드: 현대 남성을 위한 핸드북』*The Metrosexual Guide to Style: A Handbook for* *the Modern Man*을 통해 사용되었다. 둘 다 '자기표현과 외모, 몸치장'을 강조하면서 이성애자 남성에게 주는 '게이' 남성의 조언을 홍보한다.(Ricciardelli, Clow&White 2010, 65면) 학자들은 겉으로 보이는 메트로섹슈얼리티의 '부드러워진' 남성성의 이면에서 동일한 헤게모니적 남성성을 발견했다. 이는 소비주의와 젊음 집착, 외모 강조의 영향을 받고 강화되는데, 보통 여성성에, 그리고 여성성을 연상시키는(Pharr 1988) 게이 남성에게 강요된다. "헤게모니적 남성성은 도전을 받을 때마다 새로운 헤게모니적 형태로 출현하고" 따라서 "변화에 적응하고 저항하는 능력 때문에 실제로는 더 강력해진다."(Ricciardelli, Clow&White 2010, 65면)

메트로섹슈얼 남성들은 비키니 왁싱에서 콜라겐 주입과 쇼핑까지(Frick 2004), 그리고 소고기 소비를 통해 곧 헤게모니적 이성애남성성으로 되돌아갔다. 버거킹의 광고[4] '남성찬가'Manthem를 젠더에 관한 서사의 텍스트로 논하면서 C. 웨슬리 버클(Buerkle 2009)은 캐럴 애덤스(Adams 1990)의 주장을 재확인한다. 즉 먹는 행위 자체가 남성성과 관련이 있고 육식은 남성의 자기확인이라는 것이다. 버거킹, 하디스와 같은 패스트푸드 체인점은 광고 이미지와 방송광고를 통해 햄버거 소비를 소위 남성의 본질로의 상징적 귀환으로 보이게 만든다. 이때 남성의 본질은 개인적 자립과 관계에서의 독립성, 비여성성, 정력 좋은 이성애다. 헤게모니적 남성성의 반생태적 기반에 대한 마티 킬의 비판을 지지하는 증거가 계속되는 연구에서도 더 많이 재확인되고 발견된다. 헤게모니적 남성성은 "인간 이외의 동물들과 이와 친화적 관계로 대표되는 [여성 이미지화된] 생물학적 영역을 초월하는 것을 이상화"하고 "개별 존재에 대한 공감과 보살핌을 더 큰 인지적 관점 또는 '전체'에 종속시키는"(Kheel 2008, 3면) 방식으로 표현된다. 버거킹이나 하디스에서 제공되는 패스트푸드 소고기 햄버거를 위해 도살될 가능성이 큰 '용도를 다한' 젖소와 어린 소들이 지구온난화를 기하급수적으로 가속하는 데 이바지한다는 사실은 언급되지 않는데(Steinfeld et al. 2006; Springmann 2016), 이는 소고기를 먹는 헤게모니적 남성성의 반생태적 영향을 분명히 보여준다.

대규모 살인과 테러 공격에서 분명하게 보여준 것처럼 헤게모니적 남성성은 어린이에게(1999년 콜럼바인고등학교, 2012년 샌디훅초등학교), 여성에게(1989년 여성 공대생 대상 몬트리올 대학살), 퀴어와 라틴계 사람들에게(2016년 펄스나이트클럽), 외식이나 여행을 하고 기념일을 즐기는 사람들에게(2015년 빠리, 2016년 브뤼셀공항, 2016년 바스띠유데이의 니스), 마지막으로, 결국 자살하거나 경찰의 총에 맞는 테러리스트 남성 자신에게도 치명적이다.[5] 미국에서 테러 공격의 대다수는 이슬람교도나 아랍인이 아닌 백인 남성에 의해 자행되었다. 한 연구를 보면 1982년부터 2016년까지 일어난 대규모 학살자 중 44명은 백인 남성이었고 1명이 여성이었다.(Follman, Aronsen & Pan 2016) 여기서 두 사례 외에는 모두 고독한 남성 단독 학살범에 의해 이뤄졌는데, 이를 '준비된 부모되기 행동기금'Planned Parenthood Action Fund*의 흑인 공동체와 또 다른 이들은 '유해한 남성성'이라 부른다.(Berry 2016; Ochoa 2016) 연구자들은 "총기 난사범들은 동료들에게서 남성성에 대한 위협을 경험하기도 하고, 때로는 안정된 직업 유지나 여성의 몸에 성적 접근을 하는 등의 남성성과 연관한 사회적 기대에 부응하지 못하는 데서도 남성성에 대한 위협을 경험한다. (…) 연구자들은 남성이 여성보다 본질적으로 더 폭력적이라고 주장하지 않는다. 그보다는 남성은 남성적인 젠더정

* 낙태 접근, 피임, 건강관리 등의 이슈를 다루는 진보적 단체.

체성을 다른 방식으로 주장할 수 없다고 인식할 때 폭력에 의존할 경향이 크다"고 말한다.(Bridges & Tober 2015) 이렇게 폭력적 남성성의 공개적 행사는 종종 사적으로 행사된 가정폭력을 수반하지만 공개적으로 드러난 폭력만 테러리즘으로 여겨진다. 올랜도 펄스나이트클럽에서 총을 쏜 오마르 마틴Omar Mateen은 첫번째 아내를 때리고 인질로 잡은 적도 있는 것으로 알려졌다. 하지만 처가의 압력으로 결혼 4개월 만에 이혼할 때까지 아무도 그에게 책임을 묻지 않았다. 연방수사국FBI 보고서에 따르면 2009년 1월에서 2015년 사이에 발생한 총기 난사 사건의 57퍼센트는 가해자가 파트너나 다른 가족 구성원을 살해한 것으로 나타났다. "다시 말해, 친밀한 관계의 여성과 자녀와 친척을 죽이는 남성이 이 나라의 전형적 대량 살상범이다."(Chemaly 2016) 대중을 대상으로 한 총기 난사 사건의 피해자들은 살인자와 연관도 없이 모르는 채로 당하기에 끔찍하고, 가정폭력의 피해자들은 잘 아는 가해자들에게 살해를 당하기에 끔찍하다. 하지만 두 맥락 모두에서 극단적 폭력(대량 살상)은 남성성의 지배력을 재확인하는 병리적 현상이다. 이는 이들이 증오하는 여성화된 취약성과 이에 상응하는 동성애에 대한 혐오증을 통해 정의된다.(Pharr 1988) 헤게모니적 남성성의 이런 폭력적 행동이 반생태적(즉 반생명적)이라는 점에서 이런 젠더-헤게모니를 폭로하고 대안적이며 생태적인 남성성을 시급하게 탐색해야 함이 분명해진다.

하지만 남성성이 언제나 생태주의와 대척점에서 정의되어온 것만은 아니다. 자연에 대한 지배라는 인간중심적 기독교에 대한 비판은 아마도 린 화이트Lynn White가 최초로 했고(White 1967), 또 제일 잘 알려져 있다. 하지만 로즈메리 래드퍼드 류터(Ruether 1983, 1992), 캐럴 크리스트(Christ 1997, 1979), 샬린 스프레트낙(Spretnak 1982), 엘리자베스 도드슨 그레이(Gray 1979) 같은 페미니스트이자 에코페미니스트 신학자들은 화이트의 비판을 넘어섰다. 하늘신을 숭배하고 대지에서 영성과 신성함을 제거하고, 지옥을 우리 발아래 두고 천국은 하늘에 두며, 남성을 신격화하고 여성과 아이, 비인간 동물과 나머지 자연의 가치보다 남성 관련 속성들을 중시하며 유일신을 모시는 가부장적 종교에 대한 이들의 비판은 중요하다. 하지만 가부장적인 일신교 이전의 역사와 고고학은 여성과 자연, 다산성과 지구의 순환에 다른 가치가 부여되었음을 보여준다. 페미니스트 신학자들을 따라 신화와 원형에 관심이 있는 남성운동 학자들은 "호전적인 젊은 무적의 영웅이거나 전능하고 [종종 분노에 찬] 하늘신의 이름으로 지배하는 나이 든 권력자 남성인 하늘신 원형"과 남성성을 '상승의 여정'으로 정의하는 데 도움이 되는 하늘신 원형을 구별하고 이들을 대지의 신들과 대비시킨다. 후자는 "남성성을 대지와 연결하는 원형 이미지들"로 나타나며, "'아래로 내려가는' 다른 여정, 많은 남성에게 슬픔으로 향하는 듯 보이는 여정"을 제공한다.(Finn 1998) 애리조나주와 뉴멕시코주에서 대지의 신은 피리를 연주하는 꼽추 코코펠리Kokopelli로 3000년 동안 다산과 재충전, 음악과 춤, 장난기를 보여주는 호피족의 상징이었다. 유럽에서는 입과 귀와 눈으로 초목을 쏟아내는 남성 머리로 그려지는 그린 맨Green Man이 있는데, 흔히 뱀이나 용, 위대한 여신, 신성한 나무와 연관되면서 로마 정복 이전의 켈트의 예술과 1세기 로마 조각가들의 작품에 나타나며, 오시리스, 디오니소스, 케르눈노스, 오케아노스 같은 인물에서도 표현된다.(Anderson 1990)

많은 페미니즘 영성집단들이 알게 된 것처럼 사람들 대다수는 역사를 거슬러 가지 못하며, 고대 전통으로 다시 돌아가 이를 되살리려는 시도는 적절하지 않을 뿐 아니라 현대의 생태적 문제의 해결책이나 방향을 제시하지 못한다. 그러나 이 전통들의 가치는 생태적이고 생명을 제공하며 양육하는 특성이 남성성과 연관해서 존재했음을 증명하는 데 있다. 따라서 헤게모니적 반생태적 남성주의에 대한 대안이 다시 가능할지도 모른다. 그러나 2016년 현재와 이후의 생태적 남성성을 재구성하려면 지난 세기 생태정의 운동과 철학, 그리고 활동이 주는 영향을 받고 그것들이 보여주는 통찰력이 필요하다.

상당한 침묵이 있어온 건 분명하고 이는 깨뜨려야 한다. 마크 앨리스터Mark Allister는 『생태 남성: 남성성과 자연에 대한 새로운 관점』*Eco-Man: New Perspectives on Masculinity and Nature*에서 "생태비평에서 젠더 연구는 페미니즘에 집중되었고, 남성 연구men's studies는 자연을 보는 데는 까막눈이었다"라고 설명하며, 이를 뒷받침하는 증거로 이 분야의 제일 중요한 선집인 마이클 키멀Michael Kimmel과 마이클 메스너Michael Messner의 『남자의 삶』*Men's Lives*을 인용한다.(Allister 2004, 8~9면) 하지만 『생태 남성』은 도발적인 부제('남성성과 자연에 대한 새로운 관점')와 함께 "에코페미니즘의 동반자로 이바지하겠다"라는 의도를 밝혔음에도 불구하고 책의 내용은 "어떤 일관적인 토대"나 "남성성에 대한 (…) 어떤 전반적인 해체"도 제공하지 않는다.(같은 책 8면) 이와 비슷하게, 『퀴어 생태주의』(Mortimer-Sandilands & Erickson 2010) 첫권은 인간의 퀴어정체성과 다른 종의 퀴어 성 관행에 많은 중점을 두는 반면, 비건 레즈비언에게서 영감을 받은 관행과 조직, 퀴어 채식주의자들을 위한 수많은 웹사이트나 메일링서비스의 존재와 의미, 또는 비건 섹슈얼리티가 이성애 규범적인 남성성에 도전을 던진다는 주장에는 아무런 주의를 기울이지 않는다.(Potts & Parry 2010) 게다가 젠더에 관한 논의는 각주로 밀려나 주디스 버틀러Judith Butler의 남성성과 여성성에 대한 기술(Butler 1997)을 요약할 뿐이다. 버틀러에 따르면 남성성과 여성성은 "동성애 금지의 맥락에서 사회적이며 심리적으로 만들어진 위태로운 성취"일 뿐이다. 이는 "동성애적 애착의 강제적 상실을 통해 이루어지며" "특성상 본질적으로 우울하다."(Mortimer-Sandilands & Erickson 2010, 356면, n.10) 요약하면, 생태비평도, 남성 연구도, 퀴어 생태주의queer ecologies도, (지금까지는) 에코페미니즘도 (트랜스생태주의는 말할 것도 없고) 생태남성성의 잠재력에 대해 정교한 이론적 접근을 제공하지 않았다.6

아마도 이런 누락은 젠더 역할을 보편적인 억압으로 보고 이를 거부한 페미니즘 제2물결에 뿌리를 두었을 것이다. 플라톤의 『향연』*Symposium*에서 창세기까지, 유대교 카발라 신비주의에서 힌두교의 딴뜨라 수행까지 다양한 종교적 철학적 전통을 탐색한 준 싱어June Singer의 『안드로지니: 새로운 섹슈얼리티 이론의 탐구』*Androgyny: Toward a New Theory of Sexuality*와 같은 페미니즘 제2물결의 급진적 텍스트들은 남성적·여성적 특성 모두 온전하고 건강한 정신(psyche, 영혼과 마음 둘 다를 의미)의 파편화되고 왜곡된 부분들이며, 자기실현적 인간으로서 우리가 할 일은 젠더를 '초월'하여 "양극 사이를 그저 흐르는 것"이라 결론 내린다.(Singer 1977, 332면) 하지만 수천년간 구성된 젠더정체성은 이원화되고 양극화된 젠더 특성을 영구화하고, 에코페미니스트들이 나중에 이론 수립과 포용성 면에서 한계가 있다고 거부한 본질주의를 심화시킨다.(Davion 1994; Cuomo 1992) '안드로지니'*라는 이상을 통해 남성성과 여성성이라는 이성애적으로 왜곡된 이원적 젠더 역할을 영구화시키거나, 제모, 화

* 안드로지니(Androgyny)는 남성(Andro) 젠더와 여성(Gyny) 젠더가 혼합된 형태인 젠더를 말한다.

장, 경쟁과 근력운동과 같은 모든 젠더화된 문화 관행을 멀리함으로써 젠더가 지워질 수 있는 척하는 대신 페미니즘 생태남성성 이론가들은 젠더를 새롭게 재고할 필요가 있다. 젠더를 버릴 수는 없으니 말이다. 에로티시즘으로 가는 1차 관문으로서 젠더는 다양하게 표현되고 자유롭게 구성될 때 더 매력적이다. 게다가 젠더 탐색은 바로 섹슈얼리티 탐색으로 이어지고 생태남성성은 물론 에코젠더와 에코섹슈얼리티, 생태에로티시즘의 가능성을 열어준다.

잭 핼버스탬Jack Halberstam이 『여성의 남성성』*Female Masculinity*이라는 획기적인 책에서 설명하듯이(Halberstam 1998)* 19세기의 남장여자tribades와 여성남편에서 20세기의 성적 도착자들과 부치**, 트랜스젠더 부치와 드랙킹***에 이르기까지 다양하게 표현된 남성적 젠더정체성을 가진 여자로 태어난 여성들women-born-women의 긴 역사가 있다. 그러나 이런 여성의 남성성과 생태적 페미니즘 정치와 실천의 결합은 제대로 이론화되지 않았지만 그 결합의 범위는 아주 넓다. 특히 일부 드랙킹과 트랜스남성들에서 보이는 여성의 남성성 표현은 성차별주의와 남성적 특권의 행사, 그리고 여성의 대상화를 통해 억압적 남성성을 영속시킨다.

* 1998년에 출간된 원서는 저자 이름이 'Judith Halberstam'이었고, 2015년 한국어 번역본도 '주디스 핼버스탬'으로 표기되었다. 하지만 2018년 원서 개정판이 나오면서 저자 이름이 '잭 핼버스탬'으로 바뀌었다.

** 부치(butch)는 레즈비언 관계에서 '남성적인' 사람을 뜻한다. 또한 거칠고 남성적인 외모나 행동을 가진 레즈비언이나 여성을 말하기도 한다.(한국게이인권단체 '친구사이' LGBT Dictionary)

*** 드랙(drag)은 자신의 주어진 성(sex)에 구애받지 않는 자유로운 표현과 퍼포먼스를 의미한다. 초기에 드랙킹(drag king)은 남장여자, 드랙퀸(drag queen)은 여장남자 공연자들을 지칭했는데, 현재는 다양한 젠더 표현으로 이분법적 성정체성을 교란하는 퍼포먼스를 아우른다. 이런 흐름에서 드랙킹, 드랙퀸 대신 드랙 아티스트라는 말을 사용하기도 한다.

반면에 트랜스페미니즘 남성성의 또다른 표현은 캐스케디아에서 매년 열리는 트랜스와 위민스 액션캠프Trans and Womyn's Action Camp의 예에서 보듯 '에코섹슈얼 하이킹'부터 '나무 줄타기', '석탄 반대 연합'coalitions against coal, '비폭력 행동 훈련', '교차적 틀을 통한 인종주의', '사이클리스트를 위한 셀프케어'에 이르기까지 모든 일에 관여한다.(Trans & Womyn's Action Camp 2012) 핼버스탬의 연구는 여성의 남성성 체화를 수행performance과 정체성으로 다루면서, 여성의 남성성을 보여주는 지적 형태(이론 구축, 미디어 기업들에 대항한 방해/이의 제기)에 더 깊은 관심을 갖는 데 필요한 기반을 제공한다. 또한 부치정체성과 비거니즘 사이의 에코정치 관계, 혹은 경제적으로 주변화된 여성, 유색인, 퀴어, 비인간 동물의 기후정의와 물질적 현실에도 관심을 갖도록 촉구한다. 핼버스탬조차 결론에서 "나는 우리가 젠더 없는 사회로 착실히 나아가고 있다고 믿지 않으며, 그것이 갈망해야 할 유토피아라고도 믿지 않는다"라고 썼다.(Halberstam 1998, 272면) 오히려 다양한 젠더와 섹슈얼리티의 표현을 생태적으로 이론화하는 것이 동물 건강과 생태 건강의 물질적 차원을 탐색하는 더 전략적인 방법일 수 있다. 물론 레즈비언 펨femme과 이성애여성 젠더 또한 생태적 교차점을 갖겠지만, 남성의 젠더정체성이 너무도 반생태적으로 구성되어왔고 따라서 그에 대한 조사와 변형이 특히 중요해 보이기 때문에 나는 생태남성성을 탐색하는 데 더 끌린다. 게다가 이런 탐색을 위한 도구들은 가까이에 있기도 하다.

예비 기초 작업을 위해 에코페미니즘 이론에서 생태남성성을 위한 '경계 조건'boundary conditions이 채택될 수 있다. 예를 들어, 캐런 워런의 페미니즘 윤리의 여덟가지 경계 조건(Warren 1990)을 생태남성성에 적용하면 다음과 같이 읽힐 것이다. (1) 사회적 지배의 어떤 '주의'isms도 장려하지 않는다. (2) 윤리를 맥락적으로 위치시킨다. (3) 여성 목소리의 다양성을 중심에 둔다. (4) 윤리 이론을 시간이 지나면서 바뀌는 진행 중인 이론으로 재구상한다. 맥락주의적이고 구조적으로 다원적이며 진행 중인 페미니즘 윤리처럼 생태남성성 또한 (5) 모든 젠더, 인종, 국적, 섹슈얼리티의 억압받는 사람들의 경험과 관점에 반응하기 위해 매진할 것이고, (6) 억압받는 이들을 중심에 두는 편이 차라리 낫다는 점을 알기에 객관적 관점을 제공하려 하지 않을 것이다. 페미니즘 윤리에서와 마찬가지로 생태남성성은 (7) 전통 윤리에서 전형적으로 잘못 대변된 가치들(돌봄, 사랑, 우정, 성애erotics)에 중심 자리를 제공할 것이며, 가장 중요하게는 (8) 인간됨의 의미를 재구성할 것이다. 왜냐하면 생태남성성은 "인간, 윤리, 그리고 윤리적 의사 결정이 젠더와 무관하거나 젠더 중립적으로 묘사하는 것이 무의미하거나 현재로선 옹호할 수 없는 것으로 보고 거부하기 때문이다."(같은 글 141면. 저자 강조) 추상적 개인주의를 거부함으로써 페미니즘 생태남성성은 인간의 모든 정체성을 인정할 것이고, 도덕적 행위는 "역사적이고 구체적인 관계의 네트워크나 그물망이라는 관점에서" 가장 잘 이해될 것이다.(같은 글 141면) 워런의 이론을 바탕으로 생태적 남성성은 특정 인종이나 종교, 종족에 특권을 부여하지 않도록 비교문화적이고 다문화적인 관점을 통해 탐색되어야 할 것이다. 가부장제는 현대의 산업자본주의 문화 대부분을 형성했다. 따라서 생태남성성은 정체성을 형성하는 산업자본주의의 경제구조, 인종/계급/젠더/나이/능력/종/섹스/섹슈얼리티의 위계에 기초한 그것의 내재적 보상, 그리고 끊임없는 일, 생산, 경쟁, 성취에 대한 자본주의의 암묵적 요구를 인식하고 저항해야 할 것이다. 에코페미니즘의 가치들을 가슴에 품고 생태남성성은 이성애젠더화의 특성과 가치와 행동이 시작되는 지점을 단순히 거부하는 것을 넘어서서 발전해야 할 것이다. 생태남성성(들)은 생명다양성, 생태정의, 종간 공동체, 에코에로티시즘, 생태경제학, 유희성, 그리고 기업자본주의의 생태파괴에 저항하는 직접 행동을 북돋우고 지속시키는 다양한 생태 행동들을 취할 것이다. 그리고 이미 전진이 이루어지고 있다.

현재까지 폴 풀레(Pulé 2007, 2009)는 합리성, 환원주의, 권력과 통제, 자신감, 자만심, 이기심, 경쟁심, 정력과 같은 지배적인 남성 가치에 기반한 '무모함의 윤리'를 '돌봄의 윤리'로 대체할 '생태적 남성주의'를 개발하는 데 앞장서 왔다. 돌봄의 윤리는 사랑, 우정, 신뢰, 연민, 배려, 호혜성, 인간과 인간 이상의 생명 사이의 협력이라는 관련 가치들과 함께 자신과 사회와 환경을 돌보는 것이다. 풀레는 낙관적으로 다양한 정치 스펙트럼을 가로지르는 여덟가지 핵심 개념틀을 정립한다. 이 핵심 개념은 '헤게모니적 남성성에서 벗어나 장기적인 생태적 지속가능성으로의 전환'을 지지한다고 믿는 일곱가지 '좌파 정치에 공감하는 해방적 이상'과 맥을 같이 한다. 그는 "이 전환에 결정적으로 기여할 수 있는" 에코남성주의ecomasculinism를 제안한다.(Pulé 2007)7 풀레의 연구는 이 토론을 촉발시켰지만 그는 플럼우드(Plumwood 1993), 워런(Warren 1994, 1997, 2000), 살레(Salleh 1984, 1997)와 다른 많은 에코페미니스트가 그의 주요 개념틀과 해방적 이상에 대해 비평한 것을 거론하지 않았다. 이 에코페미니스트들의 비평은 그의 개념적 틀의 많은 부분이 생태지향적 젠더에 대한 페미니즘의 재구상에 본질적으로 적합하지 않음을 증명하고 있다. 더구나 풀레는 각주를 제외하고는 남성성을 구성하는 데 인종과 계급, 섹슈얼리티와 문화가 갖는 강한 영향력을 고려하지 않는다.

진실로 생태적이고 페미니즘적인 남성성을 발전시키려면 헤게모니적 남성성의 구성에 내포된 이성애주의에 저항하고(Hultman 2013; Anshelm & Hultman 2014 참조) 새로운 퀴어 생태주의의 통찰력과 질문에 기댈 필요가 있다.(Gaard 1997a; Mortimer-Sandilands & Erickson 2010) 생태-트랜스-남성성은 어떤 모습일까? 레즈비언 산악구조대Lesbian Rangers는 모두 에코부치인가, 아니면 공원관리국에 레즈비언 남성성을 현란하게 드러내는 에코펨들이 있는 걸까?8 우리는 에코섹슈얼 정의를 위해 춤추고 아이디어를 가지고 놀며 조직하는 에코동성애자들ecofags과 급진적 요정들radical faeries을 상상할 수 있는가?

페미니즘 에코젠더와 에코섹슈얼리티

실제로 우리는 그렇게 할 수 있다. 1960년대와 1970년대에 게이 섹슈얼리티, 영성, 에코아나키즘 정치와 젠더퍽genderfuck*의 교차점을 명확히 표현할 길을 모색하던 게이 해방 운동가들은 '급진적 요정들'Radical Faeries이란 조직을 만들었다. 급진적 요정들은 스스로를 "호모 농부, 노동자, 예술가, 드랙퀸, 정치 활동가, 마녀, 마술사, 농촌과 도시 거주자들의 네트워크"로 묘사한다. 이들은 "게이와 레즈비언들을 나름의 고유한 문화, 존재하기와 되기의 방식, 그리고 영성의 차원에서 뚜렷이 구별되는 사람들로 본다." 이들은 "자연과 땅의 신성함을 믿고 영혼, 섹스, 정치와 문화의 상호연결성을 존중한다."(Cain & Rose) 해리 헤이Harry Hay, 윌 로스코Will Roscoe, 미치 워커Mitch Walker와 같은 전설적인 퀴어 영성지

* 정체성과 성역할에 대한 기존의 개념을 뒤집기 위한 운동.

도자들이 여기 포함되며, 이들의 역사와 비전은 아서 에번스Arthur Evans의 『마술과 게이 반문화』*Witchcraft and the Gay Counterculture*를 통해 표현되었다. 지역 공동체와 연례 모임에서 급진적 요정들은 섹슈얼리티를 존중하는 땅을 토대로 한 영성을 찬양하고 현재의 비헤게모니적 생태남성성을 명확히 표현하는 실천적인 작업을 시작했다. 자신들을 '남자-아님'not-men, '씨씨'sissies와 '요정'으로 묘사한 급진적 요정들의 '선언문'에서 페미니즘은 짧게만 언급된다. "요정으로서 우리는 우리 자매들의 말에 관심이 많다. 페미니즘 운동은 의식을 아름답게 확장한다. 요정으로서 우리는 그 성장에 즐겁게 참여한다."(Cain & Rose) 안타깝게도 요정들은 계속해서 지구를 여성으로 묘사하며 젠더화한다. 이 점은 유럽 중심의 젠더 스테레오타입을 영속화한다고 에코페미니스트들이 비판해온 것이다. 즉 지구를 남성들이 만든 유독한 쓰레기를 치울 양육하는 어머니로, 허리케인과 '나쁜' 날씨를 가져오는 나쁘고 다루기 힘든 계집으로, 아니면 강간당하고/식민화될 처녀로 묘사하지만 실제로는 여성이나 자연을 위한 물질적 조건을 개선하지는 않는다.(Gaard 1993) 그럼에도 불구하고 급진적 요정들 운동은 지난 40년 동안 꾸준히 진전되어온 퀴어 생태남성성에 대한 논의를 시작했다.

뉴욕시에서 매년 열리는 드랙페스티벌을 다룬 다큐멘터리 「위그스톡」Wigstock, 1995에서 진행자 레이디 버니Lady Bunny는 "나는 어머니 자연Mother Nature이 분명 드랙퀸이라 생각한다"라는 말로 드랙퀸이 생태남성성과 젠더퍽의 결합을 제공하기에 좋은 위치에 있음을 표현한다. '방사성'radioactive 드랙퀸인 뉴클리어 웨이스트Nuclia Waste(Krupar 2012)를 생각해보자. 그는 현란한 공연으로 플루토늄 생산시설이던 콜로라도주 로키플래츠Rocky Flats를 정화하는 노력에 관심을 끌어 모아 이 지역을 야생동물 보호구역으로 바꾸어냈다. 세개의 젖가슴에 반짝이는 수염과 빛나는 녹색 머리를 한 드랙퀸 뉴클리어는 "몸과 환경의 투과성을, 그리고 핵 프로젝트에 의해 인간과 비인간이 어떻게 돌이킬 수 없이 바뀌었는지를" 가시화한다.(같은 글 315면) 그의 디지털 공연은 독성 폐기물, 돌연변이 섹슈얼리티, 대중문화를 다시 통합해 "핵nuclear가족을 퀴어링"하고, 관객들로 하여금 "미국 전체가 핵nuclear으로 가득하고", "일상에 핵쓰레기가" 만연한 상태를 생각해보도록 한다.(같은 글 316면) 전형적인 남성적 기표와 여성적 기표를 혼합한 뉴클리어의 트랜스* 공연은 자연-문화 및 폐기물-인간이라는 이원론에 대한 비판을 불경한 방식으로 수행하고, 순수성purity이 불가능하며 인간을 "완전히 자연적이지도 완전히 문명화되지도 않은 경계의 존재"로 퀴어링할 것을 주장했다.(같은 글 317면) 그의 작업은 '야생동물'의 실제 물질적 조건을 설명하는 데도 사용될 수 있다. 즉 정화된 것처럼 보이는 핵폐기물 현장에서 다시 살아가는 인간 너머 동물들more-than-human animals의 상태를 설명하는 것이다. 요약하면, 뉴클리어의 공연은 생태정치를 체화된 형태로 제공한다. 이것은 에코페미니즘이 에코젠더와 에코섹슈얼리티를 재고하는데 있어서 매우 중요하다. 또한 종간 생태주의는 그러한 사유의 중심이 되어야 한다.

'에코젠더'라는 용어를 소개하면서 다마얀티 바네르지Damayanti Banerjee와 마이클 메이어펠드 벨Michael Mayerfeld Bell은 "여성과 남성은 의식적으로 그렇게 한 것은 아니지만 오랫동안 여성과 남성으로 환경과 상호작용해왔다"고 말한다.(Banerjee & Bell 2007) 이들의 연구는 성적 이분법과 젠더 이분법을 받아들이고는 있지만 기존의 에코페미니즘에 대한 환경사회과학적 비판을 제공하고, 이는 생태남성성을 구성하려는 프로젝트에 유익하다. 이들의 관찰에 따르면 "자본주의 이전 사회에 대한 머천트[Merchant 1980]의 견해는 봉건적 위계질서의 잔인성을 쉽게 지나쳐 버린다." 또한 이들은 "플럼우드[Plumwood 1993]가 여성과 피지배층 남성, 어린이, 인간 너머 동물과 자연에 대한 지배 패턴이 비서구사회에서도 쉽게 발견됨에도 그 지배논리를 밝히지 않는다"라고 지적한다. 게다가 "여성을 환경의 중재자로 보는 멜러[Mellor 1992, 1997]의 비전은 여성의 경험을 동질화하고 잠재적 중재자로서 남성을 불필요하게 배제"하며, "살레[Salleh 1984, 1997]는 남성과 남성 노동의 상품화라는 문제를 직시하지 않는다"라고 말한다.(Banerjee & Bell 2007, 7~8면) 바네르지와 벨은 "남자들도 억압받아!"라는 식의 반페미니즘적 항의를 하려는 것이 전혀 아니다. 소수 엘리뜨 남성의 성공이 다른 덜 지배적인 남성과 여성, 아이, 동물과 환경을 희생시키며 이뤄진 것임을 우리에게 상기시켜준다. 워런의 경계 조건이 암시하듯, 종속된 집단이 누구라도 그들의 억압을 배제하거나 간과하는 해방 이론은 억압체제의 논리와 기능을 온전하게 기술할 수 없고, 체제의 변형을 위한 효과적 전략을 제안할 수 없다. 바네르지와 벨은 "젠더 자체가 관계적 구성물이기에 여성과 남성의 체화된 환경 경험은 고립되어 이해될 수 없고", 역사와 문화적으로 위치해야만 한다고 말한다. 이 같은 이해에 기초하여 이들은 에코젠더 연구가 "젠더, 사회, 환경의 관계성이 지니는 대화적 특성"을 탐구해야만 "이 상호작용들을 제한하는 억압의 패턴"이 드러날 것이라 보았다.(같은 글 14면) 이들의 연구에는 섹슈얼리티와 종별 관계에 대한 고려가 생략되어 있지만 에코페미니즘 이론을 환경사회과학 안으로 끌어들이는 포괄적 접근으로 에코젠더를 표현함으로써 헤게모니적 남성성에 대한 킬의 비판을 분명하게 기술한다.

이 다양한 접근법들을 합치게 되면 젠더와 섹슈얼리티 둘 다의 생태적 함의와 얽힘에 관한 의문이 생긴다. 세레나 안데르리니-도노프리오Serena Anderlini-D'Onofrio는 양성애의 관점에서 에코젠더에 접근하면서 "지금 우리의 에로토포비아erotophobia 문화풍토"는 "동성-이성의 분열이 없는 세계로 가는 관문으로" 기능하는 양성애 실천에 의해 교란될 수 있다고 말한다. 양성애 실천은 에로토필리아erotophilia를 촉발시켜 그 "변혁적 힘"이 기후 불안정과 다양한 인간의 건강위기에 좀더 사랑이 넘치고 생태적으로 효과적인 반응을 가져올 수 있다고 주장한다.(Anderlini-D'Onofrio 2011, 179, 186면 등 여러곳) 에로토필리아는 침실을 넘어 사회정치의 영역으로 이동하기 위해 비판적 에코페미니즘의 정치적 접근과 연결되어야 한다. 즉 그 '변혁적 힘'을 에로티시즘에서 에코에로티시즘으로 진전시켜야 한다.[9]

대부분 문화적으로 구성된 남성성의 인본주의적 경향은 분명히 깊이 따져 물어야 한다. 안데르리니-도노프리오와 다른 퀴어 연구자들이 제안한 것처럼 생물학적 성과 젠더 표현, 젠더 역할, 성적 지향, 성적 실천의 전제들을 해체하면서 환경정의, 종간정의, 그리고 기후정의를 위해 적극적으로 활동하고, 동시에 젠더에 얽매이지 않는 다양한 에코섹슈얼리티를 (정의하지 않고) 기술할 수 있을까? 생물종과 퀴어성을 고려한 젠더는 인간의 생태남성성과 에코섹슈얼리티에 대한 새로운 비전을 어떻게 이끌어 갈 수 있을까?

생태남성성과 에코에로티시즘의 사례로 이든 아베즈*의 노래 「네이처 보이」 Nature Boy의 음악과 가사, 생태비평가 짐 타터Jim Tarter, 사미계 미국인 예술가 커트 시버그를 들 수 있다.[10] 1947년 이든 아베즈(eden ahbez, 이름을 늘 소문자로 썼다)는 로스앤젤레스에서 냇 킹 콜의 매니저를 만나 「네이처 보이」의 곡과 가사를 건넸고, 이 노래는 금방 유명해졌다. 파라마한사 요가난다Paramahansa Yogananda의 제자로 침묵명상을 수행했던 아베즈는 삼베 바지에 샌들을 신고 할리우드 간판 아래에서 노숙하고 채식을 하며 경제적으나 생태적으로 단순한 삶을 살았다. 그는 나중에 생각이 같은 요가 수행자들과 로럴캐니언에서 공동체를 이루고 살았고, 재즈 음악가 허브 제프리Herb Jeffries와 함께 '네이처 보이 모음곡' Nature Boy Suite 작업을 했다. 1960년대 히피 운동보다 앞선 시대에 아베즈는 로스앤젤레스 지역의 비트 커피하우스**에서 봉고와 플루트를 연주하고 시를 낭송했다. 내가 태어난 1960년에 아베즈는 자신의 유일한 솔로 LP인 『에덴의 섬』*Eden's Island*을 델파이레코드Del-Fi Records에서 녹음했다. 나는 1960년대 로스앤젤레스 교외에서 자라면서 아베즈의 앨범 『에덴의 섬』을 들었고 생태경제학, 생태영성, 트랜스*종 정체성이 좋아서 「방랑자」The Wanderer를 틀고 또 틀었다. 이 곡의 가사는 월트 휘트먼의 시를 연상시켰다.

* 캘리포니아 히피 운동에 영향을 준 싱어송라이터(1908~95).

** 1950년대에 활동한 혁명적이거나 방랑자 기질을 가진 작가들을 비트 세대라 일컬으며 이들이 시를 낭독하며 교제했던 커피하우스.

바닷가 낡은 판잣집에 사는 건
(그리고 달콤한 소금맛 공기를 마시는 건)
새벽과 황혼과
초승달과 보름달
조수와 바람과 비와 함께 사는 건…
그리고 시간 감각을 다 잃어버리고
그리고 자유롭고…
그리고 (하늘이 불타는)
저녁에는
하늘과 땅이 나에게 위대한 열린 대성당이 된다
그곳에서 모든 인간은 형제[원문에 따름]이고
모든 것이 법칙을 따르고
사랑이 가장 위대하다
가난하고 혼자이고 행복한
나는 해변에 불을 피우고
깊은 어둠이 얼굴을 가릴 때
야생의 풀밭에 몸을 누인다
그리고 몽상가들이 꾸는 꿈을 꾼다
나는 바람, 바다, 저녁 별,
나는 모두이고, 누구이고, 아무도 아니다.

어른이 되어서야 나는 아베즈가 어릴 적 우리 집에서 3킬로미터 떨어진 곳에 살았다는 걸 알게 되었다. 그의 생태남성성, 생태영성, 종간윤리는 그곳에서 태동했고 내 자신의 에코페미니즘 윤리를 위한 공간이 되어주었다.

페미니즘적인 생태남성성의 또다른 생생한 사례는 생태비평가 짐 타터의 삶에서 볼 수 있다. 『환경정의 선집: 정치와 시와 교육』*The Environmental Justice Reader: Politics, Poetics, and Pedagogy*에 쓴 글에서 타터(Tarter 2002)는 자신의 호지킨병(악성림프종)과의 싸움과 여동생의 난소암과의 싸움을 묘사한다. 잘나가던 직장을 그만둔 타터는 여동생 캐런의 집으로 들어가 생애 마지막 6개월 동안 동생을 돌봤다. 그들은 함께 샌드라 스타인그래버의 『먹고 마시고 숨 쉬는 것들의 반란』을 읽었다. 그들은 가족들의 암투병이 어린 시절을 보낸 미시간주의 새기노강을 따라 세워진 제너럴모터스와 다우케미컬Dow Chemical과 근처 시멘트 공장들의 유독한 환경과 연관이 있음을 알게 되었다. 타터는 캐런을 돌보고 스타인그래버를 같이 읽으며 암이 환경정의의 문제임을 깨닫는다. 가장 위험한 발암물질은 체지방에 저장되어 여성의 생식기관(유방, 자궁, 난소)을 공격하면서 여성의 몸에 특별히 영향을 주기 때문이다. 캐런이 죽은 후 타터는 여성의 암과 환경에 초점을 맞추어 아이다호주에서 생태비평 연구와 가르침을 계속하며 토착 원주민 학생들을 교육하고 페미니즘 관점을 도입했다.

석판 인쇄공이자 목수, 정원사이자 장난기 많은 배우로도 활동하는 생태 활동가 작가인 커트 시버그는 미시시피 강가에 시인 루이스 알레마유Louis Alemayhu와 나란히 집을 짓고 살았다. 시버그는 뒷마당과 진입로 전체를 지속가능한 텃밭으로 만들어 자신이 먹는 대부분의 먹을거리를 기르고 집 앞과 옆에는 토종 잔디를 심었다. 둥지와 먹이통이 처마나 격자무늬 나무 펜스에 설치된 그의 텃밭에서 박새와 벌새와 말벌 모두가 환영받았고 쥐는 퇴비통에서 먹이를 찾았다. 시버그는 기후변화 대응으로 자전거를 교통수단으로 이용하고 미시시피강의 친구들Friends of the Mississippi River, MN350.Org, 타르샌드 행동Tar Sands Action과 같은 지역 활동단체에 참여하고, 토착민 환경네트워크Indigenous Environmental Network를 지지한다. 이전에 남성집단men's group 회원이자 녹색당 지지자였던 시버그는 사회정의와 생태정의의 비전을 자신의 작업과 창의적 공연 예술, 그리고 강력한 공동체 유대 안에 담아냈다. 그의 작가노트는 이 작업을 다음과 같이 설명한다.

> 예술가의 과업 중 하나는 우리의 강점과 힘이 어디에 있는지, 다름 아닌 아름다움과 공동체와 장소에 대한 감각 안에 있음을 우리에게 일깨워주는 것이라고 나는 느낀다. 자연은 언제나 내 작업에서 하나의 주제이자 영감의 원천이었다. 특히 자연에서 내가 발견하는 영성적 성질이 그러했다. 나의 희망은 나의 예술이 내가 살고 있는 세상에서 살아 있음의 신비를 묵상할 때 내 안에서 일어나는 것과 동일한 감정을 불러일으키는 것이다. 즉 내가 진정으로 신성하다 믿는 것 앞에서 느끼는 겸손과 감사와 경이감이다.

마이클 슈왈비Michael Schwalbe가 상기시켜주듯, 헤게모니적 남성성을 재구성하기 위해서는 개인과 제도를 연결하는 주요한 조치가 필요하다. 예를 들어, 아이들에게 지위와 권력, 타인에 대한 지배, 그리고 복종이나 맹목적 순종에서 만족을 찾지 않는 새로운 마음을 길러주는 것, 그리고 "소모성 인력의 지속적 공급으로 유지되는 착취적 경제 및 정치적 합의를 종식"시키기 위해 일할 것을 제안한다.(Schwalbe 2012, 42면) 다른 사람을 지배하거나 통제할 필요가 없다면, 그리고 협력적 경제와 민주적 기업을 만들고 지속시킨다면 "자본주의에서 진화한 종류의 남성다움은 필요 없을" 것이다.(같은 글 44면) 『생태적 남성』에 쓴 글에서 패트릭 머피는 생태남성성의 또다른 주요 특징을 하나 제시한다. "남성은 창조하는 공은 인정받지만, 자신이 창조한 것을 양육할 거라 기대되지 않는다"고 말하며 머피는 "양육은 남성에게 거의 적용되지 않는 개념으로 남아 있고 남성의 실천으로 제대로 연구 또는 논의되거나 장려되지 않은 영역"이라고 한탄한다.(Murphy 2004, 196~97면) 머피의 에세이는 아버지들이 자녀들과 대화할 때 "통제라는 환상을 포기하고" 자신의 감정과 관계를 맺는 법을 배우면서 아이들을 양육할 수 있는 다양한 방식을 탐색한다.(같은 글 208면) 생태적 지속성을 살려내는 것, 인간과 인간 너머의 동반자들을 보살피는 것, 에코필리아 에코에로티시즘을 장려하는 것, 종간 생태정의를 세우는 것, 이것들이야말로 비판적 페미니즘 생태남성성 프로젝트 중 일부다.

에코에로틱 정의를 향하여: 생태남성성과 에코섹슈얼리티

에코페미니스트들은 케이트 샌딜랜즈의 「라벤더의 녹색? 환경정치의 퀴어링에 대한 몇가지 사유」Lavender's Green? Some thoughts on queer(y)ing environmental politics에서 시작해 미국에서 퀴어 이론, 페미니즘, 탈식민지, 환경 사상의 교차점들을 탐색해왔다. 그리고 에로토포비아와 헤게모니적 이성애가 자연에 대한 서구의 지배적 생각임은 물론 환경파괴를 교차적으로 구조화했음을 밝혀냈다.(Gaard 1997a) 식민주의, 백인 이성애남성 우월주의, 헤게모니적 이성애는 자연을 연상시키거나 자연으로 간주되어온 토착민과 여성, 비인간, 퀴어들의 에로티시즘에 대한 평가절하와 연결된다. 이런 교차 지점은 소수의 이익을 위해 자연 지배를 정당화하고 증진시킨다. 이런 통찰에서 우리는 환경정치, 젠더, 에로토포비아의 교차점들을 조사할 가치가 있음을 분명하게 알 수 있다.

샌딜랜즈가 주목했듯이(Sandilands 2001) 이성애가 자연스럽다고 보는 것은 자연의 이성애화와 서로 연결되어 있으며, 이들은 함께 서구문화의 에로토포비아에 영향을 미친다. 퀴어 에코페미니즘 관점에서 이성애주의의 "섹스-죽음-구원이라는 중심 서사"는 "잠재적으로도 자연스럽고" 실제로 "더 풍부하고 진실로 긍정적인" 다른 에로티시즘의 가능성이 드러남으로써 위협을 받는다."(같은 글 182면) 샌딜랜즈는 아마도 스테이시 앨러이모(Alaimo 2010)의 횡단신체성이란 개념을 예상하면서 환경적 에로토제닉erotogenic의 실천을 제안한다. 이는 "타자와의 열정적이고 우연한 만남에서 바람직한 몸과 자아의 재배치"를 통해서 "관계적 자아"를 창조해낸다.(Sandilands 2001, 186면) 그는 생태적 위기가 부분적으로는 욕망을 "좁히고 규제하고 지우고 질서를 잡고 원자화하고 균질화하는" 데서 오는 문제라는 점을 주장한다.(같은 글 188면)

밀레니엄 이후에 더 많은 퀴어들은 자신들의 성적이고 생태적인 열정을 한데 모아야 한다고 주장해왔고 많은 에코퀴어 단체들이 번성했다. 캘리포니아주, 콜로라도주, 워싱턴주에 위치한 게이와 레즈비언 시에라클럽 지부, 워싱턴주 기반의 지속가능을위한커밍아웃Out4Sustainability, 미국 기반의 퀴어 농부 필름 프로젝트Queer Farmer Film Project, 샌프란시스코 기반의 레인보우차드 동맹, 토론토의 에코퀴어Ecoqueers, 미네소타주 기반의 아웃우즈Outwoods 등등(Sbicca 2012; Gosine 2001)이 그 예다. 2014년 9월 뉴욕시에서 있었던 기후행진People's Climate March에서 17명이

'기후를 위한 퀴어들'Queers for the Climate 워크숍(119개 중 유일한 퀴어 워크숍)에 모여 기후정의를 위해 어떤 자원을 퀴어 사회운동에서 가져올 수 있을지 아이디어를 모았다.[11] 이들의 답에는 퀴어들이 제공하는 많은 특성과 기술들이 포함되어 있다. 아름다움에 대한 사랑, 비폭력에 대한 존중, (위기 때 악화되는) 교차적 억압에 대한 이해, 퀴어 공동체 내의 도시-농촌 분열, 동성결혼권의 승리와 어려움, AIDS 운동에서 활용한 기술, 그리고 퀴어 공연성과 미인대회, 드랙, 다형도착polymorphous perversity이 주는 즐거움이 그것들이다. 행위예술가 베스 스티븐스와 애니 스프링클은 석탄 채굴과 산꼭대기 폭파에 저항하는 자신들의 에코섹슈얼 다큐멘터리 「굿바이 골리 마운틴」Goodbye Gauley Mountain, 2013에서 퀴어 에코페미니즘과 기후운동의 다음과 같은 모든 기본 요소들을 다룬다.

관계적 존재론의 퀴어링. 다음의 이미지 행렬을 마음속으로 그려보라. 땅 파는 트럭으로 뒤덮인 흙투성이 언덕. 꽃 위의 벌들. 박주가리 위의 나비. 폭발하는 산. "예전에 저는 산들이 거기 영원히 있을 거라고, 그 품속에서 은퇴할 거라고 생각했어요"라고 스티븐스가 관객들에게 말한다.

페미니즘의 관계적 존재론은 우리가 관계를 통해 태어나고 존재하며, 이 관계는 인간 대 인간뿐 아니라 인간과 인간 너머 존재들, 즉 다른 동식물과 물, 바위, 토양과 계절을 포함하는 것들과의 관계임을 암시한다. 「굿바이 골리 마운틴」의 첫 부분에서 스티븐스는 자신이 자란 곳, 산과 개울, 숲과 마을, 친구와 가족들과 함께 그의 기원을 이루는 곳들과 다시 연결된다. 그는 웨스트버지니아주의 산들과 탄광에 있는 가족의 뿌리를 떠올리며 자신이 이 공동체와 함께할 권리와 책임이 있음을 확고히 한다. 그래서 자신의 온 존재와 모든 관계들을 환경정의를 위한 투쟁에 바치려고 한다. "태어난 장소는 사람들에게, 정신psyche에, 가슴에 유전적으로 각인된다"고 스티븐스는 설명한다. "그래서 이곳[메이시Massey 에너지 회사가 사서 지역 거주민들을 강제로 떠나게 했던 웨스트버지니아주의 작은 탄광촌 린디타운]과 연고가 있던 모든 사람들은 완전히 지워졌다." 이 파열을 치유하고 되살리기 위해서는 지구타자들과의 물질적 연결을 에로틱화해야 한다. 이런 의미에서 스티븐스와 스프링클은 폴리아모리적이고 포스트휴머니즘적인 에코섹슈얼 결혼식을 연출한다.

에로스, 타나토스, 생명 생태순환EcoCycles의 퀴어링. "예전에 우리는 레즈비언이었지만 이제는 에코섹슈얼이다"라고 스티븐스는 말한다. 1970년대에 땅으로 돌아가자던 레즈비언 공동체와 도시와 국립공원, 바다와 강 협곡을 누비며 서로를 쿠르징crusing하는 게이 남성들로부터 완전히 새로운 에코퀴어들의 운동이 등장하고 있다.(Mortimer-Sandilands & Erickson 2010)

스프링클은 지구와 "좀더 연결된 관계를 만들어내는 방식"으로 에코섹슈얼리티를 정의한다. "우리는 하늘가즘을skygasms 느끼고 싶다"고 그는 말한다. "베스와 나는 우리가 숨 쉬는 공기와 섹스를 한다." 이들의 에코섹스 선언문12은 다음과 같다.

> 우리는 부끄러움 없이 나무를 끌어안고 발로 대지를 마사지하며 에로틱하게 식물에게 말을 건다. 알몸으로 멱을 감고 태양을 경배하고 별을 우러른다. 바위를 애무하고 폭포에서 즐거움을 얻고 지구의 곡선에 자주 감탄한다. 우리는 오감을 통해 지구와 사랑을 나눈다. 우

리의 성감대를 찬양한다. 우리는 아주 난잡하다. (…) 우리는 어디에나 있다. 우리는 다양한 방식으로 자연을 사랑하는 꽃가루 연모자들 pollen-amorous이다.

에코섹스 서약은 관능적 포옹의 생태순환 안에서 에로스와 타나토스를 다시 결합시킨다. "나는 죽음이 우리를 영원히 함께하도록 해줄 때까지 지구를 사랑하고 존중하며 소중히 여길 것을 맹세합니다."

생태정의의 퀴어링. 산꼭대기 폭파는 인종, 계급, 지역성이 교차하는 지점임이 분명하다. 스티븐스는 1930년대 규폐증으로 사망한 흑인 광부들의 역사를 주의 깊게 살펴본다. '호크스네스트 터널'은 나중에 호크스네스트 골프코스가 되는데, 흑인 노동자들이 살던 판잣집 자리였던 이곳에 클럽하우스가 지어졌다. 광산회사들은 오랫동안 가난한 촌뜨기들hillbillies을 조종해 마을의 유일한 직업인 광부로 일하게 해왔다. 이 다큐멘터리영화는 광산기업이 주최한 집회를 보여주는데, CEO의 대변인들은 노동자들에게 과장된 선전을 해대지만 폭발사고로 29명의 노동자가 죽자 회사를 팔아버린다. 반면에 CEO들은 8600만 달러의 보너스를 받고 은퇴해 새로운 회사를 세운다. 애팔래치아인들은 문맹이고 교육을 받지 못했으며 중요하지 않고 심지어 일회용품처럼 간주되면서 멸시당해왔다. "[도시 사람들이] 전기를 싸게 쓰도록 촌뜨기들 몇명이 집에서 쫓겨나거나 암으로 끝난다고 누가 신경이나 쓰나요?"라고 화난 활동가가 묻는다. 이것은 퀴어 공동체와 환경 공동체도 분리하는 도시-농촌 분열이다. "저는 사람들이 애팔래치아에 대해 신경 쓴다고 생각하지 않아요"라고 스티븐스는 회상한다. "저는 탄광업이 장기화된 형태의 대량학살이 되었다고 믿어요." 농촌 환경계급주의라 할 수 있는 느린 폭력의 한 형태(Nixon 2011)가 사람들을 단일경제체제인 탄광산업의 노예로 묶어두면서 웨스트버지니아주의 문화와 생태 공동체를 말살하고 있다. 스티븐스와 스프링클은 피폐해진 웨스트버지니아주의 탄광촌에 퀴어 공연 예술가들을 데려와 에코섹슈얼 결혼식을 개최했다. 이 공연은 오랫동안 공유해온 산에 대한 사랑을 긍정하고 드랙과 폴리아모리를 축하함으로써 도시-농촌, 퀴어-이성애 분열에 다리를 놓는다.

아름다움의 퀴어링. 생태적으로 다양한 숲과 하천을 필요 이상의 '과적물'overburden로, 석탄 채굴과 운반용 터널을 파며 규소먼지를 마시는 흑인 남성을 '폐기 가능한' 노동자로 부르는 것보다 더 추한 것이 있을까? 이 같은 언어적 묘사는 모든 사람의 건강을 해칠 수 있는 석탄을 폭파하고 운반해 검은 먼지를 추출할 목적으로 인간과 비인간의 생명을 앗아가는 것을 승인하는 것이다. 영화제작자들이 알려주는 것처럼 산꼭대기가 폭파된 근처의 지역사회는 암이 50퍼센트 증가했고, 선천적 장애가 있는 아이를 낳을 확률은 42퍼센트 더 높아졌다. 퀴어의 전략적 대응인 「굿바이 골리 마운틴」은 생태 공동체 안의 다양성의 미학을 회복한다. 여기서는 호혜적인 흐름 속에 상호연결이 가능하다. 촌뜨기들과 도시 퀴어들이 함께 모여 종횡단적 생태 공동체의 모든 활기찬 물질을 사랑하고 존중하고 소중히 여긴다.

에코메타포의 퀴어링. 어떤 메타포가 퀴어 인간과 인간 너머 자연과의 관계를 잘 보지 못하게 하는가? 생태비평은 이성애화된 메타포에 대한 애넷 콜로드니Annette Kolodny의 페미니즘 문학비평 『대지의 층위: 미국인의 삶과 문학에 나타난 경험과 역사의 은유』*The Lay of the Land: Metaphor as Experience and History in American Life and Letters*에 뿌리를 두고 있다. 초기 탐험가, 식민주의자, 선교사, 학자 들은 땅을 '처녀'라 부르고 그 착취를

'강간'이라 불렀다. 서구 유럽문화에서 '어머니 자연'의 메타포는 그 문화에서 인간 어머니에게 그랬던 것처럼 동시에 존경하고 비방하고, 비난하고 불명예로 여기고, 당연하게 여기고, 심지어 증오했다. 어머니 여신이건, 성모이건 우주에서 바라본 '블루마블'blue marble*이건 각 메타포는 지구의 텔로스를 인본주의적 관점에서 도구적 가치로 정의한다. 콜로드니의 작업에 영향을 받은 후기 페미니스트의 자연에 관한 글들은 1960년대 여성주의의 '자매애' 메타포를 끌어와 『지구의 자매들: 자연에 대한 여성들의 산문과 시』*Sisters of the Earth: Women's Prose and Poetry about Nature*(Anderson 1991; 2003)와 『자매종: 여성, 동물, 그리고 사회정의』*Sister Species: Women, Animals, and Social Justice*(Kemmerer 2011) 같은 텍스트를 생산했다.

에코섹슈얼리티를 발전시키는 작업에서 스티븐스와 스프링클은 퀴어 페미니즘 생태운동의 도구들을 웨스트버지니아주의 산들과 그 너머로 가져갈 기회를 잡았다. 스프링클은 "우리는 어머니 지구에서 연인 지구로 메타포를 전환했다"며 이는 "지구를 더 사랑하도록 사람들을 유인하기 위해서"라고 말한다.

결론

에코페미니즘은 백인 자본주의자 이성애남성성이 왜 근본적으로 반생태적인지를 조명한다. 환경윤리학자와 활동가들이 우리가 환경운동

* 1972년 아폴로 17호에서 촬영한 지구 사진을 의미한다.

을 보는 젠더 렌즈를 좀더 의식적으로 선택하기를 원한다면 우리는 에코섹슈얼리티는 물론 생태남성성뿐 아니라 생태여성성과 생태트랜스 정체성을 아우르는 다양한 에코젠더의 표현을 상상해볼 필요가 있다. 우리의 문화와 마찬가지로 우리의 물리적이고 에로틱한 동물의 몸은 그런 지식을 탐색하는 장소다.

에필로그

자연의 세계가 죽으면, 월스트리트 또한 죽는다.

— 발 플럼우드 『환경문화』(Plumwood 2002, 236면)

비판적 에코페미니즘의 통찰은 새로운 것이 아니다. 인간은 자율적 개인주의가 아니라 식물, 동물, 토양, 바위, 하늘과 상호존재하며 관계적 정체성을 구성한다는 생각. 한 동물의 울음은 데까르뜨가 말한 '시계의 똑딱거림' 같은 것이 아니라, 우리의 돌봄과 관심을 받을 자격이 있는 생명체의 고통이며 이를 통해 모든 지구타자들이 살아 있음을 기억하는 것. 우리의 경제적·생태적·사회적 그리고 물질적 상호의존성은 '우리 모두가 더 잘할 때 우리는 더 잘할 수 있기'we all do better when we all do better[1] 때문에 사적인 축적을 하기보다는, 사람들의 필요에 따라 자원을 공유하여 공동체의 조화를 끌어내는 것. 에코에로틱ecoerotic이 삶과 맺는 우리의 관계들을 기쁘게 만들고, 삼중, 다중의 관계뿐 아니라 트랜스•정체성trans• identities*이 생물종을 가로질러 생겨난다는 가능성. 이

* 원래 'trans•'는 성별 불일치를 인식하는 다양한 커뮤니티를 아우르는 포괄적인 용어로 이들의 유대감을 강조하는 개념이다. 그레타 가드는 8장의 3번 주에서 트랜스•(trans•)는 "생명을 가능케 하는 함께, 통해, 의, 안에, 그리고 가로질러"를 나타내며, "'언제나 이미' 관계적이다"라는 헤이워드와 와인스타인의 정의를 사용한다고 밝히고 있다.

런 점들과 함께 생태정의가 제공해온 통찰들은 수천년간 다양한 토착적 세계관 속에서 태동해왔다. 발 플럼우드는 토착 지식을 전유하지 않기 위해 조심했고, 더 나아가 미국 원주민 작가 캐럴 리 산체스Carol Lee Sanchez와 호주 토착 원주민 철학자 빌 네이지Bill Neidjie 등 토착 사상가들과의 대화를 통해 이론을 발전시켰다.(Plumwood 2002) 거의 모든 산업화한 국가에는 토착 공동체뿐만 아니라 인종, 종족, 경제 또는 다른 방식으로 분리된 공동체가 존재한다. 이들의 경험과 분석은 비판적 에코페미니스트, 기후정의 활동가, 종간정의 운동가 모두에게 생태적, 경제적 그리고 사회정치적으로 중요한 의미를 지닌다.

이 책이 거의 완성되어가던 달에 '분수령이 될 만한' 두가지 사건이 일어났다. 기후위기 부정론자인 도널드 트럼프가 2016년 11월 8일 미국 대통령으로 당선되었다. 경쟁자인 힐러리 클린턴은 트럼프의 선거캠페인이 '인종주의, 성차별주의, 호모포비아, 외국인혐오, 이슬람혐오' 등 온갖 혐오를 조장한다고 비난했다. 트럼프의 당선 직후부터 미국과 그 외 국가들은 그의 당선이 공교육, 의료, 인권, 동물과 환경에 미칠 해악을 우려했다. 바로 그 시기에 다코타와 라코타 지역의 수Sioux 원주민은 노스다코타주의 스탠딩록 보호구역에서 석유식민주의와 대치 중이었다. 11월 25일, 미육군공병대는 미주리강 주변에 캠프를 친 스탠딩록 원주민 물수호자들Water Protectors*에게 퇴거명령서를 보냈다.(그들은 '시위자'가 아니다.) 1868년 포트래러미Fort Laramie 조약에 따라 영속적으로 보장된 그들의 보호구역에서 일어난 이 점거는 다코타액세스 파이프라

* '물수호자들'(Water Protectors)은 노스다코타주에서 일리노이주까지 석유 송유관을 건설하는 다코타액세스 파이프라인(Dakota Access Pipeline, DAPL) 프로젝트에 대항하기 위해 2016년 스탠딩록에 거주하는 수 원주민에 의해 조직되었다.

인DAPL을 저지하려는 마지막 시도가 되었다.(Monet 2016; Sammon 2016) 초기 유럽 이민자의 생명을 구해준 원주민에게 감사하는 의미로 시작된 추수감사절 바로 다음 날 퇴거명령서가 보내졌다. 이 서한은 2016년 12월 5일까지 스탠딩록 점거에서 퇴거할 것을 명령했다.

비판적 에코페미니즘의 시각에서 볼 때, 이 두 사건의 연결고리는 최악 또는 최상의 미래라는 상반된 갈림길로 이끌 씨앗을 뿌렸다. 어떻게 두 사건이 동시에 일어났을까? 희망, 회복력, 생태정치 정의를 위해서는 어떤 경로들이 전략적으로 가장 바람직한가?

힐러리 클린턴, 버니 샌더스, 도널드 트럼프가 각각 2015년 4, 5, 6월에 미국 대선 후보자로 출마했다. 진보적인 버몬트주 상원의원 샌더스는 교육과 경제정의뿐 아니라, 기후정의, 인종정의, 젠더 및 성적 정의에 관심이 많은 투표자의 희망을 빠르게 사로잡았다. 샌더스 캠페인은 주로 많은 지지자의 소액 기부(기부당 평균 25달러)로 재원을 조달했고, 미국과 전세계적인 사회병폐의 구조적이며 경제적인 원인을 다뤘다. 반면에 트럼프 캠페인은 억만장자 본인의 10만 달러 자금에 더해 기부자 및 정치활동위원회로부터 수백만 달러를 받았고, 주류 미디어로부터 약 5500만 달러의 무료광고를 제공받았다.(Ingram 2016) 트럼프 캠페인은 무슬림, 이민자와 기타 소외된 사람들을 미국의 골칫거리라 비난하며 트럼프가 다시 "미국을 위대하게 만들 것"이라고 약속했다. 캠페인 보도를 분석한 하버드대학교의 한 연구가 확인했듯이 트럼프의 캠페인은 미디어에 대단히 큰 수익을 안겨다주었지만(같은 글), 샌더스의 메시지는 거의 보도되지 않았다. 그리고 양당 후보 중 가장 부정적인 보도가 많았던 클린턴은 민주당 대통령 후보 지명 선거에서 승리해, 주류 정당의 지지를 받은 최초의 여성 후보자가 되었다. 그러나 기업 자금을 받고

미의회 '기득권층'과 연계된 점, "필요한 상황에서의" 파쇄fracking를 지지한 점, 환경운동가들은 '정신 좀 차려야 한다'get a life는 발언을 통해 기후 활동가를 노골적으로 무시한 점 등은 젊고 진보적인 유권자들에게 용인될 수 없었다. 농촌지역 백인 노동자층의 조용한 분노와 정치에 환멸을 느낀 유권자들의 투표 포기가 결합해, 대통령 선거는 (부정투표와 해킹의 우려 속에서) 트럼프 쪽으로 기울어졌다.

유력 후보들의 기후 불감증(클린턴)이나 기후변화 부정론을 통해, 대통령 선거를 석유 송유관 문제와 연결해보면 자명해지는 점이 있다. 특히 트럼프가 DAPL의 모회사인 에너지트랜스퍼파트너Energy Transfer Partner에 50만 내지 100만 달러를 투자한 점을 고려해보면(Milman 2016), 동일한 경제·문화시스템이 강, 원주민 주권, 환경정의, 미디어 민주주의, 기후를 훼손하고 있음을 발견하게 된다.

미육군공병대는 노스다코타주 땅에 DAPL을 설치하기 위해 다코타와 라코타 수 원주민의 동의를 구하러 다니는 시늉을 해왔다. 수 원주민은 고고학적 조사를 지속적으로 요구해왔고, 오세이지 네이션Osage nation과 아이오와주 원주민도 이 요구에 동참했다. 노스다코타주에서 일리노이주 남부까지 매일 47만 배럴 규모의 원유를 나르는 1886킬로미터 길이의 3.8억 달러짜리 송유관이 이들의 거주지도 가로질렀기 때문이다.(Estes 2016) 2016년 7월 미육군공병대는 송유관 건설을 위한 패스트트랙fast-track 허가를 승인했다. 이는 스탠딩록 보호구역으로부터 800여 미터 떨어진 미주리강 상류 밑을 횡단하는 송유관에서 나오는 기름이 강 하류 지역 수백만명이 마실 물을 오염시켜 식수를 위태롭게 할 것이라는 설치 반대 의견을 무시한 결정이었다. 8월 하순까지 활동가들이 스탠딩록 캠프 주변으로 모여들기 시작했다. 이들은 북미와 유럽의

200개가 넘는 자치구 원주민들과 함께 캠프 주변에 연대의 깃발을 꽂았다. 거기 모인 활동가들은 원주민 또는 인구가 드문 지역을 변방remote으로 보이도록 수사학적으로 조장하고 있음을 인식했기에, 이러한 연대 행위를 통해 생태사회학의 주변부를 대중적 관심을 받는 중심의 자리로 불러들였다.

그러나 불도저는 멈추지 않았다. 2016년 9월 노동절 주말에 다코타액세스사의 불도저가 스탠딩록 수 원주민이 고고학적으로 중요하며 부족의 성스러운 매장지라고 공식 선언한 땅을 3킬로미터 길이의 골을 내며 갈아엎었다. 그 주말에 송유관 회사는 사복경찰을 고용하여 1950년대 민권투쟁을 떠올리게 하는 방식으로, 개와 페퍼스프레이를 동원해 원주민 시위자를 공격했다. 이 광경은 「데모크라시 나우!」DemocracyNow!의 에이미 굿맨Amy Goodman 같은 진보적 뉴스기자에 의해 기록되었다. 일주일 뒤 송유관 건설을 진행하기 위해 노스다코타주의 주지사 잭 달림플Jack Dalrymple은 국가방위대를 불러들였고, 인근 주들은 주 경찰과 고속도로 순찰 경관까지 동원하여 평화적 점거를 진압했다. 시민들의 압도적 요구 덕분에 동원된 경찰들은 곧 자기들의 본거지로 돌아갔다. 사법부, 국방부, 내무부는 평화적 점거지 근처의 오아헤Oahe 호수 지역에서의 건설 허가를 거부하는 공동서한을 두번 발표했고, 에너지트랜스퍼파트너에 건설 중단을 요청했다. 하지만 회사는 이에 응하지 않았다. 경제적 이익의 기회를 지체 없이 추구하는 기업이 원주민의 권리, 생태계의 지속가능성, 그리고 국가 거버넌스에 관심을 가질 이유가 없었다.

2016년 11월 21일 영하의 기온 속에서 수백명의 물수호자들이 다리 위에 갇혀 물대포, 수류탄, 총알 등으로 공격받았다. 또다시 국제앰네스티는 네번째 대표단을 스탠딩록으로 보내 사건을 조사하게 했고, 이러한 미국법 집행이 국제법 위반의 소지가 있다고 판단했다. 마침내 폭력적 경찰과의 대치는 평화수호 재향군인회Veterans for Peace의 개입(Veterans Stand for Standing Rock 2016)으로 국가적 관심사로 부상하게 되었다. 재향군인회는 "12월 4일부터 7일까지 스탠딩록 인디언 보호구역에 평화를 지향하는 비무장 민병대로 모여 경찰력과 DAPL 경비대의 공격과 겁박으로부터 물수호자들을 보호하자"며 재향군인들의 참여를 독려했다. 비폭력 원로 원주민과 물수호자들의 기도가 석유식민주의의 군사적 진격을 멈추지 못했던 장소에서 재향군인들은 비폭력적 존재감으로 좀 더 강력한 수사학적 힘을 발휘해 이 문제를 알리고자 했다. 추수감사절에 보내진 시위대 퇴거명령의 마감시한이었던 12월 5일의 전날인 12월 4일에 재향군인들은 행동을 개시했다.

퇴임 육군장교인 웨스 클라크 주니어Wes Clark Jr.와 해병대 출신 마이클 우드 주니어Michael Wood Jr.에 의해 조직된 스탠딩록 평화수호 재향군인회Standing Rock Veterans for Peace는 다음과 같은 '작전명령'을 천명했다. "미국 원주민First Americans은 그 어떤 미국 내 다른 집단보다 더 큰 비율로 군인으로 봉사하면서 조국을 수호해왔다. 이들만큼 재향군인의 지지를 받을 만한 자격이 있는 사람들은 없다."(Linehan 2016) 우드는 "우리가 대내외의 적으로부터 헌법을 지키겠다고 맹세했을 때 우리가 하겠다고 말했던 것을 실제로 수행할 필요가 있다"라고 설명했다. 평화수호 재향군인회의 작전명령서에 '우호적인 힘'Friendly Forces이란 소제목이 달린 글에는 미션의 목적을 아래와 같이 기술한다.

우리의 의도는 간디의 소금 행진이나 마틴 루서 킹의 셀마 투쟁처

> 럼 우리를 바로 서게 해준 큰 인물들을 기리는 것이다. 우리는 악이 어디에 존재하는지를 모든 미국인에게 온전히 보여주기 위해, 그 어떤 물리적 댓가를 치르더라도 완전한 비폭력주의로 시위의 현장 바로 거기에서 우리의 몸을 내건다. 이것은 우리가 연대를 표현하는 궁극적인 길이다. 물수호자들은 기후변화의 종말론적 결과로부터 우리와 아이들을 구하면서, 우리 모두가 전지구적으로 직면해야만 하는 이러한 공동의 악에 맞서 싸우는 길을 인도하고 있다.(Veterans Stand for Standing Rock 2016)

'악'과 싸우는 인본주의와 남성 중심의 영웅주의를 보임에도 불구하고, 이 작전명령은 원주민 권리뿐 아니라, 석유식민주의와 기후변화의 교차성에 대한 명확한 인식을 제공해준다. 평화수호 재향군인회의 스탠딩록 물수호자 지지는 페미니즘 생태남성성이 완벽하게 발화된 것은 아니다. 하지만 바위가 우주라는 큰 맥락에서 지속적으로 진화해왔다는 '깊은 시간적'deep time 관점에서 볼 때, 생태정의 관점과 생태남성성에 근거하여 생명을 키워내는 속성들을 복원해낸다. 비폭력에 대한 헌신, 원로와 그들의 모범적인 통솔력에 대한 인정, 억압받는 사람들과 연대, 어린이와 원주민 공동체의 안녕에 관심을 두는 것 등이 바로 그러한 속성이다. 이러한 생태정의의 가치들은 서구의 문화적이고 군사화된 남성성을 개인주의와 지배로부터 공동체와 거주inhabitation의 관점으로 이동시킨다.[2]

1999년 11월 시애틀에서 열린 세계무역기구 회의에 반대한 민중시위에서 "이것이 민주주의의 모습이다"라는 구호가 시작되었다. 이 구호가 '우리의 몸을 내걸자'라는 스탠딩록 재향군인들의 연대에서 여전히 울려 퍼진다. 그리고 이 결과 플럼우드의 비판적 에코페미니즘, 퀴어 생태주의, 반식민주의적 환경정의 또는 토착적인 코스모폴리틱스 같은 이론의 이상과, 진보적이며 교차적인 현장 중심의 생태정의 행동주의 간의 변증법적 상호작용이 지속된다. DAPL에 자금을 제공한 기업 은행들에 대항해 조직된 수많은 운동, 미육군공병대 지부 방문시위들, 선출직 공무원, 정부기관, 경찰을 겨냥해 보낸 편지들과 신문사설과 시위들, 그리고 2017년 1월 대통령 취임식 다음 날 조직된 워싱턴D.C.에서의 여성 행진 등, 이 모든 구체적 행동은 절망, 부정의에 대한 슬픔과 분노의 표출, 그리고 사회-경제-환경적 관계들의 조건을 변혁하는 데 필요한 해독제를 제공한다.

예술과 서사는 정치, 경제, 사회적 관계를 변화시킬 수 있는 희망, 비전, 신선한 관점을 표출할 다양한 채널을 제공한다. 여성 생태 예술가의 대화Women Eco Artist Dialog, WEAD에서 활동하는 페미니스트 환경 예술가와 교육자들, 빠리 유엔기후변화협약 당사국총회COP21에서 활약한 기후를 위한 예술가Artist 4 Climate, 원주민 예술가들, 이외 모든 생태예술 행동가들은 지역사회, 에너지, 경제학, 역량 강화와 관련한 대안적 비전들을 제공한다. 춤추는 지구Dancing Earth의 창시자이자, 메티Métis* 출신 안무가 룰란 탕겐Rulan Tangen은 「물의 가장자리에서 걷기」Walking at the Edge of Water를 제작해 물의 원시적 힘과 생명으로서의 형태를 표현하고 물 이슈와 관련한 수많은 투쟁을 다뤘다.(Hansen 2014) 나바호 원주민 사진가인 윌 윌슨Will Wilson은 산업화의 침범으로 훼손된 환경과 미국 원

* 캐나다에서 공인된 세 원주민 중 하나로 크리, 오지브와, 솔토와 메노미니 원주민과 프랑스계 캐나다인, 스코틀랜드와 영국인 간의 혼인에서 나온 후손을 말한다.

주민 간의 고통스러운 관계를 묘사한 대규모의 사진을 제작했다. 뉴멕시코주 샌타페이에 있는 미국 인디언예술협회의 레지던스 예술가로 스탠딩록 출신인 카눈파 한스카 루거Cannupa Hanska Luger는 뉴욕의 '소셜디자이너' 니컬러스 벤틀Nikolas Bentel이 했던 것처럼 물수호자들을 위한 거울 방패를 제작했다. 두 예술가는 미러 싸인mirrored signs을 만들어 거기에 "물은 생명이다", "나는 스탠딩록을 지지한다" 등의 간략한 구호를 추가하는 방법을 활동가에게 알려주는 간단한 유튜브 비디오를 제작했다.(Angeleti 2016; Holmes 2016) 2016년 미니애폴리스의 베어본즈씨어터그룹BareBones Theater group은 DAPL을 주제로 연례 핼러윈 연극을 공연했다. 공연에는 종이로 만든 검은 뱀과 20마리의 들소가 등장했는데, 실제로 10월 하순이면 스탠딩록에 출몰하는 아메리카들소 떼와 너무나도 흡사한 모습이었다. 이들은 후에 세인트폴의 미육군공병대 본부로 향하는 시위대에 동참하기 위해 다시 등장했는데, 이는 마치 원주민의 영혼 수호신들이 물을 보호하기 위해 싸우는 원주민 무리에 합류하는 것처럼 보였다.(Cahill 2016) 여기서 소개된 작품과 기타 생태예술 퍼포먼스를 통해 기후정의는 대중적 상상력 속으로 들어간다.

아미따브 고시Amitav Ghosh는 저서 『대혼란의 시대: 기후 위기는 문화의 위기이자 상상력의 위기다』*The Great Derangement: Climate Change and the Unthinkable*에서 기후변화의 규모와 폭력성을 이해하지 못하는 서양문화의 무능력을 탐구한다. 클라이파이 서사는 무용하고, 터무니없고, 초현실적인 미래의 모습들을 보여주어 독자가 바로 여기에서 기후변화에 대응할 수 없게끔 한다. 이 서사들은 기후변화의 원인에 대한 정확한 분석 혹은 가까운 미래에 기후변화의 완화와 적응에 필요한 근본적이며 효과적인 전략을 제공하지 못한다. 고시는 총체적 단순화와 정치를 사적 영역으로 국한하는 서사로 인해 역사와 정치 모두 우리를 실망시킨다고 주장한다. 기후변화는 "효과적인 행동을 취할 수 있는 시간적 범위가 매우 좁고"(Ghosh 2016, 160면) 영성적, 정치적 조직들이 공동체 행동을 신속하게 취해야만 하는 난제다. 고시의 설득력 있는 주장은 인류 고립의 주술을 깨고 다른 생명체와 친족관계를 맺을 수 있게 하는 문학과 예술로 전환하도록 작가와 예술가를 격려한다.

기후위기에서 벗어나기 위해서 우리는 그 근본적 원인을 이해할 필요가 있다. 고시의 『대혼란의 시대』에 응답이라도 하듯, 타-네히시 코츠Ta-Nehisi Coates의 『세상과 나 사이: 흑인 아버지가 아들에게 보내는 편지』*Between the World and Me*는 미국 역사 속에서 인종, 젠더, 섹슈얼리티, 계급, 그리고 원주민 및 생태식민주의가 교차하는 붕괴의 이야기를 들려준다. 반면, 프레야 매튜스의 『아르데아: 철학적 중편소설』*Ardea : A philosophical novella*은 회복의 이야기를 들려준다. 즉 인본주의의 자율적 개인주의, 데까르뜨 합리주의의 기계론적 세계관, 자본중심적 접근방식에서 벗어나 좀더 생태적인 다종관계로의 회복을 서술한다. 미국의 다른 신노예제 폐지론자들*처럼(Hayes 2014) 코츠는 백인우월주의와의 조우, 하워드대학교에서 흑인으로 재교육받은 일, 아들의 안전에 대한 두려움 등 자전적인 기억을 서술한다. 노예제의 정치경제와 화석연료의 정치경제를 비교하면서, 이 둘이 기후변화 경제학의 뿌리라고 결론 내린다. 호주의 환경 페미니스트 철학자이자 범심론자이며 문학자인 프레야 매튜스는 생태계 파괴, 생물종의 소멸, 호모포비아, 인본주의로 인한

* 신노예제 폐지론자들은 노예제도가 과거의 유물이 아니고, 먼 땅에 국한된 것도 아닌 현재의 문제라는 점을 강조하며, 성과 노동을 착취하는 모든 종류의 인신매매와 싸운다.

외로움에 기반한 경제 '개발'이 기후변화를 일으키는 상황에서의 파우스트식 거래를 서술한다. 여기에서 언급한 각기 다른 세 대륙 출신 저자들의 서사는 공통으로 개인주의 붕괴가 서구문화의 생태주의적 친족의 재발견을 위한 필수조건임을 지적한다. 인류세 시대의 집단적 저항과 친족중심적 복원의 동력을 통해 우리는 회복적 말하기를 할 수 있다.

문화, 생태, 경제, 사회, 횡단종 등 모든 수준에서의 이론, 예술, 서사, 실천 운동의 이 도구들이 함께할 때 기후 부정의에 관한 이야기를 변화시킬 수 있다. 국제적 차원의 기후변화 협약을 만들어내는 일, 커뮤니티 태양광 정원 홍보를 위한 지역 전략을 개발하는 일, 인종, 젠더, 생물종 정의를 위한 다인종 동맹을 구축하는 일 등, 고유한 방식으로 비판적 에코페미니즘을 실천하고자 하는 사람들이 선택할 수 있는 길은 많다.

주

서문: 비판적 에코페미니즘

1. '횡단신체적'(transcorporeal)이란 용어는 스테이시 앨러이모(Alaimo 2010)에서 인용했다. '지구타자들'(earthothers)은 발 플럼우드(Plumwood 2002)의 용어로 우리와 이 지구를 공유하고 있는 동물과 식물, 그리고 다른 생명체를 모두 포함하여 묘사할 때 사용된다. 이 용어에는 물론 인간도 포함된다.
2. 플럼우드는 저서 『페미니즘과 자연의 지배』에서 '비판적 생태주의 페미니즘', '비판적 반(反)이분법적 생태주의 페미니즘', '비판적 에코페미니즘'을 서로 번갈아가며 같은 의미로 사용한다. 당시 '생태주의 페미니즘'은 좀더 철학적 갈래와 연결된 용어였고, '에코페미니즘'은 문화적·급진적·반(反)종차별주의적 갈래와 연결된 용어였다. 플럼우드가 10년만 더 살았더라면 '인류세 에코페미니즘'이나 '비판적 유물론적 에코페미니즘', '포스트휴먼 탈식민주의 에코페미니즘'이란 용어를 사용했을지도 모른다. 실제로 이런 어형변화를 지닌 모든 용어가 그의 저서에 등장한다. 나는 **비판적 에코페미니즘**이란 용어를 사용함으로써 내가 존경하는 플럼우드의 지적·활동가적·학술적 업적에 기반하여 발전시킨 이 책이 그에 대한 헌정사로 여겨지기를 바란다.
3. 딕슨(Dixon 1996), 조지(George 1994), 스탠지(Stange 1997)의 주장은 가드(Gaard 1997b), 가드와 그루언(Gaard & Gruen 1995), 애덤스(Adams 1995), 도노번(Donovan 1995)으로부터 반박을 받았다. 주목할 점은 플럼우드(Plumwood 2000)가 스탠지의 비논리에 대해 설득력 있게 비판함과 동시에 반(反)종차별주의 에코페미니즘을 '존재론적 베지테리어니즘'으로 곡해하여 이것이 '보편주의적'이자 '무비판적 전환의 페미니즘'이며 자연으로부터 '소외된' 페미니즘이라고 제시한다는 것이다.
4. '교차성'(intersectionality)이란 용어는 크렌쇼(Crenshaw 1989)가 고안했다.
5. 여기에는 다음과 같은 저서들이 포함된다. 메리 주디스 레스(Mary Judith Ress)의 『라틴아

메리카의 에코페미니즘』(*Ecofeminism in Latin America*, 2006), 예테 하넨게(Jytte Nhanenge)의 『에코페미니즘: 여성, 빈민, 자연 개발에 대한 염려 통합하기』(*Ecofeminism: Towards Integrating the Concerns of Women, Poor People, and Nature into Development*, 2011), 차야 다타르(Chhaya Datar)의 『에코페미니즘 다시 보기: 에코페미니즘 담론 개관』(*Ecofeminism Revisited: An Introduction to the Discourse*, 2011), 앤 스티븐(Anne Stephen)의 『에코페미니즘과 사고 체계』(*Ecofeminism and Systems Thinking*, 2013), 그레타 가드, 싸이먼 에스톡, 세르필 오퍼만의 『페미니즘 생태비평의 국제적 관점들』(*International Perspectives in Feminist Ecocriticism*, 2013), 유스티나 코스트코브스카(Justyna Kostkowska)의 『생태비평과 여성작가들: 버지니아 울프, 지넷 윈터슨, 알리 스미스의 환경보호주의 시학』(*Ecocriticism and Women Writers: Environmentalist Poetics of Virginia Wolf, Jeanette Winterson, and Ali Smith*, 2013), 치아주 창(Chia-ju Chang)의 『생태 공동체에 대한 글로벌 상상력: 서구와 중국의 생태비평 실천』(*Global Imagination of Ecological Communities: Western and Chinese Ecocritical Praxis*, 2014), 캐럴 J. 애덤스, 로리 그루언의 『에코페미니즘: 인간, 동물, 지구와 교차하는 페미니즘적 시선들』(*Ecofeminism: Feminist Intersections with Other Animals and the Earth*, 2014), 메리 필립스(Mary Philips), 닉 루멘스의 『에코페미니즘에 대한 동시대의 관점들』(*Contemporary Perspectives on Ecofeminism*, 2015)을 들 수 있다.

6. 플럼우드의 에코페미니즘은 이런 포스트휴머니즘 이론이 나오기 10여년 전에 발전했다. 포스트휴머니즘 이론의 입장은 서구 인간중심주의의 전제를 부정한다. 다시 말해 인간을 '만물의 척도'로 본 프로타고라스의 관점, 레오나르도 다 빈치의 비트루비우스적 인간상과 그런 인간상이 이상으로 삼는 완벽한 육체, 그리고 계몽주의의 진보와 합리성에 대한 신화를 거부한다. 인간중심주의의 자아/주체는 백인, 남성, 그리고 사회경제적 특권층이다. 반면에 이들과 다른 타자는 여성과 노예로, 이들은 표준에서 배제된다. 포스트휴머니즘의 핵심은 차이로, 인간을 수많은 생물종들 가운데 하나로 간주함으로써 인간중심주의와 위계적 가치에 의문을 제기한다. 학자들은 포스트휴머니즘의 갈래를 4개(Braidotti 2013)에서 7개(Ferrando 2013)로 나눈다. 간단히 말해 에코페미니즘의 특징인 젠더정의, 인종정의, 퀴어정의, 횡단종정의, 환경정의, 그리고 '자연'으로 보이는 모든 물질의 생동성에 대한 관심은 포스트휴머니즘보다 한발 앞서 나왔다. 그뿐만 아니라 포스트휴머니즘이 케리 울프의 『포스트휴머니즘이란 무엇인가?』(*What is Posthumanism?*, 2010)와 로지 브라이도티(Rosi Braidotti)의 『포스트휴먼』(*Posthuman*, 2013)에서 정식으로 등장할 때 그 토대로 이용되었다는 점을 솔직하게 인정해야 한다.

7. "메시지를 보내왔다"라는 말은 휴대폰의 등장으로 인해 이제 그 의미가 모호해졌기에 쓰기가 주저되었다. 이 말은 지구타자들이 우리에게 보내는 짧고, 직접적이며, 때로는 예상치 못한 메시지라는 말을 의미하기 때문이다. 영어에는 인간과 지구타자 간의 이런 소통을 지칭할 알맞은 말이 없다. 왜냐하면 우리 문화에는 이것에 대한 개념적 가능성이 존재하지 않기 때문이다. 21세기의 첫 10년 동안 겨우 식물과 식물 간의 소통이 밝혀지고 있을 뿐이다.

종을 횡단하는 소통에 관해 내가 경험한 바로는 메시지들은 말보다는 관찰, 이미지, 느낌을 통해 지구타자들로부터 전해진다. 이런 메시지들은 "사자는 다치지 않고 살기를 원합니다"와 그와 대조되는 "제발 저를 사냥해 죽여주세요"라는 메시지를 받았다고 주장하는 사람들 간의 경험에 의거한 논쟁을 불러일으킨다. 이런 갈등은 페미니즘 반종차별주의 생태주의적 과학 연구에서 나타난 과거와 동시대 연구의 진전뿐 아니라 크리스 쿠오모의 충만함의 윤리(Cuomo 1998)를 통해서도 검증받을 필요가 있다.

8. 로빈 월 키머러의 『향모를 땋으며: 토박이 지혜와 과학 그리고 식물이 가르쳐준 것들』 참조.

9. 코언(Cohen 2010, 2015) 참조. 내가 경험한 바위의 생동성 이야기를 처음으로 믿고 털어놓았던 상대는 튀르키예 출신의 유물론적 페미니즘 생태비평가인 세르필 오퍼만이었다.

10. 영국의 생태비평가인 그레그 가라드(Greg Garrard)에게 감사를 전한다. 플럼우드 저작에 정통한 그는 2002년 영국 문학 및 환경연구협회(Association for the Study of Literature and Environment, United Kingdom)가 반년마다 주관하는 학회에서 기조강연을 했고, 2014년 캐나다 문학환경문화협회(Association for Literature, Environment, Culture of Canada)가 주관한 학회에서 내가 한 기조강연을 듣고 내 생각을 다듬어주었다.

11. 플럼우드는 나와의 서신교환을 통해 각자 쓰고 있는 글의 초고를 서로 나누면서 나의 글에 대한 자신의 논평을 포스트잇에 추가로 적어 보내주곤 했다. 1995년 10월 24일로 표시된 세장짜리 포스트잇 논평에서 플럼우드는 "에코페미니즘을 퀴어링한다는 아이디어가 마음에 듭니다"라고 자신의 결론을 적었다. 신진학자였던 나는 자신의 이론을 확장하려는 내 연구를 지지해준 그의 코멘트에 큰 힘을 받았다. 내 연구논문은 2년 뒤에 출간되었다.(Gaard 1997a) 카트리오나 모티메-샌딜랜즈(Catriona Mortimer-Sandilands)와 브루스 에릭슨(Bruce Erickson)은 『퀴어 생태주의』(*Queer Ecologies*)에서 생태정의와 에코페미니즘을 퀴어링하는 프로젝트를 진전시켰다. 이들의 정의에 따르면 '퀴어 생태주의'란 "섹스와 자연 간에는 광범위한 제도적, 과학적, 공간적, 정치적, 시적, 윤리적 관계가 계속해서 존재한다는 점을 이해하는 것이다. (…) 퀴어 생태주의의 사명은 특정한 성의 정치학과 환경정치학을 발전시키기 위하여 성과 자연 간의 교차성을 탐구하는 것이다. 전자는 자연세계와 그 내부의 생물사회적 구성에 대한 좀더 명확한 고려를 포함한다. 그리고 후자는 성적 관계가 어떻게 자연의 물질세계와 그 세계에 대한 우리의 인식, 경험, 구성에 영향을 주고 조직하는지를 이해하는 것이다. 이때의 퀴어란 명사이면서 동사다. (…)"(Erickson 2010, 5면)

12. 딘 커틴의 맥락에 따른 도덕적 베지테리어니즘은 그의 논문 「돌봄의 생태적 윤리를 향해」(Toward an Ecological Ethic of Care, 1991)에서 발전되었다. 이 글은 플럼우드의 논문 「자연, 자아, 그리고 젠더」(Nature, Self, and Gender, 1991)와 함께 학술지인 『히파티아』(*Hypatia*)의 '생태주의적 페미니즘'(ecological feminism)을 주제로 한 특별호에 실렸다. 플럼우드는 이 논문뿐 아니라 종간정의에 관한 다양한 에코페미니즘적 관점을 보여주는 다른 작업들을 간과한 채 애덤스를 공격하는 글을 출간하고(Plumwood 2000), 자신의 접근법을 '비판적 페미니즘-사회주의 에콜로지'로 재명명했다. 이것은 그의 사후에 「동물과 생태: 더 나은 통합을 위

하여」(Animals and Ecology: Towards a Better Integration)라는 장으로 출간되었다.(Plumwood 2012) 그의 '생태주의적 동물주의'(ecological animalism)는 이 글에서 나왔다.

1장 정의롭고 에코페미니즘적인 지속가능성

1. 데이비드 오르(David Orr)에 따르면 생태문해력은 "모든 연령, 인종, 국적, 세대, 그리고 인간과 자연세계 간의 연결들"을 존중하며 지속가능성을 이루기 위한 변혁적 접근법이다. 이를 통해 우리는 "생명의 상호연관성"과 "인간과 사회 전체가 파괴적으로 변한 방식들"을 이해하고 "우리에게 닥친 위기의 속도"를 인식한다. 생태문해력은 "우리가 정상이라고 받아들인 제도와 삶의 유형들에서 일어나는 급진적인 변화를 암시한다."(Orr 1992, 93~95면) 오르의 작업보다 50년 앞선 알도 레오폴드(Leopold 1949)의 대지윤리(land ethic)는 인간-환경 관계와 인간 실천가를 모두 변형시킨다. "대지윤리는 호모사피엔스의 역할을 토지 공동체의 정복자에서 그 공동체의 평범한 구성원이자 시민으로 바꾼다." 마찬가지로 동료 시민과 공동체를 존중하는 것이다. 이러한 레오폴드의 분석은 당시로서는 혁명적이었지만 페미니즘의 정의로운 지속가능성의 중심이 되는 인종, 젠더, 섹슈얼리티, 생물종, 국가와 관련된 문제들을 간과한다. 그러나 그의 글에는 대지윤리에 대하여 이러한 문제들을 질문할 가능성이 잠재되어 있다. 위스콘신주 바라부(Baraboo) 지역에 있는 레오폴드재단의 교육자들은 최근 환경윤리에 관한 내용이 포함된 대지윤리 개념을 발전시켰다.
2. 다음의 웹사이트에서 햄린대학교의 「지속가능성이란 무엇인가?」(What is Sustainability?)를 참고할 것.(http://sites.google.com/a/hamline.edu/committee-sustainability/what-is-sustainability) 새뮤얼 만(Samuel Mann)이 편집한 『지속가능성: 시각적 안내서』(Sustainability: A Visual Guide, NewSplash 2011)에는 최소한 지속가능성에 대한 282개의 시각적 모델이 제시되어 있다. 다음의 웹사이트 참조(http://computingforsustainability.com/2009/03/15/visualising-sustainability/) AASHE 사이트에는 '인증된' 지속가능성 도표가 없다. 그래서 나는 햄린대학교의 도표를 참고했는데, 많은 다른 도표들과 달리 상세하지만 간단하다.
3. http://www.aashe.org/files/aashe_annualreport2013.pdf를 참고할 것.
4. 이 정보는 2015년 6월 현재 다음의 웹사이트에서 볼 수 있다.(http://www.aashe.org/resources/academic-programs/)
5. 환경정의와 지속가능성 관점들을 연결하는 아기만의 작업은 혁신적이지만 여전히 젠더, 섹슈얼리티, 생물종을 고려하는 페미니즘 사상을 뒷전으로 밀어놓는다. 이러한 페미니즘 이론들을 정의로운 지속가능성을 이루는 핵심적인 요소로 보고 주목하기보다는 부가적인 것으로서 가끔 인용하는 참고문헌으로 사용한다.
6. 고등교육 지속가능성 발전협회(AASHE)에서 발행한 「연간보고서」(Annual Report)을 참고할 것.(http://www.aashe.org/files/aashe_annualreport2013.pdf 2017년 1월 5일 접속)
7. http://www.foe.org/projects/climateand-energy/tar-sands에서 「지구의 친구: 타르샌드」(Friends of the Earth: Tar Sands)와 http://www.worldwatch.org/node/5287에서 「월드워치 기

관: 타르샌드 열병」(WorldWatch Institute: Tar Sands Fever)을 참고할 것.

8. 타르샌드와 관련하여 다음의 웹사이트에서 원주민환경네트워크(Indigenous Environmental Network)를 찾아볼 것.(http://www.ienearth.org/what-we-do/tar-sands/와 http://www.theglobeandmail.com/news/national/oil-sands-pollutants-affect-first-nations-diets-according-to-study/article19484551/)

9. 또한 다음의 글을 참고할 것.(「타르샌드 솔루션스 네트워크: 기후 영향」(Tar Sands Solutions Network: Climate Impacts), http://tarsandssolutions.org/tar-sands/climate-impacts)

10. 미네소타주 상원의원 정보 보고서인 『미네소타주의 석유 기반시설: 송유관, 정유공장, 정유 저장소』(Minnesota's Petroleum Infrastructure: Pipelines, Refineries, Terminals, 2013년 6월)를 다음의 웹사이트에서 참고할 것.(http://www.house.leg.state.mn.us/hrd/pubs/petinfra.pdf)

11. 어스저스티스(EarthJustice)가 2014년에 발표한 에릭 케이네(Eric Kayne) 「정유공장 오염으로부터 펜스라인 공동체 보호하기」(Defending Fenceline Communities from Oil Refinery Pollution)에서 사례 2180과 3065를 참고할 것.(http://earthjustice.org/our_work/cases/2014/defending-fenceline-communities-from-oil-refinery-pollution 2016년 6월 23일 접속)

12. 플린트 지역의 식수위기에 관한 보고서 전체를 보려면 다음을 참고할 것.(http://www.democracynow.org/topics/flint_water_crisis 2016년 6월 23일 접속)

13. 다음의 웹사이트에서 어스저스티스의 『공동체 영향보고서 부록 A: 정유공장이 펜스라인 공동체에 끼친 피해』(Community Impact Report Addendum A: The Toll of Refineries on Fenceline Communities, October 28, 2014)를 참고할 것.(http://earthjustice.org/sites/default/files/files/10.28.14%20EPA%20Refinery%20Risk%20Review%2003_Addendum%20A%20-%20Community%20Impact%20Report.pdf 2016년 6월 23일 접속)

14. 다음의 웹사이트에서 미국 환경보호국(US Environmental Protection Agency, EPA)이 발간한 『환경정의』(Environmental Justice)를 참고할 것.(https://www.epa.gov/environmentaljustice 2016년 6월 23일 접속) 환경보호국이 유색인 공동체의 시민권(Civil Rights)을 보장하지 못한 사례에 대하여 많은 기록문서를 인용한 빌리아나토스(Villianatos)의 「환경정의/환경인종주의」(Environmental Justice / Environmental Racism)를 참고할 것.(http://www.ejnet.org/ej 2016년 6월 23일 접속)

15. http://www.ejnet.org/ej에서 「환경정의/환경인종주의」(Environmental Justice / Environmental Racism)를 참고할 것.

16. 퍼딘 올리이가 소를 취하한 지 4년 후인 2010년에 미네소타주는 트윈시티 지역의 12만 5000명 이상의 인구가 먹을 식수원인 4개의 대수층, 224킬로미터에 달하는 미시시피강, 12개 이상의 호수들을 오염시켰다는 이유로 3M을 법원에 고소했다. 적법성을 이유로 지연된 법정 소송은 2014년에 부적격을 이유로 취하되었다.(Anderson 2014)

17. 코티지그로브 지역의 인구통계는 http://quickfacts.census.gov/qfd/states/27/2713456.html에 공개된 미국통계청(US Census Bureau) 보고서에서 볼 수 있다.

18. 미네소타주의 로리 스완슨(Lori Swanson) 검사가 쓴 30면에 달하는 법정고소문을 보려면 다음을 참조할 것.(http://minnesota.publicradio.org/features/2010/12/documents/3m-swanson-lawsuit.pdf)
19. 내게 하비 몰로치의 논문을 보내준 코리 엘리스에게 감사한다.
20. 또한 다음의 웹사이트에서 『캐나다 역사 프로젝트: 모피 무역의 영향』(*Canada History Project: Effects of the Fur Trade*)을 참고할 것.(http://www.canadahistoryproject.ca/1500/1500-13-effects-fur-trade.htm)
21. 플럼우드는 종종 '탈식민주의'보다는 '반식민주의'라는 용어를 사용했는데, 아마도 후자의 용어에 우리가 덜 익숙했기 때문일 것이다. 나는 두 용어를 모두 사용하지만, 반식민주의를 선호하는데, 그 이유는 식민주의가 결코 '지난 것'(post)이 아니라 서구 산업자본주의가 지구타자들을 다루는 과정에서 지속되고 있다는 점을 우리에게 상기시키기 때문이다. 플럼우드는 그의 논문 「남성중심주의와 인간중심주의: 평행선과 정치」(Androcentrism and Anthropocentrism: Parallels and Politics, 1996)에서 마스터 모델의 5단계 작동을 이론화하여 젠더, 인종, 계급, 토착성에 기반한 식민주의의 '타자화'가 서로 연결되며 작동하는 양상을 설명한다.
22. 동물이 노예와 관련지어지는 양상에 대하여 1712년에 버지니아 식민지에 전달된 윌리 린치(Willie Lynch)의 편지 「노예 만들기」(The Making of a Slave)를 참고할 것. 린치는 노예 소유주에게 노예(여성 노예부터 시작하라고 권하는데)가 완전히 굴복하도록 '길들이는' 방법을 설명하기 위해 그들이 이미 잘 알고 있는 말을 '길들이는' 방법과 연결시킨다.
23. 줄리 넬슨(Julie A. Nelson) 참조.(Nelson 1997) 신자유주의 경제는 자연의 재생산과 여성의 재생산의 가치를 계산하는 데 실패했는데, 이 점은 페미니즘 경제학과 에코페미니즘 경제학에서 충분히 다루어지고 있다.(Waring 1988; Mies & Shiva 1993; Salleh 1997)
24. 신유물론이 제시하는 통찰은 주로 서구문화에서 새로운 것이다. 대부분의 토착문화에서는 모든 생명이 서로 연결되어 있다는 생각이 내재되어 있다.
25. 우리의 선형적인 경제적 생산 모델을 많은 토착문화와 환경주의자들이 옹호하는 순환경제로 변형시키는 관점을 보려면 다음 문헌을 참고할 것. 미하엘 브라운가르트(Michael Braungart)와 윌리엄 맥도너(William McDonough)의 『요람에서 요람으로: 새로운 방식으로 세상과 사물 만들기』(*Cradle to Cradle: Remaking the Way We Make Things*, 2002)와 재닌 벤유스(Janine M. Benyus)의 『생체모방: 자연에서 영감을 받은 혁신』(*Biomimicry: Innovation Inspired by Nature*, Harper Perennial 2002).
26. 노예제, 짐 크로우(Jim Crow) 인종분리 정책, 대량 투옥을 통해 실행된 미국의 제도화된 인종주의 역사를 살펴보려면 다음 문헌을 차례로 참고할 것. 미셸 알렉산더(Michelle Alexander)의 『새로운 짐 크로우: 인종 무감성 시대의 대량 투옥』(*The New Jim Crow: Mass Incarceration in the Age of Colorblindness*, 2012), 에이바 듀버네이(Ava Duvernay)의 다큐멘터리영화 「13번째」(13th, 2016), 브라이언 스티븐슨(Bryan Stevenson)의 『순전한 자비: 정의와

구원의 이야기』(*Just Mercy: A Story of Justice and Redemption*, 2015).

27. 에코페미니스트들은 이와 같은 시민성의 세가지 영역에서 함께 이루어지는 발전에 대해 깊이 논의해왔다.(Plumwood 1993; Gaard 1998; Sandilands 1999)

2장 식물과 동물

1. 이 질문은 2013년 문학과환경학회(ASLE) 학술대회에 조직된 예비회담 세미나 '식물의 생태비평주의'에서 발표할 참가자들을 모으는 공고에 적혀 있었다. 2013년부터 이 세미나의 공동조직자들은 이 주제에 관한 이론들을 꽤 유용한 방향으로 계속 발전시켰다. 업데이트된 논문들을 첨부한 이메일을 여러차례 교환하면서 나와는 다른 자신들의 관점들을 명확히 설명해준 조니 애덤슨과 케이트 샌딜랜즈에게 특히 감사를 전한다. 나와 그들의 관점은 서로 달랐으며, 나는 여기에서 그들의 관점을 간단하지만 정확하게 전달하고자 노력했다. 원주민 연구를 진행하면서 애덤슨은 '코스모폴리틱스'(cosmopolitics)라는 완전히 다른 문화적 패러다임을 주장하는데, "코스모폴리틱스는 극적으로 상이한 생물종 내부의(intra-species) 관점들과 생물종 간의(inter-species) 관점들을 중재할 수 있는" 개념이다.(Adamson 2014, 264면) 세미나의 공동조직자인 샌딜랜즈는 서구문화의 패러다임에 대해 연구하는데, "식물과의 윤리적 관계"를 발전하는 데 있어서 "생명이나 정의에 관한 추상적 개념을 주장하고자 식물의 능력과 관심을 의인화하는 것은 분명히 부적절하다"라고 주장했다. 두 생태비평가 모두 '식물 생태비평주의'를 발전시켰지만, 산업화된 서구문화의 인간-사회적 관계와 종횡단적 관계들에 대한 환경적으로 정의로운 윤리와 실천을 아직 구체화하지 않았다. 이 장에서 설명하듯이 비판적 에코페미니스트들은 서구문화의 인종주의, 계급주의, 종차별주의, 그리고 성차별주의의 교차점에 주목하면서 정교화된 종횡단적 생태윤리에 특히 관심이 있다.(Pellow 2016 참조)
2. 멜라니 조이(Melanie Joy)는 **육식주의**(carnism)라는 개념을 사용하는데, 이 개념은 "대상화하고 몰개성화하며 양분화하는" 개념적 도식을 사용하여 육식을 "정상적이고 자연적이며 필수적인" 것처럼 인식하게 하여 효과적으로 헤게모니를 장악한 문화를 묘사하기 위한 것이다.(Joy 2010, 96, 117면) 조이의 연구는 플럼우드의 마스터 모델(Plumwood 1993)과 같은 좀더 정교한 철학적 논의들과 비건/베지테리언 학자 겸 운동가들이 제공하는 풍부한 기초이론에서 주장하는 개념들을 대중화시켰다.
3. 이 책이 인쇄되고 있을 때 다음의 새로운 책 두권이 출간되었다. 하나는 식물의 행위자성과 생명정치에 관한 연구를 발전시킨 다학제적 생태비평주의 저서인 『녹색 가닥: 식물 세계와의 대화』(Vieira, Gagliano & Ryan 2016)이고, 다른 하나는 『식물 이론: 생명권력과 식물의 삶』(Nealon 2016)이다. 『식물 이론』은 동물연구가 문화-자연 이원론을 변형하여 동물종들은 인간과 함께 서게 했지만 타자로서의 자연이라는 범주는 그대로 남겨놓는다고 비판한다.
4. 퀴어연구 학자들이 주장해온 것처럼, 퀴어 관점들은 레즈비언/게이/바이섹슈얼/트랜스젠더(LGBT) 운동에서 자유주의 동화주의자들이 지향하는 목표를 지지할 수는 있지만, 똑같

은 목표를 추구하지는 않는다. 자유주의 동화주의자들의 목표는 이성애 규범적 제도들(예를 들어 평등한 결혼, 평등한 군 입대, LGBT 인권법 제정, 기업의 성소수자 후원 등)에 편입되는 것이다. 1960년대의 급진적 요정들(Radical Faeries)과 같은 단체들과 1990년대의 액트업(Act Up)과 퀴어네이션(Queer Nation)과 같은 퀴어 운동 단체들에 소속된 일부 퀴어들은 이성애 규범적인 동화에 대한 저항을 표명해왔다. 그 대신에 퀴어문화를 자랑스럽게 여기고, 젠더와 섹슈얼리티의 본질주의적 이원론을 피하고, 인종과 젠더와 계급을 가로지르며 나타나는 퀴어 다양성을 긍정적으로 받아들이고자 했다.(Jagose 1996; Gleig 2012) 이러한 관점은 퀴어 방법론의 기초를 형성했다.(Browne & Nash 2010) 최근 『비판적 동물연구』 특집호(Grubbs 2012)와 『계간 게이와 레즈비언』에 실린 「퀴어 비인본주의」(Chen & Luciano 2015), 그리고 『계간 트랜스젠더 연구』에 실린 「서문: 트랜스• 삶의 시대의 트래니멀리티스」(Hayward & Weinstein 2015)에서는 퀴어 이론과 반종차별적인 실천(JCAS), 퀴어 이론과 포스트휴머니즘(GLO), 또는 트랜스젠더 이론과 동물연구(TSQ) 간의 겹치는 교차점들에 관심을 기울이기 시작했다. 실제로 트랜스젠더, 노예로 잡힌 아프리카인, 북미 원주민, 아프리카계 ('이국적') 동물들, 그리고 육식성 식물들은 오랫동안 식민지제국이 관장하는 동물원과 서커스나 프릭쇼(freak show)에 이용되어왔고, 비인간화되고 윤리성이 박탈된 의미를 가진 대명사 '그것'(it)으로 불렸다. 에바 헤이워드(Eva Hayward)와 자미 와인스타인(Jami Weinstein)은 『계간 트랜스젠더 연구』(같은 글)에서 접두어 '트랜스•'(trans•)와 특히 '트래니멀리티스'(tranimalities)라는 용어를 사용하자고 제안한다. 이 용어들은 이제까지 인본주의가 제외시킨 트랜스젠더와 인간 너머 동물들을 고려한다. 또한 "접두어 트랜스와 동물을 결합시켜 생성적이면서도 때로는 파멸적인 긴장을 만들어낸다. 이를 통해 몸성, 미학, 생명정치, 기후, 그리고 윤리학의 미래들을 상상하는 대안적인 방식들로 이끈다."(같은 글 201면) 이 이론은 아직 정교화되지 않은 초기 단계이므로 '트래니멀리티스' 개념들이 비판적 동물연구를 지지하면서 인간과 동물에 대한 착취를 정당화하는 공장식 축산이나 육식주의 문화를 거부할지는 아직 알 수 없다. 이런 착취의 정당화는 종종 말장난을 통해 이루어지기도 한다.(예를 들어 인간 너머 동물은 '죽일 수 있는' 존재가 아니지만 제1세계의 잡식성 식습관은 변하지 않는다.)

5. 이는 조니 애덤슨의 원주민 코스모폴리틱스(Adamson 2014) 이론과 잘 부합하는 비판이다. 내 연구에서는 서구 유럽의 식물연구를 주로 언급하는데, 서구 유럽의 이론들이 원주민과 비서구의 관점이 가진 통찰력을 받아들여야 한다고 주장한다. 문화적으로 맥락화된 윤리는 반인종주의적이고 반식민주의적인 에코페미니즘에 있어서 매우 중요하다.
6. 캐런 워런은 이 주장을 편 논문을 발표한 후 10년 동안 그 논리에 종차별주의는 포함시키지 않았다.(Warren 2000 참조)
7. 1990년대에 '베지테리언'(vegetarian)과 '비건'(vegan) 두 용어의 사용을 구분하는 데 있어서 리처드 트와인(Twine 2014, 206면 n.4)은 다음과 같이 훌륭하게 설명한다. "1990년대에는 (…) '비거니즘' 대신에 대부분 '베지테리어니즘'을 사용했다. 그렇게 된 데에는 세가지

이유가 있었다. 첫째, 몇몇 북미 작가들이 베지테리어니즘을 사용했지만, 나는 그 용어가 비거니즘을 의미했다고 생각한다. 둘째, 1990년대 이후로 (…) 베지테리어니즘은 동물권 운동 안에서 일관성 있는 윤리적 지위로서의 신뢰성을 상당히 잃었지만 그 시기에는 여전히 신뢰할 수 있다고 여겨졌다. 셋째, 2010년까지 특히 서구의 동물권 운동가들이 좀더 선호하고 좀더 일관성 있는 실천으로서 비거니즘을 받아들이는 윤리적 전환과 문화의 규범화 과정이 일어났다. 이와 같은 이유들이 매우 강력해서 오늘날 오보-락토 베지테리어니즘(유제품과 닭알을 먹는 베지테리어니즘)을 주장하는 에코페미니스트들이 신뢰성을 의심받게 되었다."

8. 지속 불가능한 팜유 생산으로 인해 삼림 파괴와 오랑우탄이 죽음으로 내몰리는 문제가 야기된다. 이를 막기 위해 오랑우탄 프로젝트가 조직되었다.(http://www.orangutan.org.au/index.htm) 이 중요한 교차적 시민운동에 대해 알려준 케이트 릭비에게 감사를 전한다.
9. 신유물론은 우리의 몸이 미생물에 의해 식민화되는 다양한 방식과 기후변화로 인해 곧 악화될 질병은 인간의 몸을 먹이로 삼는 다른 미생물종이 존재함을 보여주는 징후임을 밝혀냈다. 인본주의적 헤게모니로 인해 비원주민 인간들은 살아 있는 동안 자신을 사냥감으로, 먹거리로 생각하지 못하고, 일부 문화에서만 사후에야 비로소 인간의 몸을 다른 동물에게 먹이로 제공한다.(예를 들어, 티베트 문화) 이 문헌에서 사용된 '포식자와 피식자'라는 문구는 여전히 불공평하다. 즉 일생 동안 인간은 자신이 먹히는 것보다 훨씬 더 많이 먹는다.
10. 이것은 사적 대화다. 내가 아는 한 랄프 아캄포라(Acampora 2014) 외에 이 연결을 이론화한 학자는 아직 없다. 내가 이 연관성을 인식한 때는 나의 첫번째 책(Gaard 1993)의 색인 작업을 하다가 색인에 넣어야 할 정도로 많이 등장한 용어 '카니발리즘'을 발견하면서다. 그 당시에는 이 연관성을 자세하게 언급하기에는 너무 억지스러워 보였다.

3장 젖

1. 모유수유 기간에 있어서 2년을 권장하는 세계보건기구와 6개월을 권장하는 AAP의 견해 차이는 아기에게 미치는 영향보다 문화적이고 경제적인 맥락과 더 상관있다. 세계보건기구가 확인한 바와 같이 어머니의 젖은 여러 수준에서 아기의 신체적, 정서적 건강에 기여한다. 즉 생후 첫 6개월 동안 젖을 통해 아기에게 필요한 100퍼센트의 영양을 공급하고 다음 6개월 동안에는 필요한 영양의 절반 이상을 제공하며, 생후 2년차에는 필요한 영양의 3분의 1 이상을 제공한다.(http://www.who.int/nutrition/topics/exclusive_breastfeeding/en/ 참조) 전세계적으로, 특히 시골이나 개발도상국에서는 비위생적인 조건(예를 들어, 오염된 물, 씻지 않은 젖병, 희석된 분유 등)으로 인해 분유를 먹인 아기가 사망할 위험이 훨씬 높다. 따라서 모유수유는 생명을 보호하는 데 더 큰 역할을 한다. 게다가 세계의 덜 산업화된 지역에서 장기간 젖을 먹이는 문화가 유지되고 있다. 제1세계의 경우, 산모는 젖병 소독, 정제수, 경제적 원조나 식량 원조, 유아용 조제분유에의 접근성을 가질 가능성이 더 높다. 또한 산모는 출산 직후부터 돈을 벌어야 한다는 압박을 받으며, 여성의 유방이 아기의 생명을 지

속시켜주는 기능을 한다고 여겨지기보다는 성인 남성의 장난감으로 여겨지는 이성애주의적이고 가부장제적인 성애화를 경험한다. 이런 상황에서 AAP는 전략적으로 모유수유의 최소 기간을 권장하고 있다. 그러나 이 최소 권장 기간을 충족하는 산모는 12퍼센트에 불과하다. 이는 1900년대 초반에 모유수유를 하는 산모가 70퍼센트였던 것에서 급격히 줄어든 것이다.(Wright & Schanler 2001 참조) 설명한 바와 같이 나머지 88퍼센트의 산모는 인종차별과 계급주의라는 더 큰 체계와 연결된 장벽에 직면해 있다.[http://www.cdc.gov/mmwr/preview/mmwrhtml/mm5911a2.htm에서 '인종 및 종족적 차이'(Racial and Ethnic Differences) 참조.]

2. 홍수작전은 '백색혁명'으로 불렸는데, 몬산토(Monsanto)와 카길(Cargill) 같은 농업기업이 예고한 생명공학 및 유전공학의 녹색혁명을 암시하는 이름이었다. 반다나 시바(Shiva 1993, 1997)와 같은 학자들은 녹색혁명을 토착 지식, 생물다양성, 종자 및 유전자를 대규모로 도둑질하는 작업과 관련된 사이비 혁명으로 보고 강력하게 비판한다.
3. 이 장에서 참고한 연구들 중 동물복지 프로그램과 관련된 학자는 일반적으로 인문학이 아닌 동물과학 및 식품과학 프로그램에 소속되어 있었다.
4. 이 인용문에서 인문학자들은 다음의 질문을 깔끔하게 피하는 어휘 선택 방식인 수동태 어법을 쉽게 알아챌 것이다. "누가 이 소의 유두와 질을 자극하고 있으며, 이것은 누구의 즐거움을 위한 것인가?" 패트리스 존스는 이성애주의적 성차별(heterosexism)과 종차별주의를 연결하면서 다음과 같이 말했다. "게이 해방의 주요 신조는 서로 동의한 사람들이 서로의 몸에 하는 행위는 다른 사람이 간섭할 수 있는 일이 아니라는 것이다. 또한 고기를 먹는 것은 당연히 동의를 받지 않고 어떤 존재의 몸에 어떤 행위를 하는 것이다."(jones 2011, 47면) 그의 관찰은 이 동물과학에 의해 시작되었고, 동의를 얻지 않은 채 '낙농 암소'에게 저지르는 성적 학대에도 똑같이 적용될 수 있다.
5. 영장류 연구에 따르면 어린 시절에 사회화와 어머니의 보살핌을 받지 못한 여성은 이러한 모성기술을 배우지 못하고 영유아를 학대하는 경향이 있다. 이는 옥시토신 분비와 양육행동 사이의 생물행동적인 연결관계가 있음을 암시한다.(Curley & Keverne 2005; Harlow & Harlow 1962)
6. 옥시토신은 다양한 대뇌 영역에서뿐 아니라 "심장, 흉선, 위장관, 자궁, 태반, 양막, 황체 및 고환을 포함하는 말초 부위에서도 분비되는데, 이는 옥시토신 생산이 신체와 뇌에 광범위하게 분산되어 있고 역동적인 성질을 가진다는 점을 잘 알려준다." 이를 통해 인간 남성에게 강한 유대관계에서 옥시토신을 분비하는 생물학적 기반이 있음을 확인할 수 있다.(Feldman 2012, 382면)
7. 리사 케머러(Kemmerer 2011)는 소젖이 관계적으로 구성되는 점을 중요시하기 위해 '수유용 소젖'이라는 용어를 제안한다. 이 관계적 존재론을 은폐하기 위해 미국 낙농업은 광고를 통해 소젖을 하나의 상품으로, 즉 마실 때 "콧수염처럼 입가에 묻으며(milk mustaches)" "튼튼한 뼈와 몸"으로 만들어줄 수 있는 유리잔에 담긴 액체라는 하나의 대상으로 재현하며

홍보한다. 동시에 어미소 젖의 원래 주인인 송아지들의 운명(수컷은 송아지고기가 되고 암컷은 미래의 낙농 암소가 되는)은 감춘다. 광고를 접하는 대중들이 소젖은 종이팩이 아니라 젖꼭지에서 나온다는 사실을 편리하게 잊어버린 것도 놀라운 일이 아니다. 이러한 생략 과정은 산업용 유제품 판매 및 생산을 가능하게 한다.

4장 불꽃놀이

1. 「성조기여 영원하라」는 기존의 멜로디에 1814년 프랜시스 스콧 키가 노랫말을 붙였다. 이 노래는 약 200년 동안 스포츠 경기, 고등학교 졸업식, 군대나 시민사회의 여러 행사뿐 아니라 독립기념일 행사에서도 연주되어왔다. 1931년에는 미국 국가가 되었다. 가사 전문은 미국 국기 웹사이트 참조.(http://www.usa-flag-site.org/song-lyrics/star-spangled-banner.shtml)
2. 가이 포크스(Guy Fawkes)는 1605년에 있었던 화약음모 사건에서 의회에 폭발물을 설치한 혐의를 받았다. 이 음모는 신교도 왕인 제임스 1세를 암살하고 가톨릭 군주를 왕으로 다시 옹립하려던 것이다. 포크스는 11월 5일 새벽에 발견되어 체포된 뒤 고문과 심문을 당했고, 사형선고를 받았다. 그는 교수형 형틀 위에서 일부러 뛰어내려 목을 부러뜨린 것으로 알려져 있다. 원래는 목매단 후 내장을 들어내고 사지를 사등분하는 처벌을 받아야 했지만 먼저 죽어서 이런 고통을 피할 수 있었다. 그후 포크스의 모형을 모닥불에 태워 영국 왕좌를 찬탈하려던 가톨릭교도들에 대한 공개적인 처벌을 재연했다. 가이 포크스의 날은 법적 기념일로 지정되어 반가톨릭적 의미를 함축하는 국가주의나 영국의 국가적 우월을 축하하는 행사가 되었다. 따라서 아일랜드보다는 영국의 기념일에 더 가깝다.
3. 디즈니랜드는 과염소산염을 제거하기 위해 공기추진형 불꽃놀이로 바꿨지만 여전히 소음이나 빛으로 인한 오염에는 아무 효과가 없다.
4. 호주의 왕립동물학대방지협회(RSPCA)는 영국의 RSPCA로부터 영감을 받아 설립되었다. 오하이오주 동물보호연맹은 미국 전역의 동물복지단체로부터 불꽃놀이가 축산동물과 야생동물에게 끼치는 영향이 담긴 일련의 놀라운 진술을 제공한다.(http://www.all-creatures.org/oadl/quot.html 참조)
5. http://www.youtube.com/watch?v=z4G5o4oqEtk에서 30분짜리 영상 참조.(YouTube에서 'Fiat Lux: Illuminating Our Common Home-Full Show'로 검색하면 영상을 볼 수 있다.—옮긴이)
6. '에로토포비아'와 '에코포비아', '느린 폭력' 개념에 대해서는 각각 가드(Gaard 1997a), 에스톡(Estok 2009), 닉슨(Nixon 2011)의 책 참조.

5장 우주로 발사된 동물들

1. 우주비행사 닐 암스트롱과 제임스 러벌(James Lovell) 두 사람이 똑같이 엄지손가락으로 지구를 가렸다는 말을 한 것은 결코 우연이 아니다. 달에 최초로 착륙한 인간인 암스트롱은 이렇게 말했다. "저 예쁘고 파란 작은 콩이 바로 지구라는 사실을 갑자기 깨달았다. 그래서

엄지손가락을 들어 한쪽 눈을 감고 손가락으로 지구를 가렸다. 그때 나는 전혀 거인처럼 느껴지지 않았다. 오히려 나 자신이 아주 작게 느껴졌다."(닐 암스트롱이 뉴멕시코주 우주역사박물관의 국제우주항공 명예의 전당에서 한 이야기를 참조할 것. http://www.nmspacemuseum.org/halloffame/detail.php?id=1) 마찬가지로, 아폴로 8호와 13호를 타고 탐사한 것으로 유명한 우주비행사 러벌은 다음과 같이 언급했다. "달에서 지구를 향해 엄지손가락을 들면 그 손가락 뒤로 지구를 감출 수 있다. 당신이 알고 있던 모든 것, 사랑하는 사람들, 일, 지구 자체의 문제들이 모두 당신의 엄지손가락 뒤에 가려진다."(다큐멘터리 「달의 그림자 속에서」(In the Shadow of the Moon) 인용 참조. http://www.imdb.com/title/tt0925248/quotes)

2. 도나 해러웨이의 생물종 지배에 대한 이해는 그의 인본주의로 인해 한계가 있으며, 이 점에서 그의 이론화 작업도 한계가 있다.(Weisberg 2009 참조)

3. 마티 킬이 지적했듯이 "연구원들은 실험실에서 동물을 '죽이는' 것이 아니다. 그들은 여전히 '희생'이라는 단어를 사용한다."(Kheel 1989, 104면) 킬은 아버지-신에 대한 가부장적인 종교 신화를 비판했다. 아버지-신은 다른 사람을 구원하기 위해 자신의 아들을 대신 죽게 하거나, 자신을 믿는 자들에게 그 헌신의 증거로 그들의 가장 소중한 아들을 죽일 것을 요구한다. 하지만 신은 대신 다른 동물의 새끼를 죽이는 것으로도 화를 누그러뜨릴 것이다. 생체 해부자와 동물권 옹호자 간의 언어학적 논쟁에 관한 개요는 그루언(Gruen 2011) 참조.

4. 한가지 주목할 만한 예외가 있다. 미공군 군의관인 존 스탭(John P. Stapp) 소령은 1947년에 '지휘즈'(Gee-Whizz)라는 썰매를 만들었다. 그는 84킬로그램 무게의 마네킹 테스트를 거쳐 자신도 45중력 가속도로 썰매를 탔지만 큰 부상 없이 살아남았다. 나중에 자동차산업은 이와 같은 마네킹을 '충돌 테스트용 인형'이라고 불렀다. 마네킹은 연방정부가 인형 사용을 강제한 이후로는 안전 테스트를 위해 사용되었다. 스탭은 총 88회에 걸쳐 침팬지가 이 썰매를 사용하는 테스트를 계속했다. 침팬지 중 일부는 '박살을 내는 270 중력' 가속도 테스트에서 몸이 '만신창이'가 되었다.(Burgess & Dubbs 2007, 103면)

5. 『햄릿』의 실제 대사는 다음과 같다. "아아, 불쌍한 요릭! 호레이쇼여, 나는 그를 잘 안다네. 재담은 끝이 없고 상상력은 천재적이었지! 그는 나를 수도 없이 등에 업어주었다네. 그런데 지금은 그 장면을 상상만 해도 얼마나 혐오스러운가! 속이 다 메스껍구나. 내가 그토록 자주 키스를 해대던 입술이 여기 매달려 있었다니. 좌중을 웃음바다로 만들었던 너의 야유와 익살은 어디로 갔느냐? 너의 신명나던 모습은? 네가 불렀던 노래는?"(『햄릿』 5막 1장) 필시 죽음으로 내몰린 궁중 광대와 우주침팬지 간의 상관성은 이러한 동물의 목숨이 '과학적' 조롱거리의 소재가 된다는 점이다.

6. 40년이 지난 후에도 모스끄바의 유기 동물 웹사이트에는 여전히 라이까에 대한 이야기가 나온다.(http://www.moscowanimals.org/index.html 참조. 2012년 11월 26일 접속)

7. 공군이 캐럴 눈의 요청을 거부하고 콜스턴재단에 더 많은 우주침팬지를 보상으로 보내자, 눈은 침팬지의 양육권에 대해 공군을 상대로 소송을 진행했다. 그는 침팬지들이 섬, 놀이

공간, 건강한 먹이가 있는 야외 피난처에서 더이상의 테스트 없이 자신들의 삶을 누릴 수 있도록 플로리다주에 침팬지 생추어리(Save the Chimps Sanctuary)를 건설하기 위한 기금을 모았다.(http://www.spacechimps.com/theirstory.html 참조) 그러나 동물 항공우주 테스트는 종결되지 않았다. 미국 생체해부반대 학회(American Anti-Vivisection Society)는 나사가 1996년 내내 바이온(Bion)이라고 명명된 수백만 달러짜리 연구 프로젝트를 계속 수행했다고 보고한다. 바이온 프로젝트는 원숭이 꼬리를 자른 채 두개골에는 제어용 고리를 박고, 몸 전체에는 다양한 전극을 심은 뒤 마치 구속복과 같은 곳에 원숭이를 넣은 채로 14일 동안 우주로 내보내는 것이었다. 바이온의 목적은 미세 중력과 방사선이 살아 있는 생명체에 끼치는 영향을 연구하는 것이었다. 이 우주비행은 일부 우주원숭이 사망과 관련된 세력들과 의회와 나사(NASA)에 압력을 가한 동물권 단체들의 지속적인 노력이 서로 합의점을 찾으면서 종결되었다.

8. 동시에, 이러한 역사적 사실을 미미한 것으로 만들고자 영웅적이고 코믹한 서사가 계속해서 시도되고 만들어진다. 그런 예로는 리처드 힐리어드(Richard Hilliard)의 『우주침팬지 햄』(*Ham the Astrochimp*, 2007)과 디즈니 영화「우주 침팬지」(Space Chimps, 2008)가 있다.

9. '후경화'는 플럼우드(Plumwood 1993)가 설명한 주인의 정체성을 구성하는 5단계의 지배 작동 가운데 하나다. 나머지 4단계의 작동으로는 과잉분리, 병합, 도구주의, 고정관념화가 있다.

10. 다양한 생물종이 보이는 부성에 대한 탁월한 연구에서 제프리 마송(Jeffrey M. Masson)은 양육이야말로 인간 아버지들이 갖는 중요한 특성이라고 설득력 있게 주장한다.(Masson 1999) 그는 과학자들이 우주탐사에 이용된 동물들을 다룰 때 보이는 과장된 가부장적 부성의 행동과 규범은 문화적으로 왜곡되고 사회제도에 의해 강요된 방식이라고 주장한다.

11. 이러한 지연된 도입에 대한 비판은 가드(Gaard 2012) 참조.

12. 나사의 예산은 1958년 이래로 달착륙 경쟁 시대(1962~72)를 제외하고는 미연방 예산의 1.0퍼센트 이하로 유지되었다. 1.0퍼센트는 수십억 달러에 달한다.(http://www.guardian.co.uk/news/datablog/2010/feb/01/nasa-budgets-us-spending-space-travel 참조. 2012년 11월 20일에 접속)

13. 마그렛 오거스틴은 바이오스피어 II 봉쇄 전 9개월 동안 존 앨런의 아이를 임신했다. 앨런의 카리스마는 그의 애정생활에까지 뻗쳤다. 시너지아 목장의 구매를 위해 자신이 받은 유산을 전부 제공한 앨런의 아내 마리 하딩(Marie Harding)뿐 아니라, 나중에 앨런의 단체에서 10년을 연인으로 지낸 캐슬린 버크(Cathleen Burke)도 그 예다. 버크는 앨런이 자신뿐 아니라 후원자인 에드 바스를 포함한 "그룹의 핵심 구성원들 대부분을 구타했다"(Siano 1992)며 '구타 사건'을 보고했다.

14. 바이오스피어 II에 열대우림을 조성하기 위해 영국의 큐(Kew)에 있는 왕립식물원의 책임자 길리언 프란스(Ghillean Prance) 박사에게 연구자금이 제공되었다. 예일 삼림과 환경과학 대학(Yale School of Forestry and Ecological Science)은 예일 생물권학 연구소(Yale Institute

of Biospheric Studies) 설립을 위해 2000만 달러를, 바이오스피어 II와의 '탄소 예산 책정' 명목으로 4만 달러를 받았다. 국립과학재단(National Science Foundation)을 통해 세금을 지원받는 국립대기연구센터(National Center for Atmospheric Research)는 바이오스피어 후원자들의 금액에 상응하는 10만 달러를 바이오스피어 II에 할당했다. 스미소니언협회(Smithsonian Institution)는 월터 에이디(Walter Adey) 박사와 토머스 러브조이(Thomas Lovejoy) 박사의 자문용으로 최소 40만 달러를 받았다. 그리고 애리조나대학교의 환경실험연구소(ERL)는 바이오스피어 II 개발을 위한 연구에 참여해 500만 달러를 받았다.(Cooper 1991a)

15. 데이비드 밸런타인이 뉴스페이스 지지자들의 주장을 진지하게 수용해야 한다고 옹호하며 쓴 논문은 국립과학재단으로부터 일부 후원금을 받았다. 이 논문에서 그는 "우리가 이미 답을 알고 있다고 생각하지 않는다면 어떻게 이 우주론을 진지하게 받아들일 수 있겠는가?"(Valentine 2012, 1064~65면)라고 썼다.

16. '천체환경주의'라는 용어는 헨리와 테일러의 책에서 사용된다.(Henry & Taylor 2009, 200면) 이들의 생각은 환경윤리를 확장하여 '우주 쓰레기' 및 기타 오염 입자까지 포함시켜 다루어야 한다는 것으로, 이것은 페미니즘의 생태윤리와 잘 맞는다. 여기서 내가 우려하는 점은 우리가 여기 지구에서 진정한 환경정의를 이루기 전에는 우주에서 그러한 환경주의를 달성하는 척하거나 지구에서 그러한 행동의 필요성을 다른 것으로 대체하거나 부정하는 방식으로 환경정의를 제안할 수 없다는 것이다.

17. 나는 맥키벤에게 운동 구축을 위한 그의 페미니즘 전략을 찬사하는 이메일을 보낸 적이 있다. 나는 즉각 답신을 받았는데, 기쁘게도 그는 TomDispatch.com에 실린 자신의 논문을 알려주었다. 맥키벤은 이 논문에서 '분산 발전'(distributed generation)을 통해 태양광 발전처럼 그런 지속적인 방식의 '모두가 리더가 되는(leader-full) 운동'을 구축하려는 자신의 의도에 대해 논의한다.(http://www.tomdispatch.com/blog/175737/) 기후정의를 위한 맥키벤의 열정적이고 포괄적인 활동으로 우리가 2016년에 목격한 기후정의를 위한 전지구적 운동이 구축되었다. 만약 모든 생물종을 포함한다면 그의 성과는 더욱 강력해질 수밖에 없다.

18. 마티 킬은 『자연의 윤리학』(Kheel 2008)에서 (평생 지속된 사냥을 포함한) 레오폴드의 남성주의에 대해 잘 입증된 강력한 비판을 한다. 레오폴드는 말년에 자신의 환경윤리를 지속적으로 발전시켰다. 그의 글은 '대지윤리'에서 젠더, 섹슈얼리티, 인종, 계급, 국가와 같은 다양한 종류의 억압들이 서로 연결되어 있음을 암묵적으로 인정한다. 비록 1948년 당시 레오폴드는 자신이 가지고 있었던 그러한 생각과 말을 표현할 수 없었지만, 인간정체성의 본질 자체가 환경 행동 및 관계들과 연결되어 있다고 봄으로써 도전적이고 급진적으로 시대를 앞서갔다.

6장 기후정의

1. 나는 당시 여성환경개발기구(WEDO) 회의에서 세명의 퀴어 에코페미니스트들과 같은 자

리에 앉아 있었다. 하지만 우리 중 누구도 우리의 섹슈얼리티와 기후위기의 연결성을 이론화할 생각을 하지 못했다. 그 역사적 순간은 어머니로서 지구 돌보기(mothering earth)라는 본질주의 수사학에 도전하여 인종, 젠더, 생물종, 생태, 민주주의와 경제 세계화의 교차성에 집중할 수 있게 우리를 자극했다. 여기서 향후 연구의 토대가 마련되었다. 노엘 스터전은 1997년 루틀리지 출판사에서 발간한 그의 책 『에코페미니즘의 자연들: 인종, 젠더, 페미니즘 이론과 정치적 행위』(*Ecofeminist Natures: Race, Gender, Feminist Theory and Political Action*)의 159면에서 내가 1991년 회의에 얼마나 실망했는지를 논했다.

2. 찬드라 탈파드 모한티(Chandra Talpade Mohanty)는 2002년 저서의 506~508면에서 서구/제3세계, 북반구/남반구, 3분의 1 세계/3분의 2 세계와 같은 용어를 토론한다.(Mohanty 2002) 그는 부, 권력, 그리고 식민 지배 역사의 차이들에 접근하는 방식에 따라 호칭이 다르게 사용된다는 점을 설명한다. 그는 이 용어들 모두가 정확하지 않기 때문에 몇개의 개념을 결합해서 사용해야 함을(예를 들어, 제1세계/북반구, 제3세계/남반구) 인정한다. 나 또한 아직 충분히 정확한 용어를 찾지 못했기 때문에 그의 방식을 따를 것이다.
3. 유엔여성기구(UN Women.Org)나 유엔아동기금(UNICEF), 밀레니엄 캠페인/빈곤에 반대하는 목소리(Millennium Campaign/Voices Against Poverty) 등을 포함한 많은 국제 NGO들이 이 통계를 인용한다. 다수의 출처에서 이 통계가 사실임을 확인해주고 있고, 2007년에 처음 인용된 이후 2014년에도 변한 것이 없어 보인다.
4. 이 단락에서 논의되고 있는 3분의 2 세계에 속하는 여성에게 미치는 기후변화의 젠더 영향력은 많은 자료에서 보고되고 있다. 단켈만(Dankelman 2010)과 던컨(Duncan 2008)을 참조하라. 맥그레거(MacGregor 2010), 레서렉시온(Resurrección 2013)과 투아나(Tuana 2013)는 기후변화에 취약한 피해자로서 여성의 사례와 그에 대한 비판을 잘 다루고 있다.
5. 나는 2017년에 쓴 「벽장에서 나와, 기후 문제로!」(Out of the Closets, and into the Climate!)에서 퀴어 기후정의 이론을 발전시킨다.
6. http://conceivablefuture.org/FAQ(2016년 11월 24일 접속)을 참조.
7. "핑크하기 전에 생각하라(Think Before You Pink)" 캠페인은 유방암 종식을 위한 자금 마련 경주들과 행진의 상징이 된 핑크리본에 대해 문제 제기한다. 이 캠페인은 기금이 독성 화학물질 연구자가 아닌 암 연구자에게만 돌아간다는 점, 또한 산업 화학물질이 인간, 동물, 그리고 에코시스템에 유해하지 않다는 점이 확실히 증명되기 전까지는 화학물질의 판매를 금지해야 한다는 예방원칙을 확립하는 데 기금이 사용되지 않는다는 점을 비판한다. 클로펜-카스텐(Clorfene-Casten 2002)과 유방암행동(Breast Cancer Action)의 "핑크하기 전에 생각하라" 캠페인 웹사이트 참조.
8. 공장식 축산이 일으킨 끔찍한 고통은 책과 인터넷을 통해 기록되고 폭넓게 유포되고 있다. 농장 생추어리(Farm Sanctuary), 동물을 윤리적으로 대우하는 사람들(People for the Ethical Treatment of Animals, PETA), 비건 아웃리치(Vegan Outreach), 동물을 향한 자비(Mercy for Animals), 미국동물학대방지협회(American Society for the Prevention of Cruelty to Animals),

미국인도주의사회(the Humane Society of the United States), 지속가능한 식탁(Sustainable Table)을 포함한 많은 단체가 이런 일을 해왔다. 주목할 만한 최근의 출판물은 『롤링스톤』 2013년 12월 10일에 실린 폴 솔로타로프(Paul Solotaroff)의 소논문 「(인간) 짐승의 배 안에」(In The Belly of The Beast)와 2014년에 킵 안데르센(Kip Andersen)과 키건 쿤(Keegan Kuhn)이 만든 다큐멘터리 「카우스피라시: 지속가능성이라는 비밀」(Cowspiracy: The Sustainability Secret)이 있다. 이 다큐멘터리는 주류 환경운동 조직이 어떻게 기후변화와 공장식 축산의 연관성을 은폐하면서 공모해왔는지를 폭로하고 있다.

9. 이런 연구들은 주의 깊은 방법론을 통해 주장의 정당성을 확보했다. 기후변화의 원인, 분석, 해결에서의 젠더 차이를 국제적 차원에서 다룬 이거스와 요크의 논문(Ergas & York 2012)은 60편의 검증된 연구물의 결과를 바탕으로 구성된 질문과 통계분석을 수행했다. 맥크라이트(McCright 2010)는 미국 대중들의 기후변화에 대한 지식과 관심의 정도를 조사한 8년간의 갤럽데이터를 사용하여 과학적 지식과 환경에 관한 관심의 젠더 차이에 관한 주장들을 검증했다. 알베르와 뢰어(Alber & Roehr 2006)는 독일, 이딸리아, 핀란드, 스웨덴, 유럽 4개국의 10개 주요 도시의 기후정책에서의 젠더 균형에 관한 여론조사를 수행한 프로젝트, '변화를 위한 기후: 젠더 평등과 기후정책'에 대해 보고한다.

10. 독자들은 이 결과에 대해 놀라워할 수 있다. 그래서 나는 LGBT를 대상으로 해리스 인터렉티브(Harris Interactive 2009)가 실시한 여론조사를 볼 수 있는 링크(http://www.harrisinteracive.com/MethodsTools/DataCollection/SpecialtyPanelDevelopment/LGBTPanel.aspx)를 제공한다.

11. 사회적 책임투자 운동(socially responsible investing movement)은 18세기 퀘이커교와 감리교 같은 종교계에서 시작되었다. 이후 그 가치가 부활하면서 20세기의 시민권, 노동자 권리, 평화와 환경 건강을 위한 사회운동으로 확장되었다. 2011년 9월에 시작된 점거운동(Occupy Movement)은 "돈을 이동시켜라" 또는 "당신의 은행을 버려라" 같은 캠페인에서 사회적 책임투자의 전략들을 활용했다. 이 캠페인은 사회정의 의식을 갖춘 시민들이 기업화된 은행에서 돈을 빼, 신용조합이나 지역 은행에 투자하도록 독려했다. 사회적 책임투자 운동에 관한 퀴어 페미니즘과 포스트휴머니즘 논의는 아직도 이뤄지지 않고 있다. 이 운동의 가장 최근 논의인 '지속가능하고 책임 있는' 투자에 대해서는 다음 웹사이트 참조.(http://www.ussif.org)

12. 이 책 8장에서 다룬 베스 스티븐스와 애니 스프링클이 공동 제작한 다큐멘터리 「굿바이 골리 마운틴: 에코섹슈얼 러브스토리」(Goodbye Gauley Mountain: An Ecosexual Love Story)에 관한 논의를 참조하라. 이 다큐멘터리는 버지니아주 서부의 애팔래치아 산악지대에 사는 지역민들이 탄광, 산꼭대기 파괴에 저항하고 이것이 인간, 동물, 환경 건강에 미치는 피해를 막고자 싸우는 모습을 다뤘다. 퀴어 섹슈얼리티와 지구에 대한 에로틱한 사랑이 지역민들의 투쟁을 지지하는 데 활용되었다.

13. 마리솔 데 라 까데나(de la Cadena 2010)가 설명한 '원주민 코스모폴리틱스'(indigenous

cosmopolitics)란 개념이 북서부 원주민 공동체에는 더 적절한 표현인 것 같다. 내가 하는 이론적 작업은 주로 내가 살고 있는 산업화한 제1세계의 문화적, 경제적 맥락에 적용된다.

7장 클라이파이 서사들

1. 예를 들어, 해리엣 비처 스토우(Harriet Beecher Stow)의 『톰 아저씨의 오두막』(*Uncle Tom's Cabin*, 1852)은 노예제에 반대하는 격렬한 반응을 촉발했고, 업튼 싱클레어(Upton Sinclair)의 『정글』(*The Jungle*, 1906)은 육가공산업을 규제하는 법을 만들게 했고, 레이철 카슨의 『침묵의 봄』(*Silent Spring*, 1962)은 환경운동과 DDT의 사용을 금지하는 캠페인을 출범시켰으며, 에드워드 애비(Edward Abbey)의 『몽키스패너 갱』(*The Monkey Wrench Gang*, 1975)은 "지구 먼저(Earth First)!"와 "몽키스패너하기"(일종의 에코 사보타주로서 기계에 몽키스패너를 집어넣어 작동을 멈추는 태업 전략—옮긴이)라는 유명한 전술을 출범시켰다. 현재의 환경정의를 위해서도 서사가 긴급하고 시기적절한 전략이라고 주장한 아미따브 고시의 『대혼란의 시대』(Ghosh 2016) 참조.
2. 클라이파이의 인기 덕에 이 장르가 급증하고 있어서 어떤 목록도 불충분할 수밖에 없다. 댄 블룸의 '클라이파이 센트럴' 페이스북 페이지, 앤드루 돕슨(Andrew Dobson)의 클라이파이 서사 리뷰 웹사이트(http://www.andrewdobson.com/eco-apocalypse-novels.html), 그리고 생태소설 웹사이트(http://eco-fiction.com/)에서 풍부한 자료를 찾을 수 있다.
3. 여기 제시된 페미니즘 환경정의를 주제로 한 텍스트들은 에코페미니즘 문학(Alaimo 1998; McGuire & McGuire 1998; Armbruster 1998)과 페미니즘 생태비평 관점(Grewe-Volpp 2013; Hogan 2013; Stein 2013)에서 논의되어왔다.
4. 허레이드(Herreid 2005)는 자신의 우등생 프로그램 세미나 '과학적 질문: 과학에서의 사례연구'에서 마이클 크라이튼의 소설 『공포의 제국』을 주교재로 사용한 것에 대해 보고한다. 허레이드는 크라이튼의 소설이 사이언스 픽션이고 연구로 입증된 것이 아니라는 점을 알면서도 뉴욕 주립대학교 버펄로 캠퍼스의 우등생 프로그램에서 이것을 교재로 사용했다.
5. 예외적 사례로는 나오미 오레스케스(Naomi Oreskes)와 에릭 콘웨이(Eric M. Conway)의 『다가올 역사, 서양 문명의 몰락』(*The Collapse of Western Civilization*, 2014)이 있다.
6. 1990년대 중반 GATT에 반대하는 투쟁 이후 반지구화 생태 활동가들에게 잘 알려진 사실들은 나오미 클라인의 『이것이 모든 것을 바꾼다: 자본주의 대 기후』(*This Changes Everything: Capitalism vs. The Climate*, 2014)에 요약되어 있다.
7. 진보적 생태비평의 관점에서 이 영화에는 몇몇 재미난 장면들이 있다. 도서관에서 학생들은 몸을 따뜻하게 하기 위해 니체의 책을 불태운다. 대통령은 지구온난화 과학에 귀 기울이길 거절한다. 부통령은 행동을 취하는 건 너무 비용이 많이 든다고 말한다. 미국 시민들은 기후난민이 되어 리오그란데강을 건너 걸어서 멕시꼬 국경을 넘는다. 이것은 반이민 정서를 풍자한 것이다.
8. 나는 '커버스토리'라는 용어를 지구온난화의 원인과 해결에 대한 두툼한 서사를 덮어버리

는 이야기로 사용하고자 한다. '커버스토리'가 모든 서사를 다 다룬다는 의미가 아니라 너무 많이 회자되어서 경험적 사실을 정확하게 묘사하는 다른 교차 서사들을 보이지 않게 한다는 의미다.

9. 나는 젠더와 섹슈얼리티의 편재하는 불평등에 대한 주장을 '거의'라는 말로 표현했는데, 이는 젠더 역할의 차이가 성차별적으로 평가되지 않는 전통적인 원주민 사회가 있음을 인정하기 위해서다. 이 사회들은 이미 글로벌 경제에서 주변화되어 있다.

10. 2002년 6월 발리에서 개최된 지구 정상회의(Earth Summit)에서 기업감시(CorpWatch, 미국 캘리포니아주 버클리에 기반을 둔 연구그룹으로 기업 불법행위를 폭로하고 다국적기업의 책임과 투명성을 위한 일을 한다. — 옮긴이), 제3세계 네트워크(Third World Network, 개발·개도국 및 남북 문제와 관련된 문제에 관여하는 독립적인 비영리 국제 연구 및 옹호 조직 — 옮긴이), 원유감시(Oil Watch, 사회적·환경적으로 영토를 훼손하는 화석연료 추출 활동의 확장을 막으려는 남반구 사람들의 연대를 구축하고 공통의 정체성을 촉진하는 네트워크 — 옮긴이), 원주민 환경네트워크(Indigenous Environmental Network, 미국에 기반을 둔 원주민 풀뿌리 환경정의 운동가 연합 — 옮긴이) 등이 포함된 국제 연대 조직들이 이 원칙들을 발의했다.

11. 「나에게 자비를, 자비를(생태학)」의 전체 가사는 다음 웹사이트에서 볼 수 있다. http://www.metrolyrics.com/mercy-mercy-me-lyrics-marvin-gaye.html.

12. 인디아 아리의 「더 나은 길」 전체 가사는 다음 웹사이트에서 볼 수 있다. http://www.lyrics-mode.com/lyrics/i/indiaarie/better_way.html.

13. 에코페미니즘 이론에는 자유주의, 사회주의, 아나키즘, 급진적 페미니즘, 우머니즘, 아프리카주의, 그리고 문화 페미니즘 등과 같은 많은 갈래가 있다.(Gaard 1998; Sturgeon 1997; Merchant 1995) 그중에서 문화 페미니즘이 본질주의라는 비판을 가장 많이 받았다. 비건과 베지테리언 에코페미니스트들에 따르면 에코페미니즘을 본질주의라고 비판한 반발은 더 깊은 반발에서 비롯된 것이었다. 그것은 종간정의를 옹호하는 에코페미니즘의 선견지명적인 포스트휴머니즘 성향에 대한 반발이었다.(Gaard 2011)

8장 기후를 퀴어링하기

1. 젠더벤딩(gender-bending) 문학에 대한 에코페미니즘의 생태비판적 논의는 유스티나 코스트코프스카(Justyna Kostkowska)의 『생태비평과 여성작가』(*Ecocriticism and Women Writers*, 2013) 참조.

2. 애니 스프링클의 글에서 이 부분을 발췌한 이유는 스프링클이 '다른 행성과 지구의 존재들, 그리고 동물들까지' 목록에 포함시켜 동의(consent)라는 중요한 문제를 제기하기 때문이다. 다른 종의 동의를 어떻게 구할 것인가. 동의는 페미니즘 섹슈얼리티에서 퀴어, 폴리아모리, 사도마조히즘적 성행위에 이르기까지 모든 급진적 섹슈얼리티와 성행위에서 협상할 수 없는 전제다. 스프링클과 스티븐스는 자신들의 에코섹스 선언문과 실천이 지구타자

들의 동의 문제를 다루는 데 관심을 갖고 있다. 스티븐스와 스프링클의 「에코섹슈얼리티」(Stephens & Sprinkle 2016) 참조.

3. 나는 헤이워드와 와인스타인이 제안한 '트랜스*'를 사용한다. 트랜스*(trans*)는 "생명을 가능케 하는 함께, 통해, 의, 안에, 그리고 가로질러"를 나타낸다.(Hayward & Weinstein 2015, 196면) 트랜스*는 "'언제나 이미' 관계적이다."(같은 글 198면)
4. 이 광고는 유튜브에 공개되어 있다.(http://www.youtube.com/watch?v=R3YHRF9fGrw)
5. 여기서 미국과 유럽의 테러공격을 언급한 건 독자들이 이 지역 사람일 가능성이 높기 때문이다. 하지만 표적이 된 사람들 대다수는 이 지역 사람이 아니다. 2014년 세계 테러지수 보고서에 따르면 테러공격으로 사망한 사람의 82퍼센트가 이라끄, 아프가니스탄, 파키스탄, 나이지리아, 시리아 5개국에서 발생했다.
6. 이 분야에 입문하려면 더그 바코치(Doug Vakoch)가 편집한 『트랜스에콜로지: 환경에 대한 트랜스젠더의 관점』(*Transecology: Transgender Perspectives on the Environment*, 2018) 참조.
7. 폴 풀레의 여덟가지 개념틀은 진보좌파에서 보수우파까지 아우르고, 사회주의자, 게이/퀴어, 친페미니스트, 흑인(아프리카인), 신화창조(Mythopoetic), 남성권리론, 도덕적 보수론, 복음주의를 포함한다. 그의 일곱가지 해방적 이상은 페미니즘 사회생물학, 심층생태주의, 사회생태주의, 생태심리학, 가이아 이론, 포괄성 이론, 일반 시스템 이론을 포함한다.
8. 브루스 에릭슨(Bruce Erickson)은 레즈비언 산악구조대(Lesbian Rangers)를 다음과 같이 소개한다. "쇼나 뎀프시(Shawna Dempsey)와 로리 밀란(Lorri Millan)이 레즈비언의 존재를 자연경관에 넣기 위해 1997년 레즈비언 국립공원을 설립했다. 정복을 차려입은 공연 예술가들은 대중과 상호작용하며 자연 상태에서 레즈비언 동식물이 번성하는 데 어떤 잠재적 위험요소가 있는지 알려준다. 여기에는 인간 및 비인간적 맥락에서 성차별주의와 이성애의 자연화가 포함된다."(Erickson 2010, 328면 n.3)
9. 사회생태주의 에코페미니스트 샤이아 헬러(Chaia Heller)는 사회에로틱(socioerotic)의 다섯가지 차원인 관능성을 향한 인간의 욕구, 결속성(association), 차별성, 발전, 정치적 반대를 에코아나카-페미니즘 에로토-정치(ecoanarcha-feminist eroto-politics)의 일부로 설명한다.(Heller 1999)
10. 로버트 블라이(Robert Bly)의 남성주의적이고 반페미니즘적인 작업은 생태페미니즘 정치를 발전시키지 못하기 때문에 의도적으로 생략했다.
11. 「우리의 싸움도: 기후변화에 대한 성소수자 대응」(Our Fight Too: An LGBTQ Response to Climate Change)은 다음 사이트에서 볼 수 있다. (http://peoplesclimate.org/lgbtq/2014/07/22/our-fight-too-an-lgbtq-response-to-climate-change-2/)
12. 스티븐스와 스프링클의 '에코섹스 선언문'(Ecosex Manifesto)은 이들의 에세이 「에코섹슈얼리티」(Ecosexuality, 2016)나 다음 웹사이트 참조. http://sexecology.org/ research-writing/ecosex-manifesto/

에필로그

1. 미네소타주의 진보 인사로 대중적 사랑을 받은 폴 웰스톤(Paul Wellstone, 1991~2002) 상원 의원이 만든 문구다.
2. 다양한 젠더의 재향군인들이 스탠딩록 물수호자들과 연대하기 위해 이곳에 왔다. 그들의 존재와 행동에도 불구하고, 조직으로서의 미국 군대는 지배적인 남성성 이데올로기와 이것과 연상된 영웅주의, 정복, 폭력적 '보호', 전쟁, 국가주의, 적/타자의 동일시 등의 특징으로 굳어져왔다.

참고문헌

A.I. Artificial Intelligence. Dir. Steven Spielberg. Dreamworks Studios, 2001.

Abadzis, Nick. *Laika*. New York: First Second, 2007.

"About AASHE." Association for the Advancement of Sustainability in Higher Education. http://www.aashe.org/about accessed on 1/5/2017.

Acampora, Ralph R. *Corporal Compassion: Animal Ethics and Philosophy of Body*. Pennsylvania: University of Pittsburgh Press, 2014.

Adams, Carol J. *The Pornography of Meat*. New York: Continuum Press, 2003.

______. "Woman-Battering and Harm to Animals," 55–84 in Carol J. Adams and Josephine Donovan, eds. *Animals & Women: Feminist Theoretical Explorations*. Durham, NC: Duke University Press, 1995.

______. "Comment on George's 'Should Feminists Be Vegetarians?'" *Signs* 21:1 (Autumn 1995), 221–225.

______. *Neither Man Nor Beast: Feminism and the Defense of Animals*. New York: Continuum, 1994.

______. *The Sexual Politics of Meat: A Feminist-Vegetarian Critical Theory*. New York: Continuum, 1990.【캐럴 제이 애덤스 『육식의 성정치: 여혐 문화와 남성성 신화를 넘어 페미니즘-채식주의 비판 이론을 향해』, 류현 옮김,

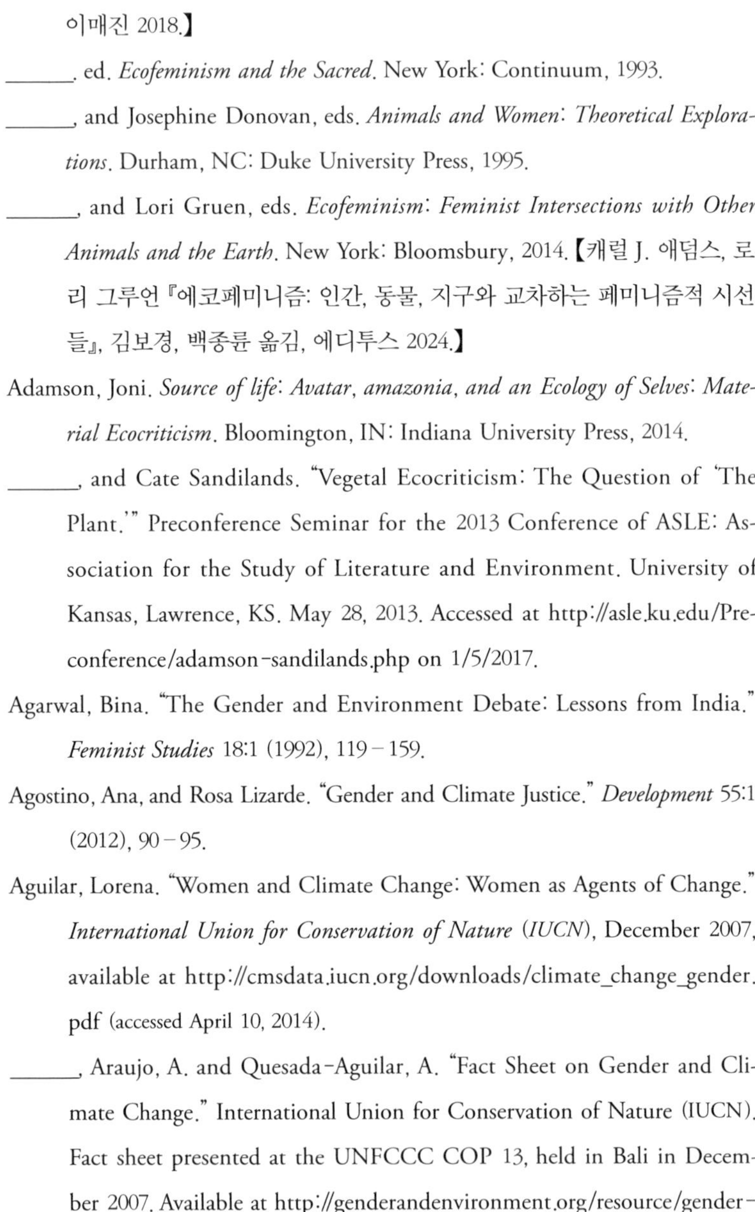

이매진 2018.】

______. ed. *Ecofeminism and the Sacred*. New York: Continuum, 1993.

______, and Josephine Donovan, eds. *Animals and Women: Theoretical Explorations*. Durham, NC: Duke University Press, 1995.

______, and Lori Gruen, eds. *Ecofeminism: Feminist Intersections with Other Animals and the Earth*. New York: Bloomsbury, 2014.【캐럴 J. 애덤스, 로리 그루언 『에코페미니즘: 인간, 동물, 지구와 교차하는 페미니즘적 시선들』, 김보경, 백종륜 옮김, 에디투스 2024.】

Adamson, Joni. *Source of life: Avatar, amazonia, and an Ecology of Selves: Material Ecocriticism*. Bloomington, IN: Indiana University Press, 2014.

______, and Cate Sandilands. "Vegetal Ecocriticism: The Question of 'The Plant.'" Preconference Seminar for the 2013 Conference of ASLE: Association for the Study of Literature and Environment. University of Kansas, Lawrence, KS. May 28, 2013. Accessed at http://asle.ku.edu/Preconference/adamson-sandilands.php on 1/5/2017.

Agarwal, Bina. "The Gender and Environment Debate: Lessons from India." *Feminist Studies* 18:1 (1992), 119–159.

Agostino, Ana, and Rosa Lizarde. "Gender and Climate Justice." *Development* 55:1 (2012), 90–95.

Aguilar, Lorena. "Women and Climate Change: Women as Agents of Change." *International Union for Conservation of Nature* (*IUCN*), December 2007, available at http://cmsdata.iucn.org/downloads/climate_change_gender.pdf (accessed April 10, 2014).

______, Araujo, A. and Quesada-Aguilar, A. "Fact Sheet on Gender and Climate Change." International Union for Conservation of Nature (IUCN). Fact sheet presented at the UNFCCC COP 13, held in Bali in December 2007. Available at http://genderandenvironment.org/resource/gender-and-climate-change/ (accessed January 14, 2015).

Agyeman, Julian. "Toward a 'Just' Sustainability?" *Continuum: Journal of Media and Cultural Studies* 22:6 (December 2008), 751–756.

______, Robert D. Bullard and Bob Evans. "Exploring the Nexus: Bringing Together Sustainability, Environmental Justice and Equity." *Space & Polity* 6:1 (2002), 77–90.

______, and Bob Evans. " 'Just Sustainability': The Emerging Discourse of Environmental Justice in Britain?" *The Geographical Journal* 170:2 (June 2004), 155–163.

Ahbez, Eden. *Eden's Island: The Music of an Enchanted Isle*. Hollywood, CA: Del-Fi Records LP, 1960.

Alaimo, Stacy. *Bodily Natures: Science, Environment, and the Material Self*. Bloomington, IN: Indiana University Press, 2010.

______. "Insurgent Vulnerability and the Carbon Footprint of Gender." *Kvinder, Kon & Forskning* [Women, Gender, & Research] 3 (2009), 22–35.

______. "Trans-corporeal feminisms and the ethical space of nature," 237–264 in *Material Feminisms*, edited by Stacy Alaimo and Susan Hekman. Bloomington, IN: Indiana University Press, 2008.

______. " 'Skin Dreaming': The Bodily Transgressions of Fielding Burke, Octavia Butler, and Linda Hogan," 123–138 in *Ecofeminist Literary Criticism: Theory, Interpretation, Pedagogy*, edited by Greta Gaard and Patrick D. Murphy. Urbana, IL: University of Illinois Press, 1998.

______, and Hekman, Susan, eds. *Material Feminisms*. Bloomington, IN: Indiana University Press, 2008.

Alber, Gotelind, and Ulrike Roehr. "Climate Protection: What's Gender Got to Do with It?" *Women & Environments International Magazine* 70/71 (2006), 17–20.

Alexander, Michelle. *The New Jim Crow: Mass Incarceration in the Age of Colorblindness*. New York: The New Press, 2012.

Allen, John. *Biosphere II: The Human Experiment.* New York: Viking/Penguin Books, 1991.

______, and Mark Nelson. *Space Biospheres.* Oracle, AZ: Synergetic Press, 1989.

Allister, Mark, ed. *Eco-Man: New Perspectives on Masculinity and Nature.* Charlottesville: University of Virginia Press, 2004.

Alvares, Claude. *Another Revolution Fails: An Investigation into How and Why India's Operation Flood Project, Touted as the World's Largest Dairy Development Programme, Funded by EEC, Went off the Rails.* Delhi: Ajanta Publications, 1985.

American Academy of Pediatrics. "Breastfeeding and the Use of Human Milk." *Pediatrics* 129:3 (2012), 827-841.

An Inconvenient Truth: A Global Warning. Dir. Davis Guggenheim. Paramount Studios, 2006.

Anderlini-D'Onofrio, Serena. "Bisexuality, Gaia, Eros: Portals to the Arts of Loving." *Journal of Bisexuality* 11 (2011), 176 – 194.

Andersen, Kip, and Keegan Kuhn, dirs. *Cowspiracy: The Sustainability Secret.* Documentary film. AUM Media, 2014.

Anderson, Lorraine, ed. *Sisters of the Earth: Women's Prose and Poetry about Nature.* New York: Viking Books, 1991; 2003.

______, and Edwards, Thomas S., eds. *At home on this earth: two centuries of U.S. women's nature writing.* Univ Pr of New England; First Edition, 2002.

Anderson, William. *Green Man: The Archetype of our Oneness with the Earth.* London: HarperCollins Publishers, 1990.

Angeleti, Gabriella. "Artist creates mirrored shields for Standing Rock protesters." *The Art Newspaper,* November 21, 2016. Accessed at http://theartnewspaper.com/news/artist-creates-mirrored-shields-for-standing-rock-protesters/ on November 29, 2016.

Angier, Natalie. "For That Zeus Bug in Your Life." *The New York Times,* December 23, 2013. https://www.nytimes.com/2013/12/24/science/for-that-zeus-bug-in-your-life.html.

"Annual Report: 2013." Association for the Advancement of Sustainability in Higher Education. http://www.aashe.org/files/aashe_annualreport2013.pdf accessed on 1/5/2017.

Anshelm, Jonas, and Martin Hultman. "A Green Fatwa? Climate Change as a Threat to the Masculinity of Industrial Modernity." *NORMA: International Journal for Masculinity Studies* 9:2 (2014), 84–96.

Appell, David. "Behind the Hockey Stick." *Scientific American*, February 21, 2005. Web.

Arie, India. "Better Way" and "Ghetto." *Testimony*, Vol. 2: Love and Politics. Universal Republic Records, 2009.

Armbruster, Karla. "'Buffalo Gals, Won't You Come Out Tonight': A Call for Boundary-Crossing in Ecofeminist Literary Criticism," 97–122 in *Ecofeminist Literary Criticism: Theory, Interpretation, Pedagogy*, edited by Gaard, G., and Murphy, P.D. (eds.) Urbana, IL: University of Illinois Press, 1998.

Artists 4 Climate: Paris 2015. Accessed at http://www.artists4climate.com/en/paris2015/ on November 29, 2016.

Atkins, Peter J. *Liquid materialities: a history of milk, science and the law*. Farnham: Ashgate, 2010.

Atwood, M. *MaddAdam*. New York: Random House, 2013.【마거릿 애트우드 『미친 아담』, 이소영 옮김, 민음사 2019.】

______. *The Year of the Flood*. New York: Doubleday, 2009.

______. *Oryx and Crake*. New York: Random House, 2003.

Aviv, Rachel. "A Valuable Reputation: After Tyrone Hayes said a chemical was harmful, its maker pursued him." *The New Yorker*, February 10, 2014. Web. http://www.newyorker.com/reporting/2014/02/10/140210fa_fact_

aviv?currentPage=all.

Bacigalupi, Paolo. *The Windup Girl*. San Francisco: Night Shade Books, 2009.【파올로 바치갈루피 『와인드업 걸』, 이원경 옮김, 다른 2011.】

Bali Principles of Climate Justice. August 29, 2002. Available at http://www.ejnet.org/ej/bali.pdf Accessed September 10, 2013.

Banerjee, Damayanti, and Michael Mayerfeld Bell. "Ecogender: Locating Gender in Environmental Social Science." *Society & Natural Resources* 20 (2007), 3–19.

Barad, Karen. *Meeting the Universe Halfway: Quantum Physics and the Entanglement of Matter and Meaning*. Chapel Hill, NC: Duke University Press, 2007.

Bauman, Whitney A. "The 'Eco-ontology' of Social/ist Ecofeminist Thought." *Environmental Ethics* 29:3 (2007), 279–298.

Bekoff, Marc and Jessica Pierce, Wild Justice. *The Moral Lives of Animals*. Chicago: University of Chicago Press, 2009.

______, (Author) and Jane Goodall (Foreword). *The Emotional Lives of Animals: A Leading Scientist Explores Animal Joy, Sorrow, and Empathy—and Why They Matter*. New World Library, 2008.

Belo, C. J., and R. M. Bruckmaier. "Suitability of low-dosage oxytocin treatment to induce milk ejection in dairy cows." *Journal of Dairy Science* 93 (2010), 63–69.

Bennett, Jane. *Vibrant Matter: A Political Ecology of Things*. Chapel Hill, NC: Duke University Press, 2010.【제인 베넷 『생동하는 물질』, 문성재 옮김, 현실문화 2020.】

Benson, Melinda Harm, and Craig, Robin Kundis. "The End of Sustainability." *Society and Natural Resources* 27 (2014), 777–782.

Bergen, Lara. *A Story About Global Warming*. New York: Little Simon/Little Green Books, 2008.

Berr, Jonathan. "The Most Extravagant Fireworks Displays on July 4." *DailyFi-*

nance.com, July 4, 2010. Web. 19 January, 2012.

Berry, Susan. "Planned Parenthood Black Community is blaming 'toxic masculinity' for the horrific shooting at a gay nightclub in Orlando, Florida." *Breitbart.com*, June 13, 2016. Accessed at http://www.breitbart.com/big-government/2016/06/13/black-planned-parenthood-orlando-toxic-masculinity/ on 8 August 2016.

Biehl, Janet. *Rethinking Ecofeminist Politics*. Boston: South End Press, 1991.

Birke, Lynda. "Exploring the Boundaries: Feminism, Animals, and Science," 32–54 in Carol J. Adams and Josephine Donovan, eds. *Animals and Women: Feminist Theoretical Explorations*. Durham, NC: Duke University Press, 1995.

______, and Ruth Hubbard, eds. *Reinventing Biology: Respect for Life and the Creation of Knowledge*. Bloomington, IN: Indiana University Press 1995.

Blades, Joan, and Kristin Rowe-Finkbeiner. *The Motherhood Manifesto: What America's Moms want—and What to Do about It*. Bold Type Books, 2006.

Blair, Jeanine. "Media On Ice." *Feminist Media Studies*. Commentary and Criticism Section, Topic: "Beyond Global Warming," edited by Arthurs, J. and Zacharias, U. *Feminist Media Studies* 8:3 (2008), 318–323.

Blevins, Brooks. "Fireworking Down South." *Southern Cultures* 10:1 (Spring 2004), 25–49.

Bosch, Torie. "Climate change in The Hunger Games: How dystopian young-adult fiction is tackling the social consequences of global warming," *New America Foundation*, March 21, 2012. available at http://www.slate.com/articles/arts/future_tense/2012/03/the_hunger_games_birthmarked_delirium_ya_fiction_on_climate_change_.html (accessed April 10, 2014).

Bowens, Natasha. *The Color of Food: Stories of Race, Resilience and Farming*. New Society Publishers, 2015.

______, *The Color of Food / Brown Girl Farming*. Web. http://thecolorofood.

org/. Accessed 2/8/2014.

Boyle, T. C. *A Friend of the Earth*. New York: Viking Books, 2000.

Brady, Judy. *1 in 3: Women with Cancer Confront an Epidemic*. San Francisco, CA: Cleis Press, 1991.

Braidotti, Rosi. *The Posthuman*. Oxford: Polity Press, 2013.

Brashares, Ann. *The Here and Now*. New York: Delacorte Press, 2014.

Bridges, Tristan, and Tara Leigh Tober. "Masculinity and Mass Shootings in the U.S." *The Society Pages*, July 23, 2015. Accessed at https://thesocietypages.org/feminist/2015/07/23/masculinity-and-mass-shootings/ on August 9, 2016.

Broad, William J. "As Biosphere is Sealed, Its Patron Reflects on Life." *The New York Times*: Science Section. September 24, 1991. Accessed on 11/5/2012.

Browne, Kath, and Catherine J. Nash, eds. *Queer Methods and Methodologies*. Surrey, England: Ashgate Publishing, 2010.

Brú Bistuer, Josepa, and Mercé Aguera Cabo. "A Gendered Politics of the Environment," 209–225 in Lynn A. Staeheli, Eleonore Kofman, and Linda J. Peake, eds. *Mapping Women, Making Politics: Feminist Perspectives on Political Geography*. New York: Routledge, 2004.

Bruckmaier, R.M. "Normal and disturbed milk ejection in dairy cows." *Domestic Animal Endocrinology* 29 (2005), 268–273.

Brundtland, Gro Harlem. *Our Common Future: The World Commission on Environment and Development*. New York: Oxford University Press, 1987.

Buege, Douglas. "Rethinking Again: A Defense of Ecofeminist Philosophy," 42–63 in Karen J. Warren, ed. *Ecological Feminism*. New York: Routledge, 1994.

Buell, Lawrence. *The Future of Environmental Criticism: Environmental Crisis and Literary Imagination*. Malden, MA: Blackwell Publishing, 2005.

Buerkle, C. Wesley. "Metrosexuality Can Stuff It: Beef Consumption as (Heteromasculine) Fortification." *Text and Performance Quarterly* 29:1 (January 2009) 77–93.

Bunch, Charlotte. *Passionate Politics: Feminist Theory in Action*. New York: St. Martin's Press, 1987.

Burgess, Colin, and Chris Dubbs. *Animals in Space: From Research Rockets to the Space Shuttle*. Chichester, UK: Springer/Praxis Books in Space Exploration, 2007.

Butler, Judith. *The Psychic Life of Power: Theories in Subjection*. Stanford, CA: Stanford University Press, 1997.【주디스 버틀러 『권력의 정신적 삶: 예속화의 이론들』, 강경덕, 김세서리아 옮김, 그린비 2019.】

Butler, Octavia. *The Xenogenesis Trilogy*. New York: Time/Warner Books, 2000.

______. *Parable of the Sower*. New York: Warner Books, 1993.【옥타비아 버틀러 『씨앗을 뿌리는 사람의 우화』, 장성주 옮김, 비채 2022.】

Cahill, Tom. "Thousands of Wild Buffalo Appear Out of Nowhere at Standing Rock." *U.S. Uncut.com*, October 28, 2016. Accessed at http://usuncut.com/resistance/thousands-wild-buffalo-appear-nowhere-standing-rock/ on November 29, 2016.

Cain, Joey, and Bradley Rose. "Who are the radical faeries?" Accessed at http://eniac.yak.net/shaggy/faerieinf.html on 10/16/2012.

Caldecott, Leonie, and Stephani Leland, eds. *Reclaim the Earth: Women Speak Out For Life On Earth*. London: The Women's Press, 1984.

Campbell, T. Colin, and Thomas M. Campbell. *The China Study*. BenBella Books, 2006.【콜린 캠벨, 토마스 캠벨 『무엇을 먹을 것인가: 단백질과 암에 관한 역사상 가장 획기적인 연구』(개정판), 유자화, 홍원표 옮김, 열린과학 2020.】

CARE Canada. 2010. *Cyclone Nargis: Myanmar two years later*. Ottawa, CARE Canada. Web. http://care.ca/main/index.php?en&cyclonenargis

CARE. "Why Women and Girls?" Web. http://www.care.org/work/womens-empowerment/women Accessed 1/22/2014.

Carson, Rachel. *Silent Spring*. New York: Houghton Mifflin, 1962.

______. *The Sea Around Us*. NY: Oxford University Press, 1951.

Cassidy, David with Kristin Davy. *One Small Step: The Story of the Space Chimps*. (57:00). Distributed by Victory Multimedia, Inglewood, CA. 1989.

Center for Progressive Reform. *International Environmental Justice and Climate Change*, 2008. Available at http://www.progressivereform.org/perspintlenvironJustice.cfm (accessed April 10, 2014).

Chang, Chia-ju. "Putting Back the Animals: Ecological-feminist Discourse and Woman-Animal Meme in Contemporary Chinese and Taiwanese Cultural Imagination." eds. Sheldon Lu and Jianyan Mi. *Chinese Ecocinema: In the Age of Environmental Challenge*. Hong Kong: Hong Kong UP, (2009), 255-270.

Cheever, Holly. "Cow proves animals love, think, and act." Accessed at http://www.globalanimal.org/2012/04/13/cow-proves-animals-love-think-and-act/71867/ on July 25, 2012.

Chen, Mel Y., and Dana Luciano, eds. Special Issue: "Queer Inhumanisms: Has the Queer Ever Been Human?" *GLQ: A Journal of Lesbian and Gay Studies* 21:2–3 (2015).

Chemaly, Soraya. "In Orlando, As Usual, Domestic Violence was Ignored Red Flag." *Rolling Stone*, June 13, 2016. Accessed at http://www.rollingstone.com/politics/news/in-orlando-as-usual-domestic-violence-was-ignored-red-flag-20160613 on 11/24/2016.

Chester, Lynne. "Book Review: *Sustainable Capitalism: A Matter of Common Sense and Capitalism As If the World Matters*." *Review of Radical Polticial Economics* 43:3 (2011), 373–377.

Christ, Carol P. *Rebirth of the Goddess: Finding Meaning in Feminist Spiritual-*

ity. New York: Routledge, 1997.

______, and Judith Plaskow, eds. *Womanspirit Rising: A Feminist Reader in Religion*. New York: HarperCollins, 1979.

Clare, Cassandra. "Back From the Future: *The Here and Now* by Ann Brashares," *The New York Times*, April 4, 2014. Available at http://www.nytimes.com/2014/04/06/books/review/the-here-and-now-by-ann-brashares.html?_r=0 (accessed April 10, 2014).

Clorfene-Casten, Liane. *Breast Cancer: Poisons, Profits and Preventions*. Monroe, ME: Common Courage Press, 1996; 2002.

Coates, Ta-Nehisi. *Between the World and Me*. New York: Spiegel & Grau, 2015. 【타네히시 코츠 『세상과 나 사이: 흑인 아버지가 아들에게 보내는 편지』, 오숙은 옮김, 열린책들 2016.】

Cohen, Jeffrey Jerome. "Stories of Stone." *postmedieval* 1:1/2 (2010), 56-63.

______. *Stone: An Ecology of the Inhuman*. Minneapolis: University of Minnesota Press, 2015.

Cohoon, Lorinda B. "Festive Citizenships: Independence Celebrations in New England Children's Periodicals and Series Books." *Children's Literature Association Quarterly* 31:2 (Summer 2006), 132-153.

Colborn, Theo, Dianne Dumanoski, and John Peterson Myers. *Our Stolen Future: Are We Threatening Our Fertility, Intelligence, and Survival?—A Scientific Detective Story*. New York: Penguin/Plume, 1997. 【테오 콜본, 다이앤 듀마노스키, 존 피터슨 마이어 『도둑 맞은 미래: 당신의 정자가 위협받고 있다』, 권복규 옮김, 사이언스북스 1997.】

Collard, Andrée with Joyce Contrucci. *Rape of the Wild: Man's Violence against Animals and the Earth*. Bloomington, IN: Indiana University Press, 1989.

Collins, Patricia Hill. *Black Feminist Thought: Knowledge, Consciousness, and the Politics of Empowerment*. Boston: Unwin Hyman, 1990.

Collins, Suzanne. *Mockingjay*. Danbury, CT: Scholastic Press, 2010.

______. *Catching Fire*. Danbury, CT: Scholastic Press, 2009.

______. *The Hunger Games*. Danbury, CT: Scholastic Press, 2008.

"Conceivable Future: Climate Crisis = Reproductive Justice Crisis." At http://conceivablefuture.org/ accessed 11/24/2016.

Connell, R. W. *Masculinities*. Berkeley, CA: University of California Press, 1995.

Conway, Chris. "5 Ways Fireworks Ruin Our Natural Resources." 2011. Web. https://www.backcountryattitude.com/fireworks-impact-nature.html.

Coole, Diana, and Samantha Frost, eds. *New Materialisms: Ontology; Agency, and Politics*. Durham: Duke University Press, 2010.

Cooper, Marc. " 'When He Hits You, It's a Compliment': Johnny Allen Rools, and Cult Members Buckle Under." *The Village Voice*, (April 2, 1991a), 26, 32.

______. "Take This Terrarium and Shove It." *The Village Voice*, (April 2, 1991b), 24-33.

______. "Profits of Doom: The Biosphere Project Finally Comes Out of the Closet—As a Theme Park." *The Village Voice*, (July 30, 1991c), 31-36.

______. "Faking it: The Biosphere Is a Model of the Earth After All—It's Suffering From Runaway Greenhouse Effect." *The Village Voice*, (November 12, 1991d), 19–21.

______. "Biosphere 2, The Next Generation: All the Smithsonian's Horses and All the Smithsonian's Men Won't Put the Arizona Bubble Back Together Again." *The Village Voice*, May 5, 1992, 41–44.

Corea, Gena. *The Mother Machine: Reproductive Technologies from Artificial Insemination to Artificial Wombs*. New York: Harper & Row, 1985.

Crenshaw, Kimberlé. "Mapping the Margins: Intersectionality, Identity Politics, and Violence against Women of Color." *Stanford Law Review*, Vol. 43 (1991), 1241–1299.

______. "Demarginalizing the intersection of race and sex: a black feminist critique of antidiscrimination doctrine, feminist theory, and antiracist politics." *Chicago Legal Forum* (1989) 139–167.

Crichton, Michael. *State of Fear*. New York: HarperCollins, 2004.【마이클 크라이튼 『공포의 제국』, 김진준 옮김, 김영사 2008.】

Crittenden, Ann. *The Price of Motherhood: Why the Most Important Job in the World is Still the Least Valued*. New York: Henry Holt and Company, 2001.

Crosby, Afred W. *Ecological Imperialism: the Biological Expansion of Europe, 900-1900*. Cambridge University Press, 1986.【앨프리드 W. 크로스비 『생태제국주의』, 정범진, 안효상 옮김, 지식의풍경 2000.】

Cuomo, Chris J. "Climate Change, Vulnerability, and Responsibility." *Hypatia* 26:4 (2011), 690–714.

______. *Feminism and Ecological Communities: An Ethic of Flourishing*. New York: Routledge, 1998.

______. "Unravelling the Problems in Ecofeminism." *Environmental Ethics* 15:4 (1992), 351–363.

Curley, James P. and Eric B. Keverne. "Genes, brains and mammalian social bonds." *Trends Ecology & Evolution* 20:10 (2005), 561-567.

Curtin, Deane. "Compassion and Being Human," 39–57 in Carol J. Adams and Lori Gruen, eds. *Ecofeminism: Feminist Intersections with Other Animals and the Earth*. New York: Bloomsbury, 2014.

______. "Toward an Ecological Ethic of Care." *Hypatia* 6:1 (Spring 1991), 60–74.

Danford, Natalie. "DaCapo Embraces Metrosexuality." *Publisher's Weekly* (January 29, 2004), 107.

Dankelman, Irene, ed. *Gender and Climate Change: An Introduction*. London: Earthscan, 2010.

Datar, Chhaya. *Ecofeminism Revisited: An Introduction to the Discourse*. India: Rawat Editions, 2011.

Davion, Vicki. "Is Ecofeminism Feminist?" in *Ecological Feminism*, ed. Karen J.

Warren. New York: Routledge, 1994 8 – 28.

Davis, Karen. "Thinking Like a Chicken: Farm Animals and the Feminine Connection," 192 – 212 in Carol J. Adams and Josephine Donovan, eds. *Animals & Women: Feminist Theoretical Connections*. Chapel Hill, North Carolina: Duke University Press, 1995.

Dawn, Karen. *Thanking the Mongkey: Rethinking the Way We Treat Animals*. New York: HarperCollins, 2008.

De Cicco, Gabriela. "COP18: Between Losing Rights And Gender Balance." February 22, 2013. Association for Women's Rights in Development (AWID). Web. http://www.awid.org/News-Analysis/Friday-Files/COP18-Between-losing-rightsand-gender-balance.

De Dios, Honorio Bartolomé. "Cayera," in J. Neil C. Garcia and Danton Remoto, eds. *Ladlad 3: An Anthology of Philippine Gay Writing*. Pasig: Anvil Publishing, 2007.

De La Cadena, Marisol. "Indigenous Cosmopolitics in the Andes: Conceptual Reflections beyond 'Politics.'" *Cultural Anthropology* 25:2 (2010), 334 – 370.

Dewar, Elaine. "Shh . . . the plants are thinking Groundbreaking research shows that plants keep time, count and know themselves." *Macleans*, September 16, 2013. https://www.macleans.ca/society/life/shh-the-plants-are-thinking/.

Diamond, Irene. *Fertile Ground: Women, Earth, and the Limits of Control*. Boston: Beacon Press, 1994.

______, and Gloria Feman Orenstein, eds. *Reweaving the World: The Emergence of Ecofeminism*. San Francisco, CA: Sierra Club Books, 1990.

Di Chiro, Giovanna. "Sustaining Everyday Life: Bringing Together Environmental, Climate and Reproductive Justice." *DifferenTakes* 58. Spring (2009), 1 – 4.

Dickens, Peter. "The Cosmos as Capitalism's Outside." *Sociological Review* (2009), 66–82.

Dixon, Beth. "The Feminist Connection Between Women and Animals," *Environmental Ethics* 18:2 (1996), 181–194.

Dodd, Elizabeth. "The Mamas and the Papas: Goddess Worship, the Kogi Indians, and Ecofeminism." *NWSA Journal* 9:3 (1997), 77–88.

Donovan, Josephine. "Participatory Epistemology, Sympathy, and Animal Ethics," 75-90 in Carol J. Adams and Lori Gruen, eds. *Ecofeminism: Feminist Intersections with Other Animals and the Earth*. New York: Bloomsbury, 2014.

______. "Tolstoy's Animals." *Society and Animals* 17:1 (2009), 38-52.

______. "Feminism and the Treatment of Animals: From Care to Dialogue." *Signs* 31:2 (2006), 305-329.

______. "Comment on George's 'Should Feminists Be Vegetarians?'" *Signs* 21:1 (Autumn 1995), 226–229.

______. "Animal Rights and Feminist Theory," *Signs* 15:2 (1990), 350–375.

______, and Carol J. Adams, eds. *The Feminist Care Tradition in Animal Ethics*. New York: Columbia University Press, 2007.

Duncan, Kirsty. "Feeling the Heat: Women's Health in a Changing Climate." *Canadian Women's Health Network*, Spring/Summer (2008). 4–7.

DuPuis, E. Melanie. *Nature's Perfect Food: How Milk Became America's Drink*. New York: New York University Press, 2002.

Duvernay, Ava. Dir. "13th." Netflix Documentary film. 2016.

Eaton, David. "Incorporating the Other: Val Plumwood's Integration of Ethical Frameworks," *Ethics & the Environment* 7:2 (2002), 153–180.

Ecesis.factor. "Just a Draft: Queer Justice, Climate Justice: Contemplating the Invisible Dimensions of Disaster in Hurricane Katrina." December 8, 2011. http://ecesisfactor.blogspot.com/2011/12/just-draft-queer-justiceclimate.html

Edgerly, Mike. "MPCA Scientist Claims Harassment For Speaking Out About Chemicals." *Minnesota Public Radio Series "Toxic Traces,"* May 16, 2005. Accessed at http://news.minnesota.publicradio.org/features/2005/05/16_edgerlym_whistleblower/ on January 25, 2011.

"Editorial comment: Oxytocin, vasopressin and social behavior." *Hormones and Behavior* 61 (2012), 227–229.

Egeró, Bertil. "Population Policy: A Valid Answer to Climate Change? Old Arguments Aired Again Before COP15." *ACME: An International E-Journal for Critical Geographies* 12:1 (2013), 88–101.

Ehrlich, Paul. *The Population Bomb*. Sierra Club/Ballantine Books, 1968.

Eisenstein, Zillah. *The Radical Future of Liberal Feminism*. New York: Longman, 1981.

Engelman, Robert. "Population, Climate Change, and Women's Lives." *WorldWatch Report #183*. Washington, D.C.: WorldWatch Institute, 2010.

"Environmental Justice." EPA: US Environmental Protection Agency. Accessed at https://www.epa.gov/environmentaljustice on 6/23/2016.

"Environmental Justice/Environmental Racism." *EJnet.org: Web Resources for Environmental Justice Activists*. Accessed at http://www.ejnet.org/ej on 6/23/2016.

Environmental Working Group. "Rocket Fuel in Cows' Milk—Perchlorate." 2004. www.ewg.org/node/8438/print.

Ergas, Christina, and Richard York. "Women's Status and Carbon Dioxide Emissions: A Quantitative Cross-National Analysis." *Social Science Research* 41 (2012), 965–976.

Erickson, Bruce. "'fucking close to water': Queering the Production of the Nation," 309-330 in Catriona Mortimer-Sandilands and Bruce Erickson, eds. *Queer Ecologies: Sex, Nature, Politics, Desire*. Bloomington, IN: Indiana University Press, 2010.

Estes, Nick. "Fighting For Our Lives: NoDAPL in Historical Context." *The Red Nation*, September 18, 2016. Accessed at https://therednation.org/2016/09/18/fighting-for-our-lives-nodapl-in-context/ on November 28, 2016.

Estok, Simon. "Theorizing in a Space of Ambivalent Openness: Ecocriticism and Ecophobia." *Interdisciplinary Studies in Literature and Environment* 16.2 (2009), 203-225.

Evans, Arthur. *Witchcraft and the Gay Counterculture*. Boston: Fag Rag Books, 1978.

Feldman, Ruth. "Oxytocin and Social Affiliation in Humans." *Hormones and Behavior* 61 (2012), 380-391.

Ferrando, Francesca. "Posthumanism, Transhumanism, Antihumanism, Metahumanism and New Materialisms: Differences and Relations." *Existenz* 8:2 (2013), 26-32.

Fesher, Riham. "Proposed Sandpiper Oil Pipeline Moves Closer to Reality." *MPR News*, April 14, 2015. Accessed at http://www.mprnews.org/story/2015/04/14sandpiperoil-pipeline on August 20, 2015.

Fiala, Nick. "How Meat Contributes to Global Warming." *Scientific American*, 4 February 2009. Available at http://www.scientificamerican.com/article.cfm?id=thegreenhouse-hamburger (accessed September 10, 2013).

Finn, John. "Masculinity and earth gods." *Certified Male: A Journal of Men's Issues* (Australia). Issue #9, 1998. Accessed at http://www.certifiedmale.com.au/issue9/earthgod.htm on 9/26/2012.

Flannery, Tim. *The Weather Makers*. New York: Atlantic Monthly Press, 2006.

Flocker, Michael. *The Metrosexual Guide to Style: A Handbook for the Modern Man*. Cambridge, MA: DaCapo Press, 2003.

Follman, Mark, Gavin Aronsen, and Deanna Pan. "A Guide to Mass Shootings in America." *Mother Jones*, July 18, 2016. Accessed at http://www.motherjones.com/politics/2012/07/mass-shootings-map?page=2 on 8/8/2016.

Food and Agricultural Association (FAO) of the United Nations. *State of Food Insecurity in the World 2013*. Web. http://www.fao.org/publications/sofi/en/.

Fraiman, Susan. "Pussy Panic versus Liking Animals: Tracking Gender in Animal Studies." *Critical Inquiry* 39 (Autumn 2012), 89 – 115.

Fretwell, Holly. *The Sky's Not Falling!: Why It's OK to Chill about Global Warming*. Los Angeles, CA: World Ahead Media, 2007.

Frick, Robert. "The Manly Man's Guide to Makeup and Metrosexuality." *Kiplinger's Report* (June 2004), 38.

Gaard, Greta. "Out of the Closets and into the Climate! Queer Feminist Climate Justice," in *Climate Futures: Re-Imagining Global Climate Justice*. Ed. Kum-Kum Bhavnani, John Foran, Priya A. Kurian, Debashish Munshi. Berkeley, CA: University of California Press, 2017.

______. "Toward New EcoMasculinites, EcoGenders, and EcoSexualities." *Ecofeminism: Feminist Intersections with Other Animals and the Earth*. New York: Bloomsbury, 2014.

______. "Speaking of Animal Bodies." *Hypatia* 27:3 (2012), 29-35.

______. "Ecofeminism Revisited: Rejecting Essentialism and Re-Placing Species in a Material Feminist Environmentalism." *Feminist Formations* 23:2 (Summer 2011), 26-53.

______. "New Directions for Ecofeminism: Toward a More Feminist Ecocriticism." *ISLE: Interdisciplinary Studies in Literature and the Environment* 17:4 (2010a), 1-23.

______. "Reproductive Technology, or Reproductive Justice? An Ecofeminist, Environmental Justice Perspective on the Rhetoric of Choice." *Ethics & the Environment* 15:2 (2010b), 103-129.

______. "Toward an Ecopedagogy of Children's Environmental Literature," *Green Theory & Praxis* 4:2 (2009), 11-24.

______. *The Nature of Home: Taking Root in a Place*. Tucson, AZ: University of Arizona, 2007.

______. "Explosion." *Ethics and the Environment* 8:2 (2003), 71-79. DOI: 10.1353/een.2003.0020.

______. "Tools for a Cross-Cultural Feminist Ethics: Exploring Ethical Contexts and Contents in the Makah Whale Hunt." *Hypatia* 16:1 (2001), 1-26.

______. Rev. of Mary Zeiss Stange, *Woman the Hunter. In Environmental Ethics* 22:2 (2000), 203 – 206.

______. *Ecological Politics: Ecofeminists and the Greens*. Philadelphia: Temple University Press, 1998.

______. "Toward a Queer Ecofeminism." *Hypatia* 12:1 (Winter 1997a), 114-137.

______. "Women, Animals, and an Ecofeminist Critique." *Environmental Ethics* 18:4 (1997b), 440-443.

______. "Milking Mother Nature: An Eco-Feminist Critique of rBGH." *The Ecologist* 24:6 (November/December 1994), 202-203.

______. "Review of Janet Biehl, Rethinking Ecofeminist Politics." *Women and Environments* 13:2 (1992), 20-21.

______. ed. *Ecofeminism: Women, Animals, Nature*. Temple University Press, 1993.

______, Simon Estok and Serpil Oppermann, eds. *International Perspectives in Feminist Ecocriticism*. New York: Routledge, 2013.

______, and Lori Gruen. "Comment on George's 'Should Feminists Be Vegetarians?" *Signs: Journal of Women in Culture and Society* 21:1, (1995), 230-241.

Gagliano, Monica. "Seeing Green: The Re-discovery of Plants and Nature's Wisdom." *Societies* 3 (2013), 147 – 157.

Garbarino, James. "Protecting Children and Animals from Abuse: A Trans-

Species Concept of Caring," 250–258 in Josephine Donovan and Carol J. Adams, eds. *The Feminist Care Tradition in Animal Ethics*. New York: Columbia University Press, 2007.

Garrard, Greg. *Ecocriticism*. New York: Routledge, 2004.

Gates, Barbara T. *Kindred Nature: Victorian and Edwardian Women Embrace the Living World*. Chicago: University of Chicago Press, 1998.

Gaye, Marvin. "Mercy, Mercy Me (The Ecology)." Motown Records, 1971.

Gender CC: Women for Climate Justice. Web. http://www.gendercc.net/Accessed 1/15/2004.

George, Kathryn Paxton. "Should Feminists Be Vegetarians?" *Signs* 19:2 (1994), 405–434.

George, Susan. *How the Other Half Dies: The Real Reasons for Hunger*. NY: Penguin, 1976.

______. *Ill Fares the Land: Essays on Food, Hunger, and Power*. Washington, D.C.: Institute for Policy Studies, 1984.

Ghosh, Amitav. *The Great Derangement: Climate Change and the Unthinkable*. Chicago: University of Chicago Press, 2016. 【아미타브 고시 『대혼란의 시대: 기후 위기는 문화의 위기이자 상상력의 위기다』, 김홍옥 옮김, 에코리브르 2021.】

Gibbs, Lois Marie. *Dying From Dioxin*. Boston, MA: South End Press, 1995.

Gleig, Ann. "Queering Buddhism or Buddhist De-Queering?" *Theology and Sexuality* 18:3 (2012), 198-214.

Global Gender and Climate Alliance (GGCA). "GGCA at the UNFCCC COP19 Gender Workshop." Web. http://www.gender-climate.org/Events/COP19-GenderWorkshop.php.

Global Terrorism Index Report 2014: Measuring and Understanding the Impact of Terrorism. New York, Sydney, and Oxford: Institute for Economics and Peace.

Goebel, Allison. "Women and Sustainability: What Kind of Theory Do We Need?" *Canadian Woman Studies* 23.1 (2004), 77–84.

Goh, Robbie B. H. "Supernatural Interactions, Eastern Ghosts and Postmodern Narrative: Angela Carter's Fireworks." *Ariel: Review of International English Literature* 30:3 (July 1999), 63-90.

Gosine, Andil. "Non-white Reproduction and Same-Sex Eroticism: Queer Acts against Nature," 149–172 in Catriona Mortimer-Sandilands and Bruce Erickson, eds. *Queer Ecologies: Sex, Nature, Politics, Desire*. Bloomington, IN: Indiana University Press, 2010.

______. "Pink Greens: Ecoqueers organize in Toronto," *Alternatives Journal* 27:3 (2001), 35-36. Accessed at https://www.alternativesjournal.ca/community/pink-greens/.

Grau, Megan. "Child Slave Labor in China." *Baidu*, May 2005. Web. https://zhidao.baidu.com/question/498138983354292244.html.

Gray, Elizabeth Dodson. *Green Paradise Lost*. Wellesley, MA: Roundtable Press, 1979.

Grewe-Volpp, Christa. "Keep Moving: Place and Gender in a Post-Apocalyptic Environment," 221-234 in Greta Gaard, Simon Estok, and Serpil Oppermann, eds. *International Perspectives in Feminist Ecocriticism*. New York: Routledge, 2013.

Griffin, Susan. *Woman and Nature: The Roaring Inside Her*. New York: Harper & Row, 1978.

Grubbs, Jenny, ed. Special Issue: "Inquiries and Intersections: Queer Theory and Anti-Speciesist Praxis." *Journal of Critical Animal Studies* 10:3 (2012).

Gruen, Lori. "Facing Death and Practicing Grief," 127–141 in Carol J. Adams and Lori Gruen, eds. *Ecofeminism: Feminist Intersections with Other Animals and the Earth*. New York: Bloomsbury, 2014.

______. "Navigating Difference (again): Animal Ethics and Entangled Empathy," 213-234 in Gregory Smulewicz-Zucker, ed. *Strangers to Nature: Animal Lives & Human Ethics*. Lanham, MD: Lexington Books, 2012.

______. "Experimenting with Animals," 105–129 in *Ethics and Animals*. Cambridge University Press, 2011.

______. "Review of Janet Biehl, Rethinking Ecofeminist Politics," *Hypatia* 7:3 (1992), 216-220.

Halberstam, Judith. *Female Masculinity*. Durham, NC: Duke University Press, 1998.【주디스 핼버스탬 『여성의 남성성』, 유강은 옮김, 이매진 2015.】

Halcom, Chad. "Marathon Petroleum: Nearly 9 in 10 Property Owners Near Detroit Refinery Interested in Buyout Offer." *Crain's*, April 11, 2012. Accessed at http://www.crainsdetroit.com/article/20120411/FREE/120419963/marathon-petroleumnearly-9-in-10-property-owners-near-detroit-refinery-interested-in-buyout-offer 20 May 2012.

Hall, Jeremy K., Daneke, Gregory A., and Lenox, Michael J. "Sustainable development and entrepreneurship: Past contributions and future directions." *Journal of Business Venturing* 26 (2010), 439-448.

Hall, Matthew. *Plants as Persons: A Philosophical Botany*. Albany, NY: SUNY Press, 2011.

______. ed. Special Issue: "Plant Ethics." *PAN: Philosophy Activism Nature* 9, 2012.

Hansen, Teri. "Native Artists Use Works to Spark Environmental Awareness." *Indian Country Today Media Network*, February 24, 2014. Accessed at http://indiancountrytodaymedianetwork.com/print/2014/02/24/native-artists-use-works-sparkenvironmental-awareness-153731 on November 29, 2016.

Happy Feet. Dir. George Miller. Animal Logic/Warner Brothers, 2006.

Haraway, Donna. *The Companion Species Manifesto: Dogs, People, and Significant Otherness*. Chicago: Prickly Paradigm Press, 2003.

______. *Primate Visions: Gender, Race, and Nature in the World of Modern Sci-*

ence. New York: Routledge, 1989.

Harding, Sandra. *Whose Science? Whose Knowledge?: Thinking from Women's Lives*. Cornell University Press, 1991

______. "Is There a Feminist Method?" *Feminism & Methodology*. Bloomington, IN: Indiana University Press, 1987. 1–14.

Harlow, Harry F., and Margaret K. Harlow. "Social deprivation in monkeys." *Scientificamerican* 207 (Nov. 1962), 136–146.

Harper, A. Breeze, ed. *Sistah Vegan: Black Female Vegans Speak on Food, Identity, Health, and Society*. New York: Lantern Books, 2010.

Harris Interactive. "LGBT Americans Think, Act, Vote More Green than Others." *Business Wire* (New York). October 26, 2009.

Hartmann, Betsy. 2009. "10 Reasons Why Population Control is not the Solution to Global Warming." *DifferenTakes* #57. Winter 2009.

______. *Reproductive Rights and Wrongs: The Global Politics of Population Control and Contraceptive Choice*. New York: Harper & Row, 1987.

______ and James Boyce. *Needless Hunger: Voices from a Bangladesh Village*. San Francisco: Institute for Food and Development Policy, 1979.

Harvey, Fiona. "Eat Less Meat To Avoid Dangerous Global Warming, Scientists Say." *The Guardian*, March 21, 2016. Accessed at https://www.theguardian.com/environment/2016/mar/21/eat-less-meat-vegetarianism-dangerous-global-warming on August 7, 2016.

Hawthorne, Susan. *Wild Politics*. North Melbourne, Australia: Spinifex Press, 2002.

Hayday, Matthew. "Fireworks, Folk-dancing, and Fostering a National Identity: The Politics of Canada Day." *The Canadian Historical Review* 91:2 (June 2010), 287–314.

Hayes Tyrone B., Atif Collins, Melissa Lee, and Aaron Vonk. "Hermaphroditic, demasculinized frogs after exposure to the herbicide atrazine at low ecologically relevant doses." *Proceedings of the National Academy of Sciences of the U.S.A.* 99:8 (2002), 5476–5480.

Hayes, Christopher. "The New Abolitionism." *The Nation*, April 22, 2014. Accessed at https://www.thenation.com/article/new-abolitionism/ on November 29, 2016.

Hayward, Eva, and Jami Weinstein. "Introduction: Tranimalities in the Age of Trans* Life." *TSQ: Transgender Studies Quarterly* 2:2 (May 2015), 195–206.

Hegland, Jean. *Into the Forest*. New York: Bantam/Calyx Books, 1996.【진 헤글런드 『인투 더 포레스트』, 권진아 옮김, 펭귄카페 2016.】

Heise, Ursula K. *Sense of Place and Sense of Planet: The Environmental Imagination of the Global*, Oxford University Press, 2008.

Heller, Chaia. *Ecology of Everyday Life: Rethinking the Desire for Nature*. Montreal: Black Rose Books, 1999.

Henry, Holly, and Amanda Taylor. "Re-thinking Apollo: Envisioning Environmentalism in Space." *Sociological Review* 57:s1 (2009), 190–203.

Herreid, C. F. "Using Novels as Bases for Case Studies: Michael Crichton's State of Fear and Global Warming." *Journal of College Science Teaching* 34:7 (2005), 10–11.

Hillard, Richard. *Ham the Astrochimp*. Honesdale, PA: Boyds Mills Press, 2007.

Hogan, Katie. "Queer Green Apocalypse: Tony Kushner's Angels in America," 235–253 in Greta Gaard, Simon Estok, and Serpil Oppermann, eds. *International Perspectives in Feminist Ecocriticism*. New York: Routledge, 2013.

Holmes, Kevin. "Mirrored #NoDAPL Protest Signs Protect Protesters From AntiPolice." *The Creators Project*, November 19, 2016. Accessed at http://thecreatorsproject.vice.com/blog/mirrored-nodapl-protest-signs-protection-from-police on November 29, 2016.

Houle, Karen L. F. "Animal, Vegetable, Mineral: Ethics as Extension or Becoming? The Case of Becoming-Plant." *Journal for Critical Animal Studies*

9:1/2 (2011), 89–116.

Hribal, Jason. *Fear of the Animal Planet: The Hidden History of Animal Resistance*. CA: AK Press, 2011.

Hubbard, Ruth. *The Politics of Women's Biology*. New Brunswick. NJ: Rutgers University Press, 1990.

Huggan, Graham, and Helen Tiffin. *Postcolonial Ecocriticism: Literature, Animals, Environment*. New York: Routledge, 2010.

Hultman, Martin. "The Making of a Modern Hero: A History of Ecomodern Masculinity, Fuel Cells and Arnold Schwarzenegger." *Environmental Humanities* 2 (2013), 79–99.

Ikerd, John E. *Sustainable Capitalism: A Matter of Common Sense*. Bloomfield: Kumarian Press, 2005.

Inbar, Michael. "Chef Dishes Up Breast Milk Cheese." March 9, 2010. Web. http://today.msnbc.msn.com/id/35778477/ns/today-food/t/chef-dishes-breast-milk-cheese/#.T-4XgPm3Xbg.

Ingram, Mathew. "Here's Proof that The Media Helped Create Donald Trump." *Fortune*, June 14, 2016. Accessed at http://fortune.com/2016/06/14/media-trump/ on November 29, 2016.

Intergovernmental Panel on Climate Change (IPCC). N.d. "The IPCC Assessment Reports," available at http://www.ipcc.ch/ Accessed September 10, 2013.

International Lesbian, Gay, Bisexual and Trans and Intersex Association (ILGA). "Bolivian President: Eating Estrogen-Rich Chicken Makes You Gay," April 15, 2010. Available at http://ilga.org/ilga/en/article/moGN2RJ1vA Accessed September 10, 2013.

IPEN. Monitoring Mother Earth by Monitoring Mother's milk. https://ipen.org/documents/monitoring-mother-earth-monitoring-mothers-milk.

"The Island President." Dir. John Shenk. Afterimage Public Media, 2011.

Jaggar, Alison M., ed. *Living with Contradictions: Controversies in Feminist Social Ethics*. Boulder, CO: Westview Press, 1994.

Jagose, Annamarie. *Queer Theory: an Introduction*. New York: New York University Press, 1996.

Jasper, Jennifer, Monika Budzynska, and Daniel M. Weary. "Weaning distress in dairy calves: Acute behavioural responses by limit-fed calves." *Applied Animal Behaviour Science* 110 (2008), 136-143.

Johnson, L. "(Environmental) Rhetorics of Tempered Apocalypticism in 'An Inconvenient Truth.'" *Rhetoric Review* 28:1 (2009), 29–46.

jones, pattrice. "Fighting cocks: Ecofeminism versus sexualized violence." Pp. 45–56 in Lisa Kemmerer, ed. *Sister Species: Women, Animals, and Social Justice*. Chicago: University of Illinois Press, 2011.

______. "Stomping with the elephants: Feminist principles for radical solidarity." Pp. 319–333 in Steven Best and Anthony Nocella II, eds. *Igniting a Revolution: Voices in Defense of the Earth*. Oakland, CA: AK Press, 2006.

Joy, Melanie. *Why We Love Dogs, East Pigs, and Wear Cows: An Introduction to Carnism*. Red Wheel Weiser Conari, 2010.【멜라니 조이, 『우리는 왜 개는 사랑하고 돼지는 먹고 소는 신을까: 육식주의를 해부한다』, 노순옥 옮김, 모멘토 2021.】

Kane, Daniel. "'Not to Creation or Destruction but to Truth': Robert Duncan, Kenneth Anger, and the Conversation between Film and Poetry." *Texas Studies in Literature and Language* 50:1 (2008), 38–39.

Kaskous, Shehadeh H., Danies Weiss, Yassin Massri, Al-Moutassem B. Al-Daker, Ab-Dallah Nouh, and Rupert M. Bruckmaier. "Oxytocin Release and Lactation Performance in Syrian Shami Cattle Milked with and without Suckling." *Journal of Dairy Research* 32 (2006).

Kayne, Eric. "Defending Fenceline Communities from Oil Refinery Pollution." *EarthJustice* (2014). Case 2180, 3065. Accessed at http://earthjustice.

org/our_work/cases/2014/defending-fenceline-communities-from-oil-refinery-pollution#on 6/23/2016.

Keller, Evelyn Fox. *Reflections on Gender and Science*. New Haven, CT: Yale University Press, 1985.

______. *A Feeling for the Organism: The Life and Work of Barbara McClintock*. Freeman, 1983.

______, and Helen Longino, eds. *Feminism & Science*. New York: Oxford University Press, 1996.

Kelly, Petra. *Thinking Green! Essays on Environmentalism, Feminism, and Nonviolence*. Berkeley, CA: Parallax Press, 1994.

Kemmerer, Lisa, ed. *Sister Species: Women, Animals, and Social Justice*. Urbana, IL: University of Illinois Press, 2011.

Kemp, Martin. "A Dog's Life: Laika, the Doomed Stray, Has Achieved a Kind of Immortality." *Nature* 449 (October 4, 2007), 541.

Keon, Joseph. *Whitewash: The Disturbing Truth about Cow's Milk and Your Health*. Gabriola Island, BC: New Society Publishers, 2010.

Kheel, Marti. "Communicating Care: An Ecofeminist Perspective," *Media Development* (February 2009), 45–50.

______. *Nature Ethics: An Ecofeminist Perspective*. Lanham, MD: Rowman & Littlefield, 2008.

______. "From Heroic to Holistic Ethics: The Ecofeminist Challenge," 243–271 in Greta Gaard, ed. *Ecofeminism: Women, Animals, Nature*. Philadelphia, PA: Temple University Press, 1993.

______. "From Healing Herbs to Deadly Drugs: Western Medicine's War Against the Natural World," 96–114 in Judith Plant, ed. *Healing the Wounds: The Promise of Ecofeminism*. Philadelphia, PA: New Society Press, 1989.

Kim, Claire Jean. "Slaying the Beast: Reflections on Race, Culture, and Species," *Kalfou* 1:1 (2010), 57–74.

______. "Multiculturalism goes Imperial—Immigrants, Animals, and the Suppression of Moral Dialogue," *Du Bois Review* 4:1 (2007), 233–249.

Kimmerer, Robin Wall. *Braiding Sweetgrass: Indigenous Wisdom, Scientific Knowledge, and the Teachings of Plants*. Minneapolis, MN: Milkweed Press, 2013.【로빈 월 키머러 『향모를 땋으며: 토박이 지혜와 과학 그리고 식물이 가르쳐준 것들』, 노승영 옮김, 에이도스 2021.】

King, Elaine A. "The Landscape in Art: Nature in the Crosshairs of an Age-Old Debate." *Artes Magazine* (November 16, 2010). Accessed at http://www.artesmagazine.com/2010/11/the-landscape-in-art-nature-in-the-crosshairs-of-an-ageold-debate/ on 1/25/2010.

Kingsolver, Barbara. *Flight Behavior*. New York: HarperCollins, 2012.

Klein, Naomi. *This Changes Everything: Capitalism vs. The Climate*. New York: Simon & Schuster, 2014.【나오미 클라인 『이것이 모든 것을 바꾼다: 자본주의 대 기후』, 이순희 옮김, 열린책들 2016.】

______. "Geoengineering: Testing the Waters." *New York Times*, October 27, 2012. Accessed online at http://www.nytimes.com/2012/10/28/opinion/sunday/geoengineering-testing-the-waters.html on 11/6/2012.

Koehn, Peter H., and Juha I. Uitto. "Evaluating Sustainability Education: Lessons From International Development Experience." *Higher Education* 67 (2014), 621–635.

Kohn, Eduardo. *How Forests Think: Toward an Anthropology Beyond the Human*. Berkeley, CA: University of California Press, 2013.【에두아르도 콘 『숲은 생각한다』, 차은정 옮김. 사월의 책 2018.】

Kolbert, Elizabeth. *Field Notes From a Catastrophe: Man, Nature, and Climate Change*. New York: Bloomsbury, 2006.

Kolodny, Annette. *The Lay of the Land: Metaphor as Experience and History in American Life and Letters*. Chapel Hill, NC: University of North Carolina Press, 1975.

Kool Keith/Dr. Octagon. (2007) "Trees Are Dying." available at http://www.youtube.com/watch?v=XtsdtNdk5ao Accessed September 10, 2013.

Kostkowska, Justyna. *Ecocriticism and Women Writers: Environmentalist Poetics of Virginia Wolf, Jeanette Winterson, and Ali Smith*. London: Palgrave/Macmillan, 2013.

Kramarae, Cheris. *Women and Men Speaking*. London: Newbury House Publishers, 1981.

Kramb, Daniel. *From Here*. London: Lonely Coot, 2012.

Kretchner, Norman. "Lactose and Lactase." *Scientific American Til* (October 1972), 71-78.

Krupar, Shiloh R. "Transnatural Ethics: Revisiting the Nuclear Cleanup of Rocky Flats, CO, Through the Queer Ecology of Nuclia Waste." *Cultural Geographies* 19:3 (2012), 303-327.

Laclau, Ernesto, and Chantal Mouffe. *Hegemony and Socialist Strategy: Toward a Radical Democratic Politics*. London: Verso, 1985.【에르네스토 라클라우, 샹탈 무페 『헤게모니와 사회주의 전략: 급진 민주주의 정치를 향하여』, 이승원 옮김, 후마니타스 2012.】

LaDuke, Winona. *All Our Relations: Native Struggles for Land and Life*. Cambridge: South End Press, 1999.

Lakoff, Robin. *Language and Women's Place*. New York: Harper & Row, 1975.

Lappé, Francis Moore, and Joseph Collins. *World Hunger: 12 Myths*. New York: Grove Press, 1998.

Leach, Melissa. "Earth Mother Myths and Other Ecofeminist Fables: How a Strategic Notion Rose and Fell." *Development and Change* 38:1 (2007), 67-85.

Le Guin, Ursula. *Buffalo Gals and Other Animal Presences*/ Santa Barbara, CA: Capra Books, 1987.

______. *Always Coming Home*. New York: Harper & Row, 1985.

______. *The Word for World is Forest*. New York: Putnam Books, 1976.【어슐러 K. 르 귄 『세상을 가리키는 말은 숲』, 최준영 옮김, 황금가지 2012.】

LeMenager, Stephanie. *Living Oil: Petroleum Culture in the American Century*. New York: Oxford University Press, 2014.

______, and Stephanie Foote. "The Sustainable Humanities." *PMLA* 127:3 (2012), 572–278.

Leonard, Ann, ed. *Seeds: Supporting Women's Work in the Third World*. New York: The Feminist Press, 1989.

Leopold, Aldo. *A Sand County Almanac*. New York: Oxford University Press, 1949.

Levin, Sam. "At Standing Rock, women lead fight in face of arrest, Mace, and strip searches." *The Guardian*, November 4, 2016. https://www.theguardian.com/usnews/2016/nov/04/dakota-access-pipeline-protest-standing-rock-women-policeabuse?CMP=share_btn_fb Accessed 11/24/2016.

Lewis, Renee. "Life in Michigan's Dirtiest Zip Code." *Al Jazerra America*, March 3, 2014. Accessed at http://america.aljazeera.com/articles/2014/3/3/michigan-tar-sandsindustryaccusedofactingwithimpunity.html on April 1, 2014.

Li, Huey-li. "A Cross-Cultural Critique of Ecofeminism," 272–294 in Greta Gaard, ed. *Ecofeminism: Women, Animals, Nature*. Philadelphia, PA: Temple University Press, 1993.

Linehan, Adam. "'Where Evil Resides': Veterans Deploy to Standing Rock to Engage the Enemy—the U.S. Government," *Task & Purpose*, November 21, 2016. Accessed at http://taskandpurpose.com/where-evil-resides-veterans-deployto-standing-rock-to-engage-the-enemy-the-us-government/ on 11/28/2016.

Llorca, Juan Carlos. "Did a Child Make Your Fireworks?" *Scripps Howard Foundation Wire* (Summer 2002). Web. 19 January 2012.

Lloyd, Saci. *The Carbon Diaries 2015*. New York: Holiday House, 2010.【새시 로이드 『카본 다이어리 2015』, 고정아 옮김, 살림Friends 2009.】

Lorde, Audre. *Sister Outsider: Essays and Speeches*. Trumansburg. New York: Crossing Press, 1984.

Luke, Timothy. "Reproducing Planet Earth? The Hubris of Biosphere 2." *The Ecologist* 25:4 (1995), 157-161.

Lykke, Nina. "Non-Innocent Intersections of Feminism and Environmentalism." *Kvinder, Kon & Forskning* [Women, Gender & Research] 3-4 (2009). 36-44.

Lynch, Willie. "The Making of a Slave." 1712. Accessed at http://www.finalcall.com/artman/publish/Perspectives_1/Willie_Lynch_letter_The_Making_of_a_Slave.shtml on July 27, 2016.

Maathai, Wangari. *The Green Belt Movement*. New York: Lantern Books, 2004.

MacGregor, Sherilyn. "Only Resist: Feminist Ecological Citizenship and the Postpolitics of Climate Change." *Hypatia: Special Issue on Climate Change* 29:3 (2014), 617-633.

______. "Gender and Climate Change: From Impacts to Discourses." *Journal of the Indian Ocean* 6:2 (2010), 223-238.

______. "Feminist Perspectives on Sustainability," 467-492 in David V. J. Bell and Yuk-kuen Annie Cheung, eds. *Introduction to Sustainable Development: Encyclopedia of Life Support Systems*. Oxford, U.K.: United Nations Educational, Scientific and Cultural Organization, in partnership with EOLSS Publishers Co., Ltd., 2009.

______. *Beyond Mothering Earth: Ecological Citizenship and the Politics of Care*. Vancouver, BC: University of British Columbia Press, 2007.

Mader, Clemens, Geoffrey Scott, and Dzulkifli Abdul Razak. "Effective Change Management, Governance and Policy for Sustainability Transformation in Higher Education." *Sustainability Accounting, Management and Policy*

Journal 4:3 (2013), 264-284.

Mann, Bonnie. *Women's Liberation and the Sublime: Feminism, Postmodernism, Environment*. New York: Oxford University Press, 2006.

Mann, Susan A. "Pioneers of U.S. Ecofeminism and Environmental Justice," *Feminist Formations* 23:2 (2011), 1–25.

Mannix, Andy, and Mike Mullen. "Milk Money: A Half-Million Cows Were Worth More Dead Than Alive, and Now We're All Paying the Price." *City Pages* 32:1626 (2012), 9-13.

Marder, Michael. *Plant-Thinking: A Philosophy of Vegetal Life*. New York: Columbia University Press, 2013.

Margolis, Cheryl. "Between Economic Justice and Sustainability," 277-292 in David N. Pellow and Robert J.Brulle, eds. *Power, Justice, and the Environment: A Critical Appraisal of the Environmental Justice Movement*. Cambridge, MA: MIT Press, 2005.

Masson, Jeffrey Moussaieff. *The Emperor's Embrace: Reflections on Animal Families and Fatherhood*. New York: Pocket Books, 1999.

Mathews, Freya. *Ardea: A philosophical novella*. Earth, Milky Way: Punctum Books, 2016.

Mayberry, Maralee, Banu Subramaniam, and Lisa H. Weasel, eds. *Feminist Science Studies: A New Generation*. New York: Routledge, 2001.

McCracken, Robert D. "Lactase Deficiency: An Example of Dietary Evolution" *Current Anthropology* 12 (1971), 479-517.

McCright, Aaron M. "The Effects of Gender on Climate Change Knowledge and Concern in the American Public." *Population and Environment* 32 (2010), 66-87.

McDonough, William, and Michael Braungart. *Cradle to Cradle: Remaking the Way We Make Things*. North Point Press 2002.【윌리엄 맥도너, 미하엘 브라운가르트 『요람에서 요람으로: 새로운 방식으로 세상과 사물 만들

기』, 김은령 옮김, 에코리브르 2003.】

McEwan, Ian. *Solar*. New York: Random House / Anchor Books, 2010.【이언 매큐언 『솔라』, 민승남 옮김, 문학동네 2018.】

McFarlane, Donovan A. and Agueda G. Ogazon. "The Challenges of Sustainability Education." *Journal of Multidisciplinary Research* 3:3 (Fall 2011), 81-107.

McGinness, Mindy. *Not a Drop to Drink*. New York: Katherine Tegan Books, 2013.

McGowan, Kat. "The Secret Language of Plants." *Quanta Magazine*, December 16, 2013. Web. http://www.simonsfoundation.org/quanta/20131216-the-secretlanguage-of-plants/.

McGuire, Cathleen, and Colleen McGuire. "Grass-Roots Ecofeminism: Activating Utopia," 186-203 in *Ecofeminist Literary Criticism: Theory, Interpretation, Pedagogy*, edited by Gaard, G., and Murphy, P.D. (eds.) Urbana, IL: University of Illinois Press, 1998.

McKibben, Bill. "A Movement for a New Planet." *TomDispatch.com*, August 18, 2013. Accessed at http://www.tomdispatch.com/blog/175737/ on July 29, 2016.

______. "Global Warming's Terrifying New Math." *Rolling Stone Magazine*, July 19, 2012. Accessed at http://www.rollingstone.com/politics/news/global-warmingsterrifying-new-math-20120719 on 12/3/2012.

______. "The Only Way to Have a Cow." *Orion Magazine*, March/April 2010. Accessed at https://orionmagazine.org/article/the-only-way-to-have-a-cow/ on August 10, 2016.

McLendon, Russell. "Are Fireworks Bad for the Environment?" *Mother Nature Network*, June 30, 2009. Web. 7 September 2011.

McMahon, Martha. "From the Ground Up: Ecofeminism and Ecological Economics." *Ecological Economics* 20 (1997), 163-173.

McMichael, Tony, Colin Butler and Haylee Weaver. "Position Paper on HIV and AIDS and Climate Change." Commissioned by the United Nations Environment Program (UNEP) and UNAIDS. February 2008.

McWilliams, James. "Agnostic Carnivores and Global Warming: Why Enviros Go After Coal and Not Cows." *Freakonomics.com*, 11/16/2011.

______. *Just Food: Where Locavores Get it Wrong and How We Can Eat Responsibly*. New York: Little, Brown & Co., 2010.

"Meditative Chimponaut." *Time* 78:23 (December 8, 1961), 52-53.

Meir, Christopher. "Fireworks." *Senses of Cinema* 27 (July/August 2003). Available at http://www.sensesofcinema.com/2003/cteq/fireworks/ accessed on 1/18/2012.

Mellor, Mary. *Feminism and Ecology*. Washington Square, NY: New York University Press, 1997.

______. *Breaking the Boundaries: Toward a Feminist Green Socialism*. London: Virago Press, 1992.

Menon, Jaya. "Korean Broadcaster Shoots Documentary on Sivakasi Child Labour." *Indian Express.com* (November 6, 2007). Web. 19 January 2012.

Merchant, Carolyn. *Earthcare: Women and the Environment*. New York: Routledge, 1995.

______. *The Death of Nature: Women, Ecology and the Scientific Revolution*. New York: Harper & Row, 1980.

Mies, Maria, and Vandana Shiva. *Ecofeminism*. London: Zed Books, 1993.【마리아 미스, 반다나 시바 『에코페미니즘』, 손덕수, 이난아 옮김, 창비 2020.】

Miller, Laura. "Fresh Hell: What's behind the boom in dystopian fiction for young readers?" *The New Yorker*, 14 June 2010. Accessed at http://www.newyorker.com/arts/critics/atlarge/2010/06/14/100614crat_atlarge_miller?currentPage=all on April 10, 2014.

Miller, T. S. "Lives of the Monster Plants: The Revenge of the Vegetable in the Age of Animal Studies." *Journal of the Fantastic in the Arts* 23:3 (2012), 460-479.

Milman, Oliver. "Dakota Access Pipeline Company and Donald Trump Have Close Financial Ties." *The Guardian*. Accessed at https://www.theguardian.com/us-news/2016/oct/26/donald-trump-dakota-access-pipeline-investment-energytransfer-partners on November 29, 2016.

Milne, Markus J., and Gray, Rob. "W(h)ither Ecology? The Triple Bottom Line, the Global Reporting Initiative, and Corporate Sustainability Reporting." *Journal of Business Ethics* 118 (2013), 13-29.

Milsapps, Jan. *Screwed Pooch*. Booksurge Publishing, 2007.

Mohanty, Chandra Talpade. "'Under Western Eyes' Revisited: Feminist Solidarity through Anticapitalist Struggles." *Signs: Journal of Women in Culture and Society* 28:2 (2002), 499-535.

Molotch, Harvey. "Oil in Santa Barbara and Power in America." *Sociological Inquiry* 40 (Winter 1970), 131-144.

Monet, Jenni. "Army Corps Issues Eviction Notice to Standing Rock Sioux Tribe," *Indian Country Today*, 11/26/2016. Accessed at http://indiancountrytodaymedianetwork.com/2016/11/26/army-corps-issues-eviction-notice-standing-rock-siouxtribe-166585 on 11/27/2016.

Moore, Niamh. *The Changing Nature of Eco/Feminism: Telling Stories from Clayoquot Sound*. Vancouver, BC: University of British Columbia Press, 2015.

Morris, Mark. "Sustainability: An Exercise in Futility." *International Journal of Business and Management* 7:2 (2012), 36-44.

Mortimer-Sandilands, Catriona, and Bruce Erickson, eds. *Queer Ecologies: Sex, Nature, Politics, Desire*. Bloomington, IN: Indiana University Press, 2010.

Mosedale, Mike. "When Good Science is Bad Politics." *City Pages* (Minneapolis), March 29, 2006. Accessed at http://www.citypages.com/news/when-good-scienceis-bad-politics-6690845 on January 25, 2011.

Murphy, Patrick D. "An Ecological Feminist Revisioning of the Masculinist Sublime." *Journal of the Canary Islands* 64 (Summer 2012), 79-94.

______. "Terraculturation, Political Dissolution, and Myriad Reorientations." *Tamkang Review* 39:1 (2008), 3-18.

______. "Nature Nurturing Fathers in a World Beyond Our Control," 196-210 in Mark Allister, ed. *Eco-Man: New Perspectives on Masculinity and Nature*. Charlottesville: University of Virginia Press, 2004.

Nealon, Jeffrey. *Plant Theory: Biopower and Vegetable Life*. Palo Alto, CA: Stanford University Press, 2016.

"The Nearest Thing." *Time* 77:7 (February 10, 1961), 60-61.

Neimanis, Astrida. "Hydrofeminism: Or, On Becoming a Body of Water." *Undutiful Daughters: Mobilizing Future Concepts, Bodies and Subjectivities in Feminist Thought and Practice*, eds. Henriette Gunkel, Chrysanthi Nigianni and Fanny Soderback. New York: Palgrave Macmillan, 2012.

______. "feminist subjectivity, watered," *Feminist Review* 103 (2013), 23-41.

______, and Rachel Loewen Walker. (2014) "*Weathering*: Climate Change and the 'Thick Time' of Transcorporeality," *Hypatia* 29:3 (2014), 558-575.

Nelson, Julie A. "Feminism, Ecology and the Philosophy of Economics." *Ecological Economics* 20 (1997), 155-162.

Newberry, Ruth C., and Janice C. Swanson. "Implications of breaking mother-young social bonds." *Applied Animal Behaviour Science* 110:1 (2008), 3-23.

Nhanenge, Jyette. *Ecofeminism: Towards Integrating the Concerns of Women, Poor People, and Nature into Development*. Lanham, MD: University Press of America, 2011.

Nikiforuk, Andrew. *Tar Sands: Dirty Oil and the Future of a Continent*. Vancouver, B.C.: Greystone Books, 2010.

Nixon, Rob. *Slow Violence and the Environmentalism of the Poor*. Boston: Harvard University Press, 2011.

Norwood, Vera. *Made From This Earth: American Women and Nature*. University of North Carolina Press, 1993.

______, and Janice Monk, eds. *The Desert Is No Lady: Southwestern Ludnscapes in Women's Writing and Art*. New Haven and London: Yale University Press, 1987.

Noske, Barbara. *Beyond Boundaries: Humans and Animals*. Montreal: Black Rose Books, 1997.

O'Brien, Caragh. *Birthmarked*. New York: Macmillan/Roaring Brook Press, 2010.

Ochoa, Maria. "Toxic Masculinity and the Orlando Pulse Shooting." In *Countering Hate with Knowledge, Fury, and Protest: Three Latina/o Studies Scholars Respond to Orlando Massacre*, at "Mujeres Talk," June 28, 2016. Accessed at https://library.osu.edu/blogs/mujerestalk/2016/06/28/countering-hate-with-love-latinao-scholarsrespond-to-orlando-massacre/comment-page-1/#comment-115664 on August 8, 2016.

Oliver, Lauren. *Delirium*. New York: HarperCollins, 2011.【로렌 올리버 『딜러리엄』, 조우형 옮김, 북폴리오 2012.】

Olson, Lynne. *Freedom's daughters: The unsung heroines of the Civil Rights Movement from 1830 to 1970*. New York: Scribner, 2002.

Oreskes, Naomi, and Eric M. Conway. *The Collapse of Western Civilization: A View from the Future*. New York: Columbia University Press, 2014.【나오미 오레스케스, 에릭 M. 콘웨이 『다가올 역사, 서양 문명의 몰락』, 홍한별 옮김, 갈라파고스 2015.】

Orr, David W. *Ecological Literacy: Education and the Transition to a Postmodern World*. Albany, NY: State University of New York Press, 1992.

Oski, Frank A. *Don't Drink Your Milk! Brushton*. New York: TEACH Services, 1977.

Oulette, Jennifer. "Space Dog Laika Finally Gets a Happy Ending." *Discovery-News*, July 12, 2011. Accessed at http://news.discovery.com/space/laike-the-russianspace-dog-finally-gets-a-happy-ending-110712.html on 11/17/2012.

Pearsall, Hamil, Joseph Pierce, and Robert Krueger. "Whither Rio + 20?: Demanding a Politics and Practice of Socially Just Sustainability." *Local Environment* 17:9 (October 2012), 935-941.

Peet, Bill. *The Wump World.* Boston, MA: Houghton Mifflin Co., 1970.

Pellow, David Naguib. "Toward a Critical Environmental Justice Studies: Black Lives Matter as an Environmental Justice Challenge." *Du Bois Review* 13:2 (2016), 221-236.

______. *Total Liberation: The Power and Promise of Animal Rights and the Radical Earth Movement.* Minneapolis, MN: University of Minnesota Press, 2014.

Pérez-Peña, Richard. "College Classes Use Arts to Brace for Climate Change." *The New York Times*, March 31, 2014. available at http://www.nytimes.com/2014/04/01/education/using-the-arts-to-teach-how-to-prepare-for-climate-crisis.html?_r=0 Accessed April 10, 2014.

Perkins, Ellie, and Edith Kuiper. "Explorations: Feminist Ecological Economics." *Feminist Economics* 11:3 (2005), 107-150.

Pew Commission on Industrial Farm Animal Production in America. *Putting Meat on the Table: Industrial Farm Animal Production in America.* April 29, 2008. Accessed online at http://www.pewtrusts.org/uploadedFiles/wwwpewtrustsorg/Reports/Industrial_Agriculture/PCIFAP_FINAL.pdf on January 7, 2013.

Pharr, Suzanne. *Homophobia: A Weapon of Sexism.* Little Rock, AR: The Women's Project, 1988.

Phillips, Mary, and Nick Rumens, eds. *Contemporary Perspectives on Ecofemi-*

nism. New York: Routledge, 2015.

Pickert, Kate. "Are You Mom Enough?" *Time Magazine*. May 21, 2012.

Piercy, Marge. *Woman on the Edge of Time*. New York: Fawcett Books, 1985.【마지 피어시 『시간의 경계에 선 여자』, 변용란 옮김, 민음사 2010.】

Pimentel, David, and Marcia Pimentel. "Sustainability of meat-based and plant-based diets and the environment," P660S-663S, *The American Journal of Clinical Nutrition*, Volume 78, Issue 3, 2003.

Plant, Judith, ed. *Healing the Wounds: The Promise of Ecofeminism*. New Society Press, 1989.

Plumwood, Val. *The Eye of the Crocodile*. ed. Lorraine Shannon. Canberra: Australian National University E-Press, 2012.【발 플럼우드 『악어의 눈: 포식자에서 먹이로의 전락』, 김지은 옮김, yeondoo 2023.】

______. "Nature in the Active Voice." *Australian Humanities Review* #46, May 2009. Accessed at http://www.australianhumanitiesreview.org/archive/Issue-May-2009/plumwood.html on August 7, 2016.

______. "Shadow Places and the Politics of Dwelling." *Australian Humanities Review* #44, March 2008. Accessed at http://www.australianhumanitiesreview.org/archive/Issue-March-2008/plumwood.html on 1/5/2017.

______. "The Cemetery Wars: Cemeteries, Biodiversity and the Sacred," 54-71 in Martin Mulligan and Yaso Nadarajah, eds. *Local-Global: Identity, Security and Community*, Vol. 3, (2007a). Special issue: Exploring the legacy of Judith Wright.

______. "Journey to the Heart of Stone," 17-36 in Fiona Beckett and Terry Gifford, eds. *Culture, Creativity and Environment: New Environmentalist Criticism*. Amsterdam and New York: Rodopi, 2007b.

______. "Decolonising Australian Gardens: Gardening and the Ethics of Place." *Australian Humanities Review* #36 (July 2005). Accessed at http://www.australianhumanitiesreview.org/archive/Issue-July-2005/09Plumwood.

html on 1/5/2017.

______. "Gender, Eco-Feminism and the Environment." In Robert White, ed. *Controversies in Environmental Sociology*. Cambridge University Press, 2004. 43-60.

______. "Animals and Ecology: Towards a Better Integration." Working/Technical Paper, 2003. Australian National University Digital Collection. Accessed at http://hdl.handle.net/1885/41767 on 1/5/2017.

______. *Environmental Culture: The ecological crisis of reason*. New York: Routledge, 2002.

______. "Integrating Ethical Frameworks for Animals, Humans, and Nature: A Critical Feminist Eco-Socialist Analysis." *Ethics & Environment* 5:2 (2000), 285-322.

______. "Androcentrism and Anthropocentrism: Parallels and Politics," 327-355 in Karen J. Warren, ed. *Ecofeminism: Women, Culture, Nature*. Bloomington, IN: Indiana University Press, 1997.

______. "Being Prey." *Terra Nova* 1:3 (1996), 32-44.

______. "Has democracy failed ecology? An Ecofeminist perspective." *Environmental Politics* 4:4 (1995), 134-168.

______. *Feminism and the Mastery of Nature*. New York: Routledge, 1993.

______. "The Atavism of Flighty Females." *The Ecologist* 22:1 (1992), 36.

______. "Nature, Self, and Gender." *Hypatia* 6:1 (Spring 1991), 3-27.

______. "The Intelligent Plant: Scientists debate a new way of understanding flora." *The New Yorker*, December 23, 2013.

Pollan, Michael. *The Omnivore's Dilemma: A Natural History of Four Meals*. The Penguin Press, 2006. 【마이클 폴란 『잡식동물의 딜레마』, 조윤정 옮김, 다른세상 2008.】

______. *The Botany of Desire: A Plant's-Eye View of the World*. Random House 2001. 【마이클 폴란 『욕망하는 식물: 세상을 보는 식물의 시선』, 이경식

옮김, 황소자리 2007.】

"PopOffsets: Smaller families, less carbon." At http://www.popoffsets.org/ accessed 1/6/2017.

Porcher, Jocelyn. "Dairy Cows: Workers in the Shadows?" *Society and Animals* 20:1 (2012), 39-60.

Porritt, Jonathon. *Capitalism As If the World Matters*. London: Earthscan, 2007. 【조너선 포릿 『성장 자본주의의 종말: 자본주의, 환경의 손을 잡다』, 안의정 옮김, 바이북스 2012.】

Portillo, Lourdes, Dir. *Senorita Extraviada*. Distributed by Women Make Movies, 2001.

Potts, Annie, ed. *Meat Culture*. Leiden, The Netherlands: Brill Human-Animal Studies, 2016.

______, and Donna Haraway. "Kiwi Chicken Advocate Talks with California Dog Companion." *Feminism and Psychology* 20:3 (2010), 318-336.

______, and Jovian Parry. "Vegan Sexuality: Challenging Heteronormative Masculinity through Meat-free Sex." *Feminism and Psychology* 20:1 (2010), 53-72.

Poynter, Jane. *The Human Experiment: Two Years and Twenty Minutes Inside Biosphere 2*. New York: Avalon Publishing Group/Thunder's Mouth Press, 2006.

"Principles of Environmental Justice." Available at http://www.ejnet.org/ej/principles.html Accessed 26 January 2013.

Probyn-Rapsey, Fiona, et al. "A Sustainable Campus: The Sydney Declaration on Interspecies Sustainability." *Animal Studies Journal* 5:1 (2016), 110-151.

Pskowski, Martha. "Is This the Future We Want? The Green Economy vs. Climate Justice." *DifferenTakes: A Publication of the Population and Development Program at Hampshire College* 79 (Spring 2013), 1-4.

Pulé, Paul M. "Caring for Society and Environment: Towards Ecological Masculinism." Paper Presented at the Villanova University Sustainability Conference, April 2009. Accessed at http://www.paulpule.com.au/Ecological_Masculinism.pdf on October 1, 2012.

______. "Ecology and Environmental Studies," 158–162 in Michael Flood, Judith Kegan Gardiner, Bob Pease, and Keith Pringle, eds. *Routledge International Encyclopedia of Men and Masculinities*. New York: Routledge, 2007.

Ray, Rebecca, Janet C. Gornick, and John Schmitt. "Parental Leave Policies in 21 Countries." Center for Economic and Policy Research, 2009. Web. www.cepr.net/documents/publications/parental_2008_09.pdf.

Reed, T.V. "Environmental Justice Eco-Art." Accessed at http://culturalpolitics.net/environmental_justice/art on November 29, 2016.

Regan, Tom. *The Case for Animal Rights*. Berkeley, CA: University of California Press, 1983.

Ress, Mary Judith. *Ecofeminism in Latin America*. Maryknoll, NY: Orbis Books, 2006.

Resurrección, Bernadette P. "Persistent women and environment linkages in climate change and sustainable development agendas." *Women's Studies International Forum* 40 (2013), 33–43.

Revkin, Andrew. "Confronting the Anthropocene." *The New York Times*, May 11, 2011. Accessed at http://dotearth.blogs.nytimes.com/2011/05/11/confronting-theanthropocene/ on 12/10/2012.

Ricciardelli, Rosemary, Kimberley A. Clow, and Philip White. "Investigating Hegemonic Masculinity: Portrayals of Masculinity in Men's Lifestyle Magazines." *Sex Roles* 63 (2010), 64–78.

Rich, Nathaniel. *Odds Against Tomorrow*. New York: Farrar Straus Giroux, 2013.

Robbins, John. *Diet for a New America*. Walpole, NH: Stillpoint Publishing, 1987.

Robinson, Kim Stanley. *Forty Signs of Rain*. New York: Bantam, 2004.

______. *Fifty Degrees Below*. New York: Bantam, 2005.

______. *Sixty Days and Counting*. New York: Bantam, 2007.

Rockwell, Anne. *Why Are the Ice Caps Melting? The Dangers of Global Warming*. New York: Collins, 2006.

Rohr, Ulrike. "Gendered carbon footprints—gendered mitigation policy." *Outreach*, November 27, 2012. DOHA 2012: UN Climate Change Conference (COP 18). Stakeholder Forum.

Rojas-Cheatham, Ann, Dana Ginn Parades, Shana Griffin, Aparna Shah, and Eveline Shen. "Looking Both Ways: Women's Lives at the Crossroads of Reproductive Justice and Climate Justice." Asian Communities for Reproductive Justice. *Momentum Series* 5.

Rose, Deborah Bird. "Val Plumwood's Philosophical Animism: Attentive Inter-Actions in the Sentient World," *Environmental Humanities* 3 (2013), 93-109.

Ruether, Rosemary Radford. *Gaia & God: An Ecofeminist Theology of Earth Healing*. San Francisco: HarperCollins, 1992.

______. *Sexism and God-Talk: Toward a Feminist Theology*. Boston: Beacon Press, 1983.

Ryan, John Charles. "Passive Flora? Reconsidering Nature's Agency through Human-Plant Studies." *Societies* 2:3 (2012), 101-121.

Sainath, P. "Cattle Class: Native vs Exotic." *Hindu*, January 6, 2012. https://www.thehindu.com/opinion/columns/sainath/Cattle-class-native-vs-exotic/article13355009.ece.

Salatino, Kevin. *Incendiary Art: The Representation of Fireworks in Early Modern Europe*. Getty Publications, 1997.

Salleh, Ariel. *Ecofeminism as Politics: nature, Marx and the postmodern*. London: Zed Books, 1997.

______. "Deeper Than Deep Ecology: The Eco-Feminist Connection." *Environmental Ethics* 6 (1984), 339-345.

Salmon, Enrique. "Sharing Breath: Some Links Between Land, Plants, and People." 196–210 in Alison H. Deming and Lauret E. Savoy, eds. *The Colors of Nature: Culture, Identity, and the Natural World*. Minneapolis, MN: Milkweed Publications, 2011.

______. "Kincentric Ecology: Indigenous Perceptions of the Human-Nature Relationship." *Ecological Applications*, Vol. 10, No. 5 (Oct., 2000).

Sammon, Alexander. "A History of Native Americans Protesting the Dakota Access Pipeline," *Mother Jones*, September 9, 2016. Accessed at http://www.motherjones.com/environment/2016/09/dakota-access-pipeline-protest-timeline-sioux-standing-rock-jill-stein on 11/27/2016.

Sandberg, L. Anders, and Tor Sandberg, eds. *Climate Change — Who's Carrying the Burden? The chilly climates of the global environmental dilemma*. Ottawa, Canada: Canadian Centre for Policy Alternatives, 2010.

Sandilands, Catriona. "Floral Sensations: Plant Biopolitics." 226–237 in Teena Gabrielson et al (ed.), *The Oxford Handbook of Environmental Political Theory*. New York: Oxford University Press, 2016.

______. "Violent Affinities: Sex, Gender and Species in Cereus Blooms at Night." 90–103 in Louise Westling (ed.), *The Cambridge Companion to Literature and Environment*. Cambridge University Press, 2014a.

______. "Queer Life? Ecocriticism After the Fire," 305–319 in Greg Garrard (ed.), *The Oxford Handbook of Ecocriticism*. NY: Oxford University Press, 2014b.

______. "Desiring Nature, Queering Ethics: Adventures in Erotogenic Environments," *Environmental Ethics* 23 (2001), 169–188.

______. *The Good-Natured Feminist: Ecofeminism and the Quest for Democracy*. Minneapolis: University of Minnesota Press, 1999.

______. "Political Animals: The Paradox of Ecofeminist Politics." *The Trumpeter* 9 (Spring 1994), 90–96.

______. "Lavender's Green? Some thoughts on queer(y)ing environmental politics." *UnderCurrents* (May 1994), 20-24.

Santino, Jack. "Light up the Sky: Halloween Bonfires and Cultural Hegemony in Northern Ireland." *Western Folklore* 55.3 (Summer 1996), 213-231.

Sauvage, Julie. "'This Tableau Vivant . . . Might Be Better Termed a Nature Morte': Theatricality in Angera Carter's Fireworks." *Les Cahiers de la nouvelle/Journal of the short story in English* 51(Autumn 2008), 123-136.

Sbicca, Joshua. "Eco-queer movement(s): Challenging heteronormative space through (re)imagining nature and food." *European Journal of Ecopsychology* 3 (2012), 33-52.

Schlosberg, David. *Defining Environmental Justice: Theories, Movements, and Nature*. New York: Oxford University Press, 2007.

Schlosser, Eric. *Fast Food Nation: The Dark Side of the All-American Meal*. Houghton Mifflin Harcourt, 2001.

Scholten, Bruce A. *India's White Revolution: Operation Flood, Food Aid and Development*. London: I. B. Tauris Publishers, 2010.

Schwalbe, Michael. "The Hazards of Manhood." *Yes*! 63 (Fall 2012), 42-44.

Seaberg, Kurt. *Artist's Statement*. Accessed at http://www.kurtseaberg.com/artist-statement/ on 10/22/2012.

Seager, Joni. "Noticing gender (or not) in disasters." *Geoforum* 37 (2006), 2-3.

Sen, Gita, and Caren Grown. *Development, Crises, and Alternative Visions: Third World Women's Perspectives*. New York: Monthly Review Press, 1987.

Seymour, Nicole. *Strange Natures: Futurity, Empathy, and the Queer Ecological Imagination*. Urbana, IL: University of Illinois Press, 2013.

Shiva, Vandana. *Biopiracy: the Plunder of Nature and Knowledge*. Boston: South End Press, 1997.

______. "The Greening of Global Reach," in edited by Wolfgang Sachs. *Global Ecology: A New Arena of Political Conflict*. London and New Jersey: Zed Books 1993.

______. *Staying Alive: Women, Ecology, and Survival in India*. London: Zed Books, 1989.

Siano, Brian. "The Skeptical Eye: Captain Future's Terrarium of Discipline." *The Humanist*, March/April 1992, 41-42.

Sietsema, Robert. "Five Reasons Why Manufacturing Human Breast Milk Cheese is Disgusting." *The Village Voice Blogs*, February 27, 2011. Accessed at http://blogs.villagevoice.com/forkintheroad/2011/02/five_reasons_wh.php on 6/29/2012.

Silliman, Jael, Marlene Fried, Loretta Ross, and Elena Guttierez. *Undivided Rights: Women of Color Organize for Reproductive Justice*. Boston: South End Press, 2004.

Simoons, Frederick J. and James A. Baldwin. "Breat-Feeding of Animals by Women: Its Socia-Cultural Context and Geographic Occurence." *Anthropos* 77:3/4 (1982), 421-448.

Singer, June. *Androgyny: Toward a New Theory of Sexuality*. New York: Anchor Books/Doubleday, 1977.

Singer, Peter. *Animal Liberation*. New York: Avon Books, 1975. 【피터 싱어 『동물 해방』(개정완역판), 김성한 옮김, 연암서가 2012.】

Siperstein, Stephen. "Climate Change Fiction: Radical Hope From an Emerging Genre." September 25, 2014. Available at http://eco-fiction.com/climate-changefiction-radical-hope-from-an-emerging-genre/ Accessed January 14, 2015.

Slovic, Scott. "Science, Eloquence, and the Asymmetry of Trust: What's at Stake in Climate Change Fiction." *Green Theory & Praxis: The Journal of Ecopedagogy* 4:1 (2008), 100-112.

Smith, Andrea. *Conquest: Sexual Violence and American Indian Genocide*. Cambridge, MA: South End Press, 2005.

______. "Ecofeminism Through an Anticolonial Framework," 21-37 in Karen

J.Warren, ed. *Ecofeminism: Women, Culture, Nature*. Bloomington, IN: Indiana University Press, 1997.

Smith, Jordan Fisher. "Life Under the Bubble." *Discover Magazine*, October 20, 2010. Accessed online at http://discovermagazine.com/2010/oct/20-life-under-thebubble on 11/5/2012.

Smith, Warren. "To Infinity and Beyond?" *Sociological Review* 57:s1 (2009), 204-212.

Sohn, Emily. "Eco-friendly fireworks offer safer pyrotechnics." *Discovery News* (July 2, 2009). Accessed at http://dsc.discovery.com/news/2009/07/02/eco-friendlyfireworks.html on 1/20/2012.

Solotaroff, Paul. "In the Belly of the Beast: The Dirty Truth about Cheap Meat." *Rolling Stone*, December 10, 2013. Accessed at http://www.rolling-stone.com/feature/belly-beast-meat-factory-farms-animal-activists on 11/24/2016.

Somera, Nina. "Que[e]r[y]ing the Climate Debates." *Women in Action* 2 (2009), 81-84.

Sontheimer, Sally. *Women and the Environment: A Reader; Crisis and Development in the Third World*. New York: Monthly Review Press, 1991.

Southern Decadence New Orleans. Available at http://www.southerndecadence.net/history.htm Accessed January 14, 2015.

Spender, Dale. *Man Made Language*. London: Routledge & Kegan Paul, 1980.

Spretnak, Charlene, ed. *The Politics of Women's Spirituality*. New York: Anchor Books/Doubleday, 1982.

Springmann, Marco, H. Charles J. Godfray, Mike Rayner, and Peter Scarborough. "Analysis and valuation of the health and climate change cobenefits of dietary change." *Proceedings of the National Academy of Sciences of the USA* 113:15, April 12, 2016, 4146-4151.

Sprinkle, Annie. "Beyond Bisexual," 103-107 in Loraine Hutching and Lani

Kaahumanu, eds. *Bi Any Other Name: Bisexual People Speak Out*. New York: Alyson Publications, 1991.

Stange, Mary Zeiss. *Woman the Hunter*. Boston: Beacon Press, 1997.

Stanley, Jeyaraja Tambiah. *Magic, Science, Religion, and the Scope of Rationality*. Cambridge University Press 1990.

Starhawk. *The Fifth Sacred Thing*. New York: Bantam Books, 1993.

Stein, Rachel. "Sex, Population, and Environmental Eugenics in Margaret Atwood's Oryx and Crake and The Year of the Flood," 184-202 in Greta Gaard, Simon Estok, and Serpil Oppermann, eds. *International Perspectives in Feminist Ecocriticism*. New York: Routledge, 2013.

Steinfeld, Henning, Pierre Gerber, Tom Wassenaar, Vincent Castel, Mauricio Rosales, and Cees De Haan. *Livestock's Long Shadow: Environmental Issues and Options*. Rome: Food and Agriculture Organization of the United Nations, 2006.

Steingraber, Sandra. *Having Faith: An Ecologist's Journey to Motherhood*. New York: Berkley Books, 2001.【샌드라 스타인그래버 『모성 혁명: 아기를 지키기 위해 모성은 무엇을 해야 하는가?』, 김정은 옮김, 바다출판사 2015.】

______. *Living Downstream: An Ecologist Looks at Cancer and the Environment*. Boston, MA: Addison-Wesley Publishers, 1997. 【샌드라 스타인그래버 『먹고 마시고 숨쉬는 것들의 반란』, 이지윤 옮김, 아카이브 2012.】

Stengers, Isabelle. "Including Nonhumans in Political Theory: Opening Pandora's Box?" *Political Matter: Technoscience, Democracy, and Public Life*, (2010), 3-33.

______. "The Cosmopolitical Proposal." *Making Things Public: Atmospheres of Democracy*, (2005), 994-1004.

Stephens, Anne. *Ecofeminism and Systems Thinking*. New York: Routledge, 2015.

Stephens, Beth, and Annie Sprinkle. "Ecosexuality." In Renee C. Hoogland, ed.

Gender: Nature. London: Macmillan Interdisciplinary Handbooks, 2016.

______. "Goodbye Gauley Mountain: An Ecosexual Love Story." Fecund Arts, 2013.

Stevenson, Bryan. *Just Mercy: A Story of Justice and Redemption*. New York: Spiegel & Grau, 2015.

Strathearn, Lane, Udita Lyengar, Peter Fonagy, and Sohye Kim. "Maternal oxytocin response during mother-infant interaction: Association with adult temperament." *Hormones and Behavior* 61:3 (Mar., 2012), 429-435.

Sturgeon, Noël. *Environmentalism in Popular Culture: Gender, Race, Sexuality, and the Politics of the Natural*. Tucson, AZ: University of Arizona Press, 2009.

______. *Ecofeminist Natures: Race, Gender, Feminist Theory and Political Action*. New York: Routledge, 1997.

Tanner, Lindsey. "Breast-Feeding Study on Benefits, Cost: 900 Lives and Billions of Dollars Could Be Saved Annually." *Huffington Post*, April 5, 2010. Web. www.huffingtonpost.com/2010/04/05/breastfeeding-study-on-be_n_525 1 80.html.

Tara, Stephanie Lisa. *Snowy White World to Save*. Dallas, TX: Brown Books Publishing Group, 2007.

Tarter, Jim. "Some Live More Downstream than Others: Cancer, Gender, and Environmental Justice," 213-228 in Joni Adamson, Mei Mei Evans, and Rachel Stein, eds. *The Environmental Justice Reader: Politics, Poetics, and Pedagogy*. Tucson, AZ: University of Arizona Press, 2002.

Taylor, Dorceta. *The State of Diversity in Environmental Organizations: Mainstream NGOs, Government Agencies, Green 2.0*. July 20, 2014. Accessed at http://www.diversegreen.org/the-challenge/ on June 20, 2015.

Terry, Geraldine. "No climate justice without gender justice: An overview of the issues." *Gender & Development* 17:1 (2009), 5-18.

The Day After Tomorrow. Dir. Roland Emmerich. 20th Century Fox, 2004.

The Hunger Games. Dir. Gary Ross. Lions Gate Films, 2012.

Tompkins, Peter, and Christopher Bird. *The Secret Life of Plants*. New York: Harper & Row, 1973.【피터 톰킨스, 크리스토퍼 버드 『식물의 정신세계』, 황금용, 황정민 옮김, 정신세계사 1992.】

Trans and Womyn's Action Camp 2012. Accessed at http://twac.wordpress.com/ on 12/31/2012.

Trivers, Robert L. "Parent-Offspring Conflict." *American Zoologist* 14:1 (1974), 249-264.

Tsing, Anna. "Unruly Edges: Mushrooms as Companion Species," 141-154, *Environmental Humanities*, Volume 1, 2012.

Tu, Yongling, and Granados Demar V. "2010 Fireworks Annual Report: Fireworks-Related Deaths, Emergency Department-Treated Injuries, and Enforcement Activities During 2010." U.S. Consumer Product Safety Commission, Washington DC, 2011.

Tuana, Nancy. "Gendering Climate Knowledge for Justice: Catalyzing a New Research Agenda," 17-31 in M. Alston and K. Whittenbury, eds. *Research, Action and Policy: Addressing the Gendered Impacts of Climate Change*. Dordrecht: Springer Media, 2013.

Tuhus-Dubrow, Rebecca. "Cli-Fi: Birth of a Genre." *Dissent* (Summer 2013). Available at http://www.dissentmagazine.org/article/cli-fi-birth-of-a-genre. Accessed 8 July 2014.

Twine, Richard. "Ecofeminism and Veganism: Revisiting the Question of Universalism," 191-207 in Carol J. Adams and Lori Gruen, eds. *Ecofeminism: Feminist Intersections with Other Animals and the Earth*. New York: Bloomsbury, 2014.

United Nations WomenWatch: Women, Gender Equality, and Climate Change. Web. http://www.un.org/womenwatch/feature/climate_change/ Accessed 1/11/2014.

University Leaders for a Sustainable Future. "The Talloires Declaration." 1990. Accessed at http://www.ulsf.org/programs_talloires.html on August 10, 2016.

Valentine, David. "Exit Strategy: Profit, Cosmology, and the Future of Humans in Space." *Anthropological Quarterly* 85:4 (2012), 1045-1068.

Vallianatos, E. G., with McKay Jenkins. *Poison Spring: The Secret History of Pollution and the EPA*. New York: Bloomsbury Press, 2014.

Veterans Stand for Standing Rock. *Operations Order*, December 4-7, 2016. Accessed at https://drive.google.com/file/d/0ByZLhosK39TpeDdyNWN4S0FTTlE/view on November 28, 2016.

Veysey, Lawrence. *The Communal Experience: Anarchist and Mythical Counter-Cultures in America*. New York: Harper & Row, 1973.

Vieira, Patrícia, Monica Gagliano, and John Ryan, eds. *The Green Thread: Dialogues with the Vegetal World*. Lanham, MD: Lexington Books, 2016.

Vining, James. *First in Space*. Portland, OR: Oni Press, Inc., 2007.

Viveiros de Castro, Eduardo. "Exchanging Perspectives: The Transformation of Objects into Subjects in Amerindian Ontologies." *Common Knowledge* 10:3 (2004), 463-484.

Von Keyserlingk, Marina A. G., and Daniel M. Weary. "Maternal behavior in cattle." *Hormones and Behavior* 52 (2007), 106-113.

Walker, Alice. *In Search of Our Mothers' Gardens*. New York: Harcourt, Inc., 1983.

Walker, Shell, and Maria Armstrong. "The Four Pillars of Safe Breast Milk Sharing." *Midwifery Today*, (Spring 2012), 34-36. Web. www.midwiferytoday.com. https://eatsonfeets.org/docs/TheFourPillars.pdf.

Wall-E. Dir. Andrew Stanton. Pixar Animation Studios, 2008.

Wandersee, J. H. and Schussler, E. E. "Toward a theory of plant blindness." *Plant Science Bulletin*, Vol. 47, No. 1, (2001), 2-9.

Waring, Marilyn. *If Women Counted: A New Feminist Economics*. New York:

HarperCollins, 1988.

Warren, Karen. *Ecofeminist Philosophy: A Western Perspective on What It Is and Why It Matters*. Lanham, MD: Rowman & Littlefield Publishers, Inc., 2000.

______. "The Power and The Promise of Ecological Feminism." *Environmental Ethics* 12 (1990), 125-144.

______. ed. *Ecofeminism: Women, Culture, Nature. Bloomington*. IN: Indiana University Press, 1997.

______. ed. *Ecological Feminism*. New York: Routledge, 1994.

Waterworld. Dir. Kevin Reynolds. Universal Pictures, 1995.

Watts, Richard. "Towards an ecocritical postcolonialism: Val Plumwoood's Environmental Culture in dialogue with Patrick Chamoiseau." *Journal of Postcolonial Writing* 44:3 (2008), 251-261.

WEAD: Women Eco Artists Dialog. Accessed at http://weadartists.org/ on November 29, 2016.

Weary, Daniel M., Jennifer Jasper, and Maria J. Hotzel. "Understanding Weaning Distress." *Applied Animal Behaviour Science* 110 (2008), 24-41.

Weisberg, Zipporah. "The Broken Promises of Monsters: Haraway, Animals, and the Humanist Legacy." *Journal of Critical Animal Studies* 7:2 (2009), 21-61.

Weise, Elizabeth. "Fireworks Likely Cause of Massive Ark. Bird Kill." *USA TODAY*, January 5, 2011. Web. https://www.sej.org/headlines/fireworks-likely-cause-massive-ark-bird-kill.

Werrett, Simon. *Fireworks: Pyrotechnic Arts & Sciences in European History*. Chicago: University of Chicago Press, 2010.

White, Lynn, Jr. "The Historical Roots of Our Ecologic Crisis." *Science* 155:3767 (1967), 1203-1207.

Wiley, Andrea S. *Re-Imagining Milk*. New York: Routledge, 2011.

Wilkin, Richard T., Dennis D. Fine, and Nicole G. Burnett. "Perchlorate Behavior in a Municipal Lake Following Fireworks Displays." *Environmental Science & Technology* 41:11 (2007), 3966-3971.

Williams, Terry Tempest. *Desert Quartet: An Erotic Landscape*. New York: Pantheon Books, 1995.

Winterson, Jeanette. *Written on the Body*. New York: Vintage Books, 1992.

Wolfe, Cary. *What is Posthumanism?* Minneapolis: University of Minnesota Press, 2010.

______. "Human, All too Human: 'Animal Studies' and the Humanities." *PMLA: Publications of the Modern Language Association* 124.2 (2009) 564-75.

Women's Environment and Development Organization (WEDO). 2012. *Celebrating Momentum and Milestones*. Web.

Women's Environmental Network (U.K.). *Women's Manifesto on Climate Change*, May 15, 2007. Available at http://www.wen.org.uk/climatechange/resources/manifesto.pdf Accessed April 10, 2014.

Woodbury, Mary Sands. "Exploring Eco- and Climate Fiction." Available at http://eco-fiction.com/climate-fiction/ Accessed January 14, 2014.

Woolf, Virginia. *Orlando*. New York: Harcourt Brace Jovanovich, 1928; 1956.

World Food Programme (WFP). "Ten Facts about Women and Hunger." March 5, 2013. Web. http://www.wfp.org/stories/10-facts-about-women-and-hunger Accessed 2/8/2014.

World Health Organization. "Gender, Climate Change, and Health." Web. http://www.un.org/womenwatch/feature/climate_change/ Accessed 1/11/2014.

______. "Ten Facts on Breastfeeding." 2012. Web. www.who.int/features/factfiles/breastfeeding/en/.

Wright, Ann L. and Richard J. Schanler. "The Resurgence of Breastfeeding at the End of the Second Millennium." *Journal of Nutrition* 131:2 (2001),

421S-425S.

Wright, Laura Wright. *The Vegan Studies Project: Food, Animals, and Gender in the Age of Terror*. Athens, GA: University of Georgia Press, 2015.

______. *Wilderness into Civilized Shapes: Reading the Postcolonial Environment*. Athens, GA: University of Georgia Press, 2010.

Wuerker, Matt. "Michigan 2016." *Politico.com*, January 5, 2016. Accessed at http://www.politico.com/gallery/2016/01/matt-wuerker-political-cartoons-january2016-002168?slide=5 on July 25, 2016.

Young, Iris Marion. *Justice and the Politics of Difference*. Princeton, NJ: Princeton University Press, 1990.

Ziser, Michael and Julie Sze. "Climate Change, Environmental Aesthetics, and Global Environmental Justice Cultural Studies," *Discourse* 29:2, 3 (2007), 384-41.

출처

- 2장은 『육식문화』(*Meat Culture*)(ⓒBrill Publishers, 2017)에 실린 저자의 글 「'고기' '생물종', 그리고 '식물'에 대한 심문」(Interrogating 'Meat,' 'Species,' and 'Plant')은 허가를 받아 이 책에 수록되었다.
- 3장은 미국연구협회가 저작권을 갖는 『계간 아메리칸』(*American Quarterly*) 65권 3호 (2013), 595~618면에 「탈식민 페미니스트 밀크 연구를 위하여」(Toward a Postcolonial Feminist Milk Studies)로 실렸고, 허가를 받아 이 책에 수록되었다.
- 4장은 그레타 가드, 싸이먼 에스톡, 그리고 세르필 오퍼만이 공동 편집한 책 『페미니즘 생태비평의 국제적 관점들』(*International Perspectives in Feminist Ecocriticism*)(ⓒRoutledge, 2013)에 실린 저자의 글 「독립기념일: 불꽃놀이에 대한 페미니즘 생태비평적 관점」(In(ter)dependence Day: A Feminist Ecocritical Perspective on Fireworks)은 테일러앤드프랜시스(Taylor & Francis) 출판사의 허가를 받아 이 책에 수록되었다.
- 5장은 『페미니즘/들』(*Feminismo/s*)의 22호 특집 『에코페미니즘/들: 여성과 자연』(*Feminismo/s 22: Ecofeminismo/s: mujeres y naturaleza*, 2013), 113~45면에 실린 저자의 글 「우주로 발사된 동물들: 침팬지, 라이까, 바이오스피어 II에 대한 에코페미니즘 관점」(Animals in Space: An Ecofeminist Perspective on Chim-

ponauts, Laika, and Biosphere II)은 '페미니즘/들(Feminismo/s)'의 허가를 받아 이 책에 수록되었다.

- 6장은 『여성연구 국제포럼』(*Women's Studies International Forum*) 제49권(2015)에 실린 저자의 글 「에코페미니즘과 기후변화」(Ecofeminism and Climate Change, 2015, 20~33면)는 엘스비어(Elsevier)사의 허가를 받아 이 책에 수록되었다.
- 7장은 메리 필립스와 닉 루멘스가 편집한 『에코페미니즘에 대한 동시대의 관점들』(*Contemporary Perspectives on Ecofeminism*)에 실린 저자의 글 「클라이파이에서 비판적 에코페미니즘으로: 기후변화와 기후정의의 서사」("From 'Cli-Fi' to Critical Ecofeminism: Narratives of Climate Change and Climate Justice." Routledge, 2016)는 테일러앤드프랜시스 출판사의 허가로 이 책에 수록되었다.
- 8장은 캐럴 애덤스와 로리 그루언이 편집한 『에코페미니즘: 인간, 동물, 지구와 교차하는 페미니즘적 시선들』(*EcoFeminism: Feminist Intersections with Other Animals and the Earth*)(ⓒ Bloomsbury Academic, 2014)에 실린 저자의 글 「새로운 생태남성성, 에코젠더, 에코섹슈얼리티를 향하여」(Toward New EcoMasculinities, EcoGenders, and EcoSexualitie)는 허가를 받아 이 책에 수록되었다.
- 발 플럼우드의 『환경문화: 이성이 낳은 생태적 위기』(*Environmental Culture: The ecological crisis of reason*, New York: Routledge, 2000)에 실린 에피그래프(epigraph)는 허가를 받아 이 책에 수록되었다.
- 발 플럼우드의 「자연의 능동적 목소리」("Nature in the Active Voice", *Australian Humanities Review*, #46. May 2009)에 실린 에피그래프는 허가를 받아 이 책에 수록되었다.
- 그림 4.1, 4.2, 4.3은 로스앤젤레스의 게티연구소(Getty Research Institute)(P950001)에서 제공했다.

찾아보기

ㄱ

ㅅ

ㅇ

ㅈ

비판적 에코페미니즘

초판 1쇄 발행 / 2024년 8월 23일

지은이 / 그레타 가드
옮긴이 / 김현미 노고운 박혜영 이윤숙 황선애
펴낸이 / 염종선
책임편집 / 김새롬 배영하
조판 / 신혜원
펴낸곳 / (주)창비
등록 / 1986년 8월 5일 제85호
주소 / 10881 경기도 파주시 회동길 184
전화 / 031-955-3333
팩시밀리 / 영업 031-955-3399 편집 031-955-3400
홈페이지 / www.changbi.com
전자우편 / human@changbi.com

ISBN 978-89-364-8049-3 93330

* 책값은 뒤표지에 표시되어 있습니다.